中国社会科学院
国际研究学部集刊

中国社会科学院
国际研究学部集刊
[第6卷]

认识变化中的欧洲

Changing Images of Europe

中国社会科学院国际研究学部

周 弘 / 主编
宋晓敏 沈雁南 / 副主编

CASS

社会科学文献出版社
SOCIAL SCIENCES ACADEMIC PRESS (CHINA)

目　录

前　言 …………………………………………………………… /001

第一编　欧洲的联合

第一章　欧洲经济一体化：由来、发展与前景 ………… 吴　弦 /003
第二章　民族建设、国家转型与欧洲一体化 …………… 周　弘 /021
第三章　欧元与欧洲的联合和改革 ……………………… 裘元伦 /040
第四章　欧洲一体化进程中的反一体化 ………… 吴志成　王　杨 /059

第二编　危机中的欧洲

第一章　欧债危机下欧洲经货联盟治理结构转型 ……… 陈　新 /085
第二章　欧债危机中的欧洲社会保障制度 ……… 丁　纯　李君扬 /106
第三章　危机阴影下的欧洲政党 ………………………… 林德山 /129
第四章　危机背景下的欧洲认同发展 …………………… 范勇鹏 /150

第三编　欧洲的未来

第一章　德国欧洲政策的新变化及其影响 ……………… 郑春荣 /180

第二章　法国的欧洲政策与欧洲的未来 ………………… 张　骥 / 201

第三章　英国欧洲政策的特殊性与延续性 ……………… 李靖堃 / 224

第四章　欧元、欧债危机和欧洲的未来 ………………… 伍贻康 / 243

第四编　欧盟的对外战略

第一章　新安全观与欧盟安全战略 ……………………… 程卫东 / 261

第二章　欧盟的全球治理战略 …………………………… 杨　娜 / 283

第三章　欧盟的中东-北非战略调整 ……………… 倪海宁　朱传忠 / 303

第五编　多边关系中的中国与欧洲

第一章　中国、美国和欧洲：新三边关系中的合作与竞争 ……… 陈志敏 / 331

第二章　冷战后欧、美、俄三边关系的结构变化及未来趋势 …… 冯绍雷 / 356

第三章　中、欧、非贸易关系及发展前景 ……………… 熊　厚 / 376

前 言

当今世界正处于深度转型和调整的重要时期，经济、法律、政治、文化等种种要素正在突破原有的边界，进行纷繁复杂的分化与组合，并在一定程度上改变着世界的权力格局。而欧洲国家之联合以及联合过程中的千回百转，则因其内涵极为丰富而具有无穷的魅力，吸引了战略学家、政治学家、经济学家、社会学家乃至民族、文化、历史、哲学等诸多学科学者参与研究，使欧洲研究渐成一门显学。特别是由于目前欧洲正处于冷战后最艰难时刻，在国际金融危机的冲击下，债务危机的爆发使得欧盟内部的失衡、竞争力的衰落、制度的缺陷等问题，以前所未有的程度、相当尖锐的方式暴露在世人面前。欧洲能否走出危机，以怎样的方式走出危机，直接关系到欧盟作为一支世界力量的角色变化，它对外部世界的影响也会以种种方式改变世界权力的分配格局和未来的走向。自第二次世界大战、冷战结束后，欧洲以危机的方式再次提醒人们其重要性。在这个变化中的世界，中欧关系愈益密切，并超越了双边的范畴，具有全球性的影响。因此，重新认识欧洲和欧洲的变化，是摆在我们面前的一个迫切任务。

为了全面反映中国学者对当前变化中欧洲的研究状况，中国社会科学院欧洲研究所《欧洲研究》编辑部受中国社会科学院国际学部委托，编辑出版本文集。本文集的宗旨是：全面地认识欧洲及其一体化的性质及走向。

欧洲联合经过几百年的思想酝酿，更多的是武力尝试，终于落在和平的一体化道路上，其原因十分复杂。从历史角度来看，既有民族国家形成的同步性和长期文化交融的影响，也有资本主义发展的推动；从现实角度来看，既有当时战后国际格局的压力，也有对历史的反思而作出理性选择。但是从根本上来说，则是经济起到了决定性的作用。欧洲一体化进程正验证了马克思所说的，经济基础决定上层建筑的论断。

尽管战后欧洲政治精英们在推动欧洲一体化进程中发挥了重要作用，但是，如果没有欧洲经济发展长期积累的基础，欧洲不可能走上通过经济一体化进而向全面一体化展开的发展道路；而除了从经济入手，其他途径已经为欧洲历史证明是行不通的。20 世纪 50 年代，法、（西）德、意、比、荷、卢 6 个欧洲国家正式率先从煤钢共同体着手，开始推行经济一体化。其后，经过不断深化和扩大，直至建立欧洲联盟，确立了经济、共同外交、安全及司法与内务合作三大支柱。在欧盟半个多世纪发展历程中，经济一体化构成了其发展的起点和基石。它始终是欧盟的活动重心，并为欧盟的整体发展，创造了根本条件。

正当世界上许多民族国家刚刚进入门坎，开始寻求独立、自主的发展道路时，西欧一些国家却似乎已经走出了这个阶段，开始考虑让渡部分主权，对民族国家进行重新整合的问题了。民族国家成于斯，恐也将先行亡于斯。在关于民族建设与国家建设的问题上，欧洲为我们提供了一个完整的、具有创新意义的典型案例。了解欧洲民族国家的演变历史及其在当代的转型，对于我们认识欧洲、认识全球化时代背景下国际社会的转型，具有重要的现实意义。

欧元作为多国统一货币，是人类历史上的一种大胆尝试和有益创举。自欧元问世以来，受到了各种意想不到的困难和考验。特别是在欧洲主权债务危机（以下简称"欧债危机"）严峻的情况下，"欧元解体"的议论比比皆是。但是，欧元和欧洲的前途并不取决于人们的感觉，而取决于欧洲自身的治理能力和联合与改革的进程以及欧洲在混乱复杂多变的"多极世界"中的独特位置。

近年来发生的欧债危机，对欧洲一体化进程无疑是个沉重的打击。一时，反一体化的思潮再次在欧洲泛起；严峻的危机现实也使人们对欧盟、欧元的前景产生疑虑。但是，欧洲一体化进程的历史、反一体化客观存在的正反作用以及一体化奠定的深厚基础及其倒退将付出的巨大成本，都在揭示欧洲一体化进程需要的是改革，甚至是大动干戈的改革，而不是倒退甚或是回到原点。

事实上，欧洲一体化进程本身就是一个不断变革的进程。欧债危机在使欧洲经济陷入严重衰退的同时，也令欧元区经济治理机制上的缺陷暴露无遗。最终使可能会滞后的重大改革得以提前实施。在欧盟各方锱铢必较的博弈中，欧元区的经济治理机制得到升级：不仅逐步建立和完善了应急救助工具且形成机制，而且财经纪律得以加强，金融监管得以完善，并且达成了财政契约、组建了银行联盟，欧央行几近成为最后贷款人和超级欧盟机构。在危机中，欧盟还提出了提升各国长期竞争力的蓝图，尽管其实施任重而道远，且需政治上的协调配合，但欧洲已展示出其一体化进程所蕴含的顽强的生命力。这也从另外一个角度证实了学界对欧洲一体化成因所做的研究，大多是符合实际情况的、是科学的。

同时，危机的冲击也使欧洲成功的一面得到人们的认识。欧洲社会保障制度作为经济波动的自动平衡器，在此次衰退中充分起到稳定公众预期、提振信心和刺激经济的作用。本次危机中，欧洲多国均额外实施了包括提高社会补贴标准和对失业与贫困人群进行直接补助等临时性救济措施，强化了社会保障的扶贫救弱功能，减轻了下滑冲击。同时，我们也看到，欧洲社会保障制度具有双重作用：一方面是欧洲国家的社会稳定器，另一方面恶化欧元区国家的财政状况。其实早在欧债危机袭来之前，欧洲社会保障制度已经开始改革，而欧债危机加深了欧洲国家在这方面的认同。

面对危机对经济和社会的冲击，欧洲各国政党作出了不同的政策应对，就此也影响了欧洲政党格局的分布。总体来看，各国主流政党，尤其是执政党受压最重，在涉及欧元区和欧盟稳定等原则问题上，持有较为共同的立场，而在具体援救举措和改革方向上分歧明显，社民党日趋反对紧缩政策；激进的左、右翼小党则日趋活跃，一些国家政党结构开始发生变化。危机中产生的欧盟改革方向之争、传统政治方式的无助等问题，将影响欧洲政党的未来发展方向。

在欧债危机的冲击下，欧洲认同问题显得更加突出，民众的欧洲认同感有所下降，但总体变化有限。危机对欧洲的经济、社会、政党政治和公众认同产生的影响，短期内不会消失，在某种意义上将影响到欧洲一体化进程及其未来走向。

半个多世纪以来，欧盟成员国不断地向欧盟层面让渡主权，但并没有改变欧盟是民族国家联合体的实质。国家，特别是一些大国，仍然起着举足轻重的作用。历史上，欧洲一体化的起步，就是以法德和解为主要目的之一；一体化进程中，法德轴心更是成了维持共同体运行的主要动力。欧盟内部国家之间的关系，构成了欧盟权力结构的主要方面。欧盟权力结构因形势、利益、矛盾的变化，甚至国家或政党领导人的更换不断发生演变，决定着欧盟各项政策法规的指向，决定着欧盟发展的方向。本文集就欧债危机发生以来，对德、法、英三国的地位变化进行分析，探讨它们在欧盟对外事务方面和内部事务方面形成的不同合作关系，就欧盟这三大国加强而非解体欧盟的同时，维护本国利益和地位的方向作出整体判断。

在欧盟内部面临权力结构改组、治理机制改革完善的同时，欧盟对外政策也在发生着变化。欧盟试图作为一个整体在国际舞台上发挥作用，客观上要求在欧盟层面能够形成共同的外交与安全政策。这些共同外交与安全政策，在某种程度上反映了欧盟对国际格局以及对自身的认识，反映了欧盟对外关系中的利益、欧盟在国际舞台上的抱负及目标，反映了欧盟为实现其共同利益、抱负及目标所能利用的政策工具。从这个意义上讲，欧盟具有对外战略。但与一般国家不同，欧盟的对外战略具有很多局限性与不稳定性。欧盟的战略具有分散性与不平衡性，在不同地区、不同领域，因欧盟成员国共同利益不同、欧盟权能不同，表现形式与实施效果也各异。总的来看，欧盟更多以整体身份谋求在国际事务中的代表权和话语权，欧盟的全球治理战略表现出包容与排外相混合、有效多边主义、关注全球公益、推广欧盟式民主等特点。

在具体对外关系方面，欧盟对中东－北非地区极为关注，该地区对欧盟具有特殊的战略意义。长期以来，欧盟通过各类援助以及与该地区"强权人物"保持紧密联系，力求确保经济和安全双重战略目标。2011年初开始的中东－北非变局，给欧盟的既有战略带来了冲击。为摆脱被动境地，欧盟已初步形成较为清晰的战略调整思路。其中的一个重要动向是，欧盟在该地区推广"民主"的做法，试图软硬实力并举，开拓其对外政策的新空间。

在国际关系多极化迅猛发展的今天，中国、美国和以欧盟为代表的欧洲正在成为全球政治、经济的三大力量中心。一种新型三边关系正在中、美、欧之间形成，三方共处模式是其基本形态，美、欧稳定婚姻模式是其一般特征。三边博弈具有动态变化特征，且在不同议题领域内存在差异。同时，三边关系具有开放性。中、美、欧三边关系的这些特点，使处理中、美、欧三边关系的制度框架会有更多路径，应该考虑以双边和大多边为主，发展尝试性的三边机制。

欧盟、俄罗斯、美国是另一个值得关注的三边关系。这三大政治实体之间，有着非常复杂的思想文化、经济物质以及安全认知方面的相互关系。欧、美、俄三边关系的变化，预示着一个多元化国际社会的来临。

中国、欧盟、非洲则可以说是一个正在形成中的三边关系，还有待于磨合、加深和拓宽。21世纪前10年，中非贸易关系发展十分迅速，贸易规模显著扩大，合作内容和形式也不断丰富。中国和欧洲发展对非经贸关系各有优劣，竞争会长期存在。同时，在发展对非贸易关系上，中国和欧洲既面临非洲政治和安全形势不稳定的共同挑战，也迎来了非洲逐步释放发展潜力的巨大机遇。在全球化飞速发展时代，刻意追求排他性的对非贸易关系已经不合时宜了，也将难以实现，营造开放合作的对非贸易多赢局面才是理性选择。

"认识欧洲"是一项具有挑战性的工作。当代欧洲最具特色的，是一体化进程及其带来的种种影响。然而，欧洲一体化思想起源深长、制度结构复杂、涉及领域广泛，难以运用单一学科工具作出深入分析，需要运用综合的、跨学科的研究方法予以解读，以求科学地把握当代欧洲的发展和规律。本文集选择"欧洲的联合""危机中的欧洲""欧洲的未来""欧盟的对外战略""多边关系中的中国与欧洲"等视角，聚焦欧洲的变化，集合中国学者对欧洲变化的分析和评论，力图反映中国欧洲学界在不同时段、不同领域、不同层面的研究成果。

欧洲一体化的发展，显然深刻地改变了欧洲，并且通过这种改变影响世界。不论走向何方，欧债危机显然对欧洲的改变产生了极大的推力。本文集通过多种视角对变化中的欧洲进行了深入讨论，希望能够加深读者对欧洲的认识，并通过这样的认识，对中国的发展作出有益的思考。

"如何认识变化中的欧洲"课题的立项与结项，是在中国社会科学院国际学部张蕴岭主任的指导下进行的，从本书的选题到篇章结构的设计，他都给予了精心指点。国际学部副主任周弘研究员为确定入选文章、提出修改建议乃至统筹全稿，倾注了大量精力。沈雁南编审亦为本书的通校和改编付出很多心血。

为了完成本书，《欧洲研究》编辑部广泛收集相关论文，并经过多次筛选及与作者沟通，确定入选文章的初步范围。在多次研讨会基础上，于2012年11月召开编辑会议，邀请作者莅临会议，就文集的结构、内容和风格进行了充分的交流和讨论。从初期的选稿到后期的编辑，《欧洲研究》同仁宋晓敏、孙莹炜、张海洋和莫伟付出很多辛劳，国际学部李墨女士也为集刊做了不少工作，在此一并感谢！

编　者
2013年5月28日

第一编
欧洲的联合

本编从欧洲经济一体化进程、欧洲一体化与欧洲民族国家的关系、欧元及欧洲一体化进程中的反一体化现象等视角，研究了欧洲联合的问题，并提出以下观点：

第一，欧洲联合以经济一体化为基础，并从经济领域逐渐溢出到政治、法律、文化等诸多领域，是一项完整的系统工程；其中，欧洲经货联盟建设和欧元对欧洲联合具有关键性的意义。

第二，由欧洲联合而产生的欧洲联盟，是国际社会体系中一个独特的现象，它建筑在民族国家之上（超国家），成长于民族国家之间（政府间）。认识欧洲联盟，需要先认识欧洲的民族国家。在欧洲，民族建设和国家建设是两种不同的历史进程并遵循不同的历史规律，这两种进程在外部环境发生变化的时代出现不同速的发展，决定了欧盟超国家机构与民族国家之间权力转移的方式，使得欧盟各种功能领域出现犬牙交错的现象。

第三，在民主国家集中、民族特性强烈的欧洲，欧元的发展可能会在政治、经济、财政、金融、国际关系等诸多领域遇到意想不到的困难，但欧元和欧洲的前途，取决于欧洲自身的治理能力、欧洲联合与改革的不竭动力以及欧洲在混乱复杂多变的"多极世界"中独特而有利的位置。

第四，尽管欧洲一体化在总体上不断深入，并且成为当代世界区域一体化最成功的示范，但其发展历程并非一帆风顺，反对一体化的声音、力量和活动始终此起彼伏。特别是近年来欧债危机的爆发，进一步暴露了欧洲一体化深化进程中的深层次矛盾和根本性阻力，使欧盟和欧元遭受沉重的打击，欧洲反一体化思潮泛起，各种反一体化的势力和运动也呈现上升之势。通过对"反一体化"的研究，有助于更深入、更全面理解欧洲一体化，深化和拓展欧洲一体化研究，同时也有助于把握欧洲一体化发展的方向，认识欧洲的变化。

第一章 欧洲经济一体化：由来、发展与前景

吴　弦[*]

作为以实现经济、政治一体化为目标的欧洲区域组织，欧洲联盟及其前身欧洲（经济）共同体的成立与发展，无疑在战后欧洲乃至世界史中，都占有极为突出的地位。20世纪50年代，法、（西）德、意、比、荷、卢6个欧洲国家率先承认，通过一体化举措，建立统一的经济空间乃至实体，并为政治联盟奠定基础，符合各国的共同和长远利益。为此，6国从煤钢共同体着手，开始推行经济一体化，成立了欧洲共同体。其后，经过不断的深化和扩大，于1993年建立欧洲联盟，确立了经济（包括经货联盟与单一货币建设）、共同外交、安全及司法与内务合作三大支柱，标志着经济与政治一体化取得重大进展。从成员国数量看，欧共体/欧盟历经6次扩大，发展到27国，牢固确立了其在欧洲的核心组织地位。欧盟形成时间之早、一体化程度之高、参加成员国之多、总体经济实力之强，都是世界其他一体化组织难以比拟的，它不仅对欧洲，而且对世界经济、政治格局的发展演变，产生了极为重大、深远的影响。

在欧盟半个多世纪的发展历程中，经济一体化占有突出地位，是其发展的起点和基石。经济一体化始终是欧盟的活动重心，并经过不断深化与扩大，最终建成"经货联盟"，从而为欧盟的整体发展创造了根本条件。因此，对欧盟发展的回顾与展望，应自经济一体化开始。

---

[*] 吴弦，中国社会科学院欧洲研究所研究员。

所谓欧洲经济一体化,意味着打破参与国之间的经济界限,将之连接成一个整体。欧洲发展史表明,早在18、19世纪,各民族国家均已实现内部经济统一(西方学者指出,当今具有超国家含义的经济一体化,最初意味着国家内部经济生活的整合),这无疑是历史的一大进步。但长期各自独立的国家经济,仍使得整个欧洲经济区域处于割裂状态,主要体现在市场、经济政策与货币三个层面:各国通过自身关税区的建立与边境控制,严重阻碍着商品、服务乃至生产要素的国家间流动;以调控本国市场为着眼点,各国的经济政策不尽相同,有时目标甚至截然相反;作为主权的重要象征,各国拥有自己的货币。而从根本上讲,推行经济一体化,就是要消除三个层面上的割裂状态,建立真正意义上的"欧洲经济"。也正是在这些方面,欧盟所取得的成就引起世人普遍关注。值得强调的是,2008年末金融危机爆发后,随着形势发展演变,经货联盟受到重大挑战。尽管欧元垮台之声不绝于耳,但事态发展表明,欧盟一系列应对举措的出台,使得经货联盟建设再次实现重大深化。

经济一体化何以成为欧盟的起点和基石?其间历经了哪些主要发展阶段?各阶段的具体成就为何?当前的危机如何深化了经货联盟走向?经济一体化发展前景为何?下文拟围绕以上问题,作一介绍与分析。

一 历史背景与深层动因

欧共体各国之所以大力谋求区域经济一体化,并取得其他区域组织难以企及的长足进展,绝非偶然。其深层动因,只有从欧洲极为独特的、深远的历史文明发展轨迹以及第二次世界大战后内外形势的演变中,才能找到答案。从根本上讲,作为市场经济模式、工业革命和近现代意义上民族主权国家群体的发源地,它是战后欧共体国家顺应历史条件,不断应对危机与挑战,谋求共同发展而作出理性抉择的结果。概言之,其历史渊源与深层动因,主要可从以下几个方面来看。

(一) 历史背景与经济基础

18、19世纪以来,市场经济模式与工业革命已在西欧各国得以实现,两者的发展,都有着进一步冲破国界的内在动因与基础:生产资料、生产过程和产品实现的社会化，企业追逐利润最大化的动机，机械化使生产率大幅提高，均有助于经济活动国际化趋向的形成。而地域上相邻接近，各国市场规模相对狭小，历史文化背景与发达程度相近，政治、经济体制的同一性，各国法律机制的生成与完善，又使此种趋向必然首先带有区域性的特点。事实上，早在19世纪，西欧经济区域即已形成，其中商品、服务、人员和资本的高度自由流动，各国间高层次水平分工贸易的形成（不同于宗主国与殖民地之间的垂直分工贸易），都是突出标志。尽管此后第一次和第二次世界大战期间，由于各种深层矛盾激化，西欧经济又出现所谓"解体化"进程，但从长远看，各国经济间的紧密联系一旦形成，就难以彻底割断，并必将随着生产力水平提高而进一步发展。这为日后一体化目标的提出，创造了基础性条件。

（二）政治性考虑的有力推动

众所周知，20世纪自第二次世界大战结束至50年代初，如何防止战争再度爆发，保障欧洲永久和平，是西欧各国痛感必须解决的核心问题，这使得联邦主义思潮一度盛行。联邦主义者认为，各国应向欧洲一级转移主权，组建欧洲联邦，通过创立更大政治实体，消除各国利益对抗，从而达到抑制战争爆发的目的。然而，各国地位、利益不尽相同，难以达成一致，不可能"自上而下"地通过各国政府一举签署条约，直接、全部向欧洲一级转移主权，来实现政治统一（海牙大会的结果、欧洲政治共同体条约的失败，都是明证）。值得强调的是，正是为了政治目标的实现，成为西欧国家谋求经济整合的重大动因之一。

首先，政治性取向直接促成欧共体建立，直至经济一体化的全面启动。鉴于直接推进政治统一困难重重，欧共体的缔造者们认为，应当避开敏感的政治性举措，首先从经济领域入手，不断融合各国利益，从而最终为政治统一创造条件。为此，应建立区域经济组织，大力推进一体化进程。在这种理念指导下，50年代，欧洲三大经济组织——即煤钢、经济和原子能共同体得以建立。特别是欧洲经济共同体的诞生，更是一体化全面启动的标志。

其次，政治意志促成经济举措的高起点。欧共体创始国认识到，一体化程度愈高，愈有利于融合各国经济利益，创造"欧洲经济"，最终为政治统一创造条件。正是出于这种考虑，创始国明确选择"关税同盟"而非"自由贸易区"作为共同体的"起点"和"基石"。就一体化取向而言，前者程度明显高于后者，两者之间有着实质性差别：从理论上讲，由于实现关税统一，第三国产品一旦进入关税同盟国后，即可在整个欧共体范围内自由流通，这意味着各成员国经济将被视为一个整体；而因为关税未能统一，为防止贸易偏转，自由贸易区各国之间仍须设置边控，以将成员国与第三国产品区别开，故被认为仅是"希望聚拢"彼此间的经济而已。对此，共同体文献曾指出，更为"雄心勃勃"的"政治统一"目标是选择"关税同盟"的主要动因之一。历史发展表明，选择建立关税同盟，为一体化迈向更高阶段奠定了坚实基础。

再次，政治性取向还促成组织与制度创新。欧共体的缔造者认为，政治目标之实现，关键在于完成权力转移。为此，欧共体应在经济一体化进程中，实现制度创新，即建立具有超国家调节色彩的机构体制，成员国在一定程度和范围内，逐步向欧洲一级转移和共享主权权利，从而在保证经济目标实现的同时，使成员国习惯于主权转让与共享，最终为建立政治联盟创造条件。以这种思想为主导，一种独特的机构体制得以产生。欧盟委员会、部长理事会、欧洲议会、欧洲法院等机构建立后，按照条约规定的权限、规则与程序，超国家机构与成员国之间在欧洲层面进行博弈，对于保证各国共同利益，协调特殊利益，从而推动经济一体化不断发展，具有至关重要的作用。

最后，政治性取向导致各国自愿限制主权权利，使一体化进程中的法制建设成为可能，最具超国家调节色彩的欧盟法体系得以确立。其中，"源本法"、"派生法"和"判例法"的生成与发展，欧盟法律秩序三大支柱的形成（即所谓"直接适用性"、"直接效力"原则和"欧共体法优先原则"），欧洲法院所享有的独立性及其职能发挥，都构成有效推行经济举措的重要保障。

（三）欧洲内外周期性、结构性因素的影响

应当强调的是，第二次世界大战以来，欧洲内外形势出现一系列周期性、结构性的重大变化。这些变化构成欧洲经济一体化最为直接、最有力的现实动因，并推动其长足进展。

1. 冷战与雅尔塔格局的影响

众所周知，随着冷战与雅尔塔格局的形成，欧洲分裂为以美、苏为首的两大阵营，双方在意识形态、防务安全、政治、经济制度诸方面，都存在着严重对立。这一结构性因素，对于欧洲经济一体化具有重大影响，使欧共体的建立与发

展,在较长历史阶段内,只能局限于西欧国家(自1958年成立到1995年,欧共体/欧盟先后四次扩大,都是如此。直到雅尔塔格局解体后,2004年5月,才首次有中东欧国家加入)。具体而言,冷战的影响主要有三个方面:其一是市场经济模式及其种种深层决定因素,成为决定欧盟运行方式的主导因素(值得注意的是,当时苏联、东欧国家所建立的经互会,由于以计划经济体制为基础,其运行方式、特点与最终结果都与欧共体迥然有别);其二是在欧洲分裂的背景下,西欧与东欧的经贸关系受到极大限制,因而更加看重各自内部贸易关系的加强;其三是因为对苏防务在北约框架内获得解决,从而使欧共体各国得以更多专注于经济领域的整合。

2. 欧洲经济发展演变的推动作用

西欧经济在"二战"后进入一个全新的发展阶段,使得工业革命以来高层次、高水平的分工趋向有所加强,进而为各国间不断谋求市场开放与政策协调提供了动力。这主要体现在两个方面。

其一,内部市场需求。20世纪50年代初,西欧经济已恢复至战前水平,开始进入发展的"黄金时代",直至70年代前期,连年增长且势头强劲。同时,在新的科技革命浪潮推动下,高度发达的西欧生产力又有新的飞跃,既促进了传统经济部门技术改造与劳动生产率提高,又导致一系列新兴工业部门建立,如原子能、航天技术、石油化工业、信息产业、生物工程等,使专业化程度愈来愈高,协作范围更加广泛。西欧各国国内市场狭小,更难容纳如此巨大的生产力,使其社会产品的实现,必然愈来愈依赖于国际市场,首先是它们彼此之间的市场。

其二,各国的政策协调基础。西欧各国的经济结构、体制与政策的同质、同步性又有进一步发展:各国产业结构经历了大致相同的变化,即农业部门缩减、制造业增长,特别是服务业最终占据主导地位,甚至同一产业部门中的生产结构,也常有其相似性,如农业领域中小农居多,等等。欧洲国家对宏观经济调控与社会生活的管理、干预能力,均大大强化并走向成熟,如反经济周期的财政、货币政策,对就业保障制度和劳动力市场的干预、规制,社会福利制度的确立,等等,都是表现比较突出的领域,这些都为区域性国际调节提供了有利的条件。

3. 国际经济竞争压力不断加大

"二战"以来,随着经济领域出现一系列重大变化,包括产业革命、国际分工、经济结构调整等,特别是经济全球化趋势不断加强,国际经济竞争日趋激烈化,使西欧国家均面临着愈来愈大的竞争压力和严峻挑战。先是要应对美国的农业、制造业和高新技术产品竞争,继而日本崛起后在制造业和高新技术产业上带来的挑战,然后是来自亚洲新兴工业经济国家的压力(在劳动密集型乃至某些资本、技术密集型产品领域),都在不断增加西欧国家的危机感,深感需要采取措施,大力加以应对。

在这种背景下,不断谋求深化一体化举措,以维持和提高经济竞争力,就成为欧盟积极应对挑战的首要选择。各项举措的实施,将进一步发掘区域内的竞争优势,包括优化资源配置,降低交易成本,提高规模经济效应,强化竞争效应,协调、统一宏观经济政策,直至提高欧洲的世界经济地位,等等。值得强调的是,随着时间的推移,经济全球化所带来的竞争压力,在推进欧盟谋求深化的动因中,占据着愈来愈重要的地位。自20世纪80年代中期以来,表现得尤为明显。

二 三次历史性飞跃

正是由于以上深层动因的存在,尽管内部分歧不断,作出决定与付诸实施都殊非易事,遭遇挫折或停滞不前并不鲜见,但欧盟的经济一体化成就,确实引人注目,且具有不断走向深化的鲜明特点,在市场、政策乃至货币层面,都实现了历史性的重大飞跃。半个多世纪以来,欧洲经济一体化的进展,可分为三个阶段。

(一) 关税同盟阶段(1958年~20世纪80年代中期)

本阶段的重大意义在于一体化进程的启动,并为欧共体日后的发展奠定了坚实基础。其最显著的标志是建立"关税同盟",成员国间消除关税壁垒和贸易限额,对外实行统一关税。《罗马条约》明确规定,欧共体将"建立在关税同盟的基础之上"。根据规定,自1958年1月起,成员国分三步加以实施,最终于1968年7月提前完成。关税同盟的建立具有重要的里程碑意义,它表明成员国已开始将共同体经济视为一个整体。随着关税壁垒和贸易限额的消除,特别是关税统一,明显有别于外界的"欧洲经济"区域开始形成,一系列相应的安排、效应与影响得以产生,主要体现在市场融合与政策统一两大方面,从而为欧共体的

"可持续发展"创造了根本条件。

首先,从对市场层面的影响来看,关税同盟无疑促进了欧洲经济的区域化趋向。一、关税同盟所产生的静态效应,即所谓"贸易创立"与"贸易转移"效应①,导致共同体内部贸易额大幅增加。西欧 12 国(欧共体 6 个创始国加上两次扩大后的 6 国)相互出口占总出口的比重,1958 年时平均为 37.2%,到 1987 年已跃至 58.7%。二、内部市场开放致使竞争加剧,并产生"动态效应",促成生产专业化与区域分工,如产业内部贸易和跨国公司迅速发展。三、商品资本流动必然促进货币资本运动,推动了成员国间的金融、货币合作。20 世纪 70 年代初西欧几大跨国银行集团的组成、欧洲货币对美元实行联合浮动,直至 1979 年欧洲货币体系的建立等,都是明证。

其次,从共同政策层面来看,实施关税同盟的要义,在于将欧共体经济视为一个整体,以实现各国间商品的自由流通。这将带来意义极为深远和复杂的种种深层变革,因为同以国家为基本流通单位相类似,欧共体需要确立相应政策,以克服各种流通障碍,创立欧洲一级的市场竞争规则与秩序,最终保证各国生产者间的公平竞争和待遇。为此,共同体起步时的政策设计,都是围绕实现这一要义而展开的,而且特别注重与市场、商品自由流通直接相关的各个方面。其主要政策性领域包括:(1)农业。农业部门的特殊性,使关税同盟必须包括农产品在内(出于战略性考虑与内部利益平衡的需要),但又不能简单采纳工业品的方式。正是为了排除流通障碍,促使共同农业政策产生(《罗马条约》明确指出,"农产品共同市场的实施与发展必须伴之以成员国间一项共同农业政策的建立")。该项政策自 1962 年启动,成为一体化程度最高的领域之一,有力保障了农产品内部市场的确立②。(2)竞争政策。作为欧洲单一经济的起点,关税同盟势必加剧成员国企业间的竞争。为防止垄断和避免竞争扭曲,《罗马条约》专门就其规则作出规定。(3)对外贸易。仅靠关税统一,尚不能构成成员国企业公平参与竞争的全部条件,因为关税的管

---

① 所谓贸易创立,指随着成员间关税与贸易限额的消除,甲国高成本产品会被从乙国流入的低成本产品所取代,使新的贸易得以创立;所谓贸易转移,指因建立对外统一税率和取消内部关税,甲国某些产品会因享有免税优势而取代乙国来自非成员国的进口,即贸易从欧共体外转向欧共体内。

② 参见吴弦:《欧共体的共同农业政策及其调整》,载《西欧研究》1985 年第 5 期。

理与变更、各国涉及进出口的其他种种举措（如出口信贷条件），同样关系颇大。为此，欧共体建立共同贸易政策，以求最大限度地创造公平竞争环境①。（4）财源。由于存在转口贸易，关税同盟确立后，成员国保留各自海关收入已不合理，所以自1970年以来，欧共体开始逐步用海关收入取代成员国捐助，建立"自有财源"，从而拥有维持自身运作与发展、推行政策实施（特别是保证共同农业政策运作）的财力手段。（5）为应对美元激烈动荡，保持内部贸易关系稳定，各成员国于1979年建立"欧洲货币体系"。这对日后成功启动经货联盟，具有重要意义。

（二）统一大市场建设（20世纪80年代中期~1992年）

统一大市场建设是欧洲一体化第二次历史性飞跃，它不仅大大提升了一体化的高度，而且成为承前启后的关键阶段，意义极为重大、深远。

深化一体化以应对全球化挑战，是大市场建设起步的根本动因。1973年至20世纪80年代前期，在两次世界性危机冲击下，西欧经济回升始终乏力，通胀率居高不下，失业率连年上升，致使其与美国差距再度拉大。特别是高新技术领域竞争，明显落后于美、日。同时，随着新兴工业国家崛起，在劳动密集型乃至某些资本、技术密集型领域，西欧同样应对不力。这都构成"欧洲硬化症"和"欧洲衰落"说的直接起因，引起各国重点关注。对此，欧共体认为，只有启动"统一大市场计划"（又称"单一市场"或"内部市场"计划），即成员国之间不仅要继续促进商品流动（指消除"非关税壁垒"），还要实现服务、资本与人员的自由流动（即实现"四大自由"），才能提高国际竞争力，有效迎接挑战。因为各国市场规模狭小，任何成员国都不能单独、有效地参与国际竞争（即使规模最大的西德市场，仍不及日本的一半，仅为美国的1/4）。因此，如果能消除造成市场分割的"三大障碍"（指"边界"、"技术"和"税收"障碍），真正建成单一市场（1986年，欧共体已先后历经三次扩大，人口达3.2亿，而美、日分别为2.4亿和1.2亿），将有望扭转自身的不利地位：随着流通障碍消除，各国企业间的交易成本会大大降低；四大自由将有力促进"竞争"和"规模经

---

① 参见吴弦：《从"共同贸易政策"看"欧洲模式"——谈谈一体化中的"欧洲化"取向及其法律保障体系》，载《欧洲研究》2008年第1期。

济"效应，特别是对欧洲的高新技术产业而言；若成员国政策得当，中长期的宏观经济效应颇为可观，如促进增长、降低通胀与创造就业等。

为此，在欧共体委员会"白皮书报告"（即《实现内部市场》，20世纪80年代中期提交）的基础上，成员国首次修改《罗马条约》，缔结了《单一欧洲法令》，确定应于1992年底前采纳大量相关立法，建成统一大市场，并采纳促进规则通过的两大举措（部长理事会实行多数表决和尽量适用"相互承认"原则）。上述步骤，保证了立法框架如期确立，欧共体在四大自由方面实现了历史性飞跃：

（1）在商品自由流通方面，主要是非关税壁垒的拆除。一是通过各种措施取消针对商品流通的内部边界控制，欧洲终于出现了单一市场；二是采纳"相互承认"原则，协调各国技术标准，促进了商品流通；三是推动解决税收边控问题，致力于各国增值税和消费税的协调工作。

（2）在资本自由流通方面，消除各国的资本流通管制，通过最低限度协调与相互承认相结合，推动"欧洲金融市场"建立与银行业一体化。"第二号银行指令"生效（1993年1月1日）及其他相关指令的通过与实施，成为银行业单一市场如期建成的标志。

（3）在服务自由流通方面，尽管涉及面广且问题复杂，其自由化进程启动较慢，但仍逐步取得进展，主要是在保险、证券（两者均适用了母国控制与成员国监管相互承认原则，对于自由化实施具重大意义）、运输（空运、海运、陆运和内陆水运等）和电信服务等领域。

（4）在人员自由流通方面，尽管这一问题更为敏感、复杂，但通过努力，最终在若干领域取得进展。主要包括：取消对个人携带物品的边境检查，通过不少相关立法保障流动人员的各项基本权利；推动各国对学历、文凭与从业资格的相互承认①。

为解决四大自由引发的深层问题，促进其效应发挥，欧共体还推行了一整套

---

① 应指出的是，要彻底消除边控，必须解决各国针对过境人员的身份确认、防范、打击违法行为与犯罪、移民控制等一系列重大问题，事态发展表明，这是促进人员自由流动的最大难点，也由此成为20世纪90年代以来，欧盟强化政府间合作与一体化框架的重心之一。马约"内务与司法合作"支柱的建立，阿约创立"自由、安全与司法区域"目标的提出以及成员国大量的相应工作（包括1999年10月成员国首脑会议关于移民、避难和共同打击犯罪等重要决议的作出；委员会主席普罗迪强调这是欧盟根除内部边控的"新步骤"，意义重大），都是突出例证。

"平行性"政策,主要体现在"白皮书计划"和《单一欧洲法令》中。较重要的有:(1)加大对落后地区的扶持力度,防止发展不平衡加剧。鉴于自由流动有可能使生产要素从落后地区流向更发达地区,欧共体首次明确将"加强经济与社会聚合"纳入活动目标,实行了"结构基金改革",逐年增加用于援助落后地区的基金数额,使相应预算拨款于1992年翻了一番。此外,在基金框架内还启动了若干专项行动计划,以帮助落后地区的调整和发展,促进单一市场实现。(2)各国工人权利、竞争条件能否一致,与人员自由流动直接相关,遂使欧共体在社会政策领域的活动又有所拓展。主要原因是:第一,1989年12月,理事会以政治声明形式发布《工人基本社会权利宪章》(即所谓"社会宪章"),旨在保证有关国家尊重某些社会权利,如在劳动力市场、职业培训、机会平等和工作环境等方面。在此基础上,1992年6月通过11项重要立法。第二,确立欧洲一级的"社会对话"机制(指委员会与其"社会伙伴"的共同协商程序,协商涉及社会政策的行动方向与具体内容)。第三,增加欧洲"社会基金",强化其作用。(3)制定主要为中小企业参与单一市场竞争提供帮助的企业政策。此外,配套性政策还涉及环境保护、跨欧网络、能源诸领域。

(三)经济与货币联盟建设(1991年~)

经货联盟是区域整合的高级阶段。事实上,自20世纪80年代末起,欧共体即启动了该进程,经过10余年不懈努力,终于又一次实现重大跨越,单一货币欧元得以产生,政策统一与协调更是达到新的历史高度。

欧盟经济一体化与货币一体化进程的持续互动,是导致欧元最终产生的根本原因。尽管《罗马条约》无此目标,但早在20世纪60年代末70年代初,随着关税同盟建成,成员国即曾谋求此事。虽然没有什么成果,然而从长远看,欧洲货币体系的建立(1979年)毕竟是迈出了第一步。统一大市场计划成功启动以及全球化竞争日趋激烈,则成为再度谋求货币一体化的直接动因。推行四大自由,实际上已经实现了经济联盟目标;而为应对全球化挑战,进一步实现货币联盟目标,确立单一货币以提高竞争力和影响力,就不仅可能,且极具必要和迫切性。因为它有助于:(1)保证和深化大市场效应。具体而言:可防止各国货币的竞争性贬值和汇率倾销;消除汇率风险和兑换成本;根除汇率变动对贸易、投资的负面影响;使价格透明度大幅提高。(2)确立健康、稳定的宏观经济政策框架。曾遭受"滞胀"之苦的成员国认识到，扩张性政策造成高通胀，不利于经济发展。实现单一货币，可为转变宏观经济调控创造条件，达到抑制通胀，促进投资、增长和就业。(3) 强化"欧洲在国际舞台上的存在"（考虑到欧盟整体经济实力，金融市场整合和单一货币政策的价格稳定取向等因素）。

基于以上考虑，根据《德洛尔报告》(1989 年 4 月) 及有关决定，货币联盟建设第一阶段于 1990 年 7 月启动。此后，经过艰苦的政府间会议谈判，成员国终于缔结著名的《欧洲联盟条约》，其中就实现"货币联盟"作出了详尽规定，并坚持逐一实施，终于使成员国在经济统一方面再次取得重大进展。这主要表现在以下几个方面。

(1) 经货联盟成员国放弃各自货币，由欧元取而代之，货币层面的一体化最终得以实现。欧元于 1999 年 1 月正式启动。2002 年 1 月，其硬币和纸币开始投入流通；同年 3 月 1 日，加入欧元区的国家的货币全部退出，欧元成为这些国家的唯一支付手段。欧元启动时，德国、法国、意大利等 11 个成员国加入欧元区（英国、丹麦和瑞典自愿选择暂不加入），希腊于 2001 年达标后成为欧元区国家（根据规定，2004 年 5 月入盟的新成员国，均应在条件成熟时加入）。2007 年 6 月的欧盟首脑会议已同意塞浦路斯、马耳他加入①。(2) 作为一种机构创新，欧洲央行与欧央行体系得以确立，由欧央行和成员国央行组成，负责欧元发行与货币政策实施。(3) 为促进各国宏观经济指标趋同，保证货币联盟建立与顺利运行，欧盟确立 4 项标准，包括通胀率、财政赤字、汇率与长期利率诸方面。

值得强调的是，作为一般等价物，货币的统一除对市场统一具有根本性意义外，对于实现宏观经济政策一体化同样至关重要。随着经货联盟启动，欧盟在货币政策与财政政策两大领域，实现了统一与协调。

根据规定，欧元区各国目标、手段本不尽相同的货币政策已转移到欧洲层面，由欧央行体系实行"单一的货币政策"。政策的目标、手段，也由此得到统一。"保障物价稳定"成为首要目标。除保障欧央行独立性外，量化物价稳定指标，选择实施战略，统一政策工具（公开市场操作、存贷款便利和最低存款准备金要求）等，构成促进目标实现的重要手段。与此同时，为了积极配合货币

---

① 两国于 2008 年 1 月正式加入。另外，斯洛文尼亚已于 2007 年 1 月成为欧元区成员国。

政策目标的实现，对各成员国的财政政策实行高度协调。根据条约规定，欧共体在相当程度上获得对各国财政赤字的监管权，如认定某国财政赤字"过度"，可通告其限期削减；若对方置之不理，欧共体有权实行"制裁"，并确定了4项具体措施。此后，又试图通过《稳定与增长公约》的缔结，加大财政纪律力度（顺便指出，尽管事态发展表明严格控制财政赤字并非易事，但这种目标取向与协调机制的确立，对于最终促成良性财政、货币政策实施，仍至关重要）。这里还应强调的是，以往的欧共体/欧盟政策往往局限于一个部门或地区（如农业、贸易、地区政策等），但作为西方最为重要的两大宏观经济调控手段，欧盟层面的货币政策统一与财政政策协调，则意味着对欧洲的整体经济环境产生直接、重大影响（乃至影响到外部世界），其意义不应低估。

三 当前危机与经货联盟建设的深化

众所周知，自2008年秋美国金融风暴冲击全球以来，欧洲接踵陷入多重深度危机。其持续时间之长、涉及面之深广，均为战后之最。继金融系统遭重创后，实体经济步入衰退，失业率高启，政局与社会剧烈动荡，对外竞争力下滑，造成欧洲至今复苏乏力，未能完全走出危机阴影。而其中冲击最大者，莫过于多国相继陷入欧债危机。围绕着是否救助希腊（以及西、葡、意等国的高赤字、高国债问题），成员国间各有诉求，争论不休，应对方案曾一度难产，引发了强烈震荡，暴露出诸多深层结构层弊端，致使"欧元区解体"乃至"欧元垮台"说不绝于耳。显然，自成功推出欧元以来，这已构成对经货联盟最为严峻的挑战，因为其核心成就即欧元的存亡绝续面临重大考验。而欧盟为长远计，如何加以应对，无疑又与经济一体化的发展前景，具有内在的重大关联性。

事态发展再次表明，危机推动了经货联盟建设的深化。除改变"不救助"规则援助希腊（导致临时直至永久性救助机制的建立）、欧央行充当最后准贷款人外（确立了此种做法先例），更为突出的是，经货联盟的制度性建构，得到大幅加强。面对形势的严峻逼迫，尽管欧盟（首先是欧元区内部）有关各方最初争议不断，但经反复磋商后终于达成共识：为有效应对危机，防止其再度发生，进而实现《欧洲2020战略》目标，促进欧洲的长远增长与就业，必须提升经货联盟的治理水平,加强财政、经济政策的协调与监管。而之所以能够如此,历史与现实的深层动因主要有两个。

其一,深化经货联盟建设,符合成员国的共同和长远利益。利益驱动历来是一体化发展的主要动因。如前所述,欧元实际上是欧盟历经三次历史性飞跃,即经关税同盟、单一市场而发展至经货联盟的产物。这意味着半个多世纪以来,随着一体化程度的不断加深,各成员国之间在市场流通(既包括商品与服务,也包括两大生产要素即资本和人员的流动)与政策层面经济利益的相互渗透、交织、融合与影响,已远甚于同区域外国家,达到"高度相互依赖"的程度。故从根本上讲,欧元稳定与发展所产生的正向效应,有利于所有欧元区乃至欧盟成员国(既包括德、法,也包括希、西、葡、意等);反之,其剧烈动荡造成的巨大负面效应,同样不利于所有成员国。再者,一体化程度愈高,退出成本愈大,涉及经济、技术、法律和政治等诸多方面(从这个意义上讲,共同利益的解构甚至难于其建构)①。因此,为维护共同和长远利益,面对危机寻求协调合作的加强,为此而深化一体化建设,必然成为成员国的最终选择。

其二,危机凸显出经货联盟的治理架构"短板",迫切需要加以强化。如前所述,"经济与货币一体化"的"持续互动",导致了经货联盟与欧元的"最终产生"。在经货联盟的建构中,货币联盟的制度设计保证了欧央行独立性及其价格稳定目标的实现(并经受住了危机检验)。而在经济联盟方面,囿于一体化之发展模式,成员国仍拥有财政、经济政策自主权。只有通过制度性安排加以"协调"和"监管",才有望实现各国政策制定与实施的某种契合性,最终有利于欧元区的稳定。《稳定与增长公约》和《里斯本条约》为此种安排提供了法律框架。然而,"走向高度统一与发展不平衡加剧之间的矛盾",② 始终是一体化推进中的基本难点。此次主权债务危机的爆发,直接根源于某些成员国财政、经济政策的持续"失当"。而"失当"之所以产生并最终酿成危机,又与经济联盟的

---

① 故欧盟委员会一再强调说:"近来的危机和欧元区稳定的风险,凸显了欧盟经济之间的相互依赖,并暴露了各成员国的脆弱性,特别是在欧元区内部",Reference:MEMO/10/204, p.1, 20/05/2010。

② 参见吴弦:《经济一体化:起点与基石》,《欧洲联盟50年》第一部分,载《欧洲发展报告(2007~2008)》,社会科学文献出版社,2008,第11页。

协调、监管不力直接相关。① 因此，谋求强化经济联盟的治理短板，加强财政、经济政策的协调、监管机制，自然成为题中应有之义。同时，危机所造成的巨大冲击，从政治上直接凸显出改革的必要性与迫切性，也为欧盟各方积极筹划此事提供了平时所不具备的动力与条件。

正是在上述背景下，欧洲理事会于2010年3月即决定启动工作小组，探讨所有加强治理法律框架的选择方案，欧盟各方也展开了激烈辩论。关于政策协调的规则与程序，委员会认为，尽管《里斯本条约》和《稳定与增长公约》作出了规定，但由于欧盟的协调监管机制存在"缺失"和"薄弱环节"而并未"得到充分尊重"，故需要使"现有的手段"得到"修正与补充"，以便"更强有力"和"更早地"进行政策协调，并"增加预防与纠正机制"。为此，根据条约第136条，委员会提出了一整套建议，主张通过采纳或修订二次立法诉诸实施。以此为基础，欧盟各方经反复磋商与谈判，终于就加强欧盟的经济治理达成最终协议，并通过了相关法律文件。文件于2011年12月全面生效。主要内容包括以下两方面。

（一）强化《稳定与增长公约》实施机制，深化财政政策协调

委员会文件指出，作为规范财政纪律的核心法律文件，公约虽明确规定了"赤字"与"国债"上限（包括违规制裁措施），但鉴于有些成员国在经济发展顺利时，并未"有效遵守"规定或积极整顿财政（以致危机袭来时两者骤增，均远远超出了规定上限，甚至成为促发希腊等国危机的主要诱因），故应从两个方面入手，加强公约的监管机制、深化财政政策的协调力度：

其一是预防机制。旨在对有关国家的财政隐患，能够做到"先期觉察"和采取"先期行动"：现已启动的"欧洲学期"程序规定，欧盟层面将对成员国的"预算指导方针"实行先期评议，以便各国在每年通过预算之前，即被告知"欧洲的视角与指导意见"。为此，委员会建议，应加强欧洲统计局对成员国统计审计的授

---

① 所以委员会文件强调指出：与"货币联盟"相比，"经济联盟"的"发展相对落后"；危机"挑战了"欧盟的"经济政策协调机制并暴露出其弱点"，致使"经货联盟的运行处于特别的压力之下"。参见 1. European Commission, *Economic and Monetary Union and the Euro*, Directorate-General Communication Publications, 1049, Brussels, Belgium, October 2012, p. 7; 2. European Commission, Communicaiton from the Commission to the European Parliament, the European Council, the Council, the European Central Bank, the Economic and Social Committee and the Committee of the Regions, Reinforcing Economic Policy Coordination, COM (2010) 250 final, p. 2。

权,以确保欧盟的评估依据准确。再者,在经济发展顺利时,一国如因政策失当而未就实现中期财政整顿目标取得充分进展,委员会将提交建议,要求其缴纳计息保证金,额度为该国 GDP 的 0.2%。此外,鼓励成员国法纳入欧盟条约的预算义务,以保证所应遵循的预算程序到位,也被视为"预防性行动的组成部分"。

其二是纠正机制。根据"公约"规定,当成员国未能有效遵守赤字标准时,可启动作为纠正机制的"过度赤字程序",促使对方削减。若当事国置之不理,欧盟可实施制裁。针对此次高赤字导致高国债的深刻教训,纠正机制的强化包括:(1)对赤字国启用该程序时,可实行"加速程序"(特别是对累犯国),即可跳过程序启动的初始阶段。(2)鉴于有些国家在经济状况良好时,未能充分降低国债水平,严重抑制了危机应对和长远增长能力(与老龄化造成的税源问题直接相关),故"更加突出"了纠正程序中的"债务标准":当某成员国债务比率超标时,如在早期阶段的下降低于一适当标准,同样可启动过度赤字程序。(3)如欧元区国家被启动过度程序,可受到缴纳非计息保证金的制裁,额度为该国 GDP 的 0.2%。(4)未能遵守纠正行动建议的欧元区国家,将被给予罚款。(5)谋求将欧盟预算的聚合基金与过度赤字程序的实施挂钩。

此外,为了保证各国财政的可持续性,法案还就"成员国预算框架的最低要求"及其保障机制,作出了明确规定。

(二)将经济监管扩大到宏观经济和竞争力失衡领域

近 10 年来,欧元集团内部宏观经济与竞争力发展差距持续加大(即所谓的"离散""失衡"趋向),是导致主权债务危机爆发的更深层原因。[①] 故委员会建议称,为使成员国能及时就此做出政策性回应,应将"经济监管"扩大到财政领域之外,即拓展、深入至"宏观经济和竞争力失衡"领域,以确保早期确认潜在风险,防止有害失衡出现,并纠正已存在之失衡。为此,根据《欧洲 2020 战略》及《欧洲联盟运行条约》第 136 条,欧元集团内部关乎宏观经济失衡的同行评议已被"升级为结构性的监管框架",确立了新的"宏观经济失衡程序 (Macroeconomic Imbalance Procedure,MIP)",旨在"预防和纠正"宏观经济和竞争力的离散趋势。其主要做法如下。

---

① 这被认为是"破坏了欧元区的凝聚力,阻碍了经货联盟的顺利运行"。

确定一系列宏观经济指标（如出口市场份额、单位劳动力成本、生产率、就业、净外国资产地位、私人部门信贷和资产价格等），由委员会针对欧元区整体并同时以国别为基础进行追踪，监督其发展演变，并对是否存在失衡风险进行评估。当一成员国某项指标跨越"警示门槛"时，委员会将进行深度分析，以确定失衡是否有害。此后，委员会可采取三种做法：如认为问题不大，程序被终止。若失衡存在，将在"欧洲学期"中提出行动建议。若认定"存在严重失衡"须及时纠正时，可启动"过度失衡程序"：建议理事会对此作出明确宣布，并通过委员会要求失衡国所应采取行动的建议，后者必须提出纠正失衡的路线图与时间表。最后，如该国不采取纠正行动，可对之实施财务制裁。

同时，无论是在财政还是经济领域，为了加大推动实施纠正行动的力度，部长理事会就投票程序作出了更新，实行所谓"逆向特定多数表决制"。例如，当委员会建议实行财务制裁时，除非理事会以特定多数票反对（仅欧元区成员国具有投票权），否则将被视为通过，由此大大增加了否决难度。委员会的相应作用，也获得了进一步提升。

（三）建立"欧洲学期"制，加强欧盟对各国经济决策的协调力度

最后应提及，为了加强对各国经济决策的协调力度，欧盟还确立了所谓"欧洲学期（the European Semester）"制。委员会文件称，欧盟从"危机中汲取的重要教训"就是各国的经济决策均有（正向或负向的）溢出效应，直接影响到其他成员国。故从长远看，作出机制性安排，在各国作经济决定时即在欧盟层面加强协调，对于促使更多欧洲因素纳入决策，提高协调效率与效果，强化监管力度，最终促进欧洲的增长与就业，都具有明显意义。自2011年启动的"欧洲学期"制，正是这一安排的主要体现，被视为加强经济治理的"新路径"。其主要创新点如下。

（1）周期性、先期性与指导力度加大。依照安排，"欧洲学期"以每年上半年为一周期（1~6月），具有确定性和常态化特点。值得强调的是，由于协调具有所谓先期性，发生在成员国下半年决定其预算草案和政策实施〔即所谓的"国家学期"（the National Semester）〕之前，遂使其对成员国决策的影响力增大。对此委员会文件指出，"这一'上游'的政策协调，应当使政策指导的贯彻更为有效，有助于将欧盟维度嵌入成员国的政策决定"。（2）协调"进程"具有"包

容性",即纳入了"所有与经济决策相关的"欧盟机构(欧盟委员会、欧洲理事会、部长理事会、欧洲议会)及各国政府与议会,顾及了决策行为主体的各个方面,有利于各方诉求与利益的平衡。(3)决策协调的集中性和广泛性。根据委员会建议,每年一度的"稳定与趋同计划"(事关各国财政纪律和政策)审查已从秋季提前至春季,以与对"国家改革计划"(涉及成员国促进增长与就业的经济政策)的讨论同步进行。与此同时,协调还纳入了"先前未受到系统经济监管的政策领域",如宏观失衡和金融部门等。总之,"欧洲学期"的"目标是确保所有的政策被同时分析和评估",这无疑有助于协调效率与效果的提高。

此外,关于"欧洲学期"的协调机制本身,包括其工作流程与时间进度,各行为主体的互动方式与程序等,均作出了严格规定,以确保欧盟层面的政策导向能够发挥更大影响力。其间的几个主要关节点是:每年1月由委员会发布欧盟的《年度增长纲要》,就欧盟和各国需要采取的优先行动给予总体性指导意见。纲要经欧洲议会、部长理事会讨论后,欧洲理事会春季年会据此发布欧盟对各国政策的指导意见。此后,各成员国将于4月提交"稳定"或"趋同计划"和"国家改革计划"。委员会在5月根据统一的分析框架(涉及财政、宏观和结构政策诸方面),对提交计划加以评估,并在此基础上,公布针对各国的具体政策建议。建议先经部长理事会讨论,并获6月的欧洲理事会认可后,于6月底(或7月初)由部长理事会正式通过付诸实施(各成员国政府在建议基础上,制定本国预算并提交各自议会讨论)。

结　语

综上可见,战后半个多世纪以来,植根于欧洲文明中的欧洲经济一体化进程,在历史与现实诸多深层因素的推动下,以欧盟作为机构化、制度化、法制化的组织形态,欧洲民族国家通过主权的转移和共享,不断深化相关举措,最终实现了三次历史性飞跃,从关税同盟、单一市场发展到了经货联盟的阶段,在市场连接、政策统一与协调乃至货币统一方面,取得了其他区域经济组织难以企及的长足进展。经济一体化的拓展深化,构成了欧盟的活动重心与影响力基础,进而对欧洲乃至世界经济、政治格局的发展演变,都产生了重大、深远影响。当然,随着欧盟的不断深化与扩大,如何解决走向高度统一与发展不平衡加剧之间的矛盾，势必成为其发展进程中无法回避的核心难点问题。对此，欧盟一方面强调必须巩固、维护单一市场的统一性（作为经济一体化发展的基石，这始终是委员会的工作重心之一），不应有任何例外存在；另一方面，就更高层面的经货联盟而言，则允许成员国选择例外或多种速度（如对英国、丹麦、瑞典等，以及目前的中东欧成员国），以利于一体化深化的推进。值得指出的是，尽管发展不平衡加剧构成了严峻挑战，但随着各国经济相互依赖程度的不断加深，加强制度性建构以推动一体化进程深化，毕竟符合其共同和长远的利益。这正是欧债危机中成员国谋求加强经货联盟（首先是欧元区）的经济治理，深化其协调、监管机制的根本原因所在，同时亦为欧元区未来谋求走向"财政联盟"和"银行联盟"，进一步深化"经济联盟"和"政治联盟"建设，提供了深层动力与条件。

〔本文第一、二节原载于《欧洲联盟50年》（《欧洲发展报告（2007~2008）》）。根据本文集要求，对原文做了相应调整。鉴于近年来的欧债危机与深化经货联盟建设密切相关，笔者又补写了本文第三节和结语部分。特此说明。〕

第二章 民族建设、国家转型与欧洲一体化

周 弘*

在以主权国家为主体的当代世界,欧洲联盟是一个独特的现象,它不是一个国家,而是一种特殊的政体(sui generis)①,但这种特殊的政体并非没有来由,它建筑在国家之上(超国家),成长于国家之间(政府间),与国家的建设和发展有着难以分割的关系和很多类似的经历,因此,人们总是不断地尝试在国家建设的经验中,寻找对于欧洲联盟建设的规律性认识②。但是,在欧洲民族国家的建设经历中,曾经出现过一些波澜壮阔甚至惊心动魄的社会和历史现象,而这些现象并没有在欧洲一体化的建设进程中再现,民族国家的许多要素看来也很难欧

---

* 周弘,中国社会科学院学部委员、研究员。
① 许多欧洲学者都在他们的著述中讨论过"欧洲联盟"这种特殊政体的性质问题,如 S. Hix, *The Political System of the European Union*, Basingstoke: Macmillan, 1999; R. Eising and B. Kohler-Kcoh, "Introduction: Network Governance in the European Union", and B. Kohler-Koch, "The Evolution and Transformation of European Governance", in B. Kohler-Koch and R. Eising eds., *The Transformation of Governance in the European Union*, London: Routledge, 1999; G. Majone, "The Rise of the Regulatory State in Europe", *West European Politics*, Vol. 17, No. 3, 1994, pp. 77 – 101; G. Marks, L. Hooghe and K. Blank, "European Integration from the 1980s: State Centric Versus Multi-level Governance", *Journal of Common Market Studies*, Vol. 34, No. 3, 1996, pp. 341 – 378; A. Moravcsik, *The Coice of Europe: Social Purpose and State Power from Messina to Maastricht*, London: Sage, 1996, pp. 121 – 150; 等等。
② 这方面的尝试包括政治学者、历史学者,还有不少多学科的尝试,例如 S. Bartolini, *Restructuring Europe, Center Formation, System Building and Political Structuring between Nation-state and the European Union*, Oxford: Oxford University Press, 2005; A. Hurrelmann, S. Leibfried and P. Mayer eds., *Transforming the Golden Nation State*, Palgrave, 2007。

洲化，这就留给世人很多有关欧洲联盟性质和前途的疑问与悬念：例如，在欧洲民族国家基础上建立起来的欧洲联盟是否处于新的"国家建设"进程中？如果是，它完成了国家建设的哪些步骤，有哪些步骤尚未完成？那些尚未完成的步骤最终是否可能完成？如果欧洲联盟因循国家建设的规律，是否难以摆脱国家兴衰的厄运？如果欧洲一体化的进程不能被看作是一种国家建设的过程，那么又如何解释欧洲民族国家在功能领域里的权力大量地向欧洲联盟层面转移的现象？再如，欧洲联盟是否避开"民族建设"进程而直接进行"国家建设"？如果是，那么没有文化融合、社会认同和普及性政治参与权这些现代政治体制的基本条件，欧洲联盟怎么会快速地实现"体制构成"（system formation）？形成某种享有全权的体制？还有，欧洲联盟是否只是一种多质和多速的"中心构成"（center formation）过程？从"中心构成"而非"国家建设"的视角，能否比较全面地解释欧洲一体化的基本方式和路径？

要回答上述这些问题，需要了解欧洲民族国家的形成和发展规律，了解构成欧洲民族国家的各种关键要素，理解这些要素之间组合变异的原因，从各种组合中分解出可变和不可变的成分，追寻它们在欧洲国家建设和欧盟建构过程中的演变和结构关系。

一 关于国家建设与转型的两种观念

对于国家建设和国家转型的认识，向来有两种主要的观念。一种认为，"国家"有一个"先验的"（a priori）原因，是为着某种目的、某种道德的前提或者社会文化的前提，被国家中的"人"（或国民）建立起来的[①]。一般的社会组织可以根据经济和市场的发展而改变自己，但是国家却不同，因为只有国家中的"人"才能根据人们的社会组合和利益关系确定国家的功能，让国家根据特定的原则调动资源和力量，建立体制和机制，规范冲突并保障安全，成为统治和秩序的工具。简言之，国家体制的发展与人的发展同步。

---

① 约瑟夫·威勒认为，欧盟没有"一个公民"，因此也就"不是一个国家"，而是"先行动后思考"的典型。J. H. H. Weiler and M. Wind eds., *European Constitutionalism Beyond the State*, Cambridge UK: Cambridge University Press, 2003; J. H. H. Weiler, *The Constitution of Europe*（程卫东等译《欧洲宪政》，中国社会科学出版社，2004，第3～9页）。

决定国家性质和功能的"人"绝不是抽象的,有关人和人的组织的内涵要比国家机器本身丰富得多。人来自于不同的族群,拥有独特的文字、语言、生产生活方式和社会共享方式等特性,这些特性由于经过了漫长而久远的发展历程,所以很难因为环境的改变而轻易地褪去自己的色泽。人的活动经历塑造了不同的国家特性。

另一种观念认为,国家作为一种统治和管理的机器,它的内涵和外延在人类发展的历史中一直都在发展中变化着。从古希腊的"城邦国家",到16~17世纪欧洲的"领土国家"、17~18世纪的"宪政国家"、19~20世纪的"民族民主国家",再到20世纪的"民族福利国家"①,不同时期的国家具有不同的特征。这种特征说明,国家本身包含着多重功能,由于时代的不同,国家机器的各种不同功能交替发挥着主要作用。因此,认识国家建设与转型的规律的一个主要的方法就是分解这些功能,并且考察它们在不同历史条件下的变化和作用。

德国不来梅大学的胡勒曼(A. Hurrelmann)、莱普夫利德(S. Leibfried)和梅耶(P. Mayer)等人提出,当代欧洲的国家机制提供四种"核心的规范性福祉":即确保和平和人身安全、提供自由和法律的确定性、保证民主自决权、保障经济增长和社会福利②。胡勒曼等人和不少经济社会史学家③一样,把20世纪六七十年代看作所有上述国家功能都得到了充分体现的欧洲民族国家的"黄金时代"。在欧洲一体化的大潮冲击到民族国家体制的堤坝之前,在欧洲的领土国家之内,经济力量、政治力量和社会文化力量曾经相互制约而又相互支持,国家保证安全、法治、民主和福利的功能相互联系,形成了一种"相对稳定的均势"(relatively stable equilibrium)和一种"相互协作的格局"(synergetic constellation)④。但是,从20世纪80年代开始,上述均势被打破,欧洲民族国家内部的力量格局出现了重组,在国家之内,经济力量、政治力量和社会力量的变动导致了国家机制的改革和变迁。那么,这些力量是怎样变动和组合的呢?新的组合有哪些特性?新的均势是否有可能在更大的范围内或者更高的层次上出现?

---

① A. Hurrelmann, S. Leibfried and P. Mayer eds., *Transforming the Golden Nation State*, Palgrave, 2007, pp. 5 - 7.
② Ibid., p. 4.
③ K. Polanyi, *The Great Transformation: the Political and Economic Origins of Our Time*, Boston: Beacon Press, 1957; G. Esping-Anderson ed., *Welfare States in Transition-National Adaptations in Global Economies*, Sage Publications, 1996; etc.
④ A. Hurrelmann, S. Leibfried and P. Mayer, op. cit., p. 3, 7.

胡勒曼等人尝试通过考察不同功能领域国家机制的变化，了解各种力量重新组合的趋向与方式。他们根据国家作为"领土国家"的安全保障功能、作为"宪法国家"的秩序维持功能、作为"民主国家"的权利维护功能和作为"社会干预国家"的福利创造功能，就税收与安全、商业法的制定、因特网管理过程中的民主合法性和有效性，还有一些社会政策的制定等进行了案例研究，在上述几乎所有的领域都发现了权力转移的现象。例如在民族国家征收税赋的领域，国家的责任和权力已经开始向国际和超国家的层面转移，特别是向欧洲联盟层面转移。欧盟的体制给成员国的税收法规设置了严格的制约标准，欧洲联盟甚至在很多场合都担负起了原本属于国家的行政职权和责任。在不少领域，留给成员国的就只剩下最后干预的权力。① 这一基本判断，在欧债危机的情势下得到了进一步的验证。欧洲联盟通过经济治理的"六大方案"、"欧洲学期"以及"财政公约"等措施，进一步侵蚀成员国的传统财政权力，并将其中的重要部分继续向欧洲联盟层面转移。在国家的核心权力领域，如军事和防务，"重要的转型"现象也在不断发生，"多层治理的结构正在形成"②。科索沃战争以后，这种结构转型的速度明显加快。在欧洲联盟努力巩固自己的治理边界的同时，成员国的传统规制和行政责任正在不断地出现"分散化"的转移，成员国和超国家行为者开始共同地履行传统的国家责任。在越来越多的国家责任领域，特别是在经济和社会政策领域，已经呈现出欧洲联盟相对于成员国的主导作用。

　　大量的实证经验可以说明，国家功能和权力的"分散化"转移趋势有可能引发国家转型。但是，这种转移并没有重复历史教科书中的规律。我们看到，在不同的功能领域中，权力的转移虽然相互关联，但呈现出明显不同的速度和力度。在我们过去一直认为是国家权力的核心领域，例如税收和军事，由于欧洲一体化运动的拉动，成员国的国家机器并没有逃脱权力和责任被分散化的命运，虽然国家资源和结构的不同导致了转型的领域和先后次序不同。在有些领域，国家是转型的发动者；在有些领域，国家是转型的配合者；在另外一些领域，国家则

---

① Uhl Susanne, "Time to Say Goodbye? The Nation State and Taxation", in A. Hurrelmann, S. Leibfried and P. Mayer, op. cit., pp. 27–48.
② Sebastian Mayer and Silke Weinlich, "Internationalization of Intervention? UN and EU Security Politics and the Modern State", in A. Hurrelmann, S. Leibfried and P. Mayer, op. cit., p. 72. 关于这方面的发展，参见王湘穗：《欧盟的独立防务：行动与趋向》，载《欧洲研究》2007年第1期。

是转型的主要管理者。如果不是从功能国家而是从民族国家的视角来考察,那么欧洲一体化运动带来的变化可以说是乏善可陈。在国家的层面上,民主的组织方式受到了产业信息化和政治欧洲化的很大挑战,但是在发明了政治民主制度的欧洲,并没有在欧洲联盟的层面上形成一套真正的民主程序和一个民主政治空间,也"找不到为公民社会提供的高民主素质的参与"[1]。

关于国家功能转移的实证研究,将我们带到了国家转型理论的边缘。无论我们怎样去证明国家干预功能、规制功能和执行功能的转变,都无法解释欧洲联盟的"民主赤字"问题。我们看到大量的国家职能和权力转向了欧盟的超国家机制、多边机制、非政府组织乃至私营部门,但是仍然不能解释民主政治以及与此相关的、需要民族认同才能实行的国家政策,为什么不能"溢出"到欧洲一体化运动的洪流中去这个问题。

根据哈贝马斯的解读,欧洲一体化不是单数的运动,在不同的领域里都存在着一体化进程:当城市国家的市民变成了民族国家的国民的时候,资产者的国家建立了资本主义的经济和政治体制,也创造了自己的一套行为逻辑。货物、资本和劳力的市场都遵从于这套不以人的意志为转移的自由交换的规律。这套规律是一种"体制一体化"(system integration),一种"以金钱作为媒介的社会一体化"(social integration)。这种"体制一体化"与那种以行为者和他们的意识作为媒介,通过价值、规范和相互理解而进行的"社会一体化"形成竞争而非合作的关系。同样,通过民主公民权而实现的"政治一体化"(political integration)代表了社会总体一体化的一个方面,而非全部。因此,在哈贝马斯看来,自由经济的一体化,并不必然导致政治一体化,资本主义和民主体制之间本来就蕴藏着冲突[2]。

二 "中心构成"(center formation)、"体制建设"(system building)与"系统程序"(systemic progress)

如果说哈贝马斯的观察提醒我们去关注不同性质的一体化进程,为我们理解

---

[1] Jens Steffek, "Breaking the Nation State Shell: Prospects for Democratic Legitimacy in the International Domain", in A. Hurrelmann, S. Leibfried and P. Mayer, op. cit., p. 157.

[2] Jürgen Habermas, *Between Facts and Norms. Contributions to a Discourse Theory of Law and Democracy*, Cambridge, Massachusetts: The MIT Press, 1996, pp. 501–502.

欧洲建设的规律提供了一个新的切入点，那么施泰因·罗坎（Stein Rokkan）使用过的"中心构成"和"体制建构"以及"边界"概念，则为我们提供了有用的工具，可以帮助我们分析各种一体化进程之间的关系。在罗坎看来，领土中心并非铁板一块，在领土中心内部，功能中心的建构一直都没有停止过，通过解读功能中心之间的相互作用，可以透视罗马帝国的兴衰。例如，罗马帝国有三个主要的力量来源，即经济中心、军事－行政中心和文化中心。这些中心遵循各自的发展规律和发展进程，在各自的发展演变过程中，分别调动相关资源，发展自己的组织结构。只是在特定的时段和特定的条件下它们才会相互支持。由于这些中心的发展相对独立，因此当军事－行政组织结构在公元5世纪轰然解体的时候，作为经济中心并履行贸易职能的"城市带"（city belt）网络依然保留了下来，并且继续服务于从地中海延伸到北欧的贸易。作为文化中心的罗马教会以及借助字母书写而进行长途信息传播的文化网络，也依附在密布于"城市带"沿线的教堂、修道院和教会领地上而保留了下来。罗马帝国作为一种控制领土的政治体制瓦解了，但是其经济和文化的设施和组织并没有寿终正寝，甚至还在和伊斯兰的对峙中得到了发展。

依照罗坎的思维逻辑，我们可以勾画出不同类型国家的发展演变脉络。从远古的地方社区开始，国家建构经过最低功能的演变过程，因不同的自然环境或历史条件，向着不同的方向发展：有的经历了经济技术的演变过程，向跨地区的、商业的和工业的"城市领土中心"发展；有的为控制外部冲突而经历了军事行政的演变过程，向"军事领土中心"发展；有的为管理内部冲突而建立组织，经历了司法立法的演变过程，向"司法领土中心"发展；还有的经历了宗教和象征性信仰的演变，借助跨地区的书写形式而形成"宗教领土中心"。后人根据不同中心在不同时段的主导作用和突出特点，为这些中心冠上了"军事威权国家""法治国家""宗教国家"等名称[1]。

罗坎不仅披露了疆土国家内部多功能中心并存的现象，还通过定义"边界"解释了"中心构成"的动力和方式，从而也解释了人的因素与物质因素在国家建设过程中的相互作用。他还区分了"前线"（frontier）、"疆界"（border）和

---

[1] Stein Rokkan, *State Formation*, *Nation-building*, *and Mass Politics in Europe*, Oxford University Press, 1999, p. 99.

"边界"（boundary）的不同含义，提出"前线"和"疆界"都与领土相关，但是"边界"可以用来定义成员身份，因而既可以定义军事 - 强力的边界，也可以定义经济边界、文化边界和政治 - 行政的边界。在一个疆土范围内，可以有多个重合的边界，也可以有许多不重合的边界，例如文化或经济的边界就可能独自超出领土边界而形成自己的网络，现代的因特网和贸易圈已经跨越了疆土的管辖，形成新的中心。不仅如此，在各个边界内的空间里也实行着不同的规则。罗坎把领土空间称为"地理空间"（geographical space），把其他物质、社会和文化的空间称为"会员空间"（membership space）。会员空间的边界要比地理空间的边界严密得多。个人可以跨越领土边界，但是很难被一个团体接纳为会员。这说明，会员空间的构成和动力都不容忽视。罗坎认为，人类社会建构的历史就是领土空间与会员空间之间的相互作用的历史[1]。因此，他把关注的重点放在了各个中心（或空间）在建构和发展过程中相互作用上。他认为，资源禀赋、地理距离和沟通渠道等制约要素是问题的核心，把握了这些要素的演变及它们之间的相互关系，就把握了中心构成的基本规律。

  沿着罗坎的思路，我们可以清晰地看出中心构成和体制建构的过程，以及在这些过程中各种要素之间相互关联的关系[2]。经济体制的建构规则是维护和拓展市场。体制从一个边缘社区起步，经过自给自足的阶段，必然地出现市场发展，并伴随着工匠、商人、资产者等人物的出现，贸易、交换、货币等工具的开发以及城市的兴起，成为现代化运动的一种不竭动力。在这种现代化的过程中，经济体制逐渐融入各种交换的网络中，生产和交换的相互依存度不断加强，商品和服务不断地渗透到新的领土，并在新的领土上发展扩大，甚至汇聚成为新的市场力量和市场机制。文化体制的建设规律则不同。同样是从一个边缘社区开始，文化中心的发展规律是一边趋同，一边求异，通过语言、文学、学校、教会等载体，以抄本为工具，以僧侣、经文抄写者、科学家为精英，建立起跨地区的宗教、教会和学校，维护特殊的认同，同时实现语言、宗教、意识形态的标准化，并且使这些标准化的信息和规范渗透到新的领土上，形成文化的规范和体制。至于军事 - 行政体制的建设，则是通过招募军官和官员，建立强有力的军队、警察和行

---

[1] Stein Rokkan, op. cit., p. 104.
[2] Ibid., p. 119.

政机构，并通过这些机构，将人员分遣到新的领土上去，再借助经济和文化的力量，对领土进行军事和行政的整合和分割。

军事－行政体制的向外扩张、商业体制的对外渗透，以及文化体制利用学校、教会等渠道进行的对外信息传播和体制建设，都是领土中心中的变量。它们遵循不同的发展逻辑扩展着自己的空间，经济中心一方面要保护自己的市场，另一方面又要发展替代市场，因此推动了交易网络的建设，促进了市场和领地的整合；文化中心为了使本中心区别于他中心，就要为巩固自我、征服他者而致力于特定标准的建立和特定规范的传播。军事－行政中心致力于领地的占有，并通过占有而获取维系军事－行政体制的资源，但是这种体制往往不能垄断和调度所有的资源，在体制的缝隙中，还存在着大量的经济和文化会员体制。各种不同中心的权重、组合及相互影响使得领土中心的成分和侧重点不断地发生着变化。领土分割和领土整合的趋势相互砥砺，相互依存的力量和分庭抗礼的力量此消彼长，形成了历史发展的丰富内涵，也解释了欧洲历史上的多重体制结构以及这些结构之间深层次的不对称和发展的不均衡：经济和文化体制可以忽视军事割据状态，在自己的空间中顽强地延伸着，一直到领土中心的边界于中世纪后期开始收缩和重新划定。当新的、强大的、以"民族"为标志的领土边界切断了经济和文化自然延伸的网络，一种新的政治力量就崛起了。同时，一个新的民族国家的时代也就开始了。

斯特凡诺·巴尔托里尼（Stefano Bartolini）在总结和概括罗坎理论的基础上，着重考察了各种体制相互作用的方式，提出了系统程序（systemic process）来源于"对个人选择的回应"的命题。他认为，一个政体外部疆界的巩固与其内部政治结构的形成之间存在着密切的关联性。环境的变化引发各种各样的内部调整，系统在调整中生成。巴尔托里尼还将罗坎关于"边界"的概念和赫尔施曼（Hirschman）关于"退出"[1]和"发言"[2]之间存在替代作用的论断相衔接，认为"边界"的"锁闭"（locking-in）机制，可以增加"退出"的成本（或者强迫购买公共产品，或者允许"发言"），鼓励或者强制采取"不退出"的行动[3]。这种提高"退出"成本和增加"发言"机会的重复使用和不断发展，使

---

[1] 主要是指经济行为，例如逃税、从事地下经济活动、逃避社会义务或向外移民。
[2] 指政治行为，特别是有组织的政治行为。
[3] S. Bartolini, op. cit., p. 13.

"边界"之"内"(ins)的机制没有机会与"边界"之"外"(outs)的机制进行交流和沟通,从而形成了内外机制的差别。同时,也促使经济、政治和文化等边界内发生结构调整,建立起新的系统程序。

城市国家、民族国家、帝国等政治体制的形成过程都是从不同的中心向外延伸至极限,同时又在不断扩展的边界内建立体制和系统的过程,在这些过程中,边界的锁闭和内部结构的调整相互作用。但是这种边界锁闭的状态,并非只适用于领土国家。从经济中心发展出经济体制(贸易网、关税同盟、全球经济等)构建了自己的边界,从行政中心延伸出关于权利、义务和责任的职能机构也建立了自己的边界,同样,从文化中心演变出宗教、语言、民族认同等机制和边界,由军事中心产生了对于边界清晰的领土的控制和镇压机制。这些过程是分别进行的,相互之间虽然有交织,但是在不同的历史时期或不同的历史条件下,交替由一个系统作为主导。由此看来,体制构建可以来自于很多原因,最后形成的国家特点也各有侧重。不过,在民族国家时代,政治、军事和行政中心的控制能力更为突出。

巴尔托里尼的主要关注点在于政治系统扩展的过程和方式。他认为,系统不是从单个的团体中生长出来的,而是在特定的领土范围内,借助于内部教育机制的组织、福利国家的建设和政治权力的机制化等一系列措施实现的[①]。也就是说,政治系统对于经济和文化系统可以产生干预作用。在这里,"发言"权很重要,如果成员们选择不退出,那么就意味着它们具有在某种程度上影响组织机制的能力,使组织机制的建设向着降低"发言"门槛、提高"退出"代价的方向发展。当然"发言"也需要规范化,否则就不会有人听,也不会发生作用。政治组织于是就这样形成了:边界的设立约束了"退出"、制约了资源,使政治谈判的系统结构(systemic structure)经过三道机制:"内部规则和准则的政治化"、"资源的转换"和"系统的相互作用"而发展起来[②]。这样,巴尔托里尼就将个人选择和体制形成的过程更加紧密地联系了起来,从而在"中心构成"的基础上增加了"系统程序"的内容。

巴尔托里尼将边界的确立作为政治内部系统建设的一个最主要的先决条件。比较严密的边界对于边界内空间的资源整合和机制生成起到了最主要的"约束"

[①] S. Bartolini, op. cit., p. 35.
[②] Ibid., p. 47.

(circumscription)作用，尽管边界形成在早期受到了环境或生态约束、农地约束、资源禀赋约束和社会约束等先决条件的影响。边界的固定减少了个人退出的可能，并且根据"退出"与"发言"的情况，建立起内部的差别和等级制，这些机制进一步加强了对外部边界的控制和对内部群体的管理。因此，所有的外部边界的建设都会带来内部边界的撤销或者调整。巴尔托里尼认为，在欧洲一体化的过程中，存在着外部边界的确立与内部边界的撤销相互作用的现象。这个现象被沙普夫（F. W. Scharpf）称为"消极的一体化"和"积极的一体化"。消极的一体化就是"建立市场"（market-making）的一体化，通过消除贸易壁垒等政策措施来增加市场一体化的程度，使得欧洲联盟的经济体制不断扩大；积极的一体化则是"校正市场"（market-correcting）的一体化，通过引进社会政策和地区发展措施来影响市场行为，建立市场规则①。这一过程意味着，对内建立超国家的社会和地区政策、消除壁垒、建立包容性的标准、抹杀群体和领土之间的差别，对外则建立排他性的规则。这一过程的主要推动力，显然是经济社会发展的自然规则。

巴尔托里尼关于边界作用的讨论，无疑是在为欧洲一体化建设寻找一种可以验证的类国家的发展规律。如果欧洲一体化运动可以被看作是一种新的中心构成过程，当然就需要继续回答，什么是欧洲联盟边界扩展运动的主要推动力？这种推力的边界构成过程是怎样的？边界内外的结构是否由于"退出"和"发言"的情况而发生变化？这些变化的规律和方向是什么？随着时间的推衍，在欧洲联盟的层面上，是否会出现在欧洲国家建设史上曾经出现过的某种类型的国家形态？这种国家或类国家形态的体制建设和系统程序又是怎样的？

可以说，在欧洲经济法律以及相关社会领域里率先出现了边界拓展、标准演变和内部结构转型调整等现象，这些现象也基本符合经济中心构成的规律。关税同盟、统一市场规则、竞争法律法规、有利于劳动者流动的社会政策等，都来自于建设"四大自由"②的统一市场的需求。在文化空间中，情势却很不相同。巴尔托里尼分析了三个关键领域：（1）通过建立欧洲层面的认同来创造一个文化平等区域，但是这种认同的话语传播，往往受到民族国家文化传播的阻滞；（2）实现一种极具欧洲特点的政治参与权，不过这种参与权最终还是通

---

① S. Bartolini, op. cit., pp. 177 – 178.
② 指欧洲共同体内商品、人员、资本和服务的自由流动。

过民族国家的政治程序才得以实现；(3) 共担社会风险的政策和机制，可是这些社会政策和机制在真正的社会风险到来之际，却显得杯水车薪、软弱无力①。此外，巴尔托里尼的分析也与欧洲的国家建设经验相左。在欧洲一体化的进程中，新中心的规则和标准不仅先于领土边界而得以确立，而且以降低军事和高层政治的领土边界的重要性作为重要前提。欧洲的新领土中心的拓展一反民族国家的发展规律，经济、文化和军事、政治、行政中心的边界不再同步发展，而是在更大的空间中分头发展。即使在经济和文化中心内，也存在着不同的分领域和不同的边界重组，例如在财政领域里，内部边界的撤销速度就远远慢于其他经济领域②。在强力和安全的领域里，则出现了另一种奇怪的现象：对外的边界并没有确定，但是对内的边界（警务、司法）正在消除。

要想了解欧洲这种犬牙交错的边界的重复出现和规律，还需要认识除了边界和中心以外的其他要素。需要认识推动体制创新的动力来自于哪些利益？这些利益又是怎样组织的？组织的依据和原则是什么？它们都有哪些内部和外部的约束？也就是说，它们的边界在哪里？它们的加入和退出规律是什么？譬如在民族国家的层面上，利益的组合是清晰的，政党的政纲也是明确的，但是在欧洲宪政的问题上，民族国家政党的态度就很难用传统的观念来解释。在欧洲联盟层面，政党的利益边界开始模糊，政党的政治观点出现多种利益的混合，且不具备民众代表性。政治选举者们仍然被锁闭在民族国家政治代议制的边界中，他们的视野和权限与其他中心扩展了的边界之间存在着一个新的空间，这个空间被"欧洲精英"（而非"民族精英"）和他们的组织占据着。这些欧洲精英与欧洲边界变动的关系是作用与反作用的关系。

三 "民族建设"（nation building）与"国家转型"（state transformation）

要理解欧洲一体化的建设过程，民族国家是一个绝对重要的环节，而"nation"作为"民族"和"国家"双重代表的历史并不悠久。

---

① S. Bartolini, op. cit., p. 212.
② Ibid., pp. 242-243.

说到民族建设,也有至少两种明显不同的观念。一种认为民族的成长与国家并不相干,"民族的权力既不需要被政府承认,也不需要由人民来维护"①,它独立于国家,是自在和自为的。这种自在和自为的力量被欧洲的封建君主们所忽视,但被拿破仑战争所唤醒。它以"自由"为口号,以"自决"为理想,用民族"合法性"去抵制法国征服者采用的相对先进的行政体制。这种"民族合法性"的主张有很多知名的推崇者,例如赫尔德(J. Herder)就认为,民族来自于一种自然的成长:人民就像是家庭一样,是一种自然的植物,只是有很多的枝杈而已。卢梭(Rousseau)也认为,自然是不变的、天赋的,而国家是变化的,所以国家必须服从自然的要求,国家必须跟随民族,在政治上统一民族②。安东尼·史密斯(A. Smith)表述得更加明确:民族是一个与其他人种不同的特殊的群体,政治认同和忠诚首先而且主要针对民族。民族植根于历史,作用于社会,因此"必须是政治性的"③。也就是说,民族应当实行政治自治,而且这种自治通常采取主权国家的形式④。根据这种典型的政治自然主义的逻辑,现代国家无非是民族发展的必然延伸。

但是,这种理论无法解释为什么并非所有的民族都发展成为国家;为什么在过去的历史中,有不少民族相互融和了,在当今的世界上,又有不少国家是多民族的。舒尔策(H. Schulze)认为,民族是有差别的。有些民族是"文化民族"(kulturnation),而另外一些民族则成为"国家民族"(staatsnation)⑤,布鲁贝克尔(R. Brubaker)甚至提到"国家是强势文化民族的国家,是为强势文化服务的国家",假如一个政体里有两个具有文化意识的公民(demoi),那么在民族国家建设的过程中,最终总有一个民族占上风,因此民族国家建设与民主建设是相互冲突的⑥。

---

① Lord Acton, "Nationality", in Gopal Balakrishnan ed. , *Mapping the Nation*, New Left Review, 2000, p. 19.
② Otto Bauer, "The Nation", in Gopal Balakrishnan, op. cit. , p. 75.
③ Anthony D. Smith, *Nations and Nationalism in a Global Era*, Cambridge, UK: Polity Press, 1995, pp. 153 – 155.
④ Anthony D. Smith, op. cit. , p. 21, Elaborated by John Breuilly, *Nationalism and the State*, University of Chicago Press, 1994, pp. 3 – 18.
⑤ H. Schulze, *State und Nation in der Europäischen Geschichte*, München: Verlag C. H. Beck, 1994, p. 16.
⑥ J. Hall ed. , *The State of the Nation. Ernest Gellner and the Theory of Nationalism*, Cambridge, UK: Cambridge University Press, 1998, p. 226.

另一种观念认为,民族的形成与建设和国家的形成与建设密不可分,甚至民族就是由国家构成的。因为所有独特的民族标志和民族观念都来自于"工作"(work)①,而"工作"本身是具有时代性的,其形式和内涵都在国家的空间内发展变化。鲍威尔(Bauer)甚至干脆质疑民族来自于同种族群体的科学依据,认为语言、习俗等不能构成民族的基本特征。他举例说,意大利民族来自于使用同一种语言的很多人种,而犹太民族则使用着许多种语言。在鲍威尔看来,"民族特性是可变的"②,民族的形成和国家的形成都是历史的过程。历史造就了两个效果:一是创造了物质财富,二是创造了特殊的文化价值。这两者之间并不割裂,而是相互影响的。19世纪的工业化进程,使世世代代在同一块土地上务农的人们背井离乡,切断了他们的整个教育和传授经验的系统以及通过这种系统而传播的文化。在新的外部环境下,人们需要找寻新的认同,在共同面对各种挑战的过程中,人们形成了"命运共同体"③。所以,民族形成的原因,不仅仅是共同的祖先、相同的基因、类似的语言文化等自然因素,而是在共同的命运和经历中,在不间断的沟通和相互影响的过程中生长出来的共同特性。霍布斯鲍姆(Hobsbawm)甚至把民族传统称为"被发明创造的传统"(invented traditions)④,把民族主义说成一种政治规划(political programme)⑤,是在特定的历史时期,由特定的利益,为了特定的目的而策划出来的。具体地讲,政治理性主义认为,民族不仅是不断发展变化的,而且是被创造的。在18~19世纪,是新兴的资本主义通过改造教育而造就了民族意识,又让民族意识服务于资本主义的国家。

上述两种截然相反的观念有一个共同点,就是它们都认为欧洲的民族建设与国家建设既不同源也不同步,它们之间有先后主从之分,也有各自发展的规律。没有人能够否认民族发展的历史渊源,但是民族发展并不必然与国家建设相重合。事实上,在民族国家出现之前,很多早期国家都曾经提出过自己的合法性标

---

① Ernest Gellner, "The Coming of Nationalism and its Interpretation: The Myths of Nation and Class", in Gopal Balakrishnan, op. cit., p. 102.
② Otto Bauer, "The Nation", in Gopal Balakrishnan, op. cit., p. 40.
③ Ibid., p. 51.
④ Eric Hobsbawm and Terence Ranger eds., *The Invention of Tradition*, pp. 6 – 7, 10 – 11, etc; John Breuilly, "Approaches to Nationalism", in Gopal Balakrishnan, op. cit., p. 191.
⑤ Eric. J. Hobsbawm, "Ethnicity and Nationalism in Europe Today", in Gopal Balakrishnan, op. cit., p. 256.

准，声称有权根据某种原则代表其领地的居民。这种合法性取决于国家在多大程度上提取或调动资源去建设领土的内部团结机制，在多大程度上将这些资源分散或使用到各个阶层的居民中去，并使这些居民感到满意，或者将他们的不满控制在一定的秩序内。例如，在罗马帝国的强力边界之内，就曾经包容了不同的文化团体和一些相对封闭的市场体系①。帝国行政中心的强大掩盖或控制住了其他的中心系统，将它们的边界变为会员制。

民族国家出现以后，这一切就改变了。首先，在以民族程序为主导的民族国家中发展出一种内部的同质化措施，即所谓"平等的领域"（equality area）②。到了19世纪和20世纪民族国家和民族社会时代，根据这个平等原则，国民参与到政治统治之中，"民族认同"的各种标记被一而再、再而三地创造出来，"社会分享的机制化"以及政治参与权的机制化，都加强了在文化和行政领域里的中心机制。因此可以说，"国家和民族所代表的是不同的历史进程"，这两个进程"在现代国家的形成和现代民族的建设过程中实现了汇合"③。民族建设和国家建设这两个不同进程的汇合，是我们理解当前民族国家与欧洲联盟的最关键的钥匙之一。

问题的症结在于民族建设与国家建设是怎样汇合的？是以什么样的方式和结构汇合的？哈贝马斯认为，民族（nation）的概念出现在罗马时代，本来是用来定义有着共同祖先的人民的团体，因为有着共同的定居地、语言、习俗和传统而聚集在一起。这种聚集经过了漫长的中世纪，都并没有形成政治国家。④ 在中世纪后期，来自欧洲各地的大学生们在意大利博洛尼亚求学，他们根据不同的来源地而形成称作"民族"（nation）的学生团体，根据"退出"与"发言"的不断重复的规律，形成了一套内部的民主管理方法（例如选举制和轮换制）。这些留学生将这种政治性的经验运用到他们在母国的政治活动中，形成了民族政治的一些规则。所以，民族建设对于民主国家的建设是产生过影响的，而民主国家建设只是国家建设历史脉络中的一个阶段。

在罗坎看来，构成民族与国家关系的最重要的原因还是"人在欧洲的定居"

---

① S. Bartolini, op. cit., pp. 22 – 23.
② Ibid., pp. 111 – 112.
③ Jürgen Habermas, "The European Nation-state—Its Achievements and Its Limits. On the Past and Future of Sovereignty and Citizenship", p. 283.
④ Ibid., p. 282.

(the Peopling of Europe),是凯尔特人的扩张、罗马人的征战、日耳曼部族的入侵、阿拉伯人 18 世纪穿过伊比利亚对高卢的征服、维京人的劫掠与占领、斯拉夫人和芬兰-乌戈尔语系民族向日耳曼的西向推进、日耳曼人自 12 世纪开始的向东扩张……是族群对领土的占据为欧洲民族国家的形成奠定了基础①。对于有些民族来说,族群建设是一个动力内核,而外部世界则是有可能伸缩的。北欧的君主们一边在异族的领地里进行着快速的帝国扩张,一边在内部巩固族群统治的机制。当他们因为战败而回到他们族群的腹地时,由于有了民族的统一和独特的法律体制,所以国家没有被肢解。英国的君主们自百年战争从法国撤退以后,就开始了一个都铎王朝统治下的内部巩固时期。但是相反的例证也比比皆是:在法国,君主们花费了很长时间才巩固了自己的领土。一直到拿破仑激发了欧洲大陆的民族建设高潮以前,法国的国家建设一直是以王权为核心,而不是以民族为核心进行的。类似的情况还出现在哈布斯堡王朝等封建势力强大的领土上。在德国和意大利,民族意识和民族机制的兴起与领土边界的确定,一直拖延到了 19 世纪后期。所以,在有些国家是民族建设先于国家建设,而在有些国家则是国家建设先于民族建设。也就是说,除了民族的自然动力以外,国家发展还有其他的理性或者事物发展规律的推动力。经济动力、宗教动力和行政动力,都可能依据自身的逻辑而成为民族或国家建设的动力。

的确,我们看到,民族建设与国家建设的行为主体是不同的:推动国家建设的行为者,主要是律师、外交官和官员,他们的工作是建立有效率的官僚机制。推动民族建设的主要行为者,却是另外一些群体——作家、历史学家、新闻记者等,他们致力于将民族在文化的意义上统一起来②。这些人物本可以各有自己的历史进程,但是当他们要在同一地理空间中进行各自建构的时候,就不可能不产生相互影响,甚至相互利用,在欧洲的很多地方,这两种努力交汇而成为同一种力量,创造出类似的政体。

回过头来看历史进程:欧洲早期国家的建设与发展的确很少看到民族的力量。群体的生存需要、君主的领土贪欲、商人的贸易活动、体制的发展规律等相继促使国家机构发生和发展。但是到了近现代,特别是社会出现了大规模的转型之后,原来的国家形态开始面临双重的挑战:一是在宗教战争之后,欧洲社会出

---

① Stein Rokkan, op. cit., p. 153.
② Jürgen Habermas, op. cit., p. 283.

现了宗教多元的倾向，以罗马教会为主导的文化中心受到肢解，相对强大起来的世俗政权需要一种世俗的合法性，一种以世俗权力控制的领土为新边界的文化中心；二是人口从农村向城镇的迁移，将人们从传统的社会关系中连根拔起。用哈贝马斯的话说，"社会需要有一种抽象的整合"，一种能够使得散落在广袤领土上的人们感到在政治上负有相互责任的思想意识认同①。时代呼唤新的文化观念和文化中心，民族主义被创造出来，继而升华了民族，改造了国家。

总结一下，种族认同早已存在，但是，种族或民族的认同，在漫长的历史中并没有被机制化、法律化、政治化，也没有被国家化。民族作为一种文化中心在欧洲是自在的中心，也是分散的中心，是隐藏在单一宗教文化中心阴影下的分立的空间。欧洲近代社会的大变迁挑战了国家的功能，迫使它回应社会工业化和世俗教育标准化的问题。社会变迁也挑战了文化中心，新的社会力量和知识力量奋起反抗传统的宗教文化的权威。作为新的文化中心的民族力量崛起了，它和传统的国家力量都需要回应社会巨变带来的新课题，于是它们相互利用、互相支持。国家功能向社会领域"溢出"，民族则在文化舆论方面"认同"，于是国家功能的加强，特别是对于教育的投入，增加了民族意识，而民族认同程度的提高，则使得国家的政治参与和社会分享机制得以建立。民族和国家在"特定时期"和"特定条件"下，共同建立起严密的民族化的边界。"退出"的难度增加了，同时体制与社会提供了物质和精神的双重优惠和机遇，结果，经济、政治、社会机制迅速根据新的情况实行转轨，在民族国家新建的藩篱下调整结构，实现体制勾连，民族国家进入了政治民主制和社会福利制的时代。

在民族国家时代，传统国家的经济中心进行了结构调整、转型和发展，实现了工业化和城市化；传统国家的司法功能因为社会生活的丰富而得到充实；传统国家的军事-行政中心由于税收的支持而空前强盛。唯一例外的是文化中心。在罗马时代，宗教文化中心是普世性的，到了民族国家时代，普世性宗教文化的地位为独特的世俗民族文化中心所替代。

民族国家内部的统一和边界的固化，使得它们有可能在相对和平的时期超脱国内社会利益纷争，在与国内社会压力相对绝缘②的条件下，以民族国家整体利

---

① Jürgen Habermas, op. cit., p. 286.
② 田野：《探寻国家自主性的微观基础——理性选择视角下的概念反思与重构》，载《欧洲研究》2013年第1期，第49页。

益代表的身份成为国际社会中的行为主体。但是，相对和平的状态下，国家边界内外的差别日益缩小，国家作为整体利益代表和安全守护者的权力少有需求。相反，民族国家中经济中心和文化中心的超越领土边界的延展，得以顺利进行。边界的持续弱化，使得边界内国家行政体制整合资源的能力不断下降，各种中心建构开始在边界内外的空间发展，这是欧洲一体化所处的环境，也是其他政治体所面临的挑战。欧洲一体化的独特之处在于：一、欧洲领导人寻求和平的政治意愿率先挑战了传统的国家边界；二、欧洲国家选择了让行政中心服从于经济中心发展的需要，在打破民族国家边界的同时，逐步建立起欧洲统一的边界。

结语：民族国家的转型与欧洲一体化

在欧洲民族国家时期，文化、经济和政治－行政的边界高度重合并相互支持，有效地约束了经济、文化和政治资源边界的扩张，因而可能在一个固定的范围内迫使资本和投资者接受协商的规则，并且将它们的部分利润用于国内再分配。但是，这个体制受到了边界外部环境变化的巨大挑战：在欧洲民族国家边界之外，出现了经济全球化和欧洲一体化这两大历史进程。

严格地讲，欧洲一体化的发展是对全球化竞争的一种反应，是一种"政治规划"。为建立欧洲统一大市场而作出过突出贡献的雅克·德洛尔（Delors），曾经用迫切的口吻告诫欧洲人，他们必须"快速行动，否则欧洲将变成一个美国人和日本人用来进行考古发掘的场所"[①]。欧洲统一大市场的建立拓展了民族国家的经济边界，扩大了经济交易的空间。经济要素的跨边界活动带动了与之相关的其他要素，如法律规则、货币政策乃至社会服务等网络相应开始进行跨边界扩展，从而改变了原来领土边界内各个中心之间的权重，使得其他中心的规律屈从于经济拓展的规律，而经济力量在原来的领土边界之间推动了"去区别化"（de-differentiation）的国家功能性转型[②]。

但是，这次国家转型不同于以往。在国家的众多功能中心中，经济和法律功

[①] Cited in Volker Bornschier ed., *State-building in Europe. The Revitalization of Western European Integration*, Cambridge University Press, 2000, p. 4.

[②] S. Bartolini, op. cit., p. 375.

能中心的转型和扩展大大快于其他中心。为了"更好地为经济服务""提高经济竞争力""防止国家退化""减少由于公共预算赤字而造成的财政压力"等①，成为新的"合法性"说辞。那些传统的国家功能随着社会发展的规律而经历着这种"体制的一体化"的转型，但是那些民族带给国家的特性与功能，因为遵循另外一套发展逻辑而往往拒绝转型，因为转型所带来的"去区别化"抹杀的正是欧洲各民族引以为豪的特性。于是，民族国家的国家功能正在依次向欧洲联盟趋同，但是民族国家的文化功能则固守民族国家的边界，力图在"统一体"中保持"多样性"，或者在"多样性"中建构"统一体"（unity in diversity）。这样一来，在两种不同的运动（国家功能的转移和民族文化的固守）之间就出现了一个发展"错位"造成的新空间。这个空间太过功能性、太强调利益和规则、太缺乏文化特质，欧洲的民族文化精英们还不屑于占领这个空间，将它留给了欧洲理性主义和功能主义的精英们。

综上所述，由于民族建设和国家建设之间存在着时间差，它们提供给民族国家的机制就大体分为两类，一类是国家提供的，形成于民族国家出现之前，例如行政和法制；另一类是民族对于国家的贡献，例如民主参与和文化认同。福利国家从严格的意义上来讲，既不是经济功能的简单"溢出"，也不是社会共享的必然结果。如果没有广泛的社会认同和政治认同，工业化的大潮也必然促成某种形式的社会保障和社会再分配机制，如美国建设"伟大社会"，并不是因为民族主义运动的推动。但是，欧洲民族国家的民主参与，推动了欧洲社会保障体制的建立向着全民福利国家这种社会共享机制发展。

在欧洲一体化的历史进程中，民族国家牢固的领土边界被打破了，领土空间中的各类中心必然出现不同速度的转移和重组。民族国家中的经济和法律等机制来自于国家建设历程，它们遵照功能性规律向欧洲联盟层面转移；民族国家中的社会文化等机制来自于民族建设的历史，它们根据民族性逻辑滞留在民族国家的层面。民族和国家在欧洲一体化时代的"错位"发展，将那些出现于民族国家形成之时，受到民族和国家两种力量双重推动的、类似社会再分配的机制置于被肢解的状态。尽管欧洲联盟在想方设法重新整合功能和民族这两种推动力，用"辅助性原则"来发挥民族的作用，而用"共同体政策"来拉动功能性发展，但

---

① OECD 1990：9/10，1993a：7，1993b，1997：7。

是两者之间的矛盾和裂痕比比皆是。目前，欧洲仍在经历的债务危机调动了欧盟层面的功能建设，推动了财政等领域的一体化建设。在国家边界外的压力日益增大的情况下，边界内的社会政策调整被迫启动，各个成员国在相互影响下开始走上"矫正福利"（welfare recalibration）①的道路，纷纷以统一大市场为基础，限制国内员工的工资，以工作优先为标准改革劳动力市场，以灵活保障为目标削减福利开支。虽然自20世纪80年代以来，欧盟层面已经多次通过限制成员国国内政策选择的自主性、为欧盟社会立法及社会政策设置议程等方式，不断地重新界定民族福利国家的边界②，以适应欧洲经济边界的扩展和经济空间的扩大。但是即使是在共同应对危机的前提下，由于欧洲民族国家多样化的合法性，各国的政策改革依然是在本国决策程序认可的条件下分头进行的。这些程序由于受到社会多重利益的影响而一波三折。在很多场合下，欧洲联盟保护市场、发展经济中心的努力被诠释为权力转移游戏，欧洲一体化一方面被民族国家的政府借用以推行必要的改革，另一方面又被用于转移民众对现状的怨恨。在这个艰难的过程中，虽然不断向欧盟层面转移的仍将是体制中的功能性成分，但是对于这些功能转移的认可与否定涉及欧洲的民族性，而欧洲民族性的变化才真正预示欧洲的未来。

民族建设和国家建设之间的差别，决定了欧洲一体化进程中各个中心和系统发展的取向和速度。那么欧洲一体化是一种独特的"国家建设"进程吗？我们已经看到，在功能领域里，欧洲一体化在某些方面继承了欧洲国家建设的进程，但这种继承本身也是独特的：欧洲共同体是由多个民族国家的政府而非一种社会主导力量率先划出新边界的。由于这个边界一直处于变化之中，因此欧洲联盟内新中心的构成也呈现出不断变动的特点。在最具民族特性的领域里，民族国家政府未能划出新的边界，因此欧洲联盟的文化中心建设还要经历漫长的时间，或者需要等待新的社会大变迁为它提供新的契机。

（原文载于《欧洲研究》2007年第5期，辑入本文集时作者根据编者要求稍作扩充和修订。）

---

① 〔荷〕安东·赫梅尔赖克（海默瑞克）、马赛厄斯·斯特潘：《当福利国家改革与欧元危机不期而遇》，郭灵凤译，载《欧洲研究》2013年第1期，第111页。
② 同上，第120页。

第三章 欧元与欧洲的联合和改革

裘元伦[*]

欧元正式流通,无论对欧洲还是对世界经济政治,都是一件历史性大事。它既意味着倡导一系列新的主题,又意味着唤起一系列新的敏感,给欧洲和世界的发展进程注入了一些错综复杂的因素,其中也包括某些不确定因素。笔者认为,无论如何,欧元的诞生是一项非凡的事业,尽管它可能还会经历一系列曲折。为了说明这一点,认为有必要先来讨论一下中国人应如何观察欧洲一体化事业(包括欧元)的方法论问题。

一 中国人应如何观察欧洲一体化(包括欧元)进程

(一)要有历史感

了解一点欧洲历史,才能更深刻地理解"二战"后的欧洲联合进程("欧洲联合"比"欧洲一体化"的含义更宽广一些)。在欧洲历史上,人们曾作过多次统一的尝试。自公元前6世纪以后,希腊各城邦从西西里岛到西班牙的欧洲沿岸建立了众多的殖民地。从公元前4世纪开始,罗马的军事力量在地中海欧洲的地理范围内兴起并在初期获得成功。公元4世纪,处于希腊-罗马文明之外,"野蛮人"的多样性战胜了西罗马帝国的欧洲统一性。大约400年之后,法兰西国王

---

[*] 裘元伦,中国社会科学院学部委员、研究员。

查理大帝又一次尝试统一欧洲。他于公元 800 年底，作为政治首脑与当时作为教权首脑的利奥三世合作，在欧洲联合思想的引导下，建立了基督教的罗马帝国，随着查理大帝的去世，经过半个世纪的一系列战争，欧洲在政治上又分裂为许多"蛮族"王国。16 世纪的查理五世和 17 世纪的路易十四继续梦想建立一个统一的欧洲帝国政权，而后，18 世纪末浮现过拿破仑的欧洲帝国之梦。到了 20 世纪上半叶，希特勒做了短短一阵子日耳曼帝国之梦。与历史上这些主要基于军事帝国基础之上的欧洲统一相比较，"二战"后的欧洲联合具有完全不同的背景、动力与目标。20 世纪两次世界大战的创伤、30 年代经济危机的教训、"欧洲世纪"的最终结束、超级大国的称霸以及欧洲自身生存与发展的需要，使阿登纳、舒曼、德加斯佩里等欧洲政治家认识到，如果未来的欧洲不是作为一个统一体出现，就没有其世界地位。在欧洲历史惯力、国际竞争压力、实际利益引力、主要国家推力、倒退成本阻力和欧洲发展潜力的共同作用下，应当说，当代的欧洲联合具有较为坚实的基础。

可以预期，欧洲人绝不会轻易放弃他们已经为之奋斗了 2500 多年的联合与统一事业。建立在终止欧洲流血战争历史愿望基础之上的新政治文化，盼望欧洲经济统一带来的物质利益以及巩固与推广在历史中发展起来的欧洲社会模式，为这一事业提供了强大动力。这些动力给欧洲人带来了百折不挠的勇气和力量。仅就货币统一问题而言，欧洲历史上既有过失败的货币联盟，也有成功的货币联盟。到 19 世纪末，欧洲领导人已签署过六项货币共享协议，主要包括 1865 年的《拉丁货币联盟》协议和 1874 年的《斯堪的纳维亚货币联盟》协议。这两个货币联盟的失败，都源于在艰难时刻缺乏中央协调和政治决心。但欧洲也有著名的成功例子。19 世纪的其他两个货币联盟十分成功，它们一直作用到今天。1815 年德意志联盟由 39 个独立国家组成，每个国家都有自己的货币制度标准。1859 年，在意大利统一前两年，多达 90 种不同的金属货币在今天的意大利领土上流通。这些货币联盟的成功有着显而易见的原因：强大的中央政府控制着国家开支，大多数时间内只有一国控制印钞机[①]。而今的欧洲统一货币欧元，欧洲人也已为之奋斗了差不多半个世纪，至少 30 年：从 1969～1970 年的《维尔纳计划》，到 1979 年的欧洲货币体系；从 1991～1992 年的《马斯特里赫特条约》，到 1999

---

① 《欧元唤起欧洲统一之梦》，载〔美〕《国际先驱论坛报》2001 年 12 月 29 日。

年欧元作为账面货币问世,到 2002 年欧元纸币与硬币正式流通。在 1999~2001 年的三年里,虽然欧元对美元的汇率曾从 1∶1.18 高点跌至 1∶0.82 低点,跌幅超过了 30%,但仍然经受住了考验。汇率并不是衡量欧元这三年成败得失的决定性标准。欧元在欧洲联合、欧洲经济和欧洲改革中所起的积极作用,欧元在国际货币体系中已经站住脚跟,这是欧元基本取得成功的主要标志。当然,即使在欧元正式流通后,它还将继续面临一系列考验,例如,在短期因素方面包括兑换过程可能产生的问题;双币流通期可能出现的混乱;政府和企业须承担的转换成本(占工商企业销售额的 0.3%~0.5%[①]);公民和企业的适应状况;由调整价格尾数之类而可能引起的某些物价上涨问题;伪钞、抢劫、黑钱、境外欧币、与地下经济相关的货币沉淀外露等导致的货币安全问题;还有美国联邦政府与美联储的美国货币政策走向问题;等等。中期不确定因素包括世界首先是美、欧经济形势(增长率、利润率、劳动生产率等);欧洲内部各个方面的协调与改革(欧洲中央银行必须强化职能,欧洲金融机构和金融市场仍较僵化必须继续加速改革,"欧洲"的货币政策与"国家"的财政政策必须协调等);欧盟第 5 轮扩大对欧元产生的影响;欧元作为"没有政府"的货币和欧元区国家政府成了"没有货币"(指原"国币")的政府。在这些背景下,欧元要想成为堪与美元相比的强币尚需时日,其强大地位的确立有待于争得全世界对它的信任,这符合历史的逻辑。

(二) 要有现实感

这里主要是指要了解西欧地区国家和民族的特性。在 20 世纪里,欧洲人取得了成功,也经历了失败,他们从上半叶的失败中,觅得了下半叶的成功之路:联合与改革。在过去的 50 年里,欧洲人在联合的道路上每每迈出脚步时,就有不少人预言"他们成不了"。当 1992 年 2 月《马斯特里赫特条约》正式签订时,有多少人真的相信欧洲能在 1999 年统一货币?然而,欧洲人基本上做成了。人们不应忘却,西欧各国曾是民族国家的典型,西欧地区是一个民主国家集中的地区。"民族特性"和国家主权是一个很难迈过的门槛,而"民主国家"更是一种十分"麻烦"的制度。因此,欧洲联合只能一步一步朝前走。欧洲改革同样如

[①] 《进展中的工作》,载〔英〕《经济学家》2001 年 12 月 1 日,欧元系列文章之一。

此。和美国相比，欧洲不是以变化为前提的社会，战后的欧洲变革（包括联合），有的并非出自其历史传统的内在因素，而是人为建立的制度。但在经济全球化、地区一体化、科学技术迅速发展和宏观经济理论变化等因素的驱使下，尽管困难重重，尽管欧洲联合至今尚未有明确的目标——是走向欧洲合众国或欧洲联邦？还是形成欧洲邦联或"祖国的欧洲"？国家联盟或主要是一个自由贸易联盟？但欧洲联合与改革的进一步发展势在必行。

正因为西欧地区的国家和民族具有上述特性，因此，伴随着过去半个世纪的欧洲一体化进程，经常发生关于欧洲联合前途问题的讨论或争论。在目前，欧洲人几乎都承认，欧洲一体化正处于同时存在四种选择的岔路口上。第一种前途是欧洲联盟虽然主要依旧是以主权国家为基础的联合体，但它必定会朝着超国家思想和联邦主义的方向发展，为此，还应作出实质性的主权转让（和共享），制定"欧洲宪法条约"，构筑欧洲政府权力；第二种前途是使欧洲联盟朝着邦联主义的方向发展，是"祖国的欧洲"，是"政府间的合作"——尽管这些合作不时含有某些超国家因素，这个欧洲主要是接受一种深化了的、强大的自由贸易区形式；第三种前途是使欧洲联盟内部变成"有能力先行者可以先走一步，滞后者可在日后逐渐跟上来"的多种速度的欧洲，这里的"多种速度"有人又把它细分为只有"一个核心"的一体化进程的阶梯化方案，具有"多个核心"或称"可变几何体"（随涉及的领域不同而异）的一体化进程的差异方案，在"祖国的欧洲"思想指引下的"各取所需的方案"，以及把成员分为"部分成员资格"和"优先成员资格"方案等①；第四种前途是欧洲一体化的崩溃②。笔者认为，欧洲未来的前途不会是上述四种中的任何一种，而是前面三种的混合体，即欧洲联盟是联邦主义、邦联主义和自由贸易联盟三者的结合。欧元的正式流通，给欧洲一体化事业注入了一个强有力的联邦主义因素。人们也许可以大胆设想未来欧元区可能会出现某些改组，但欧元是不会垮台的。退一万步说，即使欧洲陷入第四种前途——一体化崩溃，欧洲也决不会因此而跌进黑暗的时代。因为，经过半个多世纪的欧洲联合的努力，欧洲的政治、经济、社会乃至文化地图已经发生了

---

① 参见〔德〕克劳斯·吉林：《灵活性原则》，载〔德〕维尔纳·魏登费尔德等主编：《欧洲联盟与欧洲一体化手册》，赖志金等译，中国轻工业出版社，2001，第77～83页。
② 参见〔德〕约瑟夫·雅宁：《欧洲联盟的未来》，载〔德〕《德国》（中文版）2001年12月～2002年1月第1期，第36～40页。

极大的改观，它们的千丝万缕的联系和已经植入肌体的变化，仍将通过别的途径和形式表现出来，没有悲观的理由。

也正因为西欧地区的国家和民族具有上述特性，在过去半个多世纪欧洲一体化进程中，它们之间所发生的争论和矛盾，大多数最终都能找到解决办法。诚然，民主制度是一种相当"麻烦"的制度，一项提案从提出，经讨论辩论，修改再修改，到通过、签署，直至最后生效，通常要经过几年、十几年甚至几十年时间。仅就欧洲统一货币而言，我们且不说1969年2月欧共体海牙首脑会议作出的到1980年将启动欧洲经济与货币联盟的决定（后来因故流产），仅为欧元正式流通，欧洲人就奋斗了13年：1989年4月，"德洛尔计划"规定了分三步实现欧洲经济与货币联盟；1990~1991年，关于政治联盟和经济与货币联盟的两个政府间会议为《马斯特里赫特条约》做好了准备；1991年12月，欧共体当时12个成员国的国家或政府首脑在荷兰的马斯特里赫特通过了该条约；1992年2月，这些国家的外交部长正式签署该条约；后经各国议会和相关机构批准后，该条约于1993年11月正式生效（"欧洲共同体"也从此正式改称"欧洲联盟"），比原先预想的生效日期几乎晚了两年。但是不管怎么说，欧洲人还是成就了事业。欧洲民主国家在一体化进程的纷繁复杂的矛盾中，通常总能找到出路，其原因和手段在于：第一，它们彼此之间从不寻求"同化对方"，但也不是简单的"共处"，而是尽力找出一种"与他人团结"的模式。第二，它们之间往往作出单方或互相让步以达成妥协。1951~1952年的欧洲煤钢共同体之所以能够成立，反映了法、德两国都怀有"欧洲再也不要发生战争"的意愿，从而把当时仍被视为重要战争资源的煤钢生产部门交由共管机构监督；1957~1958年欧洲经济共同体之所以能够开始运转，因素之一是德国和法国在工业和农业部门的利益上达成了相对均衡。1999~2002年欧元之所以得以问世，因素之一是德国以放弃"国币"马克的货币优势以换取法国对德国统一的支持，同时，德国联邦银行的货币理论和政策方针实际上已为欧洲国家普遍接受，如此等等。第三，采用"一揽子"谈判的策略。1997年的《阿姆斯特丹条约》就是一例。该条约拟定了一个范围宽泛的一揽子改革计划，它包括对有的条约组成部分进行大量改善和革新以及共同体权限和程序的扩展，同时还作出了大量的例外规定及保障可行性。第四，实行灵活性原则。一体化进程中的灵活性原则，为那些希望并有能力加快一体化进程的国家提供了在一体化进程中走在其他国家前头的可能。

在这个进程中,不同的国家在时间先后上,并且因此在成员国资格的层次上也有所不同。这是一个向心的原则,目的是使更多的国家参加到一体化进程中来。但这一原则也怂恿了与此相反的倾向,因为那些没有参与共同政策或不愿意采取共同措施的成员国,可以随时脱离而去①,或一开始就不加参与,欧元区目前只包括欧盟 15 个成员国中的 12 国就是一例。英国在社会政策上也选择了"放弃",脱离了共同体政策的一个核心领域。第五,对不同领域采取不同的秩序模式。"马约"不追求事事统一的秩序模式。这反映出各国不同的欧洲一体化观念。欧洲一体化有"三大支柱":在第一支柱(欧洲经济与货币联盟)中,自 1957 年始选择的道路在本质上得到了延续,2002 年欧元正式流通乃是一个新的里程碑;在第二支柱(内政司法)和第三支柱(外交安全)中则相反,主要采取的是一种国家之间的协调模式,其中第三支柱似乎还不及第二支柱那么协调紧密。

在观察欧洲一体化进程时,如果能合理地考虑到上述历史感与现实感,那么我们就能理解或预测,在过去的三五十年间欧洲统一货币——欧元的诞生过程和今后几年、十几年甚至几十年欧元的成长过程,为什么必定会是曲折复杂的。

(三) 要有战略观

为了能够比较正确地观察和对待欧洲一体化进程,中国人还需要更多的战略眼光。其实欧洲领导人在设计和推进欧洲联合时,始终是有深远的战略考虑的。远的不说,仅在欧元作为账面货币问世两年半取得基本成功之后,法国总理若斯潘就在 2001 年 5 月 28 日的一次演讲中明确提出了欧洲一体化新的战略目标。他把这种"欧洲生活方式"称为政治大业的组成部分,他认为,"直至不久之前,欧盟的努力都集中在建立货币和经济联盟上……然而,今天需要的是更宽阔的视野,要不然,欧洲就会蜕变成一个纯粹的市场,就会在全球化中一败涂地。因为欧洲绝不仅仅只是一个市场,而是一种在历史中发展壮大起来的社会模式"②。这些话语中,隐含着欧洲人对一个更加独立、更加强大和更能在世界经济与国际政治中发挥重大影响的欧洲的追求。欧洲要成为世界生活中真正有分量的一极。这一

---

① 参见〔德〕克劳斯·吉林:《灵活性原则》,第 77~83 页。
② 〔德〕于尔根·哈贝马斯:《欧洲需要一部新宪法吗?》,载〔德〕《德国》(中文版)2001 年 12 月~2002 年 1 月第 1 期,第 63 页。

极并不专门针对美国霸权，更不追求欧洲自身霸权，也不企图把美国"独家垄断"变为（包括欧盟在内的）几家"寡头垄断"。欧洲所不愿看到的是美国过于称雄，这不利于维护世界其他地区和国家的利益，不利于国际合作，不利于国际新秩序的民主化、合法性和世界生活的多样性。在当前形势下，人们没有必要去讨论"多极化并不一定能保证世界和平与经济繁荣"之类的空洞理论命题，而是要作出努力去对这个太过失衡的世界作某些必要的修正。为此，欧盟正在形成自己的塑造"全球秩序"的思路与战略。

诚然，欧洲与美国具有基本一致的价值观和一系列重大的共同利益，但欧洲与美国方案的不同之处至少有下列六点[①]：

1. 社会模式

盎格鲁－撒克逊和欧洲大陆的市场经济与民主概念有重大差别。大多数欧洲人仍相信自己的社会模式，同时也认识到需要加以改革，使之适应新的内外基本条件。

2. 地缘经济

欧盟出于自身的政治与经济原因，支持地区合作和一体化的方案。欧盟认为，稳定和充满活力的世界经济是以世界各地区经济紧密结合为基础的。而美国则寄希望于市场开放原则、自由贸易区和与其"战略伙伴"建立双边经济关系。

3. 地缘政治

在有行动能力和关系密切的地区内，以有效的地区间合作模式为基础的全球管理结构符合欧洲一体化的逻辑。美国则更喜欢松散的地区联合（因为在这种联合中，美国可以尽可能地发挥重要作用）或者与其战略伙伴的合作，以便在全世界各地区加强自己的政治影响。

4. 多边主义

在世界政治中，欧洲寄希望于多边主义，它强调共同利益、权利分享、相互关系和与其他国家协调利益，并以有约束力的共同游戏规则和合作为准则，美国自20世纪90年代中期以来更喜欢推行实力政策，保护与其战略伙伴的双边关系，越来越多地推行单边主义以及拒绝建立全球规则。

---

① 参见〔德〕迪克·梅斯纳：《欧洲联盟在新的世界政治中的前途》，载〔德〕《国际政治与社会》2001年第1期。

5. 安全观

欧洲人在经历两次灾难性的世界大战后,他们从内心深处感到,不易受伤害是一种幻想。而美国,由于其地理位置和相信可以用技术(例如,导弹防御体系)来解决威胁问题,因此认为自己不易受伤害。由此产生了不同的安全政策基本信念。就国际危机而言,欧洲人更多地考虑经济合作、建立公民社会结构、奉行缓和政策以及建立减少冲突的多边机构,较少考虑通过军事干预来摧毁"敌对结构"。欧洲人的易受伤害和相互依赖的意识与"共同安全"的思想相符。而美国则相信自己的军事优势,在对外政策中军事反应明显得多,冷战时代的敌友范畴仍居主导地位。

6. 国际组织

欧盟支持有行动能力和有效率的国际机构,认为联合国等国际机构越来越重要。而美国多年来一直在遵循削弱联合国的方针。

欧洲能在多大程度上实现其塑造"全球秩序"的思路战略,其关键因素是欧洲联合与欧洲改革的成功程度以及欧洲领导人的政治意志。而欧元将在其中起极其重要的促进作用。笔者认为,中国应比过去更加重视欧盟及其统一货币欧元。

二 欧元对欧洲本身和外部世界的重要影响

欧元是欧洲一体化进程中一项目前尚未最终成功,但将来很有希望获得成就的大业。因此,在讨论欧元对欧洲本身和外部世界的影响问题时,具有某些不确定性。尽管如此,欧元的重大影响在许多方面还是清晰可辨的,主要是:欧元将促进欧洲的政治稳定和经济繁荣,将进一步推动欧洲一体化,欧元是促使欧洲改革的催化剂,是给世界经济特别是国际货币体系注入的重要的新因素。

(一)欧元将促进欧洲的政治稳定和经济繁荣,而欧元自身也需要得到后者的支持

冷战后,欧洲的政治稳定主要取决于欧洲联盟的健康发展。欧元正式流通,象征着欧洲联合事业的巩固与进步,意味着欧洲联合与欧洲改革将得到新的、有力的推动,预示着欧洲联盟吸引力的进一步增强,欧洲将比过去更加牢固地聚集

在欧洲联盟的金星蓝旗之下。

至于欧元促进欧洲经济繁荣,这首先来自它的直接影响:欧元区内货币汇率风险的消失、兑换费用的节省、相关财务成本的降低、各国严格遵守"马约"规定的条件而形成相对良好的宏观经济环境、欧洲中央银行推行的低利率政策等,都有利于欧洲的经济发展。此外,还有人认为,随着"隐藏"的欧币马克、法郎等被迫拿出来使用,经济可能增长。其中一些来路不明的钱会被用来购买艺术品、新厨具等,而不是换成崭新的欧元。在欧元区外的货币也必须花掉或换掉。其次,更为重要的是,随着欧元正式流通,始于1993年的欧洲统一市场将进一步得到完善,欧洲金融市场也将逐渐统一建立起来。这对欧洲经济前途关系特别重大。迄今为止,欧盟与欧元区内价格差很大,例如治疗癌症和流感的药物在英国的售价要比希腊和葡萄牙的高出60%以上,一般商品差价为30%~50%[1]。统一货币将使价格透明度大大提高,企业竞争更加加剧,效率得到提高,竞争力也会改善。欧元对区内贸易影响,人们作出了不同估计:由美国伯克利加州大学经济学家安德鲁·罗斯领导的一项研究认为,建立单一货币会使欧洲内部贸易量很快翻番,甚至增加到原来的3倍;而法国经济学家叙布拉马尼安·郎冈则认为,由边界造成的多种不连贯性(包括行政规章与标准、社会与宗教现象、地理与自然资源等能力条件、经济发展水平与基础设施、信息差异、语言障碍,等等)不会随着货币统一而自然消失。欧洲人还需要作出努力[2]。再次,究竟欧元能在多大程度上促成经济繁荣,关键在于它在欧洲联合与欧洲改革两方面能起多大作用。世界许多著名经济学家在这一问题上几乎观点一致。美联储主席格林斯潘认为,"欧元今后作为国际货币的前景如何,很大程度上将取决于欧元区国家能否达到美国的投资收益率"。同时,"欧元区国家必须消除它们在法律和法规方面存在的差异"[3]。货币学家罗伯特·芒德尔2002年1月9日在对法新社记者谈到欧元时说,未来,欧元对美元的比价将取决于这些货币克服各自弱点的情况。美国的主要弱点是国际收支逆差,欧元的弱点则在于欧元区各国政府"过于开支"的倾向。经济学家丹尼尔·平托也发表了题为《缺乏欧洲主权的欧

---

[1] 参见〔英〕《经济学家》2001年12月1日一期刊登欧元系列文章之六《期待万能药》。
[2] 参见〔英〕《经济学家》2001年12月1日一期刊登欧元系列文章之五《边界与壁垒》。
[3] 《国际经贸消息》2001年12月4日。

元作用不大》的文章，分析了为什么欧元难以抗衡美元的主要原因是欧洲存在着政治与金融两大"真空"。他认为，政治上的真空是目前对欧元的最大威胁。当上万亿美元每天以光速通过世界每个角落的电脑系统进行交易时，信用就是经济决策者和中央银行家们的主要武器。任何中央银行（包括美联储）的现金储备在国际金融流动中只是沧海一粟，无法成为支撑某种货币或某个股市的有效工具。在美国，信用是建立在美联储和财政部负责人紧密合作的基础之上的。格林斯潘和保罗·奥尼尔联手创造了融为一体的经济和货币政策。相比之下，新生的欧元是个孤儿。围绕欧元的金融真空更为严重，因为它影响到欧洲资本主义的结构。与美国的一个明显对比是，欧洲大多数国家仍然实行由政府控制的退休机制，因此无法依靠大批的公共机构投资者，尤其是养老金管理机构。在欧洲，盎格鲁－撒克逊人，主要是美国人的公共机构填补了这个缺口，成为一股强大的力量，有时在工业部门持有相当大的股份。欧洲股票市场40%以上的股份是由盎格鲁－撒克逊投资者控制的。这种新的统治打破了欧洲资本主义老式的、小团体性质的模式，带来了几年前还不可思议的一种新的企业精神。但它同时也加深了欧洲和美国金融市场之间的相互依赖，这种状况往往会有损于欧洲公司。在碰到当前这样的经济衰退时，欧洲公司还缺少它们的美国竞争者在结构和文化上的灵活性，即通过大幅度调整员工数目形成快速应付的能力。结果它们受到了不公平的处罚。在欧洲，缺少有力的国内投资者基础，意味着全球金融市场对欧洲公司来说不再是一个平等的竞争舞台①。德国慕尼黑IFO经济研究所所长汉斯－韦尔纳·西恩，在对欧元正式流通后欧元汇率的走向作估计时说："在现钞转换后，欧元将迎来一个强势期。"② 原因是，逃税者把大量的黑钱投资到了美元之中，以便他们在欧元转换时不至于被财政局逮住。此外，有许多东欧人把德国马克换成了美元，这是因为他们还不相信欧元。但当共同货币实实在在存在后，人们的信心会增加，由此流动资金又会回流到欧元区。不过，西恩更强调必须致力于改善德国和欧洲经济的基本面，特别是必须大力改革劳动力市场，等等。

---

① 〔美〕丹尼尔·平托：《缺乏欧洲主权的欧元作用不大》，载〔美〕《国际先驱论坛报》2001年12月19日。
② 〔德〕《世界报》2002年1月3日。

（二）欧元将进一步推动欧洲联合和欧洲改革，而欧元自身同样也需要得到后者的支持

1. 关于欧洲联合（欧洲一体化）

欧洲联合自20世纪80年代中期以来，无论从哪方面看，都在取得进展且有进一步发展的趋势，表现在：

——欧洲一体化的性质长期以来在发生从量变到质变的变化。"二战"后欧洲联合始于法德和解。选择斯特拉斯堡这个欧洲伤口最深的断裂处，设立欧洲委员会（现有成员国43个）的总部，作为一个联合的和平欧洲的象征地，真是一种绝妙的安排。而今，欧盟已发展成为一个联邦主义、邦联主义和自由贸易联盟的混合体，其中联邦主义的因素在逐渐增多。欧元就是这种发展趋势的一个最新的、最凸显的、最有说服力的体现。虽然即使在500年之后，在欧洲也不可能出现像美利坚合众国那样的欧洲合众国，但合众国的因素会在今后进一步增加。

——欧洲一体化所涉领域在明显扩展。欧洲联合的开拓者，在"二战"后实际上走的是一条从经济到政治的一体化道路，所取得的成就主要发生在经济领域。但自20世纪90年代初签订"马约"以来，经过1997年的《阿姆斯特丹条约》、2000年12月的尼斯会议和2001年12月的拉肯会议，在"经济欧洲"向统一市场与统一货币深入发展的同时，"公民欧洲"、"社会欧洲"、"政治欧洲"、"军事欧洲"乃至"大欧洲"也日益被提上议事日程。值得一提的，是2001年12月15日通过的《拉肯宣言》。欧盟各国首脑在该宣言中，公布成立新一轮欧盟机构改革的筹备机构——欧盟制宪筹备委员会，它将于2002年3月1日开始工作，其主要任务是：第一，对欧洲政治前途问题进行深入探讨，为将于2003年底或2004年初举行的下一届欧盟政府间合作会议提出政策建议。第二，根据2000年12月尼斯欧盟首脑会议的安排，欧盟国家将于2004年再一次修改欧盟条约（这将是继1985年《单一欧洲法令》《马斯特里赫特条约》和《阿姆斯特丹条约》之后的第四次修改），以明确界定欧盟机构和各成员国的权利范围。第三，使欧盟及其条约更贴近欧盟的普通民众。显然，欧元问世和欧盟所面临的新形势，将促使欧洲一体化进一步深入发展。

——欧洲一体化在机构、机制方面也在逐步改善。机构、机制改革，统一市场与统一货币的日渐进展，使欧盟进一步向着制度化甚至宪制化的方向发展。在

1999年初欧元已作为账面货币问世的背景下，2000年12月的尼斯会议为欧盟的机构、机制改革提出了初步框架。第一，关于欧盟委员会席位问题。会议商定，欧委会的规模将随着新成员的加入而扩大，暂定每个国家各占一个席位。德、法、英、意、西班牙五大国也是各出一名委员。随着欧盟逐步扩大，委员达到27名后，再商议是对委员人数加以限制，还是由成员国派人轮流担任。这种安排，显然是迫于小国的压力而作出的妥协，对小国而言，有委员名额不仅关系到有机会对欧盟施加影响，而且象征着国家尊严。第二，重新分配各成员国在决策机构部长理事会的表决票数。尼斯协议制定了一套复杂的数字，规定了各国在以多数表决制进行决策时应当拥有的相对权利。它考虑到了人口因素，以保护大国利益，避免众多小国入盟后仅以国家个数计票，大国容易被多数票击败。据此，德、法、英、意掌握的票数各增加了2倍，各29票；西班牙27票；荷兰13票；爱尔兰和丹麦各7票；在未来的成员国中，波兰加入后，将拥有27票，马耳他最少为3票。当成员国数目达到27个时，总票数将为345票。德国放弃了要求增加投票权以反映其人口较多状况的立场，但在其他两方面得到了补偿：一是决策投票时，要考虑到人口因素。由于上述安排仍对小国比较有利，因此协议中写入了一个被称为"人口净值"的条款，规定一项决策必须得到至少占欧盟人口62%的国家的批准，这样，德、法、英联手就能阻止任何一项决策；二是德国还将在扩大后的欧洲议会中获得更多的席位，即在738席位中占到99席，而法国、意大利和英国均为74席。第三，增加有效多数表决制。20世纪50年代，欧洲经济共同体实行的一般是"一致同意"制，后来逐渐引进某些多数表决制，以提高决策效率。尼斯会议前，这个比例是71.2%，现在定为73.9%，即一项措施必须得到255票才能被通过。为了保护小国利益，尼斯协议还规定，必须得到一半成员国以上同意才能通过一项决策。同时，把采用有效多数表决制的事项扩大到约40项。但在某些领域，各国还是坚持保留本国一票否决权。例如，英国坚持要求保留在征税和社会保障方面的否决权，德国保留了在避难和移民问题上的否决权，法国把文化和音像服务排除在有关商业政策的条款之外，西班牙要求欧盟到2007年再决定是否对地区援助采用有效多数表决制。第四，关于"加强合作"问题。欧盟某些国家在各种领域推进一体化的观念在尼斯协议中得到正式认可。这就是说，有些国家可以"先行一步"。事实上，欧洲统一货币欧元已经这样做了。今后"加强合作"将进一步扩大到其他领域，并且只需有效多数表决制度作出决定,其他不愿参加者无权否决。而且,这种"加强合作"可视不同领域而出现不同的利益组合。

尼斯会议的上述决定把欧盟的深化与扩大又向前推进了一步,但存在的问题依然很多。此次会议开了4天,是43年来欧盟最长的一次首脑会议,这一事实本身就表明了问题的复杂性。协议内容纷繁复杂,其实际操作效果尚待观察。还有一系列问题尚未解决,如权利隶属问题、德法矛盾、德法与英国矛盾、大国与小国矛盾、某些公民舆论反对欧洲一体化问题以及土耳其候选国资格问题,等等,都将留待以后甚至2004年再议。欧元正式流通将会加快这一进程。

——欧洲一体化的地理范围一次又一次扩大,今后几年将经历第五轮扩大。从2003～2004年开始,东扩与南扩的结果,将使欧盟在今后10～15年内成为一个拥有27～28个成员国、土地面积500万平方公里、人口5亿、GDP 11万亿美元的、世界上购买力最强的一体化地区。目前,欧盟正在同12个国家进行入盟谈判,按照进展程度高低排列,它们依次是塞浦路斯、匈牙利、斯洛文尼亚、爱沙尼亚、斯洛伐克、捷克共和国、立陶宛、波兰、拉脱维亚、马耳他、保加利亚和罗马尼亚,其中除了最后两个国家,其他10个国家均认为自己会在不久之后成为欧洲联盟成员国。而欧盟则认为,31项入盟谈判议题必须逐项进行、完成,如农业政策、结构政策等;目前,所有申请国均已符合入盟的政治标准,然而符合经济标准的只有马耳他和塞浦路斯(截至2001年11月)。欧元正式流通将大大增强欧盟的吸引力。

2. 关于欧洲改革

在过去的1/4世纪中,欧洲社会渗透着惰性,欧洲经济缺乏活力。因此,欧洲社会-经济迫切需要进行改革,特别是制度性改革。欧元正式流通将为这些改革提供新的强大动力,而欧元自身也需要得到这些改革所带来的进步成果的有力支持。

欧洲的制度性改革包含三个层次的内容:首先是欧盟与欧元区的机构、机制和立法等方面的改革;其次是欧盟与欧元区国家对这些改革的适应性调整,其中包括把众多的欧盟法真正转化为成员国的国内法;再次是欧盟与欧元区各成员国内部的经济改革。

欧盟与欧元区的机构、机制和立法等方面的改革,目标是适应欧洲一体化深化与扩大的新形势,以进一步推进欧洲联合的进程;其达标手段主要是通过修改欧盟条约，包括围绕为真正实现统一市场与统一货币所作的各种立法和机构机制调整。欧盟条约的四次修改意义深远：第一次于1985年公布《单一欧洲法令》，为1993年建立欧洲统一市场奠定基础，并为后来的统一货币提供了必然的发展逻辑；第二次1991年通过《马斯特里赫特条约》，欧洲领导人决定为建立政治联盟和经济货币联盟而努力，使1999年欧元作为账面货币问世和2002年欧元正式流通成为不可逆转的事业；第三次1997年通过《阿姆斯特丹条约》，它使"马约"得到补充、完善和更加平衡；第四次是指拟在2003年底至2004年初举行的新一轮政府间会议，它将对欧盟条约作出新的修改，使欧洲的政治前途更加明确。

欧盟与欧元区国家对欧盟与欧元区一级机构、机制和立法等方面的改革所作的适应性调整已经取得巨大进展，但现状还不十分令人满意。虽然欧盟各成员国目前有一半以上的经济立法来自欧盟总部，但实际上在欧盟范围内迄今尚未建立起真正统一的市场机制。对此，欧委会2001年4月17日发表专门报告，批评成员国经济改革进展缓慢。欧委会在报告中对15个成员国改革市场机制的情况进行了评估：在可量化的36个改革项目中，仅有20项，即占55%的项目能在2001年6月前按预定的时间内完成。所幸的是，欧盟成员国都仍在为建立真正统一的市场而继续努力，例如进一步开放能源市场，把加快金融市场一体化作为一项重要的议事项目，调整已经不堪重负的欧盟农业政策（2001年欧盟总预算为930亿欧元，其中用于农业的占去了430亿欧元），通过立法来推动电子商务的发展以适应"新经济"进步的需要，如此等等。

欧盟与欧元区各成员国内部的制度性的经济改革主要涉及以下五个方面：

第一，调整国家与市场的关系。在这方面，欧洲国家的普遍选择是："多些市场、少些国家"和"改进国家、改进市场"。其主要办法是"自由化"（打破垄断、开放市场、放松限制、促进竞争）、私有化和调整国家作用。例如，自2000年以来，欧盟各国3分钟以内的国内通话费下降了11%；10分钟以内的国内通话费下降了14%[①]。这是由于目前欧盟电信市场上各国电信垄断的状况已被打破，多家电信公司同台竞争的结果，它不仅使价格更为合理，而且服务也比过去更加周到。

第二，调整政府与企业的关系。适当放松政府对企业创业、开业和营业的限制，减少对国有企业的补贴、减税。例如，在德国正在实行的税务改革中，有一

---

① 《经济日报》2001年12月4日。

项条款，允许公司出售在其他公司拥有的股份时不必再缴纳资本收益税。这项改革将会促使德国经济进行结构调整，因为德国公司的资产负债表中含有因长期拥有其他公司的股份而形成的巨额隐形储备。例如，当初1974年以每股相当于8欧元购买的西门子公司的股份，如今在购买者的资产负债表上体现出来的仍是每股8欧元，尽管其价值实际已上升了许多倍。在实施税收改革之前，人们不愿出售这类股份，因为资本收益的50%要交税。今后出售这类股份将享受免税。考虑到德国股市目前约有一半股份属于交叉持股，一旦对有关法律加以修改，这部分股份将可以转卖。这就是说，今后几年随着资产交换和重组，将有高达5000亿欧元的股份可能易手。从理论上说，由此带来的效益，将意味着德国可能使其较低的投资资本平均回报率有所提高。这对整个欧洲也有利①。

第三，调整国家与公民的关系。保留欧洲社会福利制度的基本理念和核心部分，排除滥用，削减某些福利项目。欧洲国家平均约占GDP30%的社会福利费用不仅在财政上难以为继，而且使欧洲更难以应对经济全球化提出的挑战。欧洲的主要问题是创造就业机会不足，高昂的工资成本使公司不愿雇用新的员工，优厚的福利补贴使失业者不愿去寻找工作。据欧委会报告，在比利时、法国、德国和奥地利，15～64岁的人口大约有一半接受政府补贴，而美国的相应数字仅为欧洲的一半。② 欧洲是到了该减少滥用社会福利制度的时候了。

第四，调整雇主与雇员的关系。增加灵活性、自愿性、多样化，同时继续顾及"社会平衡"。僵化的劳工市场，或许也是形成欧洲社会惰性的因素之一。人们正在努力通过多种途径加以改革。目前，在德国3250万雇员中已有630万人是非全日工，他们在就业总人口中的比例已从1991年的14%上升到2000年的20%。2001年元旦，德国一项新法律生效，联邦政府想通过该法律来促使未来10年内非全日工所占的比例上升到30%③。

第五，发展"股东文化"。欧洲的"股东文化"不及美国发达。欧洲各国的股市加起来只及美国的1/3～1/2。2000年中，在欧元区，股票价值在家庭财富

---

① 参见〔英〕《经济学家》2001年12月1日一期刊登欧元系列文章之八《现在是大力推动欧元的时候了吗？》。
② 〔美〕罗伯特·塞缪尔森：《复苏为何如此缓慢》，载〔美〕《新闻周刊》2002年特刊。
③ 〔德〕米夏埃尔·齐普夫：《在新经济中生存》，载〔德〕《德国》（中文版）2001年10～11月第1期，第40～47页。

中仅占 5% 左右,而美国为 1/3 左右(1999 年美国家庭总资产净值 38 万亿美元;同年底,美国家庭直接拥有或通过信托基金、养老金基金等机构投资者间接持有的股票资产余额共为 13.2 万亿美元)①。近几年来,欧洲"股东文化"发展迅速,但与美国相比,依然落后。据高盛公司报告,持有股票的家庭占全国家庭总数的比例,在美国为 50%、德国为 17%、法国为 20%。欧洲企业的外部资金来源主要依靠银行贷款,较少通过有价证券市场(股票和债券),这一方面固然使欧洲企业相对降低了一些风险,但另一方面这也成了它们失去活力的重要因素之一。随着欧元正式流通和欧洲金融市场的发展壮大,这种局面将会逐渐改观。

三　欧元与外部世界

欧元对外部世界影响的正负大小,主要取决于欧元及欧元区在上述诸方面所取得的成功程度。同时,欧元也需要得到外部世界的支持。

1. 欧元给包括国际货币体系在内的世界格局注入了新的因素

欧元作为欧洲一体化进程的重要组成部分,实际上也是欧洲人对全球化,特别是经济全球化作出的一个反应。德国前总理科尔在欧洲领导人 1998 年 5 月 3 日作出批准 11 国从 1999 年起启用欧元的历史性决定时说,货币联盟是我们对全球挑战的回答。这种回答和反应,不只是"防御性"的,即遏制欧洲竞争力的滑落、抵御对欧洲福利制度的挑战,以及阻止欧洲在全球经济地位的进一步相对下降,而且也是为了追求加强欧洲在全球的经济存在与政治影响。欧洲自然首先考虑自身利益。但在当今国际格局下,欧盟的存在与发展壮大也关系到世界和中国的利益:第一,欧盟的存在与发展,给世界和中国提供了另一种可供参考的模式,包括社会模式、地区内国家间合作的模式以及地区间关系的模式。第二,欧盟的存在与发展让世界与中国多了一种选择,不仅在政治安全方面,而且在经济货币方面。第三,欧盟的存在与发展给世界与中国提供了一种较为平衡的世界格局。它有助于减轻独家称雄,有助于减轻日益变得危险的经济,特别是政治的两极分化,有助于增进国际秩序的民主性和合法性。第四,欧盟给世界和中国提供了一个应予重视的塑造

---

① 〔日〕《日本经济新闻》2000 年 11 月 17 日。

"全球秩序"的思路方案。诚然,欧盟首先也是从自身利益出发的,但是我们还是应该注意其中的一系列积极因素,找到共同语言。第五,与欧元正式流通相联系的欧洲在经济、联合与改革等方面所取得的进步,将会给欧洲与世界和中国相互之间提供争取许多实际经济利益的机会。

欧元也给国际货币体系及其改革注入了一个重要的新因素。虽然美元目前和今后一段时间内仍将是国际主导货币,但欧元决不是附庸,它将日益成为国际货币体系中的一根重要支柱。历史证明,一种货币的国际意义是逐步形成的,那种一开始便期待欧元启动就能迅速对美元形成真正的竞争,实际上是夸大了这种意义。但是,欧元的路子是正确的。事实上,价值已达 7.5 万亿美元的欧元债券,已经成为世界大牌融资工具。欧元正式流通后,它已成为真正意义上的完全货币,美元将面临一个逐渐壮大的对手的挑战。那种仅以最近几年欧元对美元的汇率相对疲软来判断欧元的观点,大多是出于生意人一切都是为了赚钱的头脑。历史还表明,世界由一国货币主宰是维持不了长久的:显赫多年的英镑,终因无力兑现黄金而衰落;不可一世的美元也终因相似的原因而在 20 世纪 60 年代末 70 年代初一再经历危机。大约仅占世界经济总量 1/4 的美国、经常项目收支逆差超过 GDP4% 的美国、对外净债务数以万亿美元计的美国,不可能由它的货币长期独家左右世界。相反,世界大多数人都承认欧元有巨大的潜力。对此,"人们需要耐心"①。

2. 欧元正式流通,不仅会加深与扩大欧洲地区本身的一体化进程,而且还可能引发全球范围内新一轮的"地区化"热潮

冷战后,人们原本以为,欧洲会从苏美争霸对象的第三者变成欧美直接面对面的第二者,欧洲的地位将会提高。但是后来的事实表明不尽然。特别是在"9·11"事件时,欧洲国家主动响应遭美国冷遇,表明欧盟大国各自为政而且缺乏军事政治实力,所有这一切都在促使欧洲人反思,欧洲一体化的深化与扩大进程必须加速,欧洲改革必须加强,而欧元将为此提供一种强有力的催化剂。世界其他地区也会从中得出包括加强本地区合作等的重要结论。

欧盟一般也支持别的地方"地区化"进程,例如,建立有效的东亚地区的

---

① 欧盟驻华大使安高胜 2002 年 1 月 17 日在中国社会科学院《欧洲发展报告(2001~2002)》发布会上的演讲。

合作机制。欧盟之所以这样做是因为：第一，欧洲人愿意看到亚太地区的和平与稳定，这是欧亚关系的关键性基础。第二，东亚地区合作有助于该地区经济增长和发展进步，并逐步走向富裕。欧洲在亚洲所寻找的伙伴国家，是那些能够与之保持富有成效的经济关系的国家，而保持富有成效经济关系的一个前提条件，是要达到高度发达的工业社会。第三，东亚合作有助于推进市场自由化。这就是为什么欧洲国家赞成亚洲国家加入 OECD 或 WTO。第四，"9·11"事件后，各国都处在政治上重新定向阶段，希望其结果是加强彼此间的合作。而欧盟除了同亚洲各国分别打交道之外，它作为一个整体，更愿意同作为一个整体合作的东亚打交道①。

3. 欧洲货币统一为世界其他地区考虑货币联盟与合作开创了先河，提供了一种"榜样"的力量，包括给亚洲也提供了一种参考

至于在欧洲地区将更是如此。在地区货币合作问题上，人们不仅应看到阻力，更应发掘潜力。看看美国，"它的 13 个州于 1791 年创立了美元，当时各州之间的差别比我们现在欧元区 12 国之间的差别还要大。可是美元一直用到了现在"②。

4. 欧元对外部地区的经济影响

在外贸方面，有利因素是：欧元有助于欧洲经济繁荣，可望增加世界其他地区对欧出口；简化了贸易手续；方便了贸易结算；汇率风险集中，财务管理得到简化。可能的不利因素是：欧元区、欧盟内部竞争加强，竞争力提升，使局外人更处于不利地位；新贸易保护主义威胁，例如随着价格透明度提高，欧洲人更容易找到反倾销借口；需要支付一笔与货币转换有关的费用；过去在欧洲地区可以采用的差别价格策略难以为继；经济形势意外恶化；等等。在直接投资方面，随着欧洲统一金融大市场的形成，投资可能更多转向区内；另一方面，规模巨大、效率提高、流动性好、利率低稳的资本市场，也将促使企业考虑长期投资计划，包括对外投资。在商业银行贷款方面，由于汇率风险消失，更乐于在欧元区内贷款；另一方面，随着区内金融一体化，商业银行将大规模重组，它们的规模和对

---

① 德国外交部亚太事务专员福尔克·施坦策尔博士 2002 年 1 月 31 日在中国社会科学院所作的题为《"9·11"事件之后德国的对华及亚洲政策》的演讲。
② 〔法〕《论坛报》2002 年 1 月 22 日刊登欧洲中央银行行长威廉·德伊森贝赫的访谈录。

外贷款能力都将扩大。在金融市场筹资方面，由于汇率波动的风险分析难度大大降低，将会出现更多形式的投资者和金融工具，整个金融市场的流动性增加，市场容量扩大，从而为外部机构、企业筹集资金提供更加广阔的场所，同时由于欧洲中央银行推行低利率政策，发债成本较低。

总之，欧元正式流通，为欧洲经济、欧洲联合、欧洲改革以及外部世界倡导出一系列新的主题；同时，在这些新的主题背后潜伏着许多不确定性因素，从而也可能会唤起一系列新的敏感。但是笔者相信欧元终将成功，人们只是需要耐心，而且可能还是较长时间的耐心。

（本文首发于《现代国际关系》2002年第4期，发表时题为《如何认识欧元》。当时欧元刚正式投入流通。该文预言，在民主国家集中、民族特性强烈的欧洲，欧元的发展成长可能会在政治、经济、财政、金融、国际关系等诸多领域遇到意想不到的困难。但作者当时无法预测到2007年美国次贷危机后来给欧盟、欧元区和欧元带来的困境。虽则如此，作者依然对当前欧洲的前途抱有批判的和谨慎乐观的判断。主要依据有三：一是欧债危机的治理已初见成效，并将进一步取得进展；二是欧洲的前途系于联合与改革，对于这二者，大多数欧洲人已达成共识；三是在一个混乱复杂多变的"多极世界"中，欧洲这一"极"相对处于较为有利的位置，这也将有助于欧洲的再复兴，尽管前路仍然免不了坎坷，甚至更大的坎坷。欧洲将长期是世界上的一支极其重要的力量。辑入本文集时编者稍作文字修饰。）

第四章 欧洲一体化进程中的反一体化

吴志成　王　杨*

欧洲一体化是世界历史上的一大创举，也是国际关系领域的一次重大变革。欧洲一体化的现实成就，突出表现在建立了世界上经济同质化、机制化程度最高的区域经济一体化集团——欧洲联盟。尽管欧洲一体化在总体上不断深入并且成为当代世界区域一体化最成功的示范，但其发展历程并非一帆风顺，反对一体化的声音、力量和活动始终此起彼伏。特别是近年来欧洲主权债务危机的爆发，进一步暴露了欧洲一体化深化进程中的深层次矛盾和根本性阻力，使欧盟和欧元遭受沉重的打击和损失，欧洲的反一体化思潮泛起，甚至出现将欧洲主权债务危机等同于欧洲一体化危机的现象，出现欧元崩溃、欧盟解体的断言，各种反一体化的势力和运动也呈上升之势。然而，在国际学术界，现有的欧洲一体化研究主要关注一体化的动力和积极影响，对一体化阻力和消极作用的研究相对较少。因此，重视和加强对"反一体化"的研究，构成了全面理解欧洲一体化经验教训、深化和拓展欧洲一体化研究的重要组成部分，也是在反思一体化历程中寻求欧债危机解决之道不可忽略的方面。

一　反一体化研究的状况及其学术意义

关于"反一体化"的研究，大多散布于对欧洲各国政党政治、对外政策等

---

* 吴志成，南开大学周恩来政府管理学院院长、教授、博士生导师；王杨，高等教育出版社编辑。

问题的研究中,缺乏整体性和系统性。国外"反一体化"研究,主要包括对"欧洲怀疑论"、极右翼政党和欧盟候选国"反欧盟政治"的研究。

国外"反一体化"研究中对"欧洲怀疑论"的研究相对比较成熟,探讨也比较深入,其中最具有代表性的研究成果有:保罗·塔格特(Paul Taggart)和艾力克斯·什切尔比亚克(Aleks Szczerbiak)的《政党、立场与欧洲:中东欧欧盟候选国中的欧洲怀疑论》,主要特点是对"欧洲怀疑论"进行比较精细的界定,并将其划分为"软性"的"欧洲怀疑论"和"硬性"的"欧洲怀疑论"两类[1]。安东尼·弗斯特(Anthony Forster)的《反欧洲者、反市场者与欧洲怀疑论:工党和保守党反欧政策的演变与影响》,则梳理了英国保守党和工党对欧政策的演变,回顾了"欧洲怀疑论"在英国的历史发展[2]。查尔斯·利斯(Charles Lees)的《制度限制与德国政党层次欧洲怀疑论的失败》,分析了德国政治制度对于限制政党层次"欧洲怀疑论"的作用,并探讨了"欧洲怀疑论"的内涵[3]。西蒙·希克斯(Simon Hix)的文章《欧洲怀疑论作为反集权的方式:理性选择制度主义的视角》,从理性选择制度主义者的视角考察,认为"欧洲怀疑论"只是欧洲民众、政党和利益集团对欧洲制度设计的一种偏好。如果行为体的立场与政策的制定和执行相去甚远,则他们就是"欧洲怀疑论"者[4]。马塞尔·柳伯斯(Marcel Lubbers)、伊娃·雅斯佩尔斯(Eva Jaspers)的《对荷兰欧洲怀疑论的纵向研究:1990~2008年》,用数据分析18年来荷兰"欧洲怀疑论"的演变,发现荷兰"欧洲怀疑论"者数量急剧增加,但在不同教育阶层的表现不同[5]。彼得·德·王尔德(Pieter de Wilde)和汉斯-约克·特伦茨(Hans-Joerg Trenz)

---

[1] Paul Taggart and Aleks Szczerbiak, "Parties, Positions and Europe: Euroscepticism in the EU Candidate States of Central and Eastern Europe", Paper Presented at the Annual Meeting of the *Political Studies Association*, Manchester, UK, April 10 – 12, 2001, pp. 5 – 6.

[2] Anthony Forster, "Anti-Europeans, Anti-Marketeers and Eurosceptics: The Evolution and Influence of Labour and Conservative Opposition to Europe", *Political Quarterly*, Vol. 73, Issue 3, July 2002, pp. 299 – 308.

[3] Charles Lees, "Dark Matter: Institutional Constraints and the Failure of Party-Based Euroscepticism in Germany", *Political Studies*, Vol. 50, Issue 2, June 2002, pp. 244 – 267.

[4] Simon Hix, "Euroscepticism as Anti-Centralization: A Rational Choice Institutionalist Perspective", *European Union Politics*, Vol. 8, No. 1, 2007, pp. 131 – 150.

[5] Marcel Lubbers and Eva Jaspers, "A Longitudinal Study of Euroscepticism in the Netherlands: 2008 Versus 1990", *European Union Politics*, Vol. 12, No. 1, 2010, pp. 21 – 40.

的文章《批评欧洲一体化：欧洲怀疑论作为政治主张》，将"欧洲怀疑论"作为一种话语，而不仅仅是政党立场或个人态度，认为"欧洲怀疑论"不仅与欧盟性质的争议有关，包括欧盟的基本目标、制度设计及其未来发展，还跟欧洲相关的话语及欧盟的民主合法性相关联①。

学界对欧洲极右翼政党的研究相当丰富，主要以个案研究为主。其中，与"反一体化"联系紧密的研究相对较少。皮埃罗·伊尼亚齐（Piero Ignazi）的《西欧的极右翼政党》，详细介绍了当代欧洲各国极右翼政党的概况，收集了大量调查数据②。提姆·贝尔（Tim Bale）在《欧洲两极化的政党体系内的主流与极右翼政党》中，概述了极右翼政党近年来的发展状况，剖析了它与中右政党之间的关系，并对其未来走势作出了预测③。罗素·伯曼（Russell A. Berman）的《勒庞的遗产》④、严斯·瑞德格仁（Jens Rydgren）的《对激进的右翼民粹主义政党兴起的解释：以丹麦为例的研究》⑤、梅根·格林尼（Megan Greene）的《欧盟内部的右翼运动：对奥地利自由党和意大利北方联盟的案例研究》⑥，分别对法国、丹麦、奥地利、意大利的一些极右翼政党进行了案例研究，内容涉及它们反对欧洲一体化的态度与活动。

关于欧盟候选国"反欧盟政治"的研究也取得许多重要成果。罗纳德·林登（Ronald H. Linden）和丽莎·波尔曼（Lisa M. Pohlman）在《中东欧的"反欧盟政治"》一文中，对比了捷克和罗马尼亚两国"反欧盟政治"状况的差异，从政治文化、社会经济状况、精英-大众关系等多种角度展开分析，探讨中东欧地区各国出现"反欧盟政治"的动因和条件⑦。尼古拉斯·埃米特（Nicholas

---

① Pieter de Wilde and Hans-Joerg Trenz, "Denouncing European Integration: Euroscepticism as Polity Contestation", *European Journal of Social Theory*, Vol. 15, No. 4, 2012, pp. 537–554.
② Piero Ignazi, *Extreme Right Parties in Western Europe*, Oxford University Press, 2003.
③ Tim Bale, "Cinderella and Her Ugly Sisters: The Mainstream and Extreme Right in Europe's Bipolarising Party Systems", *West European Politics*, Vol. 26, Issue 3, July 2003, pp. 67–90.
④ Russell A. Berman, "Le Pen's Legacy", *Telos*, Issue 122, Winter 2002, pp. 153–155.
⑤ Jens Rydgren, "Explaining the Emergence of Radical Right-Wing Populist Parties: The Case of Denmark", *West European Politics*, Vol. 27, Issue 3, May 2004, pp. 474–502.
⑥ Megan Greene, "Right-Wing Movements in the European Union: A Case Study of the Austrian Freedom Party (FP?) and the Lega Nord (LN)", *Contemporary Austrian Studies*, 2003, pp. 187–211.
⑦ Ronald H. Linden and Lisa M. Pohlman, "Now You See it, Now You Don't: Anti-EU Politics in Central and Southeast Europe", *Journal of European Integration*, Vol. 25, Issue 4, December 2003, pp. 311–334.

Emmett)的《挪威拒绝加入欧盟》,则分析了挪威两次公投拒绝加入欧盟的原因①。

此外,"反一体化"研究,还包括对移民、制宪公投、欧盟东扩、欧洲主权债务危机、民族主义、地方分离主义、宗教等方面的研究。特别是随着欧债危机的不断蔓延,欧盟发展模式暴露出严重弊端,欧洲一体化建设陷入前所未有的困境,"欧元崩溃说""欧盟解体说""欧洲衰落论"等各种怀疑论、悲观论更是层出不穷,欧洲似乎患上了"一体化疲劳症",欧洲一体化建设的前景被蒙上一层厚厚的阴影。

国内的"反一体化"研究相对较少,相关的内容主要集中在对欧洲极右翼政党的研究以及对政党层次"欧洲怀疑论"的研究中。前者包括对欧洲极右翼政党的演变历程、兴起的社会历史背景、政治诉求、政治和社会影响等方面的论述。后者主要是对英国以及一些东欧国家疑欧、反欧政党的个案研究。此外,还有部分研究探讨了共产党、绿党等政治力量对欧洲一体化的态度,涉及它们的某些"反一体化"主张。国内学者对"反一体化"问题的相关研究以个案考察为主,缺乏统一的理论框架和对基本概念的厘定,也没有对"反一体化"问题的总体性考察。

"反一体化"研究是全面理解欧洲一体化经验教训的重要组成部分,对于深化和拓展欧洲一体化研究具有重要的学术价值。

第一,"反一体化"研究可以深化对欧洲一体化进程曲折性的认识。一体化并不是所有欧洲人一致的愿望,反对势力始终是客观存在的。从一体化初期英国的反对,到 2005 年法国、荷兰全民公投否决《欧盟宪法条约》,"反一体化"力量一直对一体化实践进行着多种形式的抵制。特别是欧洲主权债务危机爆发后,越来越多的群体和公民质疑欧元的命运。欧洲一体化的发展历程充满曲折,与"反一体化"力量的作用是分不开的。通过剖析"反一体化",可以清楚地认识到其构成、目标、行动方式和发展变化,有助于深入理解一体化进程的曲折性。

第二,"反一体化"研究有助于更好地理解欧洲一体化进程中利益分配和观念变迁的复杂性。欧洲一体化作为一项宏大的系统工程,其所涉利益分配和观念

---

① Nicholas Emmett, "Norway's Rejection of the European Union", *Contemporary Review*, Vol. 268, Issue 1565, June 1996, pp. 287 – 288.

变迁极为复杂,在不同阶段、不同国家中,各方的利益得失都在发生变化,各种思想观念都在激烈交锋。"反一体化"研究可以在这种复杂性中探求规律、深化认识,清晰地勾勒一体化进程中利益分配和观念变迁的图景。

第三,"反一体化"研究是对一体化研究的重要补充。现有的一体化研究主要关注一体化的动力,对一体化阻力的研究相对较少;主要从民族国家和超国家层面入手,对国内社会的作用重视不足;主要关注精英的思想与行动,对民众的切身利益和需求研究较少。"反一体化"研究则从上述三个方面补充现有的一体化研究。

第四,"反一体化"研究具有重要的现实意义。欧洲一体化发展到今天,程度不断加深,范围不断扩大,进一步发展的难度也越来越大,因此,越来越需要更合理地分配利益,更有效地取得民众的理解和支持。欧盟"制宪"和"东扩"都遭到强烈的反对和抵制,"反一体化"的影响力越来越为世人所重视。欧洲一体化在政治、社会文化等领域中进一步深化,也将更多地依赖民众的支持和参与。而"反一体化"研究有助于人们理解"反一体化"的成因,思考"反一体化"者的诉求,促使人们更深刻地认识一体化的负面影响,让主导一体化进程的各国精英不断反思自身的思想与行动,推动欧洲一体化事业更加健康地向前发展。

二 "反一体化"的界定与现实表现

在欧洲一体化进程中,"反一体化"始终扮演着重要角色。在不同的分析层次和不同的问题领域中,"反一体化"的现实表现各异,影响大小也不一样。

(一)"反一体化"的界定

卡尔·多伊奇认为,"实行一体化通常意味着由部分组成整体,即将原来相互分离的单位转变成为一个紧密系统的复合体"。因此,"一体化就是单位之间的一种关系,在这种关系中,它们相互依存并共同产生出它们单独时所不具备的系统性能"。"一体化"一词"也被用来描述原先相互分离的单位达到这种关系或状态"的进程[①]。"政治一体化是一个进程,在几个国家中的政治行为者被说服,把他们的忠诚、期望和政治活动转移到一个新的中心,这个中心的机构拥有

---

① 〔美〕卡尔·多伊奇:《国际关系分析》,周启朋等译,世界知识出版社,1992,第267页。

或要求得到对已有的民族国家的管辖权。政治一体化进程的最终结果是一个新的政治共同体，它凌驾于原先存在的多个政治共同体之上。"①"反一体化"正是欧洲一体化进程中产生的反对一体化深入发展、阻止欧盟走向统一实体、要求维护本国主权与特殊利益的思想与行动，包括对一体化目标的反对和对一体化措施的反对，主要表现为"欧洲怀疑论"和"反欧盟政治"等。

"欧洲怀疑论"用来表示反对本国加入欧盟、反对欧洲一体化深入发展、对欧洲一体化前景持悲观态度的思想意识。这一术语最初专指英国的对欧态度，后来被普遍化，泛指各种疑欧、反欧思想②。有学者将"欧洲怀疑论"划分为"硬性"和"软性"两类。前者是指"完全反对当前的一体化形式，反对本国加入或继续作为欧盟的成员"；后者是指"有限的反对"，即对欧盟在某一政策领域中某些问题的反对，或以捍卫"国家利益"为名博取国内政治支持的反对③。

"反欧盟政治"是指中东欧欧盟候选国部分民众反对加入欧盟的政治运动。这些民众普遍担心，加入欧盟会使国家主权受损、重要经济利益丧失、受到大国控制。"反欧盟政治"在捷克、波兰等国影响最大，在罗马尼亚等国则影响甚微④。

（二）不同分析层次的"反一体化"

"反一体化"的思想与行动在欧洲国家中广泛存在，其内容丰富，表现形式多样。

1. 国家层次的"反一体化"

在欧洲一体化进程中，少数国家在特定时期采取过抵制、阻碍一体化深入发展的措施，给一体化造成困难，甚至使一体化在一段时期内停滞不前。其中尤以英法两国最为典型。

英国是"欧洲怀疑论"的发源地，持"反一体化"立场的民众在全体国民

---

① Ernst Haas, *The Uniting of Europe: Political, Social and Economic Forces, 1950 – 1957*, 2nd edition, Stanford, CA: Stanford University Press, 1968, p. 16.
② Charles Lees, "Dark Matter: Institutional Constraints and the Failure of Party-Based Euroscepticism in Germany", p. 249.
③ Ibid., pp. 244 – 267.
④ Ronald H. Linden and Lisa M. Pohlman, "Now You See it, Now You Don't: Anti-EU Politics in Central and Southeast Europe", pp. 311 – 334.

中占较大比例，英国历届政府也曾多次采取带有强烈"反一体化"色彩的政策。在一体化初期，英国以"世界大国"自居，拒绝加入带有超国家色彩的制度安排，从而置身于欧洲一体化进程之外。1956年，英国提出在西欧建立自由贸易区的建议，试图吸纳欧共体创始六国之外的其他西欧国家组成一个"经济俱乐部"，同时，劝诱六国中的小国脱离法德，破坏欧共体的团结。这一计划失败后，英国又于1960年5月与奥地利、丹麦、挪威、葡萄牙、瑞典、瑞士六国组成欧洲自由贸易联盟，以此与六国集团抗衡。然而，由于实力不足，难以抗衡，欧自联国家纷纷转而申请加入欧共体，英国自己也三次提出申请，并于1973年最终加入。但是加入欧共体后，英国仍然是一个"半心半意的伙伴"，屡屡采取阻碍一体化前进的行动，尤以撒切尔夫人当政时期最为典型。她主张建设一个主权国家联合的欧洲，反对建立一个联邦主义的统一欧洲，并于1989年和1990年相继否决制定统一的"欧洲宪章"的议案和建立欧洲中央银行、实施经济货币联盟第二阶段的计划。英国至今未加入《申根协定》，也没有采用欧元。在欧债危机的新形势下，特别是自2011年12月9日欧盟峰会上英国反对修改《欧盟条约》，遭到成员国一致炮轰以来，英国与欧洲大陆，尤其是与法国相互攻击，关系不断恶化。英内阁"疑欧派"势力甚至鼓动英国"彻底离开欧盟"。英国与欧洲大陆渐行渐远，其他非欧元区国家可能效仿英国，从而引起欧盟内部分裂。

与英国相比，法国政府的"反一体化"色彩在时间段上更加集中，主要表现在戴高乐当政时期。戴高乐1958年重掌政权后，一直反对建设超国家的欧洲。他主张建立一个保持民族独立和国家主权的欧洲国家集团。一方面，戴高乐追求的，是法国作为一个独立的民族国家在世界上发挥更大作用，同时不会被束缚在一个超国家的"欧洲联邦"内；另一方面，戴高乐深知，没有联合的欧洲作为后盾，单凭法国的实力难以获得他所期望得到的影响力。因此，他明确提出要建设一个"欧洲人的欧洲"，就是要摆脱美国的控制，使欧洲成为独立自主的、同时又处于法国领导下的国家集团[1]。戴高乐在处理欧洲建设的问题上，坚决抵制一体化发展中的超国家倾向，努力使一体化维持在民族国家自愿联合的程度上。

---

[1] 〔美〕罗伯特·A. 帕斯特：《世纪之旅：七大国百年外交风云》，胡利平等译，上海人民出版社，2001，第85~88页。

作为欧盟的新成员国，捷克总统克劳斯属于疑欧派的重要代表，长期以来一直批评欧洲单一货币的理念。他认为，这场欧债危机的真实原因不在于希腊的经济政策是否合理，而在于欧元。欧元没有带来欧元区国家的高增长，经济增长率反而降低了。欧元诞生以来的10年，欧元区国家平均每年经济增长率只有1.1%。在经济增长速度上，欧元区国家和其他地区之间拉开了差距。欧元区国家没有融合，反而形成了两大群体，一部分国家低通胀，另一部分国家高通胀。在可见的未来，欧元区会继续，但是代价非常高，包括欧元区经济的低增长率。欧洲货币联盟虽然尚无被取消之忧，但是维护它的代价还将继续上升。

国家层次上的"反一体化"，对于一体化进程的影响最为直接。随着欧洲一体化的不断深入，成员国之间的共同利益随之增长，采取"反一体化"行动的成本越来越高。同时，多数国家的政府形成了"参与一体化符合本国长远利益"的共识，对于采取"反一体化"行动更加慎重。

2. 政党层次的"反一体化"

政党层次上的"反一体化"力量，既有主流政党，也有边缘政党。从政治立场上看，极左与极右政党多持"反一体化"立场，而中间政党对欧洲一体化持积极态度。从政党体系中所处地位看，边缘政党比主流政党更多地采取"反一体化"立场[1]。

政党层次的"反一体化"活动主要通过以下方式展开：从理论和价值观层面抨击一体化，乃至对一体化进行"妖魔化"宣传；对一体化政策措施、实施效果展开批评，进而号召民众反对一体化；作为单独执政党或者执政联盟中的一员制定或参与制定"反一体化"性质的政策；作为在野党，在议会或社会舆论领域反对本国政府的一体化政策以及一体化的新进展。此外，某些极端政党甚至以煽动、鼓励暴力活动的方式来反对一体化。

以极右翼政党为例，法国的国民阵线持极端民族主义主张，反对欧洲一体化。其支持者大多是处于社会底层的白人工人、农民和小手工业者。该党领导人勒庞称，《马斯特里赫特条约》是"反对欧洲国家和人民的阴谋"，认为批准

---

[1] Liesbet Hooghe, Gary Marks and Carole J. Wilson, "Does Left/Right Structure Party Positions on European Integration?", *Comparative Political Studies*, Vol. 35, No. 8, October 2002, pp. 965 – 989.

"马约"是法国的投降、民族的背叛，是出卖法国。2005年法国《欧盟宪法条约》公投中，勒庞带领国民阵线为反对这一条约而大肆活动，对欧洲一体化展开激烈抨击，刻意突出法国失业率高、贫困化加剧等现实问题，煽动选民借反对《欧盟宪法条约》来惩罚执政当局和两大主流政党。国民阵线的这种宣传，在法国社会中下层的蓝领工人、农民以及失业青年中很有市场，加剧了他们对切身利益在欧洲一体化进程中受损的担忧。

英国的保守党作为一个有着悠久历史传统的老党、大党，无论是执政还是在野，其对欧政策均对英国参与欧洲一体化进程产生深刻影响。保守党在英国加入欧共体过程中，曾经扮演积极的角色，而随着一体化的深入，保守党对主权的信仰与欧盟超国家权力扩展之间的矛盾愈益深化，"反一体化"的色彩日益浓厚。

怀有"反一体化"诉求的政党，不仅存在于欧盟老成员国中，在新入盟国家以及部分候选国中也广泛存在。塔格特和什切尔比亚克对爱沙尼亚、罗马尼亚等中东欧10国主要政党进行考察后，甄别出28个具有"反一体化"色彩的政党。其中既有大罗马尼亚党这样的极右政党，也有斯洛文尼亚新党这样的中右政党，还有匈牙利工人党这样的"左派"政党[①]。这些政党在各自国内积极从事"反一体化"活动，开展"反一体化"宣传，发挥着独特的政治影响。

上述采取"反一体化"立场的政党出发点各不相同，大致可以分为两类：一类党派是出于本党的意识形态考虑，从传统主权观念、极端民族主义等立场出发，在原则上反对欧洲一体化；另一类则把"反一体化"作为一种政治工具，以"反一体化"的姿态来吸引选民支持。前一类政党对一体化的态度相对稳定。后一类政党对一体化的态度则处于不断变化之中，当他们对利益得失的判断发生变化时，他们可能放弃"反一体化"立场，转而成为一体化的支持者。

3. 民众层次的"反一体化"

民众层次的"反一体化"主要表现在各国民众在本国公民投票中对欧洲一

---

① Paul Taggart and Aleks Szczerbiak, "Contemporary Euroscepticism in the Party Systems of the European Union Candidate States of Central and Eastern Europe", *European Journal of Political Research*, Vol. 43, Issue 1, January 2004, p. 13.

体化举措的反对、对"反一体化"政党的支持以及各种民间"反一体化"组织的建立等方面。

欧洲一体化自启动以来,就是自上而下由精英主导的,普通民众难以对欧盟决策过程产生直接而有力的影响,因而对于"精英主义"的欧洲一体化越来越失去热情,而对一体化实践中出现的弊病则异常敏感。随着经济一体化程度的提高,欧盟各国经济进一步深入整合的难度也逐渐增大,加之经济全球化的冲击,从20世纪90年代至今,多数欧盟国家经济不振、增长乏力,民众对一体化带来实际回报的期望不断落空,失望情绪日益滋长。由此产生的直接政治后果是,越来越多的成员国民众通过各种方式对欧洲一体化说"不",以此向本国政府施加压力,迫使政治精英在一体化进程中更多地维护本国民众的切身利益。

在民众层次的"反一体化"行动中,公民投票是效果最显著、影响最直接的方式。2005年法国和荷兰公民投票否决《欧盟宪法条约》就是这种方式"反一体化"的最新实践。在法国与荷兰投票前,本国政要纷纷出马呼吁选民投赞成票,欧盟高官也亲赴两国展开游说,力图影响选民态度。然而种种努力都未能改变反对者占优的局面,结果法国选民在投票率70%的公决中以55%对45%否决了《欧盟宪法条约》。在荷兰举行的全民公决中,62%的选民参加了投票,反对票达到63%[①]。这种公投结果,不仅表达了两国公民对《欧盟宪法条约》的态度,而且反映出他们对欧洲一体化进程中出现的诸多问题的不满和对本国政府在这一进程中维护本国公民利益不力的失望。2008年,爱尔兰全民公决否决了《里斯本条约》,对欧盟制宪进程来说是沉重打击。爱尔兰"反一体化"力量表示,如果《里斯本条约》获得通过,则国家将会失去部分经济、社会政策的制定权,否决《里斯本条约》符合本国民众的切身利益并有利于维护社会稳定。

民众的"反一体化"倾向,还直接表现在对"反一体化"色彩浓厚的政党的支持上。在2000年奥地利议会选举中,有排外倾向的极右翼政党自由党上升为奥地利第二大党,并参与组阁。2001年11月丹麦举行选举,左翼的社会民主党被淘汰出局,而反移民、反欧洲一体化的联合人民党一举上升为丹

---

① 江穗春:《法国对欧洲说"不"》,载《世界知识》2005年第12期,第30~31页。

麦第三大党。在2001年的波兰众议院选举中，自卫党、法律与公正党和波兰家庭联盟带着他们对欧盟的怀疑态度，甚至对波兰入盟的直接反对首次进入众议院①。与此相对，坚决支持波兰入盟的自由联盟却因得票率太低，未能进入众议院。欧洲议会由欧洲公民直接选举产生，在2009年的欧洲议会选举中，左翼政党因应对经济萧条不力而广受诟病，右翼政党则因宣扬"国有化和加强政府的救助作用"等举措而支持率上升。在欧洲经济不景气时，"欧洲怀疑论"不断被提起，强化成员国政府职能的做法往往能获得更多民众的支持。

民众层次的"反一体化"方式还包括建立各类民间组织，开展反对欧洲一体化的宣传、抗议、游行等活动。以英国为例，仅1991年12月马斯特里赫特首脑会议之后的18个月里，就产生了27个疑欧组织②。这些组织不仅在本国范围内开展活动，还积极谋求与其他国家"反一体化"人士与团体的合作，欢迎不同国家的反对者加入他们的组织和活动。同时，他们"充分利用多样化的媒体形式宣传自己的观点，扩大影响"，"不仅拥有自己的定期出版物、专题小册子，还在报刊发表文章和评论以影响公众的观点"③。网络由于成本低、互动性强以及覆盖面广而成为他们重视的宣传途径。众多"反一体化"组织都建有自己的网站，成为他们进行宣传鼓动的重要阵地。

（三）不同问题领域的"反一体化"

欧洲一体化建设主要在政治、经济及社会文化三大领域中展开，并取得重大成就。但是，在这三大领域也活跃着"反一体化"力量。

1. 政治领域的"反一体化"

在政治领域，"反一体化"主要集中在反对主权让渡和对欧盟超国家权力的抵触与不信任。戴高乐就是一位高举民族主义旗帜、反对主权让渡、不信任超国家机构的代表人物。他对主权让渡和超国家机构的抨击，集中代表了"反一体

---

① 高歌：《试析欧盟东扩对中东欧新成员国政党制度的影响》，载《俄罗斯中亚东欧研究》2004年第5期，第18~19页。
② Anthony Forester, *Euroscepticism in Contemporary British Politics—Opposition to Europe in the British Conservative and Labour Parties since 1945*, London: Routledge, 2002, p. 88.
③ 梁晓君：《英国疑欧派解析》，载《欧洲研究》2005年第3期，第64页。

化"力量在这一问题上的看法。戴高乐认为,"超国家机构"可以解决一些技术性问题,但是在涉及重大国家利益时,它"没有政治上的权力和效能,只有国家才有这样的权力","只有国家才是有权命令并有权要求服从的实体"①。每个国家都有各自不同的特殊利益,有自身独特的民族性格和民族文化,在相当长的时期里,国家仍然是欧洲最主要的政治单元。一个国家可以在更广阔的范围内与其他国家进行深入合作,但是决不能丧失自身的民族特性,让渡国家主权。戴高乐反对把权力转移给超国家机构的想法,坚决抵制任何以超越民族国家为最终目标的欧洲联合方式。他希望欧洲的联合能够为法国实现大国地位服务,他想象中的欧洲应该是在法国领导下的欧洲各国的联合,以法国的利益为中心,而不是使法国溶解在一个"超国家的欧洲联邦"内。他把主权让渡视为放弃主权的行为,担心一旦交出主权,法国不但无从掌握自己的命运,同时也会失去在欧洲联合事业中的领导地位,更会在德国日渐强大的经济实力面前相形见绌,逐渐失去对德国的优势和控制力。

欧盟过于复杂的机构设置、多如牛毛的法律法规、积重难返的官僚主义,也是"反一体化"人士攻击的目标。为了平息欧盟公众对欧盟机构官僚主义越来越激烈的批评、改善欧盟国家的投资环境、提高经济竞争力,欧盟委员会准备收回68项欧盟法规建议,并下定决心打一场扫除官僚主义和清理法规文牍的战役。此外,欧委会还将对2004年1月1日起产生的总计187条法律提案进行审核,以判断其是否需要撤回。"发起这一运动的目标有两个:一是重新赢得公民对欧洲融合的信任,二是纠正那种认为欧盟只是官僚和管制巨兽的错误认识。""只有成功地减少官僚主义、取消无意义的法规和建立现代的法律框架,欧洲才能稳固自己的地位,才能在全球化的竞争中抓住机会。"② 在2012年11月召开的欧盟预算峰会上,英国建议欧盟减少行政上的繁文缛节并削减欧盟机构的工作人员人数③。

2. 经济领域的"反一体化"

经济领域的欧洲一体化最为深入和成功,而这一方面的"反一体化"内容

---

① 国际关系研究所编:《戴高乐言论集》,世界知识出版社,1964,第192页。
② 朱鸣:《欧盟向官僚主义开刀》,《解放日报》2005年9月30日。
③ 张哲:《英国将在欧盟新预算问题上持强硬立场》,国际在线报道,2012年11月23日。

庞杂，主要有对欧元的抵制、对本国对欧盟的贡献与收益比例失衡的不满、对欧盟东扩给经济带来负面影响的忧虑以及对某些具体政策措施的反对等。

首先，对欧元的反对主要基于这样几种考虑：一是欧元区各国将货币政策制定权集中到欧洲中央银行，使各成员国对本国经济进行宏观调控的能力减弱、灵活性大大降低，自主权也受到限制；二是高度集中的货币政策与成员国各不相同的经济政策以及经济运行状况之间存在难以调和的矛盾；三是统一货币的实现存在扩大地区间经济差距的风险，欧洲中央银行将保持币值稳定和防止通货膨胀作为中心目标，对于促进经济增长、创造就业机会少有作为，欧元区国家的失业状况更趋恶化。对此，很多民众感到失望和不满。欧洲主权债务危机爆发以来，欧元区重债国政府及民众对欧洲单一市场和统一货币的怀疑态度有增无减，欧元区之外的欧洲国家乃至受欧债危机波及的其他国家和地区亦对欧洲一体化的前景持消极态度。统一的货币政策与分散的财政政策不匹配，是造成欧债危机的重要原因之一，将各成员国财政权让渡给欧盟治理机构的提议，遭到多数成员国政府的反对和抵制。

其次，对贡献与收益不平衡的不满，主要来自经济发达的老成员国。荷兰是欧盟预算的净出资国之一，对欧盟预算的人均贡献量最大，许多荷兰人感到本国的高投入得不到应有的回报，在欧盟中的影响力反而因新成员国的大量加入而有所下降，加入欧元区也未能有力地促进荷兰经济的发展，相反，欧元的升值还成为荷兰经济出现停滞的一个重要原因。这样的现实，使得荷兰民众的"反一体化"情绪逐渐升温，终于在2005年批准《欧盟宪法条约》的公民投票中爆发出来。在其他的净出资国中，类似的"反一体化"情绪也普遍存在。英国一直对欧洲一体化持怀疑态度，批评欧盟的预算开支过于庞大，在2012年11月的欧盟预算峰会上，首相卡梅伦坚持欧盟不得降低英国的年度预算返还额度。

再次，中东欧新入盟国家和候选国的"反一体化"运动，也部分是出于经济原因。以农业为例，根据与欧盟达成的协议，在中东欧国家正式加入欧盟后，欧盟将完全取消为进口中东欧国家农产品设置的配额和关税壁垒。这似乎为新成员国农业出口创造了良机，但在目前欧盟原有成员国农业补贴明显多于中东欧国家的情况下，欧盟向中东欧国家大量倾销享受高额农业补贴的农产品，冲击了中东欧国家的农产品市场价格，进而损害中东欧国家的农业发展。因此，在中东欧各国的农民中,"反一体化"很有市场。

3. 社会文化领域的"反一体化"

在社会文化领域中,"反一体化"往往与排外主义、种族主义纠缠在一起,主要针对的是移民问题。

数十年来,大量移民不断进入欧洲,给欧盟就业、社会稳定和社会福利政策带来沉重压力,一部分欧洲民众主张排斥外来移民,以保证本国公民的政治利益和经济利益。他们认为,在欧盟各国就业形势日益严峻的情况下,大量移民的存在,无疑使劳动力市场供求关系更加紧张,政府福利政策的包袱越发沉重,从而损害了欧盟公民的切身利益。而且由于大量移民文化素质不高,在刚刚到达欧盟国家时,由于语言、专业、社会适应性等方面的限制,就业遇到较大障碍,一些移民因此走上犯罪道路,严重影响了社会稳定。在这种背景下,反对外来移民的种族主义、新纳粹主义力量在增强,并不断发生袭击外国移民的事件。那些主张保障本民族利益、反对外来移民的右翼政党,便在欧盟各成员国的社会大众层面拥有较大市场。相当部分的"反一体化"者借移民问题、犯罪问题谴责一体化,境内人员的非正常流动亦困扰着欧盟的正常秩序。欧洲主权债务危机促使人口从深陷危机的欧元区国家向经济状况稍好的成员国流动,导致社会不稳定因素增加,也使得本已饱受债务危机之苦的欧盟民众对一体化的质疑情绪进一步加深。

在一体化进程中,人员往来日益密切、文化交流大大增强,不仅有形的国家边界正在被打破,无形的民族文化边界也逐渐模糊。部分民众为本民族文化受到外来强势文化的冲击而担忧,他们担心一体化是一个丧失民族个性的过程,认为民族语言、文化以及传统生活方式在一体化进程中都将不可避免地遭遇挑战[1]。

三 "反一体化"的动因

一体化是一个利益重组的过程,必然存在利益受损或对自身所占份额不满的

---

[1] Lauren M. McLaren, "Public Support for the European Union: Cost/Benefit Analysis or Perceived Cultural Threat?", *The Journal of Politics*, Vol. 64, Issue 2, May 2002, pp. 551–566.

个人、团体和国家，他们出于维护、扩大自身利益的考虑加入"反一体化"阵营。一体化也是一个旧观念不断受到冲击、新观念不断涌现的过程，传统主权观、民族主义等观念也为"反一体化"提供了思想武器。

（一）利益分配的影响

在欧洲一体化的进程中，各国、各地区、各阶层民众之间的共同利益得到了维护与扩大，然而这并不能掩盖各方在利益分配问题上冲突的长期存在。在错综复杂的利益冲突中，有四种矛盾构成了"反一体化"的主要利益驱动力。

1. 集体与个体的利益冲突

参与一体化的国家都面临一个共同问题，即如何处理集体与个体的利益冲突，如何在共同利益与自身利益之间取得平衡。一体化集体利益的形成主要有两种方式：一是成员国个体利益的汇集；二是一体化整体新利益的形成。无论哪一种方式，都不可能把某一个成员国的所有利益囊括其中，集体利益与个体利益之间只能有部分一致。在增进集体利益的过程中，各成员国个体利益的得失情况都有所差异，部分成员国的个体利益损失可能大于它在集体利益中的所得。同时，成员国谋求个体利益的过程，也可能对集体利益构成损害。因此，个体利益与集体利益的冲突构成了"反一体化"的一大动力来源。

1996年英国与欧盟之间爆发的"牛肉战"，就是个体与集体利益的激烈交锋。1996年3月20日，英国政府首次承认疯牛病对人体健康可能存在直接危害。这一消息当即引起社会恐慌，牛肉市场遭受重大打击。为了保护欧洲牛肉市场的整体利益、保障公众健康，欧盟委员会决定禁止英国向欧盟市场及第三国出口活牛及牛肉制品，这给英国畜牧业和食品加工业造成了极大打击。面对巨大的损失，英国政府对欧盟禁令强烈不满，在谋求解除禁令未果后，宣布对欧盟采取"不合作"政策，威胁使用否决权让欧盟的运作陷入瘫痪，并很快付诸实行，频频使用否决权。英国政府的这种"反一体化"做法，不但未能与欧盟协调处理好牛肉问题，反而加深了与欧盟和其他成员国的矛盾，在国内也未能吸引民众的支持，其竞争对手工党的支持率一直居高不下。在1997年大选中，保守党惨败，工党政府上台后就宣布改变上届政府不支持一体化的政策，着手改善与欧盟机构以及其他成员国的关系，实行更加积极的对欧政策①。

2. 大国与小国的利益冲突

在欧洲一体化进程中，尽管各国存在着广泛的共同利益，但是由于实力的差异，大国与小国之间仍然存在着无可回避的利益冲突。这种利益冲突的长期存在，是小国产生"反一体化"思想与活动的重要原因。

在欧盟各项制度的创设过程中，法德发挥了举足轻重的作用。它们是规则的主要制定者和受益者，而当规则对它们的利益构成限制或损害时，它们又比小国有更强的能力废除或改变规则。因而，实际上，规则对于大国和小国有着不同的约束力。违反规则的小国，往往难以逃脱惩罚；而大国则更有可能避免遭到惩罚，甚至改变原有规则。

《稳定与增长公约》的修改就是一个典型事例。欧元启动前，欧元区各国签订了《稳定与增长公约》，规定成员国必须将本国的财政赤字水平控制在当年国内生产总值3%的限度之内。一旦成员国财政状况出现偏离这个目标的迹象，应立即采取措施重新达到趋同目标。设置"公约"的目的，在于避免各国过度使用财政政策刺激经济短期增长，以统一的财政纪律来保证欧元的稳定，从而为欧元区各国创造一个经济稳定成长的环境。德国是"公约"的主要推动者，严格的财政纪律正是德国坚持列入的。而率先违反"公约"规定的，也是德国。2002年，德国与法国的财政赤字越过3%的警戒线，2003年和2004年，德法两国财政赤字双双连续超标，面对欧盟委员会的多次警告，两国仍未作出限期纠正的承诺。欧盟委员会建议欧盟财长理事会依据《稳定与增长公约》对德法两国进行惩罚，以严肃财经纪律。欧盟委员会与法德两国的关系因此紧张，《稳定与增长公约》处于"空前危机"之中。事件结果最终以对法、德两大国有利的结局收场，荷兰、奥地利等欧元区小国虽然对此不满，却无可奈何。面对欧债危机，德国虽然支持希腊继续留在欧元区，却要求希腊政府推行紧缩的财政政策，降低公共债务比例，并以此作为希腊继续获得欧元区和国际货币基金组织持续援助或贷款的必要条件。德国的要求引起希腊民众的强烈不满，甚至引发希腊工会举行全国范围的反紧缩案大游行。

---

① Kirsty Hughes and Edward Smith, "New Labour—New Europe?", *International Affairs*, Vol. 74, Issue 1, January 1998, pp. 93 – 103.

欧盟在对奥、意两国极右翼政党入阁问题上的不同处理方式，也突出体现了大国与小国在欧盟中地位的差异。2000年2月，极右的奥地利自由党与人民党组成联合政府，欧盟对此作出强烈反应，除奥地利以外的14个成员国联合对奥实施了外交制裁。2001年5月，意大利的极右翼政党北方联盟加入了新成立的执政联盟。北方联盟的政治立场比奥地利自由党更加极端，然而欧盟并未对意大利实施类似的外交制裁，相反却接受了意大利的选举结果，并且向执政的中右联盟表示了祝贺。欧盟区别对待奥、意两国的根源，在于两者实力上的巨大差距："意大利在欧洲议会中拥有的席位比奥地利多四倍。意大利的国内生产总值远高于奥地利。"① 在这一事件中，实力最终在与原则的较量中占了上风。

3. "先行者"与"后来者"的利益冲突

欧洲一体化从6国发展到27国，经历了多次扩大，而每一次扩大都是一次权力与利益的重新分配。对于"先行者"而言，要最大限度地保持自身影响力，维护自身利益，尽量减少自身对扩大成本的分担，克服扩大带来的不利影响；"后来者"面临着"后来者劣势"，即现有制度、规则都是"先行者"设定的，而这些制度和规则可能对"后来者"的利益构成损害。如何将"后来者劣势"的不利影响减至最小，是欧洲一体化事业每个新加入者都必须面对的挑战。这样，"先行者"与"后来者"之间就产生了尖锐的利益冲突。

英国加入欧共体就陷入这种"后来者劣势"。在法国的要求和推动下，欧共体六国于1970年达成协议，建立欧共体自有财源制度。根据这一制度，欧共体预算收入由三个组成部分：对非成员国的工业品征收的进口关税；对欧共体以外进口农产品征收的差价税；对成员国商品征收的产品增值税提成（1%）。法国的这种做法正是针对英国，在法国看来，如果让英国在制定这项制度上拥有发言权，他们就会要求建立一种对他们有利的制度，而这样的制度肯定对法国不利②。而这项制度的建立确实对英国相当不利。由于历史原因，英国与欧共体以外国家的贸易比重较大，按照规定应向欧共体上交大量的工业品进口税和农产品差价税。同时，由于英国农业在欧共体各国中比重很低，而欧共体预算支出的相

---

① Megan Greene, "Right-Wing Movements in the European Union: A Case Study of the Austrian Freedom Party (FP?) and the Lega Nord (LN)", pp. 204 – 205.

② Stephen George, *An Awkwad Partner*, Oxford University Press, 1990, p. 51.

当大部分都用于补贴农产品生产者,这就造成英国的贡献与收益严重不平衡,成为欧共体内最大的净出资国之一。这种情况历经英国各届政府的努力,仍难以获得根本解决,由此成为英国国内"反一体化"长盛不衰的一个重要原因。

对于新加入欧盟的中东欧国家来说,"后来者劣势"也给它们带来了不容忽视的利益损失。以欧盟的共同就业与劳工政策为例,在入盟协议中,欧盟要求中东欧国家今后应分阶段地在本国劳动合同中增加更多的限制性条款,以逐步配套采用欧盟制定的共同就业及劳工政策。中东欧新入盟国家的劳动生产率普遍较欧盟原有成员国低,其产品的主要竞争优势来源于较低的生产成本。中东欧国家为了保持其现有产品的竞争优势,必须进一步降低其产品成本、扩大产量。但是,欧盟统一的就业及劳工政策,大大削弱了这些新成员国劳动力成本低的竞争优势。它们一旦按照欧盟统一规定,提高本国工人的工作条件和工资水平,必然增加单位产品的生产成本。

在这种情况下,中东欧国家的企业普遍采取了裁员增效的经营策略。企业一方面提高现有工人的工作条件和工资水平,提高生产效率;另一方面为了降低产品成本,大量裁减企业中的冗员。这使得这些国家失业人数激增。欧盟制定共同就业及劳工政策的本意,是为了让欧盟成员国的工人享受更好的工作条件和更高的工资水平,防止一个国家向其他国家进行"社会倾销"。但是由于这项政策缺乏灵活性,结果导致经济相对落后的新成员国的众多工人因为失业而生活质量恶化,这是政策制定者始料不及的。

4. 精英与民众的利益冲突

欧洲一体化进程是一个精英主导的进程,普通民众参与很少,更多的是被动地接受它的结果,欧盟存在"民主赤字"是一个不争的事实。这种情况造成主导一体化进程的各国精英与普通民众在欧洲一体化认知上形成了短时期内难以消除的分歧。

欧洲一体化的巨大成就,在很大程度上应归功于政治精英的努力,"民主赤字"的存在有时对推进欧洲一体化能产生有利的影响。成员国政府可以利用欧共体的存在,使自己在提出政策的主动性方面得到国内更多的首肯和支持,在国内政策议程安排方面也享有更大的权力,从而比较容易在国内进行政策协调;同时,成员国政府之间的讨论和投票都在秘密中进行,各国议会和公众很少有合法的机会批准欧共体的协议,从而帮助成员国领导人削弱国内潜在的反对势力,增加了成员国政府之间达成一致的能力①。但是，随着一体化深入发展，"民主赤字"的不利影响愈益彰显，严重制约一体化的顺利推进。在这种状况下，精英与民众难免产生利益冲突。这种利益冲突，在欧盟东扩这一问题上表现得尤为明显。在欧盟精英看来，东扩是一体化生命力和价值观念的拓展，在政治与安全领域具有重大的战略意义，在经济领域也会带来巨大收益，为欧盟的经济发展创造新的机遇。普通民众对东扩则不那么热情。他们主要关注的是与自身利益密切相关的问题，考虑的是自身在东扩进程中的得失。对他们而言，在欧盟经济增长乏力、失业率居高不下的时候，接收10个经济发展远低于欧盟平均水平的新成员国入盟，无疑是风险很大的行动。尽管精英们信誓旦旦，但是东扩的实际效果如何仍然存在诸多变数。欧盟各国中经济实力最为雄厚的德国花费10余年时间，投入大量人力、物力重建东德经济，至今仍然效果不彰。中东欧各国比原东德人口更多，经济发展水平更低，社会文化状况更复杂，欧盟面临的挑战也更加严峻。东扩带来的各种可能出现的问题，影响到的多是中下层民众。这难免使他们产生东扩的结果是"精英获益、民众埋单"的想法，因而对东扩持冷淡、反对的态度。

（二）观念领域的动因

从观念上来看，"反一体化"主要受到传统主权观念和民族主义思想的影响。欧洲一体化的深入发展对传统的绝对主权观构成了挑战，遭到坚持传统主权观念人士的反对。一体化的超国家倾向，对民族国家的限制，对民族文化、民族特性的冲击，都与民族主义思想存在着对立。传统主权观和民族主义思想构成了"反一体化"的核心思想来源。

1. 传统主权观念的影响

传统的国家主权理论是西欧在孕育和形成民族国家中的历史产物。经过数个世纪的发展，主权观念在欧洲各国民众心中已经牢牢扎根，任何主权共享、主权让渡的努力，都被很多人视为对主权原则的威胁和对民族国家的损害。对各成员国来说，欧洲一体化建设的代价是国家主权在一定领域的部分让渡。这些领

---

① Andrew Moravcsik, "Preferences and Power in the European Community: A Liberal Intergovernmentalist Approach", *Journal of Common Market Studies*, Vol. 31, No. 4, 1993, p. 516.

域包括经济、政治、司法等诸多方面,某一领域内的一体化程度越高,这种让渡就越多。这种主权让渡的实践,冲击了传统的主权观念,因而遭到许多持传统主权观人士的批评和反对。传统的主权不可分割的观念,反对欧洲一体化进程中主权事实上的分割实践;传统的主权独享观念,反对欧盟国家主权共享的努力;传统的绝对主权观,反对现实中主权行使所受的种种限制。对主权让渡的反对和对本国主权的珍视,构成了"反一体化"在观念层面上的一个主要组成部分。

2. 民族主义的影响

在欧洲一体化过程中,民族主义也逐渐成为"反一体化"的思想武器。

首先,民族认同在与欧洲认同的竞争中处于优势地位。在欧洲各民族和民族国家形成的历史进程中,文化认同已经打上深刻的民族烙印。对本民族文化特质和文化传统的珍视和坚守形成一股强大力量,影响着人们对超越民族的政治架构的选择。撒切尔夫人曾指出,欧共体只有允许各成员国维护其民族特征,才能取得成功。"试图压制各民族和把权力集中到欧洲联合体的做法,将会严重损害和威胁我们为之奋斗的目标。欧洲将会因它使法国仍是法国、西班牙仍是西班牙和英国仍是英国而更加强大,这些国家保持着自己的习俗、传统和认同,试图使它们适应某一种相同的欧洲个性,是一种愚蠢的行为。"[①] 与历史悠久、深入人心的民族文化和民族传统相比,欧洲认同则显得有些空洞和抽象,更像是整个欧洲地区所有民族和各种文化的"大杂烩"。其原因在于欧洲作为一个整体,在历史发展中能够为其居民提供集体记忆,并使之享有共同命运感的文化认同的力量并不强大,而某些共同记忆,如每个民族对战争、冲突的记忆,不仅没有加深欧洲认同感,反而增强了各自民族的认同感。

其次,民族主义追求民族自主的思想,激发了欧洲一些国家的地方分离主义。例如,在法国,科西嘉人和布列塔尼人要求从法国分离出去;在英国,除北爱尔兰天主教徒有分离要求外,苏格兰人也施加了分离的压力;在西班牙,巴斯克和加泰罗尼亚的分离势力甚至采取了恐怖手段。地方分离主义的存在和强劲的发展态势,必定影响这些成员国的内部稳定和经济繁荣,也势必影响欧洲一体化

[①] "Margaret Thatcher's Bruges Speech", in A. G. Harryvan and J. Van der Harst eds., *Documents on European Union*, Houndmills: Macmillan Press Ltd., 1997, p. 243.

进程。

最后，某些极端民族主义势力将本民族利益至上与种族主义、排外主义相结合，把欧洲一体化视为对本国、本民族利益的损害，不惜采取激烈的方式进行抵制。近年来，欧洲极端和保守势力利用公众对经济全球化、欧洲一体化的不满情绪，在移民和多元文化问题上大做文章，宣扬"白人至上"、反对外来移民、反伊斯兰主义、清除多元文化等"极右"思想，新法西斯主义、民粹主义和"国家社会主义"等组织团体在德、法、比、荷、意、英、北欧和东欧国家扩大声势，取得较大影响。极右翼理论家几乎都强调民族或种族的"纯洁性"，坚决反对民族或种族的融合及同化，尤其是反对本民族与非欧洲人或非白种人的融合及同化。他们反对欧洲一体化，认为"泛欧洲主义"和多元文化将威胁到民族文化的"纯洁性"，甚至会对移民、少数族裔滥施暴力，威胁社会安定，损害本国的国际形象。

欧债危机削弱了欧洲身份认同感，欧洲经济情况较为乐观的成员国民众，以国家地域疆界作为标准界定自己的身份，不愿将收入所得贡献给不同民族和文化的所谓"欧猪五国"；而希腊等欧元区重灾国，因核心国家援助不力及欧盟苛刻的救助条件而怨声载道，使得本已十分脆弱的欧洲身份认同建设雪上加霜。

四 "反一体化"的影响

"反一体化"作为一体化的伴生物，在欧洲一体化曲折发展的进程中，产生了不容忽视的影响，而且将随着一体化程度的深化和范围的扩展而不断增强。可以说，"反一体化"对一体化实践发挥着破坏性与建设性并存的影响。在阻碍一体化前进、反对一体化具体措施的同时，它通过自身的宣传和活动使一体化不断吸取教训，解决存在的问题，在某种程度上保证一体化的发展不脱离普通民众、不严重损害成员国的特殊利益，从而选择民众更易接受的方式，推动一体化健康、稳定地向前发展。

首先，"反一体化"在一定程度上，阻碍了欧洲一体化的前进步伐。

欧洲一体化的发展主要是各成员国不断谈判、妥协的结果。各国政府经过谈判、妥协，寻求一个各方都能接受的利益平衡点，在此基础上推进一体化建设。

"反一体化"力量的介入，使各国政府对参加一体化的成本与收益的估算复杂化，增大了妥协、谈判的难度，从而使一体化的前进步伐受到更多阻挡。同时，一体化的不断深入发展，也为"反一体化"发挥影响创造了条件。当一体化主要局限于经济合作范围的时候，"反一体化"力量可以采取行动的途径有限，影响力也受到限制。而随着一体化深入政治、安全、社会、文化等诸多领域，"反一体化"可以施加影响的途径随之增多，甚至跨领域的"反一体化"不仅成为可能，其影响还会产生扩散效应。

其次，"反一体化"的宣传与活动暴露出欧洲一体化进程中存在的问题。

作为一项人为设计，一体化建设不可能没有缺陷，而这种缺陷的暴露往往有赖于"反一体化"的活动与宣传。无论是公平还是效率，一体化的已有经验都不能说尽善尽美，利益分配和成本负担的不均、一体化机构的低效和浪费等问题都为人所诟病。对于一体化的支持者而言，这些缺陷往往被作为推进一体化难以避免的代价而获得接受，但是对于"反一体化"者来说，这些缺陷就是他们反对一体化的现实依据。因此，寻找一体化的缺陷、暴露这些缺陷，就成为"反一体化"的重要组成部分。民主赤字、官僚主义等，无不是在"反一体化"的宣传中被更多人所认识的。一体化机构自我监督对问题的暴露，远远不如"反一体化"者尖锐的批评。出于自身利益考虑，各国政府和精英往往夸大宣传一体化收益，对损失则轻描淡写，这就需要"反一体化"者针锋相对的声音来促使人们进行独立思考。

最后，"反一体化"促使一体化的决策者反思和修正原有的一体化方案与措施，探索更可行的一体化道路。

《欧盟宪法条约》在法国和荷兰公决的失败，促使欧洲政治精英反思：欧洲未来的设计者们的心情是否过于急迫？欧洲一体化进程的建设速度是否超出了民众实际的承受能力？欧洲迫切需要通过重新调整前行的步伐，切实解决前进中出现的新问题，才可能给予民众一个繁荣、安全和社会公正的发展前景，增强他们对一体化未来的信心。同样，如何在"精英政治"与民主这对矛盾中取得某种平衡，减少欧盟机构的"民主赤字"，使欧盟的决策更好地体现民意，同时使民众能更多地了解进而支持"大欧洲"计划，将是欧盟走出当前困境时必须深入思考的重要议题。影响未来欧盟发展前景的另一个重要方面，取决于各国政府能否成功推行包括福利制度、劳动力市场等重大问题在内的经济改革，提高欧盟经济的国际竞争力，解决好与民众利益有直接关系的增长与就业等问题。只有更好地保障民众的切身利益，才能赢得民众对一体化长远目标的支持。

尽管"反一体化"对欧洲一体化事业产生的影响广泛而深入，但是无力扭转一体化不断扩展、深入的前进方向。一体化的支持者和推动者主要是各国的政治精英、文化精英以及大企业集团等握有雄厚政治、经济、文化资源的势力，他们主导一体化的进程并在其中分得最多的利益。"反一体化"力量则主要是对一体化进程缺乏影响力的群体，而且由于各自的目标和方式各异，难以形成合力，在与一体化支持者和推动者的实力对比中处于劣势地位。纵观欧洲一体化的发展历程，"反一体化"力量与一体化的支持者相比始终不占优势，虽然能够在某些时刻、某些问题上暂时造成一体化的挫折和停滞，但是无力长期阻挡一体化的推进。

（原文发表于《国外社会科学》2006年第6期，辑入本文集时，应编者要求进行了修改和补充。）

第二编
危机中的欧洲

本编从欧债危机中欧洲经济治理的困境和对策、社会保障制度的表现和改革、欧洲政党格局以及欧洲认同等视角剖析了欧债危机中经济治理、社会保障、政党政治和民众欧洲认同的变化和趋势，及其对欧洲一体化的影响。作者们提出以下判断。

第一，欧债危机不仅使欧洲经济陷入衰退，更重要的意义在于使欧元区经济治理机制上的缺陷暴露无遗。在各方锱铢必较的博弈中，欧元区的经济治理机制得以升级：不仅逐步建立和完善了应急救助工具，且机制化；同时加强财经纪律，完善金融监管，推出财政契约，组建银行联盟，使欧央行近乎成为最后贷款人和超级欧盟机构；并绘制了提升各国长期竞争力的蓝图。但其实施可谓任重而道远，且需政治上的协调配合。

第二，欧洲社会保障制度在危机中发挥了双重作用：作为经济波动避震器，它既有维持消费、熨平经济波动、稳定就业和保证社会稳定等积极一面，但也有加重财政赤字和债务负担、僵化劳动力市场、挤出研发和教育等消极一面。北欧、盎格鲁－撒克逊、莱茵、地中海四大子模式因理念、制度结构、改革深广度等的差异，在危机中表现各异、优劣互现，在总体上呈现出加速改革、择优趋同的演变趋势。

第三，在危机对经济和社会的冲击下，欧洲各国政党作出了不同的政策应对，就此也影响了欧洲政党格局的分布：各国主流政党，尤其是执政党受压最重，在涉及欧元区和欧盟稳定等原则问题上持有较为共同的立场，而在具体援救举措和改革方向上则分歧明显，社民党总体来说日趋反对紧缩政策；左、右翼的激进小党则日益活跃，一些国家政党结构开始发生变化。欧盟改革方向之争、传统政治方式的无助等问题，将影响欧洲政党的未来发展方向。

第四，危机凸显了欧洲认同的问题，尤其是欧盟各种力量在应对危机时产生的相互博弈，以及英国疑欧倾向日益严重的背景下，受经济利益和制度等因素的影响，欧洲民众的欧洲认同感有所下降，但总体变化有限。

第一章 欧债危机下欧洲经货联盟治理结构转型

陈 新[*]

欧洲主权债务危机（以下简称"欧债危机"）始于希腊主权债务危机。欧元区治理结构的缺陷，助长了危机在欧元区内不断扩散，一个又一个欧元区成员国在危机中倒下，欧元自身也经历了自诞生以来最大的冲击。欧债危机揭示了欧元区一些国家公共财政的不可持续，同时也将欧元区治理结构的弊端暴露无遗。因此，欧洲国家要走出债务危机，短期内需建立防火墙，控制危机扩大蔓延，同时大力削减公共财政赤字，尽快恢复市场信心；中期则需改进欧元区的治理结构，加强财政协调和监督；若要最终走出危机，还需提高经济竞争力，促进经济增长，促使公共财政走入良性循环。

一 欧债危机的四个阶段

欧债危机已经持续三年多时间，从其发展的特点看，可以分为四个阶段。

第一阶段，2009年10月~2010年5月。这一阶段主要表现为希腊主权债务危机。在这一时期，由于缺乏救助机制，导致危机不断扩散，最终于2010年5月初引起欧元的急剧动荡。在这种情形下，欧元区成员国联合国际货币基金组织（IMF）共同推出了1100亿欧元的救助希腊机制。这种救助机制以双边协定的方

---

[*] 陈新，中国社会科学院欧洲研究所经济室主任、研究员。

式提供，而不是以欧盟的名义。但债务危机的险情并未平息，市场继续动荡，因此一周之后，欧盟又联合 IMF 推出 7500 亿救助机制。

第二阶段，2010 年 5 月～2011 年 7 月。这一阶段的特点是，欧元区在拥有救助机制的情况下，却依然是一个国家接着又一个国家遭遇危机，欧洲救助机制的有效性受到质疑。2010 年 11 月，爱尔兰在市场的冲击下爆发危机；2011 年 3 月，葡萄牙又倒下。究其原因，是因为欧洲的救助机制在面对市场冲击时无法发挥有效救助的作用，更多的是起到四处"扑火"的作用。

当市场对某个国家的偿债能力产生怀疑时，该国在国债市场的筹资能力就会急剧下降，甚至可能因发债成本过高而筹集不到资金，造成国债滚动的中断，债务危机由此爆发。但在危机爆发前，欧洲救助机制是起不了向受到冲击的国家紧急提供流动性的作用。7500 亿救助机制中 4400 亿为欧洲金融稳定基金（EFSF），它只能在受到冲击的国家倒下之后，再等上一两个月通过发行 EFSF 债券筹得资金后，转交给该国。眼看危机的大火愈烧愈烈，该机制却无能为力。因此，欧盟虽然有了救助机制，但在应对市场的反应上依然是滞后的。

在 2011 年 7 月 21 日欧元区首脑会议上，欧盟对欧洲救助机制的实施制定了新的方案，对 EFSF 进行扩权，同时也进行了扩容。扩权包括预防性操作以及在一级市场和二级市场进行购买债券行动，平息市场混乱，提升市场信心。扩容是把 EFSF 的有效资金从 2500 亿欧元增加到 4400 亿欧元。

第三阶段，2011 年 8 月～2012 年上半年。在这一阶段，危机表现在三个层面：一是希腊问题不断成为话题，该国危机依旧没有得到解决；二是危机已经开始冲击意大利和西班牙这些欧元区较大的经济体，甚至冲击到法国；三是危机开始向银行业蔓延。

2011 年 8 月之前，欧洲遏制危机蔓延的思路主要是建造防火墙，也就是危机救助的问题。但 8 月之后，希腊去留问题反复绷紧市场的神经，与此同时，危机迅速从欧元区边缘国家向欧元区核心国家、欧洲银行业蔓延。欧元区治理结构的弊端，充分暴露在市场面前。在这种背景下，市场对欧洲的不信任感快速蔓延，大批资金撤离欧洲，流动性匮乏成为主要表现，市场对欧元区是否崩溃的质疑越来越强烈。欧债危机愈演愈烈。

第四阶段，2012 年 8 月底至今。这个阶段有两个标志性事件：一是欧洲央行于 8 月宣布推出无限量购买债券计划（OMT），在一定意义上充当了准最后贷款人的角色；

二是德国宪法法院于 9 月为永久性的救助机制——"欧洲稳定机制"以及《经货联盟的稳定、合作和治理条约》（又称"财政条约"）开了绿灯，为这两项举措的实施扫清了最后障碍。市场信心得以恢复，欧元区崩溃的传言不攻自破，欧债危机的形势得以缓和。欧洲人也腾出手来，从疲于应对危机转向深化欧元区的治理改革。

二 债务危机与欧元区的治理

自希腊 2009 年 10 月爆发主权债务危机后，危机影响逐步扩散，并波及整个欧元区，一个又一个欧元区成员国为债务危机所击倒。本来看好的欧元，为何表现得如此脆弱？这跟欧元区的治理结构有很大关系，具体表现为：

第一，欧元区实行的是统一的货币政策、分散的财政政策。欧元区 17 国实行统一的货币，货币权交由欧央行行使，但财政政策仍由各成员国自己掌握。有货币联盟而无财政联盟。为此，欧盟试图通过《稳定与增长公约》来对欧元区成员国的财政政策进行限制。《稳定与增长公约》规定了政府债务占 GDP 的比例不能超过 60%，赤字不能超过 3%。但很遗憾的是，《稳定与增长公约》的这些规定未能得到有效执行，甚至像德国、法国这些大国竟率先违规，这为其他国家债台高筑埋下了隐患。

若要从根本上解决债务危机，需要在财政政策方面深化一体化的步伐。欧盟已经开始实施一系列措施，来加强经济政策协调、预算监督以及实行自动惩罚机制。这些都是对治理结构的调整。虽然目前在税收一体化方面，还不能指望有很大的进展，但至少在财政政策协调和监督方面已经向前推进。2011 年 12 月 9 日，欧盟峰会提议的"财政契约"（后改称"财政条约"）更是向有法律约束性的方向迈出一步。在 2012 年 1 月 30 日的欧盟峰会上，欧盟成员国中有 25 国就"财政条约"的具体条款达成一致，并于 3 月 2 日欧盟峰会上签字后递交各国议会批准[①]。"财政条约"的签署，将在中期层面为欧洲走出债务危机、实现财政可持续发展奠定基础。

第二，正是由于欧元区没有实行统一的财政政策，因此，欧洲央行无法像美联储那样，在危机到来时可以充当最后贷款人。

---

① European Commission, "Fiscal Compact Signed: Strengthened Fiscal Discipline and Convergence in the Euro Area", Press Release, Doc128454, Brussels, 2 March 2012.

欧盟的中央银行（欧洲央行），可能是世界上最独特、也是最独立的中央银行，它的唯一宗旨就是保持货币稳定、防止通货膨胀。因此，在面对政府主权债务导致的危机时，只有在危机危及欧元的稳定和存亡时，它才有义务干预。在不具备紧密的财政联盟和经济政府的情况下，欧洲央行最后贷款人的作用只能是空谈。

但这并不意味着欧洲央行不作为。欧洲央行虽然没有义务对政府债务负责，但维护货币稳定和金融系统的稳定是其固有的职责。在2010年5月危机严重危及欧元稳定时，欧盟联合IMF推出7500亿欧元的救助机制当天，欧洲央行就宣布采取两项配套举措，稳定局势：其一是从二级市场购买希腊债券，稳定市场信心；其二是取消对希腊债券的评级限制，以便欧洲商业银行能够继续将希腊债务作为抵押从央行贷款①。此后，在爱尔兰、葡萄牙以及意大利和西班牙受到危机冲击时，欧洲央行继续从二级市场购买上述国家的国债，试图稳定市场，避免市场出现抛售狂潮。2010年底，欧央行从二级市场购买的债券达735亿欧元，2011年底累计达2110亿欧元②。

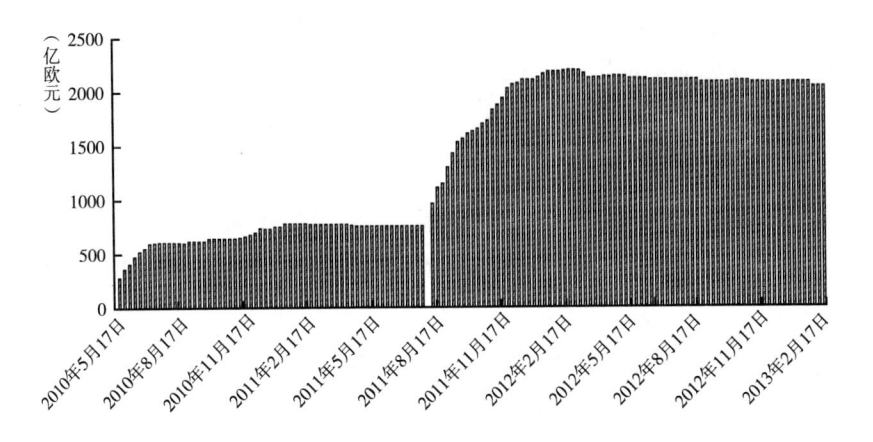

图1 欧洲央行债券市场操作（2010年5月~2013年2月）

资料来源：作者根据欧央行公布的数据整理。详见http://www.ecb.int/mopo/implement/omo/html/communication.en.html。

---

① ECB Press Release, "ECB Decides on Measures to Address Severe Tensions in Financial Markets", 10 May 2010.
② European Central Bank, "Summary of ad Hoc Communication Related to Monetary Policy Implementation Issued by the ECB since 1 January 2007", http://www.ecb.int/mopo/implement/omo/html/communication.en.html. 访问日期：2012年3月25日。

除了在二级市场的操作之外，欧洲央行 2011 年秋季还采取了一系列措施稳定市场：一是连续两次调低利率①；二是将存款准备金率从 2% 下调至 1%②；三是将银行到欧洲央行作贷款抵押的门槛降低，在一定程度上同评级机构的债券评级脱钩③；四是重新恢复同美元的互换，并两度联合全球五大央行，共同向欧元区提供美元流动性④。这些举措虽然一定程度上缓解了危机的蔓延，但仍无法应对欧元区流动性的匮乏。因此，欧央行于 2011 年 12 月初决定，通过货币政策工具——长期再融资操作（LTRO），分两次向欧洲银行业注资，增加流动性⑤。

第三，危机爆发初期，欧洲缺乏救助机制；有了救助机制后，未能有效发挥作用。

希腊并不是最早寻求救助的欧洲国家。在 2008 年和 2009 年，欧盟曾向匈牙利提供 65 亿欧元⑥、向拉脱维亚提供 31 亿欧元⑦、向罗马尼亚提供 50 亿欧元的救助⑧。这些国家陷入危机并没有给欧元区或者欧盟带来巨大的动荡，很重要的原因是，欧盟有救助非欧元区成员国的机制，这是其一；其二是这些国家不是欧元区的成员。而希腊危机之所以带来如此大的动荡，一个重要的原因是欧元区自身缺乏救助机制。因此，当希腊危机爆发时，欧盟确实手足无措。

在欧元区成立之初，欧盟决策层和学术界就是否有必要建立货币联盟成员国违约救助机制进行过讨论。讨论结果是，设立救援机制会进一步加大货币联盟成员国的道德风险，同时干扰市场预期。因此，欧盟不希望建立救助机制，而力图

---

① 第一次降息为 11 月 3 日，从基准利率 1.5% 降到 1.25%。第二次降息为 12 月 8 日，基准利率降到 1%。请参见欧央行的新闻公报。
② 欧央行 2011 年 12 月 8 日新闻公报。
③ 欧央行 2011 年 12 月 8 日新闻公报。
④ 欧央行于 2011 年 9 月 15 日联手美联储、英国央行、日本央行和瑞士央行，计划到年底前向市场分 3 次提供为期 3 个月的短期流动性。11 月 30 日，欧央行再次联手加拿大央行、英国央行、日本央行、美联储和瑞士央行，降低美元货币互换的价格并将货币互换延至 2013 年 2 月 1 日，此外还将视情况持续向市场提供为期 3 个月的流动性。请参见欧央行相关新闻公报。
⑤ 欧央行 2011 年 12 月 8 日新闻公报。
⑥ 2008 年 11 月 4 日，欧盟向匈牙利提供 65 亿欧元的救助。http://ec.europa.eu/economy_finance/publications/publication13495_en.pdf。
⑦ 2009 年 1 月 20 日，欧盟向拉脱维亚提供 31 亿欧元的救助。http://ec.europa.eu/economy_finance/publications/publication13874_en.pdf。
⑧ 2009 年 6 月 23 日，欧盟向罗马尼亚提供 50 亿欧元的救助。http://ec.europa.eu/economy_finance/publications/publication15409_en.pdf。

以《稳定与增长公约》来约束成员国的财政开支,降低和避免成员国的违约风险。但《稳定与增长公约》执行不力,而且,2008年金融危机下实施的财政刺激计划,更使欧元区这种制度设计上的弊端暴露无遗。

2010年5月,欧盟联合IMF先是向希腊提供1100亿欧元的救助,一周后又推出了7500亿欧元针对欧元区的救助机制。由于制度设计原因,在危机冲击某些欧元区国家时,救助机制无法发挥救助作用,眼睁睁看着债务危机大火烧完后才能出手,参与灾后重建。因此,2011年7月21日的欧元区首脑会议决定,为欧洲金融稳定基金提供新的授权和扩容①。扩权主要表现为可在一级和二级市场进行操作,并在必要情况下进行预防性操作。扩容是把EFSF的有效资金从2500亿欧元提高到4400亿欧元②。经过扩权和扩容后,EFSF在应对市场冲击方面将拥有更大的能力。2011年10月中旬,EFSF的扩权和扩容方案得到欧元区17国议会批准,但此时,危机的大火已经开始向欧洲银行业蔓延,EFSF的容量出现明显不足。鉴于再次扩容可能性不大,因此只能通过金融杠杆的方式提高EFSF的有效使用率。10月26日,欧元区又决定通过杠杆化方式最大限度地发挥EFSF防火墙的效用③。这些都是在完善救助机制方面作出的努力。

第四,欧债危机不仅仅是经济和财政问题,跟欧盟、欧元区以及成员国复杂的政治架构有密切关系。

欧洲复杂的政治架构,阻止了欧盟迅速拿出有效解决方案,给市场投机留下了可操作的空间。基辛格在说到"欧洲外交"时有句经典的比喻,"找欧洲不知道应该打哪个电话号码"。同样,在这场危机中我们也看到这方面的问题:巴罗佐、范龙佩、雷恩、特里谢(现为德拉吉)、默克尔、萨科齐(现为奥朗德),还有受到危机冲击的国家的领导人、议会、本国央行、财政部;等等,他们发出的声音是不同的,令人眼花缭乱。这些不同的声音向市场发出混乱的信号,使市场信心不断下降,市场的投机性不断增长,危机不断扩散。这样,欧元区一个个国家的偿债能力受到市场质疑,危机愈演愈烈。欧洲不仅在外交上需要做到用一

---

① Council of the European Union, "Statement by the Heads of the State or Government of the Euro Area and EU Institutions", Brussels, 21 July 2011.
② 欧洲金融稳定基金(EFSF)自身的容量为4400亿欧元,但若需享有3A评级,有效使用资金最多为2500亿欧元。
③ Euro Group Summit, "Euro Summit Statement", Brussels, 26 October 2011.

个声音说话，在解决债务危机方面，也需要用一个声音说话。但这需要财政联盟乃至政治联盟的支持，而通往这个方向的道路还很漫长。

因此，欧盟复杂的政治架构决定了在欧债危机问题上，无法指望欧盟能够出台"立竿见影"的方案。

第五，欧洲复杂的法律体系成为阻止危机蔓延的障碍。

这不仅涉及欧盟法，还涉及成员国的法律，尤其是德国的宪法和法律。欧盟法律条约中有不救助条款，德国法律中也规定不能在欧盟的框架下对他国实施救助，除非危机危及自身的经济或者危及欧元。因此，2010年5月，德国到最后一刻才同意提供对希腊的救助，因为此时危机已经对欧元产生重大影响，欧元对美元的汇率从年初的1:1.40下降到了1:1.19。

同样，针对7500亿欧元欧洲救助机制中的4400亿欧元的EFSF，德国宪法法院到2011年9月7日才作出裁决，判定德国参加EFSF没有违反德国宪法，但同时，该判决将德国参与EFSF的具体决定权交给了德国联邦议会预算委员会①。因此，今后EFSF的重大决定需要看德国议会预算委员会的态度。

2011年10月下旬举行的欧盟峰会，4天内开了两次峰会，创下欧盟的历史记录，主要原因是10月23日召开第一次峰会时，德国总理默克尔没有拿到参加有关欧债危机解决方案谈判的授权。因此，需要10月26日上午德国议会讨论后才获得授权，在当天晚上举行的第二次峰会上进行谈判。如果查阅10月26日德国联邦议会的决议内容，我们就会发现，经过10个小时讨论，于27日凌晨达成的欧债危机解决方案与德国联邦议会的决议如出一辙②。这是否意味着拯救行动要看德国立法者的意愿？显然，构建一个统一、协调的欧盟决策机制，是未来欧盟制度建设的一个重要内容，但难度之大，前所未有。

三 欧洲的短期应对

2012年欧债危机走势存在着不确定因素。短期内影响危机走势的主要因素

---

① Euractiv, "Merkel Calls for Treaty Change after Positive Court Ruling", 8 September 2011, http://www.euractiv.com.

② EurActiv, "Merkel Wins Euro Rescue Fund Vote", http://www.euractiv.com/euro-finance/merkel-wins-euro-rescue-fund-vote-news-508591.

有：一是欧洲经济暗淡的前景不利于欧债危机解决，经济增长乏力不仅侵蚀欧洲财政收入，还要求各国实行更为严格的财政紧缩，这严重打击了欧债市场的信心；二是意大利、西班牙等欧元区国家政府在2012年融资需求巨大，尤其是在上半年有大量债务到期，加剧了欧债市场压力；三是鉴于欧元区银行已经融资紧张，欧债市场的动荡与银行业的不稳定很可能出现恶性循环；四是三大评级机构会进一步调低欧元区国家的主权评级，评级机构的降级会加剧市场的恐慌；五是希腊和法国在2012年春季面临选举，选举结果将可能对欧债危机的走势带来影响。

为了应对欧债危机拖延甚至加剧的局面，欧盟推出两道防线加以应对。第一，2012年1月启动欧洲金融稳定基金的新方案，即2.0版的EFSF。新版本的欧洲金融稳定基金，在抗击危机冲击方面拥有更多的工具和应对手段，可以在国债一级市场和二级市场进行适当干预，同时还可以视情况提供预防性手段。第二，将欧洲稳定机制（ESM）的运行时间提前到2012年7月，使之与欧洲金融稳定基金并行。欧洲金融稳定基金本是一个运行三年的暂时机构，需要以欧洲稳定机制加以代替。为了保障更多的可得资金，欧盟决定提前运行欧洲稳定机制，使之能够与欧洲金融稳定工具共同提供资金。ESM计划有5000亿欧元，采取分期到位的方式筹集资金。

需要指出的是，欧盟的救助机制实际上是应对欧元区中小型国家申请救助的机制。通过完善功能，提高救助资金有效性，不断筑高防火墙，可以提高欧盟救助机制的能力，这无疑会为市场再添信心，有助于缓解危机的蔓延。但这一机制对于欧元区的大型经济体依然不适用，原因很简单：其一，救助机制的资金对于大型经济体的国债需求是杯水车薪。一旦大型经济体哪怕只是提出"预防性"申请干预国债市场，由此带来的市场信心急剧受挫和市场动荡，无论对于申请国还是救助机制而言，都是承受不起的，更不用说一级市场和二级市场的操作了。其二，如果欧元区的大型经济体申请救助，这对欧盟救助机制来说无疑是釜底抽薪。因为大型经济体申请救助，同时也意味着他（们）自动退出欧盟救助机制，其在救助机制中的份额将被自动摊派给其他国家，导致其他国家的救助负担加重。如果其他国家拒绝接受新的救助义务，那救助机制的资金将会大大减少，进而导致救助机制的崩溃。因此，欧盟救助机制对于西班牙和意大利这些欧元区大型经济体来说，既不实用，也不适用。

欧洲的防火墙实际上是针对中小型国家的，对于目前市场对西班牙和意大利的冲击，防火墙能够起到的作用有限。但欧洲还有一道隐蔽的防线，就是欧洲央行的作用。欧洲央行自 2010 年 5 月起，通过公开市场操作的方式，从二级市场购入受到冲击国家的债券，以平息市场恐慌，稳定市场信心。这一做法在希腊危机、爱尔兰危机以及葡萄牙危机中一直在持续，并起到积极作用。2011 年下半年，市场的恐慌开始指向西班牙和意大利。欧洲央行从 8 月起加大二级市场购买债券的力度，尤其是针对西班牙和意大利债券。8 月下旬，欧洲央行购买的债券累计超过 1000 亿欧元，11 月底累计超过 2000 亿欧元①。如此急剧增加的债券，对欧洲央行来说是个不小的负担。欧洲央行对二级市场的操作能够持续多久，是个很大的疑问。

2011 年 12 月 8 日，欧洲央行作出一个重大决定，使用另一个货币政策工具——长期再融资操作（LTRO），准备分两次通过长期再融资操作方式，将再融资期限从 1 年延长到最多 3 年②。欧央行通过这种变相量化宽松在欧元区发起融资攻势。从操作层面来看，欧洲商业银行可以通过这一方式，用所购国债去欧洲央行做抵押，赚取利差，同时用抵押所获得的流动性发放贷款或者购买新的国债。根据 12 月 8 日的决定，2011 年 12 月 21 日，欧洲央行启动第一期 3 年期再融资操作，宣布向 523 家银行提供了 4892 亿欧元 3 年期的流动性。2012 年 2 月 28 日，欧洲央行再次进行长期再融资操作，提供 5295 亿欧元的流动性。欧洲央行两次累计提供超过 1 万亿欧元的再融资。这一举措不仅缓解了欧洲银行业信贷萎缩的困境，同时在欧债市场也呈现初步效果。西班牙和意大利国债收益率回落，发债的压力有所缓解，欧元对美元的汇率也有所回升。欧债危机恶化的局势得到初步控制，这为欧洲人最终解决欧债问题赢得了宝贵的时间。

这些应对举措，在短期内有助于欧洲提高抗危机的冲击能力，但要从根本上解决欧债危机，还需对欧盟的经济治理进行制度性改革。

---

① European Central Bank, "Summary of ad hoc Communication Related to Monetary Policy Implementation Issued by the ECB Since 1 January 2007", http://www.ecb.int/mopo/implement/omo/html/communication.en.html. 访问日期：2012 年 3 月 25 日。

② 欧洲央行 2011 年 12 月 8 日新闻公报。

四 欧洲经货联盟治理结构改革

欧债危机将欧元区治理结构的弊端暴露无遗。实际上，如果我们认真分析欧洲经货联盟就可以发现，它在制度设计上只是处于初期状态。从经济政策角度来看，还仍然处于原始的经济政策协调时期，离经济联盟相距甚远。从货币政策角度来看，货币联盟也不是真正意义上的货币联盟，它只实现了单一货币，而单一货币政策也只是实现了单一汇率和以抗通胀为主旨的价格稳定政策。

欧债危机爆发三年多来，欧洲人在欧元区治理的制度建设方面迈出许多步伐（如图2所示），力图弥补制度设计上的缺陷，推动经货联盟一体化建设进一步深化。具体表现为：

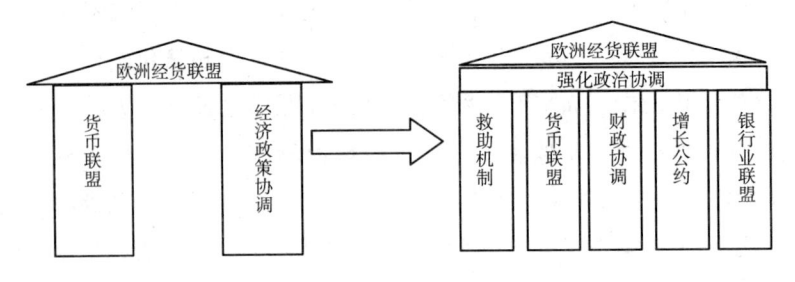

欧债危机前欧元区的治理结构　　　　欧债危机中欧元区治理结构的调整

图2　欧债危机冲击下欧洲经货联盟治理结构改革

注：本图由作者绘制。

（一）强化了欧元区政治协调

在欧盟四大机构中，有欧洲议会、欧盟理事会（首脑会议）、欧洲部长理事会、欧盟委员会，同时还有欧洲中央银行体系。欧元区内有欧元体系，但没有针对欧元区的政治机制。欧债危机给欧元造成重大冲击，但欧元区则因缺乏相应的政治协调机制而无法及时应对危机。因此，为了有效应对危机，2012年3月欧盟首脑会议决定设立欧元区峰会，并由欧洲理事会主席兼任[①]。《里斯本条约》

[①] Statement Euro Area Heads of State or Government, Brussels, 2 March 2012, http://www.consilium.europa.eu/uedocs/cms_data/docs/pressdata/en/ec/128521.pdf.

生效后,欧盟有了欧洲理事会主席,但这一欧盟的"总统"既不是内阁制下一个礼仪性的职位,也不是总统制下的一个实质性的职位。欧洲理事会主席兼任欧元区首脑会议主席,但无论是在欧洲理事会还是在欧元区首脑会议上,该主席承担的更多的只是一个会议召集人和主持人的角色,起决定作用的还是欧盟各成员国首脑本身。因此,虽然欧元区有了"欧元先生",但欧盟在通往"用一个声音说话"的路途还很遥远,这也决定了在欧债危机问题上欧洲政治架构很难有实质性的突破。

(二)设立永久救助机制

2011年6月,欧洲领导人在讨论对EFSF进行扩权和扩容时,设立永久性的稳定机制,并扩大其职责范围的设想得到更多人的认同。2011年12月,欧盟峰会决定,提前实施原计划2013年6月EFSF到期后启动的永久性的欧洲稳定机制(ESM)。2012年2月,欧洲领导人签署《欧洲稳定机制条约》,10月,ESM运转工作准备就绪,并于2013年1月正式开始运行。欧洲稳定机制的提前运行,一方面加大了抗击危机的力度,筑高了防火墙,另一方面顺利解决了临时性的救助机制和永久性的救助机制之间的交接问题。永久性的欧洲稳定机制总资本为7000亿欧元,有效借贷能力为5000亿欧元。ESM继承了EFSF的救助功能,包括在一级市场和二级市场采取干预行动,并可以提前采取预防性措施。此外,ESM还可以通过向政府借贷的方式对金融机构进行资本重组。永久性救助机制的设立,弥补了欧洲经货联盟在危机管理上工具的不足。

(三)在货币联盟方面,欧洲中央银行逐渐演变成"准最后贷款人"

2012年7月,欧央行行长德拉吉表示,将不惜一切手段捍卫欧元。9月,欧洲央行宣布了具体方案,即启动直接货币交易(OMT)[1],在必要情况下可以向市场无限注资。欧洲央行在危机中演变成"准最后贷款人"。欧央行不断加大的这些举措缓解了危机的不断扩散,稳定了市场情绪,遏制了危机的蔓延。

---

[1] http://www.ecb.eu/press/pressconf/2012/html/is120906.en.html.

(四) 推出财政条约，以期从制度上根治债台高筑的状况

要从根本上解决债务问题，需要严肃财政纪律，加强经济治理。为此，欧洲人推出六项举措（Six-Pact），其中包括5项法律和1项指令，并从2011年12月13日开始生效①。这六项举措不仅包括强化对财政政策的宏观监督，而且还涉及加强对宏观经济政策的监督和力推结构性改革。

德法两国领导人在2011年12月欧盟峰会上推出的"财政契约"（后改名"财政条约"）更是在强化稳定支柱方面上了新台阶。2012年1月30日，25个欧盟成员国就条约达成一致，并于3月2日签字后递交签字国议会批准后，计划从2013年初开始实施②。欧盟希望通过加强对财政预算和赤字的限制，将财政预算审核权向欧盟层面作部分的转让，对财政违规行为作出严格惩罚。统一的货币政策、分散的财政政策是欧元区制度上的缺陷，但近期实行统一财政的可能性不大。因此，欧盟希望通过"财政条约"来强化财政政策协调并严明财政纪律，以建设中长期可信赖的财政框架赢得短期市场信心。

"财政条约"是走向财政联盟的一大步，离开紧密的财政联盟，讨论欧元区共同债券也只能是空谈。实行统一货币后，由于弱货币和强货币被拉平了，欧洲南部国家在获取资金方面享受了前所未有的便利。如果在缺少财政联盟的情况下实行欧元区的共同债券，意味着欧洲南部国家将再次享有获取廉价资金的便利，只能是重蹈覆辙。

关于欧元区发行共同债券问题，虽然法国在竭力推动，但德国已经明确表示反对。德国认为，在缺乏财政联盟的情况下，推出欧元区共同债券，时机不成熟。欧央行也持类似的观点。实际上，法国主张的欧元区共同债券，目的并不是在促进增长上，而是试图通过欧元区政府的共同担保来降低债券的发行利率，进而为重债国提供宽松的融资环境。而这一点，恰恰是德国所担心的。欧元区实行共同货币，将弱货币和强货币拉平，势必给市场造成幻想，将欧元区视为一体，造成弱货币国家融资极为便捷，大量廉价资本涌入弱货币国家，为债务危机的爆

---

① European Commission, "EU Economic Governance 'Six-Pack' Enters into Force", Press Release, MEMO/11/898, Brussels, 12 December 2011.

② http：//www.consilium.europa.eu//uedocs/cms_data/docs/pressdata/en/ec/128454.pdf.

发埋下了制度隐患。

因此，欧洲要想获得长久的稳定，还需进一步推动财政联盟的建设。

（五）增长契约成为《稳定与增长公约》中不可分割的部分

欧债危机期间，欧洲各国在德国的推动和主导下纷纷实施紧缩计划，尤其是重债国大力削减财政赤字，以期赢得市场信任，进而降低融资成本，为财政可持续发展创造宽松的外部环境。

然而事与愿违，紧缩计划实施两年多以来并没有赢得市场信任。重债国国债发行利率不断攀升，融资成本越来越高。爱尔兰和葡萄牙先后因融资成本过高无法从市场筹集资金偿还债务，进而债务滚动链断裂，不得不向欧盟和IMF申请救助。西班牙和意大利的国债则不断冲击融资极限，但对西班牙和意大利的救助之重，是目前欧洲防火墙所不能承受的。紧缩计划的有效性引起重债国的质疑，关于紧缩与增长之间如何平衡的讨论，在法国总统奥朗德就任后更成为欧洲人关注的焦点。

2008年金融危机在美国爆发后，欧盟为了应对金融危机的冲击，推出了2000亿欧元的经济刺激与复苏计划。尽管欧委会强调这不是"一刀切"的计划，而是要求各国根据自身的财政状况来实施，但实际上起到了"一刀切"的效果，各国纷纷推出财政刺激方案，为后来的债台高筑埋下了伏笔。欧债危机爆发后，欧洲又全部实施紧缩计划，走向了"一刀切"的另一个极端。在经济复苏乏力甚至下行的情况下，大力削减财政开支，减少公共投资，与此同时削减福利和工资水平，削弱私人消费，这些都成为经济走出衰退的掣肘。但如果不实施财政紧缩，政府债务不断攀升，市场融资成本将难以为继。因此，重债国陷入了政策困境。欧洲对紧缩的质疑之声开始抬头。质疑聚焦在两个方面：一是欧洲是否有必要实施"一刀切"的紧缩政策，抑或财政状况尚可的欧洲北部国家，是否可以采取适当宽松的政策，以期带动欧洲经济走出衰退；二是对于重债国来说，紧缩是否是唯一的出路，或者说药方开得过猛，是否会导致病人丧失康复能力。

德国人认为，他们所强调的紧缩，主要目的是改善重债国公共部门管理能力，将劳动力成本削减到符合本国劳动生产率的水平，以便促使经济走上良性循环。瑞典在20世纪90年代也曾经遭遇经济危机，他们也是通过节衣缩食走出困境,而德国人近15年工资成本上涨幅度有限。因此,欧洲北部国家认为,重债国也应该经历紧缩,更何况目前紧缩计划才实行两年。

在增长问题上,德国人认为通过财政扩张方式来实现增长具有很大的风险。他们认为日本是个很好的反面例证。日本经历了失落的10年、20年,在此期间日本政府一直在执行财政扩张政策,以期刺激经济。但很遗憾,日本的财政刺激非但没有带来预期的经济增长,反而导致日本的政府债务不断攀升。因此,德国对财政刺激与经济增长之间的关联持怀疑态度。而2008年金融危机下,欧盟推出的"一刀切"的庞大财政刺激计划对增长的贡献也非常有限,不断增加的政府债务反而为欧债危机爆发的埋下祸根。因此,在增长问题上,德国并不是排斥增长,而是不愿意通过财政刺激的方式来促增长。德国更趋向于通过结构改革和调整来带动增长。欧洲实际上面临的是新兴国家的竞争,因此,解决增长的出路不是财政刺激,而是通过结构改革提高欧洲的竞争力。德国关于促进增长的态度表明,财政刺激并不是保增长的唯一选择,加大结构调整力度才是保持竞争力的根本之道。

鉴于欧洲"财政契约"即将生效,成员国层面上实施新一轮财政刺激方案的可能性微乎其微。因此,促增长的财政刺激可能会更多地在欧盟层面上落实。具体可以体现在三个方面:一是巴罗佐呼吁的项目债券;二是提高欧洲投资银行的资本金,以期提高欧洲投资银行的贷款能力;三是增强欧盟结构基金的使用效率。这些政策选择所带来的增长效果,还有待于进一步观察和分析。

(六)设立单一监管机制,推进欧洲银行业联盟建设

2012年9月12日,欧盟委员会建议由欧央行介入设立"单一监管机制"(SSM),并根据《里斯本条约》第127(6)条由欧盟理事会来设立条例[①]。欧央行认为,单一监管机制将是财政联盟的一个基本支柱之一,并且也是通向真正的"经济货币联盟"的主要组成部分之一。欧央行将就单一监管机制出具正式意见,其中包括几个原则:一是监管决策和货币政策之间明确分离;二是通过适

---

① http://europa.eu/rapid/pressReleasesAction.do?reference = IP/12/953&format = HTML&aged = 0&language = EN&guiLanguage = en.

当的可信的渠道进行监管;三是在欧元系统内分散职责;四是要有效的监管框架,以便能够对欧元区的银行系统进行连贯的监督;五是跟单一市场的框架完全吻合,其中包括欧洲银行业当局的作用和权利。欧委会为单一监管机制设立一个激进的过渡期时间表。因此,欧央行已经开始做准备工作,以便欧盟理事会通过的条例生效后可以立刻实施。

五 欧洲经货联盟治理转型的发展趋势

欧元区治理结构的改革还远未结束,改革是摸着石头过河,在现有条件下寻找最现实的解决方法,并不断突破现有的框架。因此,欧洲的改革缺乏顶层设计和完整的方案。欧债危机不断恶化极大地打击了人们对欧洲一体化的信心,甚至对欧元的信心。在这一背景下,2012年6月,欧盟夏季理事会开会前夕,欧盟理事会主席范龙佩向理事会递交了一份关于《走向真正的经济和货币联盟》的报告,提出欧洲经济货币联盟改革的蓝图。在夏季理事会上,理事会主席范龙佩受理事会委托,同欧盟委员会、欧元区主席以及欧洲央行行长共同合作,起草一份专门的有时间限制的、真正的经济货币联盟的路线图,并计划提交给当年12月的冬季理事会讨论。随后,2012年9月,范龙佩同欧盟27国首脑以及欧洲议会和议长广泛交流意见,并于10月发布了《走向真正的经济和货币联盟》中期报告[①]。

10月份的报告在结构上和6月份的报告类似,提出了实现真正的经济和货币联盟,必须实现四大整合,即金融、财政、经济和政治领域的一体化。

(1)一体化的金融框架。尽管在单一货币实施之后,欧盟金融部门的一体化不断深化,但在监管、危机管理以及银行救助等方面仍然只停留在成员国层面上。因此,缺乏共同的银行救助工具影响了危机管理的效力,增加了救助银行部门的成本,并为金融和财政稳定埋下隐患。因此,需要建立一体化的金融架构,这包括单一监管当局、共同的救助机构实施的共同的救助机制、基于共同标准的成员国存款担保机制。

---

① http://www.consilium.europa.eu/uedocs/cms_data/docs/pressdata/en/ec/132986.pdf.

(2) 一体化的预算框架。欧债危机暴露出欧元区国家之间以及与非欧元区国家之间高度的相互依赖。它表明，成员国的预算政策也是欧盟共同利益的核心之一，因此需要完善现有的有关预算政策的监督和协调框架，加强事先的协调。这也是欧盟委员会于 2011 年 11 月提出的新的"两项立法"提案的内容。此外，报告还提出，扩大经济货币联盟的财政能力以更好地应对非对称性冲击带来的负面影响。财政能力的扩大可能将依赖发债。从长远来看，完全一体化的预算框架将要求具备"国库"的功能。

(3) 一体化的经济政策框架。改革欧盟的监管框架，完成单一市场改革，加强宏观审慎政策。

(4) 民主合法性和可信度。加强欧洲议会的作用，加强欧洲议会与成员国议会之间的合作程度。

范龙佩的经货联盟改革计划，是基于目前欧洲的各种现实条件而制定的，因此具有一定的局限性。例如，在扩大欧盟的财政能力方面，改革方案绕开了将部分税权让渡给欧盟的方式，而是采用做加法的方式，通过以欧盟的名义发债来获得更大的财政能力。而欧盟的发债成本和债务容量，反过来也和欧洲一体化程度以及欧洲经济的稳定程度有密切关系，因此，欧盟的财政能力最终也摆脱不了欧洲一体化的制约。

此外，在民主合法性和可信度问题上，范龙佩提出的是加强现有的民主机制，即欧洲议会和成员国议会的作用，这和巴罗佐 2012 年 9 月"盟情咨文"中提出的通过欧盟机构直选来获得民主合法性的提议有显著不同。

范龙佩的改革蓝图，在 2012 年 12 月中旬召开的欧盟首脑峰会上得到确认。欧盟峰会建议在 2013 年 6 月的夏季峰会上，决定欧洲经货联盟的改革蓝图以及具体实施时间表。欧洲一体化又大大向前迈进了一步。与此同时，欧洲的改革蓝图也会给资本市场提供稳定的预期，增强市场信心，压缩市场投机的空间，进而为欧洲经济的发展创造宽松的环境。

六 希腊问题

欧债危机始于希腊，其核心问题也在于希腊。希腊问题成为欧债危机解决中"绕不过去的坎"。

（一）欧盟对希腊的两次救助，都是通过私人部门参与自愿减记希腊债券，削减希腊债务规模，以提振市场信心，解决欧债危机的核心问题

在匆忙推出 1100 亿欧元救助希腊计划之后，欧盟联合 IMF 对希腊的状况进行了深入调查，发现希腊的问题远比想象的要严重得多，尤其是自实行救助后，希腊的债务水平不但不降，反而受到利息等因素的影响进一步上升。希腊是否会破产，希腊是否会退出欧元区成为市场关注的热点。2011 年 7 月 21 日，欧元区首脑会议出台一项新的决定，即对希腊提供二次救助，救助金额计划为 1300 亿欧元。

针对希腊的二次救助计划是否能够成功实施，涉及私人部门参与的程度。在做出二次救助决定时，第一轮救助希腊资金才使用过半。一般常理是到救助资金快使用完毕时才会考虑下一轮救助。而希腊的二次救助计划出台如此之早，除了媒体报道的希腊财政不可持续等因素之外，还有一个常人不太关注但非常重要的原因，即法律因素。

希腊现有的债券基本上是按照希腊法律发行的。按照希腊法律规定，如果希腊破产，希腊政府可以不用承担相应的法律义务。因此，3000 多亿欧元政府债券中，绝大部分可以在希腊宣布退出欧元区时不了了之。随着希腊违约的可能性加大，希腊宣布退出欧元区的概率也在增大。作为希腊债券的持有大户，德法对此坐立不安。为了保证投资的安全，同时也为了欧元区的稳定，防止希腊采取玉石俱焚的做法走向极端，需要对现有的希腊债券进行置换，改成按照非希腊法律发行的债券。为此，德国和法国作出妥协，以私人部门自愿参与减记的方式，换来希腊政府债券的置换。希腊政府也心知肚明，不愿意把这层窗户纸捅破。由此，债券发行和持有双方在第二次救助希腊计划的名义下进行了持久而又艰难的谈判，从 2011 年 7 月到 2012 年 2 月，博弈过程跌宕起伏，险情不断，最终于 2 月 21 日达成第二轮救助希腊协议。

第二轮救助希腊协议的关键部分是希腊债券交换协议。根据该协议规定，希腊政府债券的私人部门持有人被要求用其目前所持债券，交换根据英国法律而发行的希腊新债券以及由欧洲救助基金发行的证券。这些债权人必须将其所持希腊债券的名义价值减记 53.5%；在计入未来的利息付款之后，其实际损失将会达到投资价值的74%左右。该协议将把希腊债务削减1000亿欧元（约合1320亿美元）①。

希腊政府2012年3月9日宣布，私人部门参与债务置换计划的比例达85.8%，高于设定标准。这意味着希腊的债务置换计划"过关"，希腊将可以甩掉至少1000亿欧元债务包袱②。随之而来的，是1300亿欧元的第二轮救助方案细节陆续敲定。欧元区各国财政部长在3月12日召开会议，批准发放355亿欧元的援助款，避免了希腊因3月20日大量债务到期而无法偿还所引起的违约③。国际货币基金组织3月15日同意参与第二轮救助希腊计划，提供280亿欧元的援助，其中新注入的资金约180亿欧元④。希腊局势暂时得到控制，欧债危机的核心问题暂时得到缓解。

（二）希腊2012年5月的选举使希腊状况急转直下，希腊再次成为危机的焦点

2012年5月希腊的选举结果让各方出乎意料，而三次组阁未能成功，则大大增加了各方对希腊能否继续执行紧缩计划以及是否会退出欧元区的担忧。

在希腊是否退出的问题上，与2011年10月相比，欧盟及主要成员国态度发生了转变。当时欧盟极力挽留希腊留在欧元区，并且明确表示希腊退出欧元区不是一个选项。主流观点也认为，希腊的退出将导致多米诺骨牌效应，进而危及欧元的存亡，并使得欧洲一体化遭到重大挫折，因此希腊不能退出。时隔6个月，欧盟的预期发生了变化，一方面仍表态继续挽留希腊留在欧元区，但另一方面，鉴于希腊是民主国家，欧盟也必须尊重希腊人民的选择。

---

① EurActiv, "Greece ups Pressure in Trillion-euro Gamble", 7 March 2012, http：//www.euractiv.com/euro－finance/greece－ups－pressure－euro－gamble－news－511333.
② EurActiv, "Greece Secures Debt Swap and Escapes Default", 9 March 2012, http：//www.euractiv.com/euro－finance/greece－secures－debt－swap－escapes－default－news－511415.
③ EurActiv, "Eurozone Ministers OK Greek Aid, want more from Spain", 13 March 2012, http：//www.euractiv.com/euro－finance/eurozone－ministers－ok－greek－aid－want－spain－news－511468.
④ IMF, "IMF Executive Board Approves 28 Billion Arrangement Under Extended Fund Facility for Greece", Press Release No. 12/85, March 15, 2012.

为了防止希腊二次选举出现欧洲人最不想看到的结局,因此,各方也正在制定"B计划"。

欧盟及主要成员国对希腊退出问题的态度转变,可以有以下几点解读:第一,在一定程度上可以看作是对希腊选民施加压力。市场很敏感,认为希腊退出欧元区的概率在加大,因此,资本加速从希腊的外逃,希腊老百姓也开始到银行提现,出现挤兑现象。欧盟通过这一方式,试图向希腊百姓发出明确信号,即如果希腊退出,百姓遭受的损失将更大,并借此提醒百姓在6月17日的第二次选举时投好自己的选票;第二,通过提前释放希腊可能退出这一信号,来缓冲市场的反应。这样,即使希腊6月的二次大选果真导致希腊退出欧元区,那时,市场的紧张情绪因大部分已经得到释放,对欧元区的冲击将会相对弱一些,进而达到欧洲人所说的"有序"退出的目的;第三,通过一次救助和二次救助谈判,欧洲人对希腊的真实状况有了更细致和更清醒的认识,由于希腊的竞争力不可能在短期内恢复,加上有可能出现第三次救助,因此,希腊有可能成为欧洲人挥不去的痛,并成为欧洲的无底洞。在这种状况下,希腊的退出对欧元区可能是种解脱。而希腊只占到欧元区经济的2%,如果是"有序"退出,对欧元区以及欧洲经济的影响非常有限。

基于上述分析,在欧盟和希腊之间的博弈中,欧盟已经变得日益现实。事实上,欧盟也在制订应急计划,以应对最坏的结果。

(三)希腊二次大选虽然成功组阁,但希腊问题的最终解决,还需增长做支撑

2012年6月20日,希腊宣布组阁成功,在17日大选中位居第一的新民主党和位居第三的泛希社运两大政党,加上一个小党共同组成联合政府。希腊去留悬疑终于有了结果,但希腊的债务问题前景仍没有答案。

自1974年希腊推翻军政府实行民主共和制以来,希腊的政治命运就一直为新民主党和泛希社运所左右,两党轮流执政,直到希腊主权债务危机爆发。不容否认的是,正是两党为了迎合选民不惜透支了国家几十年的发展资金,最终落得国家债务累累,这也是民主的悲哀。激进左翼联盟在本次竞选中提出的口号就是要换一种方式活,以结束两党轮流执政30多年的状况。但因过激的"国家重建计划"引起欧盟对希腊执行救助计划的担忧,以及市场对希腊是否

留在欧元区的疑虑。激进左翼联盟在17日的选举中位居第二，至少也反映出希腊民众的心态。如今，这两党在激进左翼联盟的强大挑战下握手言和，准备联合执掌希腊。这可能也是当初帕潘德里欧没有料到的结果。同样，帕潘德里欧当初爆料前政府做假账，可能也没有料到会将希腊和欧元区乃至全球经济卷入如此大的旋涡。

新政府能够组阁成功，主要是基于两大党同意留在欧元区，并愿意继续执行救助计划，但同时两党也都希望就救助计划的实施条件重新进行谈判。联合执政可以避免两党相互指责，但是否能够做到同舟共济，还得拭目以待。

希腊债务危机是典型的寅吃卯粮，要从根本上解决债务问题，需要增长做支撑，而这对希腊来说意味着将是漫长而又痛苦的结构调整过程。

七 结论

通过从治理结构上对欧债危机进行分析，可以得出以下几点结论：

（1）欧盟受其利益多元化和政治体制复杂性以及法律框架的制约，难以独立作出迅速和有效的举措，以应对危机，因此，危机的解决方式不可能立竿见影。

（2）危机导致欧盟的软肋充分暴露在市场面前。因此，为了更好地给市场提振信心，欧盟客观上存在寻求外部支持的强烈需求。

（3）在市场信心问题未能解决之前，欧债危机有进一步恶化的趋势。并且，欧洲的市场信心极易受到欧洲国家大选以及一些突发事件的影响。欧洲经济触底，并重新出现增长的迹象，将有助于提振市场信心，并缓解危机的蔓延。

（4）流动性匮乏成为2011年下半年欧元区面临的重大挑战，而这也助长了欧债危机的蔓延。欧洲央行解决流动性问题将在一定程度上缓解危机的蔓延，为解决欧债危机赢得时间。

（5）希腊问题是欧债危机的"毒瘤"。在第二次救助希腊计划的框架下，随着私人部门的参与以及债务减记和债券置换的完成，希腊的状况有所缓解，但要最终走出危机，仍需增长作为支撑，而这一问题的答案对希腊来说仍未可知。

（6）改进欧元区的治理结构，改变"统一货币政策、分散财政政策"这一制度性缺陷，是根治欧债危机的最终出路。"财政契约"是欧盟走向统一财政政策的一个重大步骤，也是欧洲转"危"为"机"的重要体现，但《稳定与增长公约》还需要增长支柱做稳固的支撑。

（7）市场对欧元区国家风险同质的幻象将不复存在，因此，欧元区国别风险溢价波动将成为常态。即使危机过后，南欧国家廉价发债的时代也不会再现。

（本文为中国社会科学院欧洲研究所创新工程《欧洲转型与世界格局》子项目《全球经济版图重构下的欧洲》第一模块"欧洲经济治理"阶段性成果。原文刊于《欧洲研究》2012年第3期，原题目为《欧债危机：治理困境与应对举措》，在辑入本文集后，作者又根据欧洲经货联盟经济治理改革的新进展做了相应更新和补充。）

第二章 欧债危机中的欧洲社会保障制度

丁　纯　李君扬[*]

一　主权债务危机中欧洲社会保障制度的表现

(一) 欧债危机中欧盟经济的表现

从 2009 年 12 月希腊主权信用评级被下调，欧债危机正式爆发开始，至今已是第四个年头。欧债危机大致经历了爆发→救援→恶化→再援救→缓解几个阶段。初期一度出现兵败如山倒的局面：2009 年欧洲总体经济创下平均 -4.3% 的巨大跌幅，失业率从 7.1% 升至 9.0%，赤字率达到 -6.9% 的高点，债务占 GDP 比例攀高至 74.6%，随后希腊濒临破产、陷入主权债务危机的国家集体趴窝、欧元崩溃、欧元区解体等判断也开始甚嚣尘上。作为应对，在欧盟层面：欧盟和欧央行联合 IMF 设立欧洲金融稳定工具（EFSF），欧洲金融稳定机制（EFSM）等对各希、葡、爱、西等求援国，进行多轮合计近 5000 亿欧元的救助；在成员国层面：各国普遍实施财政刺激等救济政策，在常规社会保障制度发挥作用同时，紧急实施一系列社会救济应急举措，减缓危机冲击，维护民生和社会安定。欧洲经济开始缓慢的 U 形反转，但在 2012 年欧洲经济又出现二次探底迹象，失业率达到惊人的 10.3%，失业人数 2600 余万，经济增长为 -0.3%。但欧债危

---

[*] 丁纯，复旦大学经济学院教授、让·莫内讲席教授、博士生导师、复旦大学欧洲问题研究中心主任；李君扬，复旦大学经济学院博士研究生。

机也迫使欧元区的经济和社会治理改革,在欧盟和相关机构与成员国配合下,推出了一系列短、中和长期完善治理的举措。在短期举措方面:创设应急援救工具ESM、可无限制购买问题国国债的直接货币交易(OMT)、频繁降息、长期再融资计划(LTRO)、证券市场交易(SMP)等;中期政策则包括颁布6部经济立法,推行欧洲学期、强化财政纪律;长期举措方面则是通过设立"三局一会"和银行联盟增强金融监管保障金融安全、建立银行联盟、订立"财政契约"《增长和就业公约》《欧洲2020》以提升长期竞争力。在欧盟和成员国的各种经济和社会措施多管齐下的共同作用下,危机始得缓解,欧元区崩溃的预言也已逐渐销声匿迹。

在整个危机进程中,分属北欧、莱茵、盎格鲁-撒克逊和地中海等欧洲四大社会经济发展子模式①的国家,经济呈现出巨大的差异。宏观经济指标,如在经济增长率、失业率、财政赤字和公共债务等方面,均大相径庭(见表1)。我们对这四类社会经济模式国家上述指标进行整理和分类及综合排序后发现:北欧模式位居榜首,除经济增长率和失业率略逊莱茵模式外,各项指标均属优异;莱茵模式在经济增长率和失业率稍优于北欧模式,而债务指标则远逊于北欧模式,总体排名第二;盎格鲁-撒克逊模式总体位居第三,其具体相关指标排名均靠后;地中海模式各分项指标中,除赤字率指标稍好于盎格鲁-撒克逊模式外,全部垫底,综合排名最后(见表2)。

危机中,欧洲经济总体不断反复、逐渐趋好走势和各国上述迥异的表现,都与欧洲社会保障制度及其各子模式在危机前后所起的作用密不可分。这种作用一方面表现为减轻危机冲击的社会避震器作用,另一方面也表现为在一定程度上触发与加重危机的作用。

---

① 以丹麦著名学者哥斯塔·埃斯平-安德森教授的研究成果为基础,目前习惯上将欧洲国家分为各具特色的4个子模式:(1)以斯堪的纳维亚半岛国家为代表的社会民主主义模式(北欧模式);(2)以德国、法国等欧洲大陆国家为代表的保守合作主义模式(大陆模式,也称莱茵模式);(3)以英国和爱尔兰等为代表的自由主义的盎格鲁-撒克逊模式;(4)以南欧的西班牙、葡萄牙、希腊、意大利等国为主实施的地中海模式。4种子模式呈现出不同的特征:北欧模式兼具高效率和高公平的特点;大陆模式突出强调权利与义务的对等,体现为公平与效率并重,但效率较差;盎格鲁-撒克逊模式经济上崇尚自由竞争,只实现了高效率,公平性较差;而地中海模式则具有依靠家庭的传统痕迹,其社会财富再分配的功能最弱,效率也不高。

表1 欧洲各子模式国家在危机中的经济与债务指标

单位：%

		实际GDP增长率						失业率					
		2007年	2008年	2009年	2010年	2011年	2012年	2007年	2008年	2009年	2010年	2011年	2012年
北欧模式	瑞典	3.3	-0.6	-5.0	6.6	3.7	0.8	6.1	6.2	8.3	8.6	7.8	8.0
	芬兰	5.3	0.3	-8.5	3.3	2.8	-0.2	6.9	6.4	8.2	8.4	7.8	7.7
	丹麦	1.6	-0.8	-5.7	1.6	1.1	-0.6	3.8	3.4	6.0	7.5	7.6	7.5
莱茵模式	德国	3.3	1.1	-5.1	4.2	3.0	0.7	8.7	7.5	7.8	7.1	5.9	5.5
	荷兰	3.9	1.8	-3.7	1.6	1.0	-0.9	3.6	3.1	3.7	4.5	4.4	5.3
	法国	2.3	-0.1	-3.1	1.7	1.7	0.0f	8.4	7.8	9.5	9.7	9.6	10.2
盎格鲁-撒克逊模式	英国	3.6	-1.0	-4.0	1.8	0.9	0.2	5.3	5.6	7.6	7.8	8.0	7.7
	爱尔兰	5.4	-2.1	-5.5	-0.8	1.4	0.7f	4.7	6.4	12.0	13.9	14.7	14.8
地中海模式	意大利	1.7	-1.2	-5.5	1.7	0.4	-2.4	6.1	6.7	7.8	8.4	8.4	10.7
	葡萄牙	2.4	0.0	-2.9	1.9	-1.6	-3.2	8.9	8.5	10.6	12.0	12.9	15.9
	希腊	3.5	-0.2	-3.1	-4.9	-7.1	-6.4	8.3	7.7	9.5	12.6	17.7	24.3
	西班牙	3.5	0.9	-3.7	-0.3	0.4	-1.4	8.3	11.3	18.0	20.1	21.7	25.0
欧盟27国		3.2	0.3	-4.3	2.1	1.5	-0.3	7.2	7.1	9.0	9.7	9.7	10.5

		财政赤字率						公共债务的GDP占比					
		2007年	2008年	2009年	2010年	2011年	2012年	2007年	2008年	2009年	2010年	2011年	2012年
北欧模式	瑞典	3.6	2.2	-0.7	0.3	0.4	1.5	40.2	38.8	42.6	39.5	38.4	37.3
	芬兰	5.3	4.4	-2.5	-2.5	-0.6	0.7	35.2	33.9	43.5	48.6	49.0	50.5
	丹麦	4.8	3.2	-2.7	-2.5	-1.8	-3.8	27.1	33.4	40.6	42.9	46.6	46.3
莱茵模式	德国	0.2	-0.1	-3.1	-4.1	-0.8	—	65.2	66.8	74.5	82.5	80.5	81.7
	荷兰	0.2	0.5	-5.6	-5.1	-4.5	-4.9	45.3	58.5	60.8	63.1	65.5	68.1
	法国	-2.7	-3.3	-7.5	-7.1	-5.2	—	64.2	68.2	79.2	82.3	86.0	90.0
盎格鲁-撒克逊模式	英国	-2.8	-5.1	-11.5	-10.2	-7.8	-5.1	44.2	52.3	87.8	79.4	85.0	86.8
	爱尔兰	0.1	-7.4	-13.9	-30.9	-13.4	-9.9	25.1	44.5	64.9	92.2	106.4	112.2
地中海模式	意大利	-1.6	-2.7	-5.4	-4.5	-3.9	-3.7	103.3	106.1	116.4	119.2	120.7	125.7
	葡萄牙	-3.1	-3.6	-10.2	-9.8	-4.4	-5.6	68.4	71.7	83.2	93.5	108.1	116.5
	希腊	-6.5	-9.8	-15.6	-10.7	-9.4	-11.5	107.4	112.9	129.7	148.3	170.6	146.1
	西班牙	1.9	-4.5	-11.2	-9.7	-9.4	-8.3	36.3	40.2	53.9	61.5	69.3	75.5
欧盟27国		-0.9	-2.4	-6.9	-6.5	-4.4	-3.9	59.0	62.2	74.6	80.0	82.5	84.5

注：(1) 英国和希腊2012年的失业数据为2012年8月的数据；(2) 2012年的财政赤字和负债数据为2012年前三个季度数据的简单算术平均值；(3) f为预测数据。

资料来源：欧洲统计局网站，http://epp.eurostat.ec.europa.eu，访问日期：2013年3月11日。

表2　欧洲各子模式国家在主权债务危机中的平均经济和债务指标及其排名

模式	实际GDP增长率(%)	失业率(%)	财政赤字/GDP(%)	公共债务/GDP(%)	综合排名
北欧	0.50 (2)	7.01 (2)	0.52 (1)	40.80 (1)	1
莱茵	0.79 (1)	6.80 (1)	-3.32 (2)	71.24 (2)	2
盎格鲁-撒克逊	0.05 (3)	9.04 (3)	-9.83 (4)	73.40 (3)	3
地中海	-1.15 (4)	12.56 (4)	-6.80 (3)	99.35 (4)	4

资料来源：欧洲统计局网站，http://epp.eurostat.ec.europa.eu，访问日期：2013年3月4日。括号中数字为单项排序。

（二）欧洲社会保障制度在主权债务危机中的积极作用

1. 稳定预期、促进消费和减轻经济衰退压力

历史悠久、相对完善的欧洲社会保障制度作为经济波动的自动平衡器，在此次衰退中充分起到稳定公众预期、提振信心和刺激经济的作用。加之，本次危机中，欧洲多国均额外实施了包括提高社会补贴标准和对失业与贫困人群进行直接补助等临时性救济措施，强化了社会保障的扶贫救弱功能，减轻了下滑冲击。较突出的有：2009年1月，西班牙将养老金待遇平均提高6%，还推出向长期失业者发放每月421欧元、持续6个月紧急救助金的新救急举措，使约30万人得到救助。意大利增加了40亿欧元的失业救济金支出，并为800万低收入家庭提供24亿欧元的补助。荷兰特别追加100亿欧元失业救济金，以应对危机带来的冲击。德国则在2012年11月宣布2013年起取消每人每季度10欧元的挂号费，预计仅此一项，每年可为民众减负20亿欧元。

这些额外举措与原有社保制度相结合，有效防止了人们消费意愿与支付能力的下降，对稳定消费需求起到了积极作用：2007~2011年，相关社会福利与社会转移支付的增加部分，抵消了工资净收入与财产收益的负增长，令欧盟27国的人均可支配国民收入增长0.4%，私人消费额因此略有上升，其占GDP比重由57.0%持续小幅上升到58.3%[①]。尽管同期欧盟27国固定资产投资额有所下降，

---

① 消费和固定资产投资的时间跨度为2007~2012年。

占GDP比重从21.3%连续下滑到18.0%，但私人消费的增长部分对冲了由负面预期导致的固定资产投资下滑带来对经济的不利影响（见图1）。

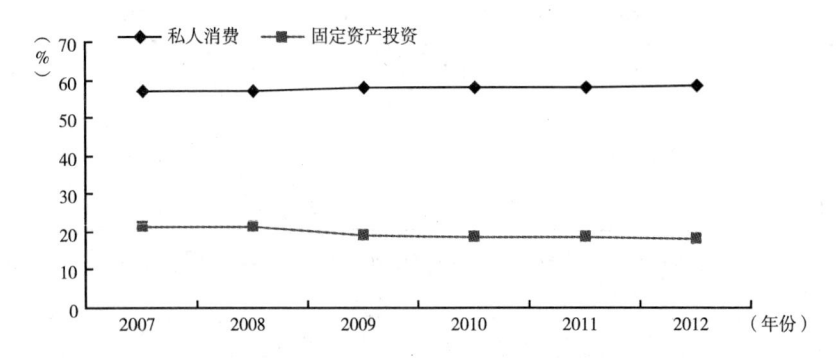

图1 2007~2012年欧盟私人消费与固定资产投资的GDP占比

资料来源：欧洲统计局网站，http://epp.eurostat.ec.europa.eu，访问日期：2013年3月4日。

具体到四个子模式的相关国家，尽管增速不同，但其私人消费均呈同步增加的态势（见表3），显示社会保障普遍促进了私人消费，有效地平衡了同期投资的下跌，一定程度稳定了需求水平和经济增长。

表3 2007~2012年欧洲各子模式典型国家的私人消费与固定资产投资的GDP占比

单位：%

	私人（含非营利组织）消费						固定资产投资					
	2007年	2008年	2009年	2010年	2011年	2012年	2007年	2008年	2009年	2010年	2011年	2012年
瑞典	46.7	47.0	49.3	48.5	47.8	48.3	19.6	20.0	18.0	18.0	18.4	18.8
德国	55.9	56.2	58.6	57.4	57.4	57.6	18.4	18.6	17.2	17.4	18.1	17.6
英国	63.5	63.3	63.9	64.2	64.3	65.6	17.7	16.8	14.9	14.9	14.1	14.1
西班牙	57.4	57.2	56.5	58.0	58.3	59.4	30.7	28.7	23.6	22.3	21.1	19.3

资料来源：欧洲统计局网站，http://epp.eurostat.ec.europa.eu，访问日期：2013年3月4日。

2. 保障就业

保障和促进就业，本属各成员国社会保障的重要政策目标和欧盟特别关注的领域。在欧债危机期间，欧洲各国又推出了众多更为积极的就业促进措施，倡导灵活就业和自主创业，阻止失业蔓延，其中德国表现突出。早在2008年，德国就开始通过提供工资补贴以及返还雇主缴纳的社会保险保费的方式，鼓励企业选择"短时工作"而非直接解雇员工。当年联邦劳动服务局为此支付的短工补贴高达1.1亿欧元①。2009年,德国联邦劳动服务局为应对危机特别支付的短工补贴猛增到45.7亿欧元,2010年为30.5亿欧元,在当年分别使108万和43万名雇员受益②。虽然自2009年下半年起,德国就业形势开始好转,到2011年底短时工已经不足14.8万③,但是为了稳定就业,德国还是将短时工特别补贴的退出时间延长至2012年6月底。此外,在危机期间,德国还通过提供公共部门就业岗位来解决长期失业者的就业问题,并取得了相当好的成效④,令德国失业率在危机中不升反降,还大量招引和吸纳了邻国劳工。

类似的积极就业政策在法国、西班牙、荷兰、葡萄牙等国家也被广泛采用,在其各自推出的经济刺激方案中,都包含对就业培训或对雇用新员工的企业提供税收优惠或补贴的内容。

具体到各子模式:北欧模式和莱茵模式大部分国家劳动力市场表现相对较好,失业率均在9%以下,其中德国不仅失业率持续降低,达到两德统一以来的最低水平,而且绝对数值也属于欧盟最低国家的行列。盎格鲁－撒克逊模式则呈现分化,英国总体向好,爱尔兰则趋坏。地中海模式国家就业情况最糟,失业率超过两位数,且持续恶化,其中希腊和西班牙的失业率达到25%,而两国的青年失业率则更是达到惊人的50%左右。

3. 降低社会矛盾和维护社会安定

同样得益于欧洲社会保障制度强大的再分配功能和危机期间欧盟国家的相关社会举措,尽管受到欧债危机冲击,欧洲各国基尼系数仍都处于0.4的警戒线之下,在国际上明显处于较低水平(见表4)。其中,德国和瑞典为代表的北欧模式和大陆模式国家的基尼系数显著较低,英国、地中海国家和日本近似,相对较高,但仍明显低于美国的水平。这表明,尽管主权债务危机对欧盟各国经济政治社会的稳定产生了强烈冲击,甚至在经济发达的西欧、北欧地区,过激行为和暴力事件也有所抬头,但财富分配的相对平均,从根本上保证了欧洲社会的基本稳

---

① Bundesagentur für Arbeit, *2009 Annual Report*, p. 52.
② Bundesagentur für Arbeit, *2010 Annual Report*, p. 31.
③ Bundesagentur für Arbeit, *Arbeitsmarkt 2011*, s. 53.
④ ILO, *Social Protection and Minimum Wages Responses to the 2008 Financial and Economic Crisis: Findings from the ILO/World Bank Inventory*, 2012.

定。罢工损失工作天数和社会案件发案数是两个反映社会安定的重要指标,从各国这两个指标的变化中,我们可以看到:在因罢工造成的工作天数损失情况上,多数欧洲国家在2008年短暂上升后迅速回落,危机最严峻的2009年,损失天数甚至还低于危机爆发前的水平[1];而在发案数上,各国警方公布的数据显示,2007~2010年间也未有异常的升高,相反德国、英国、希腊等国的发案数甚至低于危机前的2006年,瑞典与西班牙也在2008~2009年短暂上升后开始下降[2]。

表4 20世纪70年代中期~2010年部分国家的基尼系数

	1970年代中期	1980年代中期	1990年代中期	2000年代前期	2000年代中期	2000年代后期
美 国	0.316	0.337	0.361	0.357	0.380	0.378
日 本	—	0.304	0.323	0.337	0.321	0.329
瑞 典	0.212	0.198	0.210	0.243	0.234	0.259
德 国	—	0.251	0.266	0.264	0.285	0.295
英 国	0.268	0.309	0.336	0.352	0.331	0.342
西班牙	—	0.371	0.343	0.342	0.319	0.317

资料来源:OECD,http://stats.oecd.org/index.aspx?,访问日期:2013年3月4日。

(三)欧洲社会保障制度在主权债务危机中的负面影响

1. 加重了债务负担

长期以来,社保制度的巨大财政负担,一直是困扰欧洲国家的最主要问题之一,而危机中不断扩大的社保常规和应急支出,则进一步恶化欧元区国家的财政状况。从政府支出结构来看,欧元区国家政府支出中用于社保支出的占比远高于美、日。欧元启动以来,欧元区国家社保支出占GDP的比例,在危机爆发前维持在27.5%左右,爆发后上升至30.5%,而美国在危机前维持在17%以下,危机后仍未超过20%,日本虽比美国略高,却也远低于欧元区国家的水平[3]。如果以政府支出比例来衡量,则欧洲社保支出占比普遍为50%~60%,由此推高政

---

[1] EIRO, *Developments in Industrial Action 2005 – 2009*, http://www.eurofound.europa.eu/eiro/studies/tn1004049s/tn1004049s.htm.
[2] 欧洲统计局网站,http://epp.eurostat.ec.europa.eu,访问日期:2012年5月2日。
[3] OECD网站,http://stats.oecd.org/index.aspx?,访问日期:2012年10月25日。

府支出，有的政府财政渐渐入不敷出，区内平均财政赤字从2007年的-0.9%急剧恶化到2009年的-6.9%，之后尽管由于各国实施紧缩政策使财政赤字有所缩小，但2011年依然达到-4.4%，且政府债务负担还在继续恶化。

具体到各子模式国家，彼此的财政状况差异颇大。北欧模式已经基本达标，其中瑞典的财政还有盈余，公共债务负担低于40%。莱茵模式的财政状况与欧盟整体大致同步。盎格鲁-撒克逊模式中英国赤字较高，但债务负担尚可，爱尔兰的赤字急剧恶化，2010年甚至达到-30.9%，导致债务水平迅速上升，几与地中海模式国家为伍。地中海模式国家高企的财政赤字率和平均超过100% GDP的累积公共债务，使其成为主权危机的重灾区。

2. 降低了欧洲经济增长的活力和潜力

高福利导致企业高税负和社保缴费水平高攀，直接增加了全球化背景下欧洲企业经营成本，造成欧洲国家长期竞争力日益丧失；这在危机期间表现尤其突出（见表5）。在2008年和2009年，欧盟平均劳动力成本的增长率明显快于美国和日本。只是从2010年开始，由于欧洲各国相继开始转向包含压缩社会保障支出在内的财政紧缩措施，单位劳动成本才开始下降，但降幅仍然小于美、日。

表5 2006~2011年欧盟及各子模式国家与美国、日本单位劳动成本增长率

单位：%

	2006年	2007年	2008年	2009年	2010年	2011年
美国	3.1	3.0	3.1	0.5	-0.9	—
日本	-2.3	-2.9	0.9	1.2	-4.2	—
欧盟27国	1.0	1.7	3.7	4.5	-0.7	0.7
瑞典	-0.7	4.1	2.6	4.9	-2.7	-1.1
德国	-2.5	-1.5	2.1	6.7	-1.9	1.3
英国	2.9	2.0	3.1	5.6	1.3	1.5
西班牙	3.1	3.9	5.5	1.1	-1.9	-2.0

资料来源：OECD, http://stats.oecd.org/index.aspx?, 访问日期：2013年3月4日。

从宏观经济角度来看，由于高水平的社会福利保障，导致政府将更多的资源用于消费，而非进行人力资本或者生产、研发投资，减弱了经济长期增长的现时和潜在的动力。欧洲国家从整体来看，研发投入长期低于美国与日本，2009年欧盟27国研发投入占GDP比重为1.92%，低于美国、日本同期分别达到的

2.90%、3.36% 的投入水平。

高税负和低研发相互叠加,使得劳动力成本和技术都不占优势的欧洲,不仅难以有效吸收资本投入,反而造成劳动密集型产业不断向外转移,使欧盟在世界制造业中的地位出现下降:以欧盟 25 国为统计口径计算,1980 年欧洲制造业占世界制造业产量比重为 26%,到 2003 年该比率缩减为 22%,到 2015 年可能仅为 17% 左右①。

对各子模式而言,危机前北欧模式和莱茵模式的瑞典和德国,其劳动力成本增长低于盎格鲁－撒克逊模式和地中海模式的英国与西班牙,这使它们在危机中能享有相对的劳动力成本比较优势,也为它们在危机中能够比较从容地扩大社会福利(也就是导致劳动力成本上升)创造了条件。与此相似,欧洲 R&D 的投入,在地区间的差异也非常明显,北欧国家大多超过 3%,而南部地中海国家则低于 1.8%,近年来大踏步向福利国家迈进的希腊只有区区 0.6%②。

3. 老龄化加剧了福利制度应对难度

欧盟 27 国的低出生率(平均每个育龄妇女只生育 1.6 个小孩)和不断延长的预期寿命,使欧洲名列全球人口增长率最低和老龄化最严重的地区。1998~2008 年这 20 年间,人口年均增长率只有 0.2%,而 60 岁以上老人占总人口比例则高达 19%③。老龄化一方面带来了养老金支出的压力,并使医疗保险和护理保险支出相应大幅攀升④;另一方面,随着人口赡养比不断恶化,加大了保障资金的筹资压力。有报告指出,1950 年欧洲平均抚养比为 8∶1,2010 年为 4∶1,2050 年预计恶化为 2∶1⑤。这两方面因素,都使以现收现付制为主要筹资模式、本已不堪重负的欧洲社会保障体系,在危机中进一步雪上加霜。

---

① 〔英〕安东尼·吉登斯:《欧洲社会模式的反思与展望》,《开放时代》2007 年第 6 期,第 7 页。
② 希腊为 2007 年数据,之后缺统计数据,但是作者认为忙于应对危机的希腊很难在 R&D 方面会有大的提高。数据来源:OECD StatExtracts, http://stats.oecd.org/index.aspx?,访问日期:2013 年 3 月 5 日。
③ Susane Langsdorf, Rudolf Traub-Merz, Chun DING, *Altenpflege und Pflegeversicherung*, *Modelle und Beispiele aus China*, *Deutschland und Japan*, Press of Shanghai Academy of Social Sciences, 2010, p. 210.
④ 据经验数据,老年人的医疗费用是一般人的 2.9 倍、30 岁以下人群的 4 倍多。
⑤ 缪晓娟:《欧洲:高福利积重难返　大变革举步维艰》,http://news.xinhuanet.com/world/2011-10/19/c_111107455.htm,访问日期:2011 年 11 月 10 日。

（四）危机期间欧洲社会保障制度的总体绩效分析

我们采用欧洲社保领域研究权威 Andre SAPIR 的研究框架，分析危机前后欧洲社保四个子模式的绩效，研究各子模式的公平和效率组合在危机前后的变化。其中公平和效率分别选取非贫困率[①]和就业率[②]为度量指标，以危机爆发前的 2007 年到危机趋缓的 2011 年为比较研判的空间（见图2），发现如下几个特征。

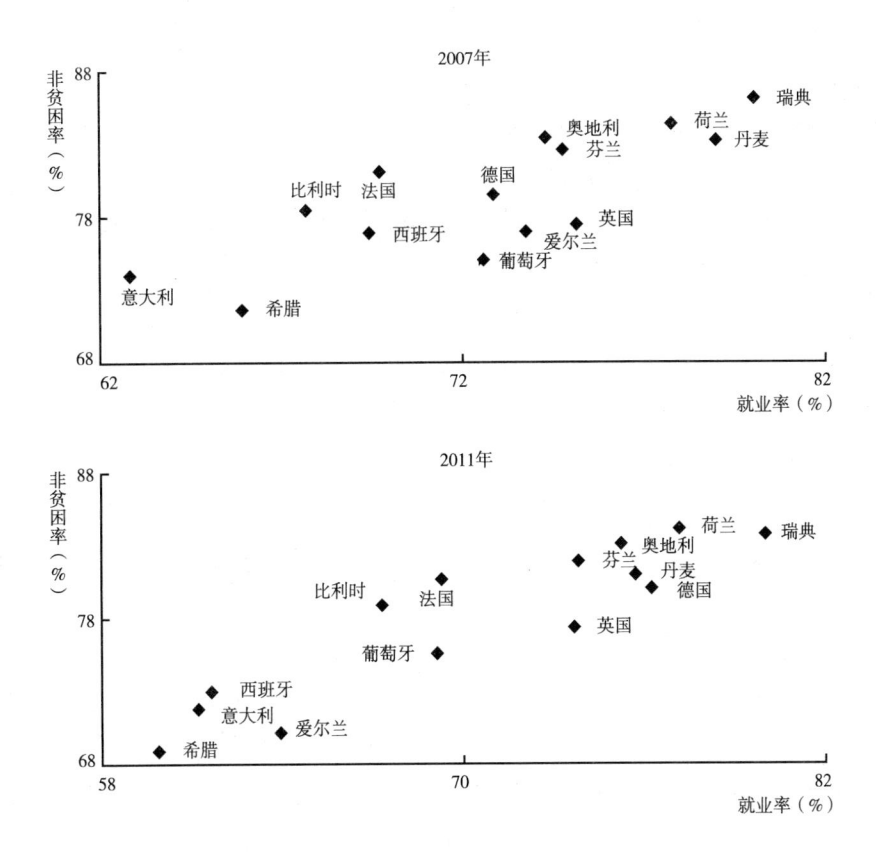

图 2　危机前后欧盟 14 国社会保障绩效：公平和效率组合情况

资料来源：欧洲统计局网站，http://epp.eurostat.ec.europa.eu，访问日期：2013 年 3 月 4 日。

---

① 非贫困率 = 1 - 贫困率，贫困率 = 贫困人口/总人口，贫困人口的统计中包括社会边缘人群（social exclusion）的数量。
② 就业率为 20~64 岁就业人口占同年龄段总人口的比例。

1. 危机前后总体绩效呈现恶化，但各子模式间的基本格局不变

危机发生后，欧洲社会保障各子模式国家的总体绩效呈现恶化态势。危机前的公平和效率总分下降了1.72%和3.22%，效率水平下降幅度为公平水准降幅的近2倍。公平和效率同时下降，被认为是危机对经济社会的负面影响，而效率降幅明显大于公平降幅，可解释为社会保障制度在危机应对中起到了积极的作用，缓冲了下跌程度。但危机前各模式绩效排序格局基本未变，仍然是北欧模式最好，地中海模式最差，莱茵模式和盎格鲁-撒克逊模式居中。

2. 各子模式国家之间两极分化趋于严重

危机前，欧盟国家①在社会保障绩效图上呈现向中间聚集，少部分国家分居两端（地中海模式的希腊和意大利居于低端，北欧模式的瑞典、丹麦以及莱茵模式的荷兰居于高端），大部分莱茵模式国家和盎格鲁-撒克逊模式国家居中，这说明大部分国家社保制度的社会公正性和效率相对平衡。危机后，各国在公平和效率图上趋哑铃形分布，两极分化加重，北欧模式国家和部分莱茵模式国家位居高端，地中海模式国家下沉加速，并和盎格鲁-撒克逊模式的爱尔兰在低端汇集，其社保制度总体绩效明显下坠。

在两极分化过程中，德国和爱尔兰是上下变动的两个极端。德国是在危机中唯一实现公平与效率同时改善的国家。这与德国先期进行社会保障领域的系统性改革并取得不断进步具有密切联系。系统性改革使其社会保障和劳动力市场体制能够适应经济、社会状况的现实变化，一定程度上弥补了原模式在运行中的机制缺陷，社会差距相对较小，同时增强了劳动力市场和经济运行的活力。

相反，属于盎格鲁-撒克逊模式的爱尔兰，在危机前结合自身优势、充分运用欧盟的资助，经济迅速发展，被称为"凯尔特之虎"。但危机中，房地产和金融业遭受严重冲击，贫富分化加剧，其公平与效率的下降程度都居两项指标的榜首，恶化增幅甚至超过地中海模式的西班牙、意大利等国。但这更多归因于该国宏观经济政策的失误，以及与国家规模较小有关，属于非典型案例。

---

① 考虑研究结果的可靠性，我们只选取老成员国，且卢森堡因国家小和非典型性而未计入。

3. 公平与效率此消彼长

14个分析对象中有8个国家①的公平与效率出现了此消彼长的情况②，这反映欧洲社会保障制度在改革上选择的无奈；效率或公平的改善往往以另一项的牺牲为代价。如何同时实现效率与公平的改善以实现全社会最优，是摆在各国改革者面前的一道难题。

二 欧债危机中欧洲社会保障制度的表现及其成因

欧洲福利制度在此次危机中的表现，有两大最突出的特征：一是尽管社保制度起到了避震器的作用，但同时也受到内外条件制约，难以发挥最大效能；二是各子模式迥异表现。原因如下。

（一）欧洲一体化不完善和全球化制约了欧洲社会保障制度最大效能的发挥

欧洲社会保障制度在长期发展的过程中，逐步形成高福利保障的特点，在实现较高的社会公平的同时，也带来社保收支缺口增大、政府赤字攀升，导致财政不可持续的问题。在危机期间，这一弊端本已严重制约欧洲社会保障政策的运用，而内部欧洲一体化的不完善和外部全球化的压力则使其更加突出。

欧洲一体化如能完成，无疑将极大拓宽欧洲社会保障的筹资渠道和平抑个别国家的老龄化风险，但是由于目前欧洲一体化正在半途中，这在一定程度上制约了社会保障制度最优效能的发挥，对其在危机中发挥更大作用形成阻碍。

最为突出和典型的，是统一的货币政策和分散的财政政策带来的制约。统一的货币，使得各国失去货币政策这一调节工具，而只能依仗财政政策，使其负担奇重，这对社会保障和福利构成严重制约；同时，为维护单一货币和抑制各国竞

---

① 法国、比利时、芬兰、奥地利、瑞典、荷兰、葡萄牙和英国。
② 有些国家的两项指标同时下降，但是一个下降幅度较大，另一个下降幅度较小，或同时小幅下降，此处广义理解为此消彼长。

争性扩大财政的道德风险,欧盟只能对各国的财政支出施加严格和僵硬的强制约束。令各国社会保障在危机时得到财政支援的余地大减。另外,欧盟各国社会保障领域尽管有所趋同,但不属于强制一体化范畴,相互协调互助能力仍弱,不利其发挥联盟优势。

全球化更是从根本上压缩了扩张性社会保障举措对缓和危机冲击和社会震动的空间。在封闭经济的情况下,危机期间尚可通过提高税收或社保缴费比例等方式,来暂时缓解福利支出上升的压力。但在当今的开放经济下,经济全球化对欧洲来讲,意味着任何高福利和保障支出均会推高劳动力成本,从而令欧洲经济遭遇具有低劳动力成本优势的新兴经济体的强力挑战,即欧洲国际竞争力的丧失。同时还带来投资环境恶化,外来投资缩减,内资外移。资料显示:2007 年,欧盟吸引的外资额尚占到全球总额的 43.23%,2011 年已猛降到 27.60%[①]。

这一问题在此次危机中暴露无遗,危机初、中期,尽管欧洲社会保障制度和社会应急举措起到了积极作用,但随着此后紧缩政策的实施和各国社保改革的展开,社保支出先扩大再收缩趋势明显。这意味着,不仅希望通过扩大社会保障支出来减缓危机冲击的愿望落空,反过来已经偏高的社会福利和税收水平还在承受巨大的削减压力,社会保障的危机应对功能受到限制。

(二) 各子模式的社保制度的理念、结构和发展战略差异

欧洲各子模式的社会保障制度之所以在危机中表现迥异,主要缘于奉行不同的社保理念致使相关各国在社保制度安排上各有不同的结构性特点,这在劳动力市场表现最为显著。盎格鲁 - 撒克逊模式崇尚自由主义理念,对劳动力市场的运行干预较少,工会力量在 20 世纪 80 年代的私有化进程中受到削弱,使雇主有较多的增减员工数量与工资给付水平的议价能力,因此劳动力市场具有较强弹性;地中海模式偏向突出社会公正,广泛运用就业保护政策对劳动力市场进行干预,工会力量强大,团体性的就业与工资协议方式,以及解雇员工高昂的成本与烦琐的法律事务使得雇主处于较弱的地位,劳动力市场呈现明显的刚性;而北欧模式与莱茵模式突出社会市场经济的理念,通过综合运用积极的劳动力政策与失业救

---

① UNCTAD, *World Investment Report 2012*, pp. 169 - 170.

济保障对劳动力市场的运行进行积极干预，雇主增减员工的自由度得以保留。因此，虽然北欧模式与莱茵模式下的工会力量同样较强，也采取团体性的就业与工资协议方式，但工会与雇主的地位比较均衡。

各子模式劳动力市场的结构性差异在本次危机中得到明显印证，在严重衰退的 2009 年，各子模式国家工资水平变动却大相径庭，而这恰好最能说明各子模式劳动力市场灵活性和社保属性差异。以比较能代表市场工资水平的 10 人以上规模的工业与服务业企业雇员年度总收入为例，地中海模式的希腊、西班牙在 2009 年工资水平分别比上年提高了 5.92% 和 4.45%，远高于当年分别为 1.3% 和 -0.2% 的通胀率，在欧盟国家中几乎居增幅最高端；盎格鲁-撒克逊模式中的英国工资水平下降了 9.4%（通胀率为 2.2%），处于另一极端；而北欧模式与莱茵模式国家相应的工资水平变动处于前两者之间。

社保体制作为整个经济社会制度架构组成部分，毫无疑问与各国历史、文化传承、经济社会结构以及发展战略密切相关，并直接影响各国经济和社保制度运行的绩效，是多种因素综合作用的结果。以北欧模式为例，尽管以高福利、高税收著称，从逻辑上讲应该更容易造成债务水平高、成本高、劳动力市场僵化等弊端，但此次欧债危机中该模式国家的良好经济表现，不仅打破这种逻辑，甚至成为欧盟国家的亮点和引以为傲的模式和发展方向。笔者认为，这是诸多要素综合作用的结果：北欧相对透明和高效执政、治理体制，较为单一种族的人口构成，崇尚民主社会主义和社会公平的共识，对教育和科研的高强度投入和鼓励创新的良好氛围，对外来投资、贸易等相对宽容的态度，因相对较早触及老龄化和金融危机等问题和挑战（瑞典等北欧国家是人口老龄化最严重的国家，同时 20 世纪 90 年代瑞典就经历了金融危机），而积累了相关的应对经验等。凡此种种，尤其是创新能力强、国际竞争力排名靠前，使其得以实施通过创新引领的开源而非节流使其经济保持了良好状态，高进高出战略、高福利制度非但未成为累赘，还一定程度上借此培育了高素质研发人才和创新氛围等，起到了添砖加瓦的作用。日内瓦《世界经济论坛》的"全球竞争力指数"排名印证了这一判断：北欧模式的瑞典全球排名一直在前 4 位，而地中海模式的意大利则靠近 50 位，差距一览无余（见表6）[1]。

---

[1] Klaus Schwab, *The Global Competitiveness Report 2010 - 2011*, World Economic Forum, 2010, p. 15.

表6　主权债务危机以来部分子模式国家竞争力排名变化

年份	2007~2008	2008~2009	2009~2010	2010~2011	2011~2012	2012~2013
瑞典	4	4	4	2	3	4
芬兰	6	6	6	7	4	3
丹麦	3	3	5	9	8	12
德国	5	7	7	5	6	6
荷兰	10	8	10	8	7	5
英国	9	12	13	12	10	8
意大利	46	49	48	48	43	42
西班牙	29	29	33	42	36	36
希腊	65	67	71	83	90	96

资料来源：*World Competitiveness Report 2008 - 2013*。

（三）各子模式社保制度改革的及时性与深、广度差异

欧洲社会保障制度的弊端在20世纪80年代就已被频繁提及，欧洲理事会更是在世纪之交便指出，改进社会模式以适应新经济挑战的必要性[1]，但各国实际推进的进程先后不一。在本次危机中，北欧模式与莱茵模式国家（特别是靠近北部的一些国家）的表现优于另外两种模式的国家，其中瑞典、德国的表现尤为突出，这与它们危机前就进行了系统性的全面社保制度改革不无关系。系统性改革，使其社会保障制度能适应经济、社会状况的现实变化，一定程度上弥补了原模式在运行中发现的机制缺陷，取得相对平衡的社会保障收支，增强经济运行活力的效果；从而也为其对抗危机打下良好的基础。

北欧模式中的瑞典早在20世纪80年代就面临社会保障水平过高，造成财务上难以持续的困境[2]：1980年，瑞典社会保障支出占GDP的35.5%，与其他主要西欧国家相比是最高的；为实现财政收支平衡政府只好增加税收，1965~1985年，瑞典税收占GDP的比例从35.2%增加到50.4%，而同期OECD成员国平均只从27.5%增加到38.8%，迫使瑞典从那时就开始酝酿改革举措，先后制定了降低养老金、健康保险津贴，提高失业保险缴费，降低失业津贴标准等零星的社

---

[1] European Council, Nice, 7-10 Dec., 2000.
[2] 丁建定：《瑞典社会保障制度的发展》，中国劳动社会保障出版社，2004，第152~153页。

保制度改革。在养老金方面，1993年起多管齐下，从制度修补（提高退休年龄、降低津贴标准、变更津贴计算方式）直至改革制度本身，将养老保险体系拆分成由基本养老金、辅助养老金和储蓄养老金的"三支柱"体系。瑞典的养老金由此实现由政府独自负担向政府、雇主、雇员共同担责的转变。

同时，瑞典也对劳动力市场实施了积极的改革措施，其关键是将以救济失业为主的保障措施改为以促进就业为主的积极社会政策。一方面减少失业救济金的领取期限、金额，压缩救济开支；另一方面则扩大培训、试工补贴等支出创造就业机会。在20世纪90年代初，瑞典用于积极就业政策的支出就占到其劳动力市场政策总支出的一半以上。

莱茵模式的德国是先期和全面社保改革的典范。由于20世纪七八十年代不断扩展的社会保障范围、慷慨的福利和过度的劳动力市场保护，德国在遭遇20世纪90年代全球化、老龄化和两德统一的挑战与冲击后，陷入经济、社会发展的低谷：社保支出猛增、财政赤字和债务压力日高、劳动力成本攀升、经济增长缓慢、劳动力市场严重僵化且失业率高企，曾逾400多万。面对窘境，德国进行了较为全面的改革：针对劳动力市场，从2002年到2004年，连续推出四部《哈茨改革法》：弱化解雇保护、提倡灵活就业、鼓励自我创新等；对于失业救济金，既缩短领取期限与降低领取金额以达到刺激就业的目的，又规定无故拒绝被推荐工作岗位的领取者将失去领取资格。德国劳动力成本在改革后长期负增长，劳动力市场也出现积极气象：从2005年开始，调查失业率从11.1%逐年下降到2012年的5.5%，登记失业人数也从2005年的486万回落到2012年的290万[1]。

近年来，德国在养老金和医保体制方面也进行了具有前瞻性的、全面深刻的改革尝试。在养老领域，通过提高退休年龄，引入"部分退休选择权"，鼓励退休者参加半日制等部分时间工作等方式，减轻人口老龄化所带来的财政负担，达到控制公共债务压力的目的[2]。在医疗领域，通过开放投保人自由选择医保机构，以促进医保机构相互间的竞争，同时将压力下传到医疗机构，令其相互竞争，进而达到提高医疗服务效率、稳定医保缴费率和遏制医疗费用的迅猛上涨的目的。

---

[1] OECD Stat Extracts. http://stats.oecd.org/index.aspx?，访问日期：2013年3月12日。

[2] Bundesministerium für Arbeit und Soziales, *übersicht über das Sozialrecht*, Bw Bildung Und Wissen, Auflage: 6. Auflage, 2009, hier s. 289, 330.

相比之下，地中海模式国家的社会保障制度虽然早已饱受诟病，但在危机前滥用加入欧元区红利，而零星改革举措缺少机制性与系统性的改变，由此也错失了在2007年之前利用良好经济环境进行改革的大好时机。而在危机爆发后，地中海模式国家迫于沉重的社会负担与外部偿债压力，被动地对其社会保障制度进行改革。但真正触及深层次问题的改革，在危机久拖不决后才刚刚开始，比如葡萄牙、意大利、西班牙分别在2011~2012年间才提出旨在增强劳动力市场灵活性的改革计划。

（四）各子模式国家在危机中的社保应对措施的差异

危机时期，欧盟各国在社会保障方面被迫作出额外的应对举措，大致都选择包括提高弱势群体的保障水平、降低个人和企业的社会保障缴费负担，并以国家财政政策的方式促进就业等应对方式，但不同模式的具体措施和实施的侧重明显有所不同（见表7）。在劳动力市场政策方面，德国与瑞典主要通过降低社会保障税和推行积极的鼓励就业政策；英国主要推行积极的财政政策，同时辅以鼓励就业的政策，但其提高最低工资的政策则与鼓励企业增雇员工的方向南辕北辙；而地中海模式的国家依然拘泥于为失业者解困的消极救助。

表7 各子模式国家危机期间推出的部分社会保障措施一览

福利模式与典型国家	经济刺激计划中的社会保障措施
北欧模式：瑞典	1. 降低社会保障税： 2009年1月起，雇主的社会保障缴费率降低1个百分点（32.42%至31.42%），合计减负120亿瑞典克朗，对自我雇用者的缴费率降低5个百分点。 2. 鼓励就业： (1) 鼓励企业雇用年轻人，将针对这类人群的社会保障缴费率再降低50%至15.49%，年龄范围提至26岁，估计减负120亿瑞典克朗； (2) 对雇用一年以上长期失业者和病残人士的企业，从2009年起政府提供的补助加倍，共耗费17亿瑞典克朗。
莱茵模式：德国	1. 降低社会保障税： (1) 失业保险缴费率由金融危机前的6.5%经过多次调整降至2.8%； (2) 企业新雇员工前6个月的社会保障缴费减半，以后的100%由国家来支付。如雇佣关系自2009年始，上述减负适用24个月；从2010年开始，则适用18个月；2010年底继续决定延长至2012年底。 2. 鼓励就业： 对企业雇用短工提供补贴。当雇主选择短时工作而非解雇人员时，雇员工资的60%（没有孩子的）或67%（有一个孩子）由政府来支付。

续表

福利模式与典型国家	经济刺激计划中的社会保障措施
盎格鲁-撒克逊模式：英国	1. 积极的财政政策： (1) 降低增值税税率2.5个百分点,由17.5%降到15%; (2) 在2009年启动总额为100亿英镑的基建计划,以期创造10万个新工作岗位。 2. 鼓励就业： (1) 从2009年4月开始,英国将在未来两年内支出5亿英镑,帮助长期失业者实现再就业,其中包括向聘用失业时间超过半年的失业者的企业提供资助; (2) 向家庭妇女支付最高500英镑的再就业津贴,扩大家庭收入来源; (3) 为大学生提供实习机会,培养其实际工作能力。 3. 提高最低工资标准： 成人最低日薪从2007年10月的5.52英镑提高至2011年10月的6.08英镑,增幅为10%。
地中海模式：西班牙	1. 增加补助： (1) 提高最低工资标准,2009年1月起提高4%,即从每月600欧元提高到624欧元; (2) 追加失业救济,2009年批准向长期失业者发放每月421欧元并持续6个月的紧急救助金,后该紧急救助方案延长了12个月,约30万人得到救助,对自主就业的失业者补助金增加60%; (3) 提高养老金水平,也是从2009年1月起平均提高6%,国家社会保障体系内的养老金每月平均达到741欧元; (4) 2008年开始针对每年收入不超过22000欧元、22~30岁的年轻人,提供每月210欧元的房租补贴,最长4年。 2. 鼓励就业： 鼓励企业接纳失业者,鼓励失业者自主就业。在2009年8月至年底期间雇用工人的企业提供为期两年的社会保障缴费减半,雇用失业者并与其签订稳定雇佣合同的企业,3年内每年可少缴800欧元(针对年轻人)、1000欧元(妇女)和3000欧元(45岁以上人士)的社保金,对雇用非全日制雇员的企业也有相应的优惠。

资料来源：作者根据相关资料整理。

虽然难以对各子模式不同侧重的措施进行定量的效果分析,尤其是莱茵模式通过降低社会保障缴费率来减少企业的劳动力成本,盎格鲁-撒克逊模式国家直接给企业减税,这两种方式究竟哪一种更有利于激活企业更难以作出评价。但如果考虑到前者创造的就业以及由此保持消费活力对宏观经济产生刺激作用的传导渠道,应该较后者更为直接,从而使得经济表现出相对更好的稳定性。

地中海模式采取的措施则负面效应明显。不顾经济衰退程度,一味提高最低工资水平,增加了企业的劳动力成本,使得企业经营活动更加困难,从而也对冲了积极劳动力政策对企业增加雇员的激励，政策效果彼此抵消，效率低下。另外，有关措施还引发道德风险，设置失当的失业救济等福利举措使得失业者更愿安于现状，减少了获取新的工作机会的压力，这使危机期间西班牙出现25%的高失业率而部分工作却无人问津共存的现象。

三 欧洲社会保障制度的前景展望

（一）改革将会延续

在危机中，欧洲各国的社会保障制度尽管进行了一定改革，但是其过程磕磕绊绊，也显然未达到人们普遍期盼的效果。因此，改革还将继续。

第一，在欧盟层面已经形成了严肃财政纪律的经济治理雏形，而社保支出是政府财政支出最大的部分，这对社会保障制度改革形成倒逼机制。欧盟在"化危为机"方面进展显著，包括《欧元区附加公约》、《六部立法》、"财政契约"等一系列合约相继出台并得到大多数国家的认可[①]，其法律效力远超当年的《稳定与增长公约》，同时辅以"欧洲学期"制度，在半年内指导、审查各国的预算编制，并监督其执行情况。为了增强制度的执行效力，上述机制规定了更为细致的惩罚措施。由此，各国财政独立性受到了较大制约，实现欧元区国家的财政政策统一有赖于各国社会保障制度的趋同，这为欧洲社保体制改革向前推进施加了外在的制度约束。

第二，改革已成共识。从应对全球化和老龄化压力考虑，欧盟各国已经深刻认识到，必须对欧洲发展模式进行彻底改革，否则将很难应对新兴经济体的挑战和老龄化日益严重的负担，地中海模式各国对此感触尤深，并在改革措施理念上开始作出调整，在一定程度上倾向于打破僵化的劳动力市场、鼓励就业、压低成本并实现经济资源在投资与消费间的再均衡，从而为经济增长创造条件。

第三，欧盟现有的竞争合作机制与先行国家改革的成功先例，也起到示范的作用。欧盟长期以来一直致力于社保政策的趋同，虽然社会政策属于成员国各自

---

① 英国、捷克未签署"财政契约"。

管理的范围，但欧盟在各国社会政策协调方面已有"开放性协作机制"（open method of coordination）①的设计，并在欧盟内部的劳动力市场、卫生健康领域取得不小进展：就业战略的实施一定程度推动了各国就业率上升；通过欧洲健康卡基本解决了与跨国就医相关的、执行不同医疗保险制度的国家间医疗保险的结算问题，从而大大方便了欧盟内部的人员自由流动。通过对这些先行改革所获得的成功经验为参照制定软目标，运用该机制的循环执行程序加以推进，利用"扬名与丢脸"（naming and shaming）机制，不断促进各成员国社会保障制度趋同的方法将会得到更多运用。在成员国层面，绩效好的德国、瑞典的先行和彻底改革的成效起到了榜样的作用，这对社保绩效较差的希腊、西班牙等地中海模式国家来讲，颇具吸引力，而且也为这些国家的改革指明了方向。总之，欧盟各国充分利用现有机制和借鉴成功经验，对于它们各自改革的成功将具有事半功倍的作用。

（二）各子模式一定程度的趋同是改革的趋势

提倡竞争、各社会伙伴更多承担均衡责任、遏制费用上涨，已经成为改革趋势。不仅德国、瑞典等先行改革国家如此，对地中海模式国家而言，无论是出于被迫还是自主意愿，客观上均在向北欧模式与莱茵模式国家的改革靠近，这从其最近推行的改革政策中可以看出端倪。

1. 劳动力政策将更注重增加劳动力市场活力与促进就业

增加劳动力市场活力的措施主要包括放松解雇条件和合理降低解雇赔偿标准。如西班牙 2012 年的《劳动力市场改革紧急法》中就规定，企业连续 3 个季度效益下滑就可以解雇员工，同时降低赔偿标准；葡萄牙也在改革中拓展了长期劳动合同中关于合理解雇的定义，并且降低企业解雇员工的赔偿金；希腊缩短解雇的提前通知时间（从 6 个月缩至 4 个月）和削减解雇赔偿金（减 35%）；意大利 2012 年开始计划的《劳工改革法》也以方便解雇为要旨。

为促进就业，葡萄牙将最低工资与劳动力市场状况挂钩，同时缩短失业救济金领取的时限至 18 个月，并采取领取金额按月递减制。它的另一项措施是，在

---

① 开放性机制最早提出于 2000 年的里斯本会议，其本身由四项要件构成：各成员国认可的准则；量化或质化的目标；成员国的行动方案；定期的评估与监督。

提升社会保险缴费中雇员缴费比例的同时，降低雇主的应缴比例。西班牙对雇用30岁以下青年的企业减免3000欧元的税收。意大利在大力促进女性就业的同时，对青年企业家创业提供支持。希腊对集体劳动协议的范围和时限进行了限制，并将最低工资降低22%（2012年）。此外，地中海模式国家普遍采取大幅度削减公务员措施，以降低这些国家非生产人员占整个国家劳动力的比重，使他们尽快回归劳动力市场，从而促进就业水平的提高。

2. 养老保障政策更关注应对老年化压力

各国化解老龄化压力的方法首先是延长退休年龄，如希腊在2010年已经从60岁延至65岁基础上，进一步在2012年延长至67岁；意大利从66岁延长到67岁；西班牙从65岁延长到67岁。同时各国加强对提前退休的管理（如葡萄牙、希腊等），这同德国、瑞典等国前些年的做法如出一辙。其次为直接的资金控制，具体体现在提高缴费率（如意大利2011年将缴费率由28.3%提升至32.7%）和削减养老金待遇方面（如葡萄牙从2011年开始削减每月1500欧元以上养老金领取者的领取数额；希腊对养老金的削减力度也很大，如2011年9月将月退休金1200欧元以上者削减20%，55岁以下退休者最多减少40%）。最后是根本改革养老观念，弱化国家的法定养老金的作用，变"三支柱"体系为"三层次"体系，强化企业和个人的责任。德国"吕鲁普养老金"和"里斯特养老金"的推出给其他国家提供了有益的借鉴。葡萄牙近期推出自愿退休个人储蓄账户制度（50岁以下每月缴上年平均工资的2%~4%，50岁以上缴6%），就是有益的尝试。

3. 医疗保障政策更重视抑制医疗费用的快速上涨

随着人均寿命延长和新治疗方式的出现，医疗费用呈快速上涨态势。有鉴于此，许多国家都加快了改革步伐。在具体做法上，一是强调企业和个人的责任，主要方式是提高共付比例与诊疗费，其中西班牙在2012年将个人支付药物成本比例从40%提高到60%；二是强行控制医疗支出过快上涨。如葡萄牙逐年降低处方药价格并加大医保支出审查，希腊的措施也包括降低药品价格（21.5%）与增加药品支出中个人负担比重等。

（三）改革进程恐难一帆风顺

首先，政治精英和贫民大众在社保改革理念上存在认知差异。欧洲民众已经形成根深蒂固的追求公平的理念，他们担心以削减社会福利为导向的改革必将损害自己的切身利益，加上已经进行的部分改革多少出现了贫富差距拉大的迹象（如在改革进展较快的德国，社保制度全面改革以来，收入水平最高的10%就业人口与最低的10%就业人口的年均收入差距，由20世纪90年代的6倍扩大到目前的近8倍），所以部分民众对改革有抵触情绪。同时，不少国家的政治精英开始逐渐认识到，由于强大的全球化攀比压力，欧洲以压缩费用为核心的社会保障体制改革势在必行。这两方面对社保改革的认识差距构成了所谓的"民主赤字"。

在西方现行政治制度下，更加关注短期利益的广大民众，很可能通过手中选票推翻改革者或使有利于长期发展的改革设想胎死腹中。而部分政治家出于选举的考虑，也会不得不在某些方面对民众作出妥协。所以我们看到，危机爆发至今，已有包括法国、意大利在内的近10个欧洲国家的执政党下野；而新上台的政府，如法国新总统奥朗德当选不久，就部分推翻了前任历尽艰难才实施的延长退休年龄（60~62岁）的改革措施。未来一两年内，欧洲又将面临德国、英国的大选和欧洲议会的选举，改革前景的不确定性日增。

其次，现行某些改革举措是否有效遭到质疑。比较典型的例子就是如何评价相关国家，如德国已经取得的经济和社会保障改革成果。虽然由于先行的社保改革使得德国、瑞典等在危机中有不俗的表现，但是以牺牲本国福利为代价，通过压低工资和福利待遇的增长，进而扩大出口来实现的，如德国就是个典型。否定者认为，正是凭借国内实际工资10年间不断下降（见表8），使其大肆出口并连年赢得巨额顺差，这同时意味着包括地中海模式国家在内的其他欧盟国家对德的大幅逆差。因而"以邻为壑"局面的出现，加大欧洲内部彼此之间的矛盾，从而使得德国模式的可持续性与可推广性存疑。

表8　2000~2009年德国实际平均月工资的增长率

单位：%

	2000~2005年	2006年	2007年	2008年	2009年
德国	-0.4	-0.9	-0.6	-0.4	-0.4

资料来源：国际劳工局：《2010/11年全球工资报告：危机时期的工资政策》，2010，第97页。

最后，危机局势缓和对改革有促退作用。在危机严重的时刻，欧洲社会保障的弊端充分显现，改革的必要性也为社会大众承认。有些国家，比如意大利也在国债收益率屡次突破7%的生死线，面临向欧盟求援困境的时候，由经济学家出身、深谙经济之道的蒙蒂推行一整套改革措施，使意大利局势得以初步缓解。但到危机初步缓解的2012年底，民众对紧缩的不满开始抬头，并最终迫使蒙蒂辞职并且在大选中失势。这一典型事例充分说明，如果欧洲经济在2013年逐渐回暖，那么社会保障的改革至少在部分国家会转向放慢甚至停歇。

总之，欧洲的社会保障改革将会延续，但是改革最终进行到何种程度将取决于各国民众的共同意愿与自主选择。鉴于各国经济发展程度和社会文化传统存在一定差异，欧盟各国的社保体制会有一定的趋同，但不会改变四大子模式的基本分野和特征。

（原文刊于《欧洲研究》2012年第6期，辑入本文集前做了相应修改与补充。）

第三章 危机阴影下的欧洲政党

林德山[*]

2007年以来的国际金融危机，尤其是欧洲主权债务危机冲击了欧洲各国的政党及政党结构。主流政党受到的冲击更大，而左右两端激进的中小政党则显得更为活跃。随着危机的持续及民众不满情绪的增长，欧洲不同国家以及政党之间在观念和政策上的分歧有扩大化的趋势，影响未来欧洲政党政治趋向的一些问题也日渐显露。

一 欧洲的政党格局

根据不同政党在现行政治结构中的地位和影响力，结合其政治属性和特征，我们可以将欧洲政党大致分为三类[①]：（1）主流政党，指那些代表主流价值观念、政治特色明显，且保持连续性、支持结构稳定、具有被认可的执政能力或潜力的政党。欧洲各国目前执政或领导执政的政党以及主要的反对党，大都属于主流政党。这些政党在政治图谱上呈现左右分庭的格局，左翼主流政党基本上由社

---

[*] 林德山，中央编译局马克思主义研究部研究员。
[①] 这里借用了意大利学者萨托利对政党的分类，并将意识形态的因素融入其中。萨托利根据政党与政府的关系，或者说按照政党的治理功能划分了三类政党：（1）存在于政府之外、没有进入政府的政党，可以说是使节党；（2）在政府范围内运作但没有控制政府的党；（3）实际上进行治理，具有治理和政府功能的党。参见〔意〕G. 萨托利：《政党与政党体制》，王明进译，商务印书馆，2006，第42页。

会民主党①构成，而右翼主流政党则由自由党、保守党和基督教民主党构成。（2）平衡性政党，指那些在既有的政治结构中不具领导地位，但具有制约和影响政府行为的平衡能力的政党。在此广义地指称能够通过各国选举门槛线标准，进入国家议会的主流政党之外的政党。鉴于欧洲多层次的治理结构特征，少数虽然在国家层面难有作为，但在地方性事务或者欧盟事务中发挥重要作用的政党也可纳入其中②。平衡性政党的数量主要取决于各国的选举制度和政党政治文化。一般来说，在小选区简单多数体制对大党更为有利，而在混合比例代表制下，中小政党活动空间更大，但具体到各国也因选区的划分、门槛线的高低、有关政党联合的限制规定等不同而各有差异。与主流政党相比，平衡性政党的政治意识形态构成更为复杂，结构变化更大。与主流政党持主流意识形态和相对温和的政治立场相比，平衡性政党在左右两端都有更为激进，甚至极端的政治力量。此外，单一事务型政党，即主要关注诸如生态、移民和地方事务这些不同于传统左右政治事务的政党，及政治立场具有中间化倾向的政党在平衡性政党中发展较快。而与主流政党相对稳定的结构不同，平衡性政党的变化更大，尤其近20年来，新党现象指进入影响政党政府构成行列的新成员，成为欧洲政党政治中一个愈益突出的现象。新党现象在左右翼中均存在，但右翼的表现更为活跃，尤其是诉诸移民问题的右翼民粹主义政党在多国迅速发展。而在左翼中，主要是强调生态问题的绿党的崛起。新党现象一方面反映了选民流动性加大和人们对政治流动性的认可，另一方面也是人们对传统政治思维和政治模式不满以及新的社会政治冲突的一种表示③。（3）边缘性政党，指上述主流政党和平衡性政党之外的其他政党。事实上，欧洲国家的大多数政党属于这类政党。从执政功能上讲，边缘性政党在

---

① 社会民主党，指作为社会党国际成员的政党，名称上有社会民主党、工党、社会党等不同字眼。但在欧洲，并非所有以这些名称表示的政党都属于社会党国际成员，如葡萄牙社会党属于社会党国际成员，而葡萄牙社会民主党则属于右翼政党。爱尔兰工党属于社会党国际成员，而爱尔兰社会党属于激进左翼政党。

② 一些地方性政党虽然难以进入国家议会，但对特定地区事务具有重要影响力，还有少数政党虽然很难在国家层次上跨越选举门槛线，但能够进入欧洲议会，因为欧洲许多国家在欧洲议会选举中实行的是直接选举的比例代表制，小党有更多的机会。例如，英国独立党在2009年欧洲议会选举中位居英国第二大党之位，但在2010年英国大选中虽然得票率位居第四，却未能赢得一个下院席位。

③ Kris Deschouwer ed., *New Parties in Government: In Power for the First Time*, London and New York: Routledge, 2008, p. 2.

政治生活中的作用非常有限，但其社会动员能力不容忽视，如在欧洲长期存在的托派组织以及极端右翼政党。

危机爆发前，欧洲政党格局大致呈以下形势：主流政党构成相对稳定，且大致保持了左右平衡；但在平衡性政党中，中右翼显得更为活跃，而左翼则明显消沉。由此，使得左右翼的总体结构显示出向右翼倾斜的特征。

二 危机过程中各国政党在选举政治中的表现

2007年以来，欧洲各国政党在选举政治中的表现表明，不同国家以及不同政党由于所处地位的不同，受危机影响的程度也不同。表1和表2以欧洲11国为例①，分别显示了这些国家的主要政党在2009年欧洲议会选举中和危机以来在国内选举政治中的表现，由此粗略勾勒了这些国家主要政党在危机冲击下的起伏状况。

受选举制度不同的影响，不同政党在国家议会中的实际席位往往并不与其在民众中的实际支持水平相一致，因而，不同国家、不同类型政党的选举表现之间的可比性不足。相对来说，由于目前欧洲议会的选举在大多数国家都采用比例代表制，选举又都在规定时间内进行，因而选举结果具有一定的可比性。从危机进程来看，可将2009年6月的欧洲议会选举看作一个阶段性事件。此前世界金融危机已经普遍蔓延到欧洲，但更为严重的主权债务危机尚未显示，因此可以把此次选举中的选民选择看作对此前危机进程中各国政党表现的一种反应。

2009年欧洲议会选举的结果显示，到2009年中，欧洲各国总体的政党结构得以保持，主流政党的支持率虽然因为危机受到冲击而不同程度地出现下滑，但基本地位依然保持。除英国和荷兰外，前两位的基本上都是传统的主流政党。另外，主流政党和关键性的平衡性政党大致保持了左右平衡。

但该结果也表明了世界金融危机对不同政党的影响。首先，欧洲国家的主流政党受到不同程度冲击，大多数主流政党得票率或席位下降。最惨的是英国工党，其得票率竟然低于右翼民粹主义的英国独立党。这是英国工党在战后重大选举中第一次被挤出前两位。其次，与之相应的是，一些中小政党，尤其是持欧洲

---

① 这里选取的欧洲11个国家，主要是欧洲大国、有代表性国家及深陷欧债危机的主要国家。

表 1 2009 年欧洲议会选举中部分国家主要政党表现

国家	赢得席位的前四位政党				当时的执政党
	第一	第二	第三	第四	
英国	保守党-	英国独立党(UKIP)+	工党-	自由民主党-	工党
德国	基民盟-	社民党-	绿党+	自由民主党+	联盟党(基民盟-基社盟)、社民党
法国	人民运动联盟+	社会党-	欧洲环保党+	民主运动-	人民运动联盟
意大利	自由人民党+	民主党-	北方联盟+	意大利价值党+	贝卢斯科尼联盟(包括自由人民党、北方联盟、自治运动)
希腊	泛希腊社运	新民主党-	共产党-	人民东正教阵线(LAOS)+	新民主党
西班牙	人民党-	西班牙工人社会党-	欧洲联合①	左翼联合	西班牙工人社会党
葡萄牙	社会民主党+	社会党-	左翼集团+	民主联盟(CDU)②	社会党
爱尔兰	统一党-	共和党-	工党+	社会党+	共和党、绿党
瑞典	社会民主党-	温和党	自由党+	绿党+	温和党、中间党、自由党、基督教民主
丹麦	社会民主党-	自由党	社会主义人民党+	丹麦人民党③	自由党、保守人民党
荷兰	基督教民主联盟(CDA)-	新自由党(PVV)④+	工党(PvdA)-	自由民主人民党(VVD)-	CDA、PvdA、基督联盟(CU)

① 由一些西班牙地区性政党在 2009 年欧洲议会中联合提出选举名单。
② 民主联盟是由葡萄牙共产党和绿党组成的选举联盟。
③ 有强烈民族主义色彩的政党。
④ 新自由党(PVV),是由自由民主人民党(VVD)中分裂出来的极右翼政党。

注:"+""-"表示各党代表及在欧洲议会选举结果相比该党席位的增和减。具体各党选举结果自制。斜体表示该政党属于中左翼阵营。表格由作者根据各国政党 2009 年欧洲议会选举结果及在欧洲议会中所属党团情况,参见 http: //www.europarl.europa.eu/meps/en/full-list.html? filter。

表 2　2007 年以来欧洲部分国家政府变化及政党表现

国家	2007 年执政党	2007 年以来的国内大选及政府变动(执政党/议会前四位政党)		
		选举 1	选举 2	选举 3
英 国	工党	2010 年大选：保守党和自由民主党联合执政	①保守党；②工党；③自由民主党；④民主统一党[①]		
德 国	联盟党、社民党	2009 年大选：联盟党（CDU，CSu），自由民主党	①基民党；②社民党；③自由民主党；④左翼党		
法 国	人民运动联盟	2012 年总统及议会选举：社会党（奥朗德）	2012 年国民议会选举：①社会党；②人民运动联盟；③Miscellaneous Left[②]；④欧洲环保党		
意大利	中左联盟	2008 年大选：自由人民党领导的右翼贝鲁斯科尼联盟执政	①自由人民党；②北方联盟；③意大利价值党	2011 年贝卢斯科尼辞职，组成以蒙蒂（Mario Monti）为总理的非选举的技术官员政府	2013.2.24~25 日大选：民主党领导的"意大利共同利益"集团获众院多数，但参院未过半，导致政府组阁权的悬念 主要政党联盟：①"自由人民党领导的中右联盟；②自由民主党领导的中左联盟；③五星运动；④公民选择领导的"With Monti For Italy"（中间联盟）[③]
希 腊	新民主党	2009 年大选：泛希社运执政	①泛希社运；②新民主党；③希腊共产党；④人民东正教阵线（LAOS）	2011 年 11 月组成由泛希社运、新民主党支持的 LAOS 的联合过渡政府	2012 年 5 月和 6 月的两次大选：①新民主党；②激进左翼联盟；③独立希腊人党（ANEL）
西班牙	西班牙社会工人党（PSOE）	2008 年大选：PSOE 执政	①PSOE；②人民党（PP）；③统一左联合（CiU）；④巴斯克民族主义党（PNV）	2011 年大选：人民党获胜 ①人民党（PP）；②PSOE；③统一左联合（CiU）；④西班牙共产党	

续表

国家	2007年执政党	2007年以来的国内大选及政府变动（执政党/议会前四位政党）		
		选举1	选举2	选举3
葡萄牙	社会党(PS)	2009年大选：社会党执政	2011年大选：社会民主党获胜 ①社会民主党(PSD)；②PS；③人民党(BE)；④左翼集团	
爱尔兰	共和党、绿党、进步民主党④	2011年2月：统一党和工党联合执政	①统一党；②工党；③共和党；④新芬党	
瑞典	温和党、中间党、自由民主党、基督教民主党联合政府	2010年大选：温和党、中间党、自由民主党、基督教民主党联合执政	①社会民主党；②温和党；③绿党；④自由民主党	
丹麦	自由党、保守人民党	2011年大选：社会民主党、社会自由党、社会主义人民党联合执政	①自由党；②社会民主党；③丹麦人民党；④丹麦社会自由党	
荷兰	基督教民主联盟(CDA)、工党(PvdA)、基督教联盟(CU)	2010年6月大选：自由民主人民党(VVD)和CDA联合执政⑤	①VVD；②PvdA；③新自由党(PVV)；④CDA	2012年大选结果：VVD和PvdA联合执政 ①VVD；②PvdA；③PVV；④社会党(SP)	

①2010年英国大选，英国独立党(UKIP)以3.1%的得票率排在第四，但该党未能获得任何下院席位，而北爱尔兰民主统一党(DUP)以8个下院席位排在各党第四的位置。
②Miscellaneous Left 由一些小的左翼政党和一些因为与其党内竞争而被党排除的左翼候选人组成。
③由于2012年5月6日的希腊大选未能产生多数政府，6月17日再次举行大选。支持紧缩政策的新民主党和泛希运动刚好过半，并组成联合政府。两次大选，前四位政党的顺序改变，但6月的选举中，四位政党都得10%以上的席位，但多次与共和党组成联合政府。进步民主党主张市场自由，它虽然在议会中从未获得独立希腊人党获得的席位，2008年开始解体，并在2009年正式解散。其原有的两名议员作为无党议员仍然支持当时的共和党领导的联合政府。
④2010年6月9日荷兰大选，经历四个月的谈判才组成了由自由民主人民党与基督教民主联盟组成的少数政府。金融危机使其备受指责，这也是近一个世纪以来第一次由非基督教民主联盟或工党领导执政。新自由党与政府达成协议支持政府但不参与执政。
⑤表格由作者根据相关国家2007年以来历次大选结果统计自制。

注：表格由作者根据相关国家2007年以来历次大选结果统计自制。

怀疑论的右翼民粹主义政党表现突出，除英国独立党外，荷兰的新自由党也位居荷兰政党第二，希腊的人民东正教阵线也进入前四。左翼阵营中表现抢眼的则是少数国家的绿党。最后，从具体的政党变化来看，在主流政党中，执政的比非执政的受冲击更大，左翼比右翼损失更重。大多数国家执政主流政党得票率或席位下降，其幅度要大于非执政的主流政党。而从左右翼阵营来看，右翼主流政党表现明显好于左翼。执政的法国人民运动联盟、意大利自由人民党席位还有所增加。可在左翼阵营中，所有领导执政的政党席位都减少了。

这些变化特征也反映在世界金融危机以来各国国内选举政治中。表2显示了这11个国家2007年以来的政府变动情况及各党的表现。

各国国内选举政治的结果，进一步证实了2009年欧洲议会选举中显示的上述特征。不过，由于危机的持续尤其是欧债危机的爆发，以及不同国家卷入危机的程度不同，不同国家和不同政党受危机冲击的程度明显不同，各国政党格局变化的具体形势也更为复杂。主要表现为：

第一，从选举的进程及结果来看，欧洲主要大国及受危机冲击较小的国家（如瑞典）的政府及政党结构保持了较大的稳定性。除深陷危机的意大利外，主要大国的选举都按正常的选举进程进行。但深陷危机的国家则明显动荡，不仅普遍出现非常选举，而且传统的政党结构也在变化，一些传统的大党面临危机。

第二，危机期间，除了未深陷危机的瑞典外，所有执政党，无论左右，无疑都面临更大压力。英国工党、西班牙工人党、希腊的泛希社运、意大利的自由人民党、爱尔兰的共和党、荷兰的基督教民主联盟纷纷落马。尤其重债五国（即爱尔兰、葡萄牙、希腊、意大利和西班牙），在危机期间的选举中，几乎所有的执政党都惨遭失败，甚至一些作为执政伙伴的小政党也未能幸免，如爱尔兰共和党的执政伙伴进步民主党和绿党，前者解体，而后者在2011年的大选中失去其全部议席。即使是法国和德国，萨科齐和默克尔各自领导的法国人民运动联盟和德国联盟党在国内也受到了较大压力。萨科齐的下台和默克尔领导的基民盟在地方选举中的失利，都显示了其作为执政党所承受的压力。

第三，传统主流政党的地位进一步被侵蚀，一些国家传统的政党格局有改变的趋势。在2009年的欧洲议会选举中，在所统计的这些国家中，来自左右翼的传统主流政党虽然支持率下降，但大党地位还基本保持着。而随着金融危机尤其欧债危机的蔓延和持续，这些传统主流政党的地位进一步下降，一些政党甚至有失去大党地位的趋势。如长期执政的爱尔兰共和党在该国 2011 年大选中沦为第三，曾经是荷兰第一大党的基督教民主联盟在 2010 年大选中沦为第四，2012 年大选进一步滑落到第五，希腊的传统大党泛希社运则在 2012 年的两次选举中都输给了激进左翼联盟而沦为第三党。而在典型两党制的英国，也出现了战后首次的联合政府。与之相应的，是左右两端的一些更为激进的中小政党的崛起，希腊的激进左翼联盟、荷兰的新自由党、丹麦的人民党、意大利五星运动纷纷进入前四位甚至前二位。即使在受危机影响较小的瑞典，极右翼瑞典民主党也第一次进入议会，并获得 20 个席位，超过了左翼党（原瑞典共产党）。在这些国家，传统的政党格局在悄然变化。

三 各国主流政党在处理危机问题上的基本立场

危机以来主流政党受到更大冲击，这与主流政党作为主要执政者的地位及其应对危机的主要政策是密切关联的。

（一）无奈的紧缩政策

危机爆发以来，应对危机成为欧洲各国政府及其执政党的首要政治议题。金融危机爆发之初，为回应人们要求加强对市场的规制，尤其是加强对金融市场的监管，以及矫正新自由主义政策所导致的社会失衡的呼声，一些社会民主党政府提出要用新凯恩斯主义的积极政策回应危机，包括加强社会福利的安全网等。为此，一些执政的社会民主党有意识地加强了政府对经济的控制，并寻求通过一些公共政策抑制民众基本福利的下滑趋势。此类政策一度使一些执政的社会民主党赢得社会广泛的支持。但这一政策方向因欧债危机而改变。随着欧债危机的出现和蔓延，所有相关国家政府的政策选择空间缩小了。对所有深陷欧债危机的国家政府来说，无论它们的政治背景或此前的政策如何，现实的选择似乎都只有削减公共开支和增加政府收入（税收），尤其是当这些国家寻求欧盟以及其他国际机构援救时，这些政策往往成为后者的必要条件。

重债国家执政党因为缺少政策选择空间，而承受了更大压力。政府一方面为了稳定市场需要"救市"，另一方面又不得不削减公共开支和增加税收。而削减公共开支，意味着削减各种社会福利支出以及公务人员的工资。这种政策引起了国内民众的强烈不满，他们认为政府是在为危机的肇事者埋单而让大众作出牺牲。但为了寻求欧盟以及其他国际经济组织的援助，各国政府不得不接受后者所提出的大幅削减赤字的条件，执政党也因此而无奈地吞食政治苦果。2011年3月，葡萄牙苏格拉底政府为了满足欧盟及国际货币基金组织（IMF）联合提供的援助的条件（大幅削减赤字），向议会提出经济紧缩计划，结果导致下台。可是新的帕索斯·科埃略政府依然不得不继续实行一系列严厉紧缩和增税措施，大幅削减公务人员工资和各种社会福利，再次激起民众的愤怒。在希腊，帕潘德里欧很清楚满足欧盟救助希腊的一揽子方案的条件的政治代价，并试图以全民公投的方式来转移矛盾，但为了使援助得以继续和不致希腊及整个欧洲陷入尴尬境地，最后也不得不以辞职退场。重债五国原执政党虽然来自不同的阵营：既有保守右翼的爱尔兰共和党和意大利自由人民党，也有来自左翼的葡萄牙社会党、泛希社运和西班牙的工人社会党，但无一例外地因处理危机不力而失去执政地位。

实际上，这些政党与所在国危机的关联度各不相同，例如，希腊的主权债务危机实际上是泛希社运执政前的前右翼政府造成的。但对于这些国家的民众或者选民来说，他们更关注的不是谁应该为此承担责任，而是政府是否能够领导国家渡过难关。而对此，所有这些国家的政府无论其政治背景是左翼还是右翼，无奈的选择只能是紧缩开支和增加税收。在危机不断升级、民众生活深受影响的形势下，这两者都只会加强民众的对立情绪。重债国家政府的相继更替证明了这一点。爱尔兰共和党、葡萄牙社会党和西班牙工人社会党，分别以选举惨败的方式结束，而希腊的帕潘德里欧和意大利的贝卢斯科尼则以无奈辞职的方式黯然离去，两国分别组成非选举的、由技术型官僚组成的临时政府，来承担挽救经济的重任。这成为危机之中的欧洲政治上的一个新现象。

危机之中，欧洲其他国家的政府和执政党同样也承受了很大压力。面对全球性的经济危机，欧洲不同国家虽然形势有好有坏，但总体经济环境在恶化，尤其是欧元、欧盟体系面临的危机使得各国难以独善其身，欧洲各国政府都因此面临挑战。2010年的英国工党和荷兰基督教民主联盟、2011年9月选举失利的丹麦中右翼政党联盟（蓝营），都是在背负危机包袱的情况下失去执政地位。一些国家执政党则因为欧债危机而承受了更大的压力。德国总理默克尔和法国总统萨科齐虽然在处理债务危机问题上备受国际社会瞩目，但在国内都承受了很大压力。英国的卡梅伦政府也因为"袖手旁观"而遭到反对党的指责。在2012年5月的英国地方选举中,执政伙伴保守党和自由民主党都丢失了不少席位。相对来说,在那些经济状况运行良好、未直接卷入欧债危机的国家,例如北欧的瑞典,政府以及执政党的压力相对较小。

(二)主流政党在欧盟问题上的共同立场与分歧

欧盟问题是危机期间导致不同政党立场分歧,进而也直接影响其政治表现的一个焦点问题。在此问题上,相对于其他政党,欧洲各国的主流政党间在原则性问题上持相近的立场,但在具体的问题上也有分歧。

在涉及欧元及欧盟稳定的原则性问题上,相对于其他政党,主流政党表示了近似的立场和更大的"责任"意识。欧债危机已不只是相关国家的经济问题了,而是涉及欧元区乃至欧盟命运的政治问题。在涉及欧元及欧盟稳定的原则性问题上,主流政党都不能不慎重对待,救助重债国家、拯救和稳定欧元、保持欧盟的健康发展成为一种共识。目前,主流政党包括大部分正在执政的右翼保守政党以及中左翼的社会民主党(包括社会民主党、社会党和工党),在欧盟应该团结合作援救重债国家、避免欧元体系乃至欧盟崩溃的大方向上立场是相近的。危机期间,欧盟国家频繁举行的首脑会谈显示了各国领导人的政治决心,其努力也不时在为脆弱的民众注入信心。其中值得一提的有:《欧洲稳定机制条约》的达成并被欧元区17国签署;各国同意扩大欧洲金融稳定基金(EFSF)规模;欧盟25国领导人(除英国和捷克外)就"财政契约"(即《欧洲经济与货币联盟稳定、协调和治理条约》)达成一致,并正式通过;欧洲峰会通过《增长与就业契约》,推出促进增长的一揽子计划,同时宣布允许欧元区救助工具直接注资银行业,并可以购买努力削减赤字和债务的国家的国债;在2012年10月的秋季峰会上,欧盟领导人在建立欧洲银行业单一监管机制方面达成一致。

这些进展,显示了欧洲各国主流政党在原则性问题上持有共同立场。人们不仅能够看到德国和法国作为"欧盟发动机"的领导作用,也能看到其他小国,包括重债国家主流政党的"责任"意识。例如,荷兰一直追随德国,捍卫欧元区的统一,但民众对荷兰对欧盟的净付出政策日益不满,2012年4月右翼自由民主人民党领导的联合政府因未能就财政赤字削减方案达成一致而垮台。在2012年9月12日提前举行的大选中,亲欧的右翼自由民主人民党和左翼工党分别占据前两位。两党之间虽有分歧,但大方向的一致促使他们经过谈判组成了联合政府。在危机深重的希腊和意大利,虽然左右翼主流政党都曾因政策乏力而失去执政地位,但在有关欧盟的原则性问题上都保持了审慎、理性的立场。两国相继出现的技术型官员政府也是因主流政党的支持才得以成立。在希腊,泛希社运政府曾因为满足欧盟的紧缩要求而大失民心,并在2012年5、6月的两次选举中输给高举反紧缩大旗的左翼激进联盟,沦为国内第三党,但在坚持紧缩克服危机和支持欧盟问题上保持了与第一大党右翼的新民主党相近的立场,这保证了2012年6月第二次大选后新的联合政府的成立。

但在具体的援救政策及欧盟改革方向问题上,欧洲不同国家以及各国左右翼主流政党之间存在明显分歧。这种分歧随着危机的持续而日趋表面化,其中尤其突出的是,英国保守党的立场与大陆各国的主流政党之间显得格格不入。援救重债国家政策的核心问题是欧元及欧盟的机制问题,不同国家和不同政党之间在这些问题上分歧一直存在。德国总理默克尔和法国总统萨科齐主张加强欧元区的财政纪律,为此要求对欧盟条约进行必要的修改,以便对欧元区的"犯规"国家进行制裁。默克尔强调需要通过修改公约重获市场信心,为了加强欧元国之间更紧密合作,欧盟应该有权利对债务国进行干涉,否则所有欧元国家会因为个别国家的财政赤字过高而受害。但这一建议遭到许多国家反对,其中英国与德国和法国之间在一系列问题上存在明显分歧。英国虽然在原则上不反对欧元区危机的长期解决机制需要包含适当的财政纪律规则,但对德国主张在欧盟范围内实行金融交易税、增加欧盟预算等问题上都持不同意见。在这些问题上,英国有自己的特殊利益。所以,在2011年12月的欧洲峰会上,当德国和法国要求加强欧元区财政纪律,并为此要求修改《里斯本条约》时,卡梅伦以不符合英国的利益为由否决了要求修改《里斯本条约》的提案。这迫使(除英国和捷克以外)其他欧盟国家以政府间条约(即"财政契约")的形式来推进欧盟加强财政纪律的改革进程。

英国与其他欧洲国家围绕这一问题的立场分歧是利益不同所致,英国希望在加强欧盟财政纪律方面为自己留有一定的豁免权。而且,随着欧盟进一步一体化,游离于欧元区之外的英国有被边缘化的趋向。英国其实就是坚持在涉及欧盟未来的问题上自己有说"不"的权利。因此,卡梅伦强调,欧盟制度属于27个国家,这是对英国的重要保护。而在德法以及欧洲其他国家看来,英国不能一方面批评欧元、游离于欧元区之外,另一方面还要求成为决策主体的一部分。而且,英国这一选择此时此刻的意义远远超出了直接的利益关系。在欧债危机牵动整个欧洲乃至世界的时刻，人心都显得很脆弱。这个时候最需要的是一种同舟共济的态度，是相关国家，尤其是大国的责任意识。所以，在欧洲人看来，英国的选择是一种不负责任的表现。

围绕具体援救政策以及欧盟改革问题，各国左右翼主流政党之间也有分歧。在此问题上，作为左翼主流政党代表的社会民主党表现出与国内右翼主流政党不同的倾向性。在德国，社会民主党立场比默克尔政府更激进，该党领袖认为，默克尔和萨科齐所给出的援助提案的方向是对的，但没有提供解决办法，这主要是指他们对欧盟委员会主席巴罗佐提出的发行欧洲共同债券即所谓欧元债券①的态度。德国执政的联盟党（基民盟和基社盟）及执政伙伴自由民主党都明确反对引入欧元债券，认为它不是解决危机的手段，但德国社会民主党和绿党不同意政府的这一立场，认为发行欧元债券不可避免，而政府在欧债危机问题上经常偏离自己的立场。欧洲央行行长德拉吉2012年8月初宣布，欧洲央行将会和欧洲金融稳定基金（EFSF）共同介入欧元区债券市场，欧元区4400亿欧元的救援基金将被提供给需要接受援助并且接受EFSF条件的国家。这一政策遭到德国政府中货币保守派的强烈谴责。围绕这一问题，德国社会民主党与默克尔领导的执政党之间展开了新一轮的论战。一份由著名哲学家哈贝马斯、经济专家德国经济顾问委员会成员博芬格（Peter Bofinger）和社会民主党重要人物诺姆林（Julian Nida-Rumelin）联名撰写的意见书，呼吁进行全民公投修改宪法以支持欧元债券。该建议书表示，德国作为欧盟最大的出资国应该以身作则，通过全民公投来修改德国宪法，呼吁在加深一体化的条件下尽快建立欧元区政府债券连带机制，以贯彻"财政契约"的原则。德国社会民主党党主席西格玛·加布里尔（Sigmar Gabriel）公开支持这一建议，并警告：如果没有共同的财政和税务支持，欧元将无法维持下去。而默克尔政府的支持者则强调，社会民主党的政策将使德国成为其他国家债务的承担者。显然，德国社会民主党在该问题上的激进态度是在为2013年的大选做准备。

而在其他一些国家，尤其是在那些政府追随德国立场的国家，社会民主党则

---

① 欧元债券指由欧元区国家共同发行主权债券，以便于欧元区债务国以较低的利息获得资金，但对于像德国这样的信用评级高的国家来说，它将面临融资成本增加的问题，因此德国政府始终反对引入欧元债券。

更为强调本国特色。法国社会党一直指责萨科齐政府奉行的是由德国领导欧洲的政策。在2012年总统竞选中,奥朗德强调法国要有自己的特点,并提出要重新谈判欧盟"财政契约",加入刺激经济增长的条款。他强调,"财政契约"只强调财政纪律,缺少有关促进增长、扩大就业、加强创新等方面的内容。在荷兰,右翼自由民主人民党和左翼工党虽然都是亲欧派,但自由民主人民党强调即刻严肃欧盟财政纪律,而工党则认为应根据荷兰自身情况逐步满足欧盟财政纪律。

在英国,卡梅伦的态度显然受到了国内民众中欧洲怀疑论的影响。卡梅伦在"财政契约"问题上的立场虽然与整个欧洲相比显得格格不入,但在国内得到了大多数公众的支持。卡梅伦也有意利用这种形势。他本人表示不主张离开欧盟,但希望重新讨论成员条件,然后(有可能的话)将之付诸民主投票表决。对于卡梅伦政府的立场,英国工党表示担心,如果英国的立场导致其他欧洲国家决意用新的政府间协定来修改目前的政策的话,英国可能会因为不在场而失去了话语权,反而导致地位的进一步削弱。工党因此指责卡梅伦政府的"袖手旁观"。而作为第三大党,同时也是保守党执政伙伴的自由民主党本身也是亲欧的,并支持欧洲联邦主义的改革。

(三) 社会民主党日益强调反紧缩政策

无奈的紧缩政策使欧洲各国的社会民主党背负了更大的政治包袱。它不仅使社会民主党难以表现自己的政治特色,更直接导致一些传统支持者的流失。曾经奉行激进新凯恩斯主义政策的西班牙工人社会党政府,在欧债危机爆发后不得不削减开支,并对劳动市场、养老金体系等进行结构性改革。这些政策导致其传统支持力量工会的强烈不满,该党也在2011年大选中惨败。葡萄牙社会党和希腊的泛希社运也都因紧缩政策而下台。而一些非执政的社会民主主义大党,如德国社会民主党、法国社会党和英国工党,面对各自国家右翼保守政府的各种紧缩政策和削减福利政策,也没有什么实质性的替代政策。社会民主党在处理危机问题上既没有显示自己领导克服危机的能力,也未能在政策上有建设性的贡献。各国社会民主党在选举政治中的接连失利表明选民对其认同的下降。

在此背景下,各国社会民主党普遍调整了政策。普遍的趋势是更为强调回应大众的需求,反对单方面的紧缩政策。其中最引人注目的是,法国社会党领导人奥朗德在2012年竞选运动中的一些主张以及竞选成功后的一些表态。奥朗德回应了选民对危机中的一系列问题的担忧,紧扣经济问题,强调反对紧缩财政,要求重新谈判"财政契约"。他主张通过财税制度改革克服危机,承诺引导欧洲重返加速增长和扩大就业的轨道。奥朗德及法国社会党的策略显然是成功的,他们利用民众对现行政策的不满,在2012年5月的总统大选和6月的国民议会选举中击败了萨科齐及其领导的人民运动联盟。不过,鉴于目前欧洲经济形势以及法国的政策态度对欧盟的影响,执政后奥朗德降低了调子,只是强调在"财政契约"中加入经济增长的调控,而放弃了此前降低紧缩要求的主张。新政府推出的预算包含了100亿欧元的支出削减和对100万欧元以上收入的富人征收75%的特别税的计划。

在其他一些国家,作为反对党的社会民主党也力图在反危机措施方面显示自己的政策特点。德国社会民主党寻求在税收政策方面推进激进改革,旨在通过对高收入阶层增税,恢复财产税以应对债务危机。它还要求提高燃料税,引进证券交易税,并中止对劳动密集型服务业的税收减免,这立即引起了德国雇主协会的反应,表示这是"南辕北辙"之举,会严重损害中产阶级的利益。在丹麦,社会民主党领导的中左翼联盟在2011年9月大选中也抓住失业率上升、政府债务猛增和福利体系危机等问题,攻击中右翼政府的紧缩政策,并呼吁重新加强丹麦的社会福利体系,增加在教育和卫生保健领域的投入,通过加大政府投资来刺激经济。结果中左翼击败了右翼自由党和人民党联盟,成功执政。

在英国,2010年大选中,卡梅伦领导的保守党坚持紧缩计划,要求大幅度紧缩社会福利开支,却不向富人征税。赢得选举后,卡梅伦政府公布了一项紧急预算,大范围削减部门预算,预期在4年时间里将其减少约20%;同时宣布冻结公共部门的工资,设置家庭领取国家救济金的上限,减少养老金的税额减免幅度。增值消费税则上升到20%。工党领导人对此提出质疑。工党领袖埃德·米利班德在《金融时报》上撰文表示,紧缩力度过大已成为经济增长放缓的原因之一。他敦促英国以及世界其他国家政府放弃普遍的紧缩政策,转而致力于一项全球增长计划。但他承认,对于像意大利和西班牙这样借贷成本飙升的国家,严厉的紧缩措施是必要的。2012年10月20日,伦敦、格拉斯哥、贝尔法斯特同时爆发大规模示威游行,抗议英国政府的财政紧缩政策。米利班德也参加了集会,并在现场讲话中谴责卡梅伦政府给富人免税而要求普通家庭承担更重税负的政策,称联合政府的紧缩政策走得太远,不是解决问题的办法。

社会民主党的态度转变既是形势所逼迫,也是一种政治策略。在危机没有明显转机的形势下,所有的执政党都背负了更大的包袱。对于目前欧洲大多数国家的社会民主党来说,利用反对党的地位攻击紧缩政策,这不失为一种有效的政治策略。从2012年欧洲一些国家的选举表现来看,社会民主党正处在良好势头上。除法国社会党赢得总统选举和议会选举这一标志性成就外,英国工党、德国社会民主党、意大利民主党都在地方选举中获得进展。英国工党在赢得75个地方政府的控制权及800多个地方议席后,米利班德表示工党正在赢回人民的信心。德国社会民主党与其伙伴绿党也在2012年德国几个关键性的地方选举中取得胜利。而意大利民主党领导的中左翼联盟已在2013年2月的大选中赢得了众院多数。这些选举成绩表明,社会民主党的政策已有所收获,已开始从此前的颓势中恢复。

四 左右翼阵营中激进力量的发展

与欧洲主流政党在大的原则性问题上没有本质区别、政治上互有得失的形势不同,危机以来左右翼阵营中的激进左翼和极端右翼力量表现活跃、政治主张鲜明,政治上得分明显。这也是危机所导致的欧洲政党结构上一个重要变化。

与上述主流政党寻求解决危机的路径,即通过欧盟的团结合作寻找解决方案不同,欧洲左右翼两端其他一些政党力量则更彰显新的民族主义和国家主义的特征。在欧洲一体化的问题上,激进左翼和极端右翼一直是欧洲怀疑论的主要政治力量。金融危机,尤其是欧债危机为他们提供了重新聚集国家主义力量的契机。两种力量对危机根源的理解不同,但都以唱衰欧洲、削弱乃至瓦解欧盟为目标。

危机以来,主流政党的上述政策,尤其是紧缩政策导致人们实际生活水平的下降激起了激进左翼力量的强烈反应,这些站在中间化的社会民主党左边的各国激进左翼指责政府实施一方面为银行家们埋单,另一方面又单方面要求大众紧缩腰包的政策。他们强调危机是资本主义,尤其是新自由主义的结果,也强烈反对欧洲主流政党的现行政策,认为它们是在援救危机的主凶(金融机构),但单方面要民众承受危机的恶果。紧缩财政是欧盟以及其他国际经济组织所有援助的必要条件,而紧缩意味着要求人们牺牲传统的生活方式,所以,在希腊以及其他欧债危机国家,每一次援救都会伴随这些国家民众的强烈反应。他们都把矛头对准欧盟。也正因为如此,一些陷入债务危机的国家在申请欧盟援助方面往往表现得较为谨慎①。一些激进的共产党（如希腊共产党）甚至认为，危机是帝国主义政策的结果，而欧盟则是这种帝国主义政策的代表。因此反对这种帝国主义政策的直接斗争目标就是让各个国家脱离该体系。

　　危机的持续、主流政党应对危机政策的乏力，这些都为激进左翼力量的发展提供了契机。在希腊，帕潘德里欧辞职后，高举"宏观调控、公民利益、反紧缩、反新自由主义"旗帜的希腊激进左翼联盟迅速崛起，并在 2012 年 5 月 6 日举行的大选中超过传统大党泛希社运，成为仅次于右翼新民主党的第二大党。得票率最高的三个政党新民主党、左联和泛希腊社会主义运动党先后尝试组阁均遭失败后，希腊不得不在 6 月 17 日举行二次大选，新民主党险胜激进左翼联盟，并通过与泛希社运的联合组成了政府。在荷兰，极左翼社会党也反对欧盟最新"财政契约"，反对向欧盟让渡财政主权以及财政紧缩政策。当然，欧洲激进左翼力量的构成复杂，政治主张的差异也很大，也并不是所有激进左翼都反对欧盟，例如法国共产党、德国左翼党虽然谴责现有的政策，但在欧元以及欧盟问题上表现得更为谨慎，德国左翼党对欧盟持更激进的改革立场。

　　经济形势的恶化、民众对政府政策的不满同样也成为右翼民粹主义政党力量发展的契机。他们利用民众的不满情绪，渲染本土民族主义，反对欧盟以及欧元体制，反对以进一步加强欧盟政治约束机制，尤其是以主权让渡作为解决问题的方向的主张。在法国，国民阵线在经历 2007 年大选受挫②后，利用金融危机开始恢复力量，尤其是在玛丽·勒庞接替其父让－玛丽·勒庞出任国民阵线党领袖后也有意识地调整了策略。利用世界金融危机爆发后民众购买力下降、失业人数激增的形势，国民阵线大打移民、安全、就业牌。玛丽娜·勒庞对萨科齐政府关于进一步对欧盟进行财政一体化改革的主张反应强烈。她指责欧元使得法国经济毫无生气。法国需要准备有计划地退出欧元区，中止入境移民，成立贸易壁垒反对全球化。同时，玛丽娜·勒庞避免像她父亲那样简单宣扬恐外情绪和反犹言论，而着重于在工作、社会服务等方面，强调代表法国公民而非外国居住者的"国

---

① 例如，西班牙的银行系统曾接受了欧元区的救助，随着经济和财政形势的持续恶化，西班牙政府也面临向外界求援的压力。但马里亚诺·拉霍伊政府迟迟不肯正式向欧盟提出援助申请。欧盟官员认为，拉霍伊首相是担心欧盟为提供援助附加的条件可能令选民不满。
② 在 2002 年总统大选第一轮投票中，勒庞以近 17% 的得票率超过社会党总统候选人若斯潘，进入第二轮。而在 2007 年总统大选第一轮中，其投票率不到 11%。

民倾向",提出要将合法移民减少95%,同时提出退出欧元区和欧盟。在2010年的大区选举以及2012年的大选中国民阵线的选民支持率明显回升,都仅次于两大主流政党。2012年的总统大选第一轮投票中创纪录地获得了17.9%的选票。

在其他一些国家,如丹麦、芬兰、荷兰、西班牙、意大利、英国,甚至瑞典等国,民粹主义右翼政党力量也都有扩张之势,并对这些国家的政府构成及稳定产生了很大的影响。荷兰反对移民的新自由党(PVV)在2009年的欧洲议会选举中位列荷兰政党第二位,2010和2012年的国内大选中都保持了第三的位置。2010年自由民主人民党和基督教民主联盟组成的少数派政府,由于得到它的支持才得以成立,2012年4月又因为它对政府削减方案的反对而垮台。而作为欧洲怀疑派代表的新自由党的政策也进一步向极右发展,主张退出欧盟。在丹麦,带有强烈民族主义色彩的右翼民粹主义政党人民党,主张保护丹麦人民和家庭的自由和文化遗产,主张以限制移民的方式抵制丹麦成为一个多民族国家。2007年以来一直保持第三大党地位,在前右翼政党执政时期,它在一系列问题上与政府保持了合作立场。而在意大利2012年的地方选举以及2013年2月的全国大选中,2009年新成立的五星运动都保持了第三的位置。该党带有强烈的民粹主义情绪,反对欧元。在英国,各政党中最强烈的反欧洲声音来自英国独立党(UKIP),它主张退出欧盟,而其力量在日渐扩大。2009年欧洲议会选举中其得票率超过了当时执政的工党,仅次于保守党。在瑞典,极右翼的瑞典民主党在2010年的大选中第一次进入议会,并获得20个席位,超过了左翼党(原瑞典共产党)。

显然,右翼民粹主义政党从政治意识和政治结构上都冲击了现有的欧洲政党政治。怀疑欧洲的联合、强调单一民族和文化并主张通过限制移民政策来实现这一目标,是这些右翼民粹主义政党的共同主张。而这些主张在一些国家已经不同程度地被右翼主流政党所吸纳。如在2011年前的右翼政党时期,作为议会第三大党的丹麦人民党虽没有参与政府,但在大多数事务上支持右翼政府的政策,以换取后者对其政治立场的支持。而在法国,人民运动联盟也通过吸纳国民阵线的观点的方式与后者争夺选民。2012年法国总统竞选运动中,萨科齐更是以移民为主要事务,主张严格的移民政策,这引起党内一些重要人物的批评。同时,这些右翼民粹主义政党作为一种平衡性力量的作用更为明显,在一些国家,它们往往成为左右政治力量平衡的关键性力量。正是基于这种现实,人们认为,右翼民粹主义在推动欧洲政治"向右转"。

五　影响欧洲政党政治未来发展的问题

围绕世界金融危机以及欧债危机，欧洲各国及各类政党的不同反应暴露出了一些值得人们深思的问题，它们将影响欧洲的未来发展以及欧洲各类政党的政治作为。

首先，围绕欧盟机制及其改革方向的争议将成为欧洲不同类型的国家间政治博弈的主要议题。

在此次危机过程中，欧盟既是解决危机的关键，其本身也成为争议的焦点。一方面，一些人把导致主权债务危机的根源以及解决危机的根本障碍归之于欧元体系以及欧盟体系，认为正是它们导致国家失去了最根本的货币手段；另一方面，许多人，尤其是那些重债国家普通民众对欧盟既有的控制体系越来越不满。解决欧债危机的现实需要及欧洲社会心理的变化，都意味着欧元以及欧盟体系的改革不可避免。可是，恰恰在此问题上，欧洲面临一种新的分化：是进一步加强欧洲的控制体系还是放松现有的控制体系？表面上，它似乎只是法国和德国与欧洲其他国家之间的分歧问题，实际上它也是各国主流政党与其他政党之间的分化问题。不同政党有关欧盟机制及改革方向的争议显示了欧洲政党多层竞争关系：既有不同国家的主流政党之间的竞争，也有各国主流政党与非主流政党之间的竞争，更有不同类型的民粹主义政党与传统精英主义政党间的竞争。很显然，主流政党更倾向于维护和加强欧盟的一体化，而来自两个方向的左翼激进主义和右翼民粹主义政党则更倾向于消极看待一体化。

由此，出现了两个长期性的政治问题：一是欧洲如何应对全球化的问题。如果把20世纪90年代以后欧盟的发展视为欧洲应对全球化及后冷战时代挑战的一种主要方式的话，那么"疑欧论"的增长是否意味着人们对这种欧洲方式的信心动摇？二是主流政党与非主流政党之间利益观的冲突。通过这次危机可以看出，目前对欧洲的共识更大程度上体现在各国的主流政党之间，而在非主流政党之间，分歧越来越大。这显示了各国不同层次的群体从欧洲一体化进程中受益的不均衡，一些社会的边缘化群体成为这一进程中的失落者，这将是影响欧洲未来的持久性问题。

其次，传统政治方式在解决危机过程中的无能为力，引发了对目前占主导的既有政治方式的怀疑，它们可能会影响到人们对主流政党政治作用的态度。

危机不断升级和蔓延突出了这样一个事实：尽管过去 30 年在欧美占主导的新自由主义方式遭到普遍怀疑，但政治主导方式并未因此回归传统的政府主导。金融危机之初，新自由主义的放松控制方式受到普遍指责，人们一度寄希望于新的国家乃至全球控制战略能够改变这种形势。随着主权债务危机的蔓延，这种热情明显消退。更有甚者，在一些人看来，主权债务危机就是大政府的恶果。而目前应对危机的普遍措施：削减公共开支和增加收入，尤其是税收，作为一种无奈的选择恰恰是对两种传统政治手段颠倒的运用。传统的左翼政治方式增加税收是为了扩大公共开支，尤其是增进普遍的福利，而在新右翼政治中，削减公共开支又是与减税同步的。可现在的方式是既要人们多付出又要人们少收获。这样一种强烈反差，导致了人们对主流政党的怀疑。在意大利和希腊，危机的关键时期都出现了一个过渡的技术官员政府，人们寄希望于它们能超越党派利益。对这种非经民选的政府组织方式，有人称之为"政治创新"，有人则认为是对民主的挑战。两种相反的评价实际上反映了欧洲政治生活中的两种不同现实：一方面是人们对既有的政党政府制度的不满，包括狭隘的政党利益和政治分肥；另一方面则是面对危机人们对资本主义民主制度脆弱性的一种担忧。在一些国家，对传统政治方式以及传统主流政党的怀疑，导致了政党格局的明显变化。这种格局是危机过程中的暂时现象还是长期性的政治趋势，这是人们在考虑未来欧洲的政党政治时应着力关注的问题。

　　再次，危机引发了激进主义政治力量从意识形态到政策方式的反思。

　　历史的经验显示，危机往往是催生思想和政治变化的契机。此次危机同样也促动了欧洲激进主义政治力量从思想到政策的反思，主要体现为对新自由主义方式的批评和对左翼传统的重新认识。不过，由于欧洲激进主义力量本身构成的复杂，实际的进程充满了矛盾。从上述激进左翼与社会民主党的分歧中可以看出，不同激进主义力量之间的分化。一些激进左翼政党更为强调回归传统的左翼政治方式，但时代条件的不同、社会构成的变化，意味着简单的回归传统未必能够得到社会大众的认可。我们从危机以来欧洲社会民主党的反应中，可以看出其中的不确定性。

　　在思想意识和政策方面，危机爆发以来，欧洲社会民主党受到了双重打击。在危机的最初阶段，当人们把更多的矛头指向新自由主义政策时，社会民主党也受到牵连，因为在 20 世纪 90 年代以后的社会民主党转型过程中，市场化一度是欧洲各国社会民主党占主导的改革取向。在反思这一教训的同时，一些国家的社会民主党试图通过新凯恩斯主义政策来加强国家对经济的控制。但很快，主权债务危机的爆发令社会民主党陷入更大的尴尬。在许多力量看来，危机是国家滥用开支，尤其是社会福利开支的恶果。在紧缩开支的主导思想下，社会民主党失去了政策话语权，内部也出现了明显的分歧。在法国，危机爆发后，社会党的一部分力量发誓要结束萨科齐政府的养老金改革，而另一部分党内自由主义力量则认为适当提高缴纳养老保险金和推迟退休年限是应该的。这种分歧实质上显示了社会民主党的两种主要支持力量，即传统的工人阶级和新的中间联盟在观念政策方面的冲突。同样的冲突也显示在布朗离职后的英国工党内部现代化派与传统力量之间。紧缩开支所引发的社会冲突也令社会民主党尴尬，因为其中受影响最大的是作为社会民主党传统支持者的社会中下层。面对紧缩政策导致的其传统支持者的福利地位的下降，他们不能不对右翼政府的政策提出批评，并不能不对来自工会的一些要求作出回应；可另一方面，他们也不得不承认从现实和未来的需要来看，一定的改革是必需的。

在此背景下，欧洲社会民主党人在政策和思想方面表示出了一些新的趋向。在政策方面，他们试图超越简单的紧缩模式，寻求多元的、适应本土需求的政策。法国社会党的一些口号也表达了这一点。而在政治意识方面，社会民主党的一些领导人以及政治智囊，在越来越多地反思一些基本问题：诸如大众对主流政党的信任缺失，危机所体现的金融资本的力量等。德国社会民主党主席加布里尔提出，要重新阐发"社会化社会"的真意，并将该理念重新树立为德国乃至欧洲社会民主政治的拱顶石。英国工党领袖埃德·米利班德对"蓝色工党"（Blue Labour）的态度也颇为耐人寻味。

"蓝色工党"是英国学者格拉斯曼（Maurice Glasman）提出的一个概念。格拉斯曼认为，工党需要挖掘某种工党在20世纪初被埋葬的思想。2009年4月，他在一次会议上提出了"蓝色工党"的概念，并将之描述为一种保守的社会主义，它将家庭、信仰和工作置于一种新政治的中心，这种新政治强调互惠、互助和团结，它是对战后工党方式的一种替代。基于这一理念而成立的名为"蓝色工党"的工党内部压力组织寻求将关系和责任置于英国政治的中心。它重申工人运动中的互惠互助传统，将家庭、信仰和工作与共同之善结合，称它是一种帮助人们过有意义生活的可持续的政治①。米利班德与一些"蓝色工党"的思想家保持着密切关系。他在为一本表述"蓝色工党"立场的一本书所写的序言中，

---

① http://www.bluelabour.org/2011/04/01/welcome-to-blue-labour/，访问日期：2013年2月25日。

强调负责任的资本主义和更大的社会干预①。

蓝色工党运动，实际上是对20世纪90年代布莱尔领导塑造的"新工党"的一种反思。"新工党"寻求的是一种中间化道路，而在一些传统力量看来，这是一种新自由主义化。它使得工党疏远了自己的传统和历史。蓝色工党实际上是对"新工党"的一种再调整，它寻求通过发掘一些传统的、被认为是保守的价值观念，来重新赢得工人阶级的支持。其理念是：通过在一些领域和事务（如移民、犯罪和欧洲问题）上更为保守的立场、拒绝新自由主义经济政策而支持基尔特社会主义的理念、转向地方和民主社区管理和服务而不是依赖传统的福利国家——后者被认为过分官僚化了，工党会重新赢得工人阶级选民的支持。也就是说，要为工党的激进主义注入一种保守主义的要素。在此意义上，它是与保守主义阵营中的"红色托利党"相对的。它们都显示了不同的思想传统在现代形势下的一种结合。但正如一些评论者所认为的，蓝色工党运动反映了政治形势的变化，但要解决目前的一系列社会和政治问题，还不能只停留在理念上②。

面对这种向传统价值观和向传统社会基础回归的趋势，工党内部主张中间道路的现代化力量也在反思自己的政治策略。2011年9月，工党发布的一份《紫皮书》引起社会的广泛关注，其作者包括6个前工党政府内阁成员和8个影子内阁成员。这些人实际上是寻求工党现代化力量（即布莱尔派）的继承者。《紫皮书》的核心要点是要在反思新工党错误（如过分诉求于市场）的基础上，重新塑造工党的政治议程。与"蓝色工党"寻求赢得传统工人不同，《紫皮书》寻求重新赢得中间阶级。在一些评论者看来，2011年大选失利后工党竞选党领袖过程中，大卫·米利班德输给其弟埃德·米利班德是现代化派受挫的表现，而《紫皮书》意味着现代化欲重新影响党的方向。其实，两者的竞争意味着工党或者说社会民主主义的改革者，对传统与未来的认识的不确定。

（原文刊于《欧洲研究》2013年第2期，辑入本文集前，做了相应修改与补充。）

---

① http://www.guardian.co.uk/politics/2011/may/17/ed-miliban-endorses-blue-labour-thinking，访问日期：2013年2月25日。

② http://www.bluelabour.org/2012/06/13/blue-labour-2/，访问日期：2013年2月25日。

第四章 危机背景下的欧洲认同发展

范勇鹏[*]

欧洲认同问题是欧洲一体化的核心问题之一。随着欧盟立宪升温,"认同"成为一个热点。中国相关研究文献也在2006~2010年间达到一个小高峰。2010年之后,中国学界对认同问题的关注有所下降①。但是,随着《里斯本条约》(以下简称"里约")的签订和欧洲主权债务危机的持续发酵,欧洲认同问题在欧盟内部始终是一个热点问题,欧盟及各成员国官方和学术界也一直关注着"里约"、"欧洲2020战略"及债务危机对认同的影响。作为欧盟官方民意调查机构的欧洲晴雨表,也对欧洲认同的发展态势进行密切观察。主要基于近年来国内外的相关探讨以及欧洲晴雨表近三年的民意调查,本文试图对2010年以来欧洲认同的发展以及重大事件对欧洲认同的影响进行梳理和初步分析。

一 欧洲认同的发展现状

认同的概念十分复杂,学者们经常讨论的有社会认同、心理认同、政党认同和集体政治认同等。本文所讨论的欧洲认同主要是一种集体政治认同。集体政治

---

* 范勇鹏,中国社会科学院美国研究所副研究员。
① 在CNKI收录的期刊和学位论文中,篇名包含"欧洲认同"者,2012年仅有2篇,2011年为0篇(此外篇名包含"欧洲文化认同"或"共同体感"的有2篇),2010年为6篇,2009年为3篇,2008年为9篇,2007年为9篇,2006年为7篇,2005年为3篇,2004年为1篇,2003年为2篇。可见,关于欧洲认同问题的文献在2006~2008年集中涌现,2010年之后下降明显。

认同指个人对政治共同体的信任感和归属感。因而，欧洲认同可以定义为：欧洲公民对欧洲联盟的归属感。

对于欧盟这样的超国家政治实体，集体政治认同是一个重要问题。近代出现的民族国家实现了对公民的忠诚和归属感的绝对性、排他性诉求。欧洲一体化是在民族－国家体系的基础上发展起来的，它必然面临着民族主义及更广泛的民族－国家认同和地区－族群认同的阻力（因而，欧洲晴雨表涉及认同问题的调查经常将欧洲认同与国家认同和地区认同放在一起进行比较）。在民族－国家语境中不成其为问题的集体政治认同，在欧洲一体化过程中却是一个敏感而重要的问题。欧洲认同问题的重要性主要体现在如下方面。

首先，它关系到一体化是否具有最基本的合法性。民族－国家的合法性来源十分复杂，但是国家在形成过程中所建构起来的对共同的本质主义因素（如种族、语言、文化、宗教等）的认知、现实的或者虚构的共同历史经验以及从重商主义时代以来所形成的民族经济等，使个人对国家的认同成为自然而然的选择。这在某种程度上可以称之为"历史合法性"。而代议制民主政治也为民族－国家提供了一定的"输入合法性"、"输出合法性"及"责任合法性"。从这些角度来看，欧洲一体化本身尚不具有"强合法性"。仅以经济理性为基础的功能主义逻辑，不能吸引人们的"非理性认同"。因而欧盟只有建构起一种新的欧洲认同，才有可能满足公民对政治共同体的合法性要求。

其次，它与欧洲一体化过程中的民主问题相关。长期以来，欧洲一体化受到有关"民主赤字"的批评。世界上不存在没有人民的民主。德国宪法法院前大法官伯肯弗尔德（Böckenförde）关于"没有同一的欧洲人民"的名言广为人知。英国人类学家克瑞斯·萧尔（Cris Shore）则指出，欧洲一体化一方面"发明人民的欧洲"，另一方面"发明同一的欧洲人"[1]。只有实现了欧洲认同，欧洲才有了真正意义上的"人民"，"民主赤字"的问题才有可能从根本上得到解决。欧洲认同的建构是从"精英欧洲"到"人民欧洲"的必经之路[2]。

---

[1] 转引自〔德〕沃尔夫冈·卡舒巴：《从国家的到全球性的：变迁中的欧洲认同？》，杨利慧译，载《民俗研究》2010年第3期，第8页。

[2] 当然，也有学者认为欧洲一体化并不一定要走"人民欧洲"的道路，伊尔玛·里格尔（Elmar Rieger）的论文从亚里士多德的政治理论出发，以充满哲学思辨的笔触否认了任何使欧盟更为"民主"的努力，"将欧盟视为一个以通过管理共同体市场和保持成员国治理结构（转下页注）

最后，它与欧洲公民权的建设紧密相关。欧洲的公民权建设始终未能超出国家中心主义的模式。一体化之父们在一体化启动之初就试图以超国家的方式建构欧洲公民权，但受到了来自民族-国家的强力阻挠。因而，今天的欧盟只存在间接的公民权：即以成员国国籍为前提的、自动获得的公民权。这是一种非参与性的公民权（欧洲议会的直接选举在这方面有所弥补）。很多欧洲学者和政治家认为，这种公民权模式已经发展到了极限，因而从"马约"之后，欧洲在公民权建设方面长期陷于停滞。进入21世纪以来，纠结于制宪过程和制宪危机的欧盟在公民权建设方面没有大的作为。"里约"除了在人权保护上加强了欧盟身份认同外，在公民身份建构方面也没有带来重大的变化①。欧洲一体化的进一步发展，有待于建设一种以集体政治认同为基础的主动性、参与性的公民权，这种公民权应该体现出平等的政治参与权利、不受国家边界限制的经济社会权利和非公民的权利。

欧盟官方早已认识到了这些问题，长期致力于欧洲认同的建构和提高。1972年的巴黎峰会首次提出认同问题；1973年哥本哈根峰会首次提出了政治意义上的欧洲认同；1992年签订的《欧洲联盟条约》，赋予欧盟更高的超国家性并提高了欧洲议会的权限；1997年签订的《阿姆斯特丹条约》，在"人民欧洲"建设方面做出了重要贡献；"里约"也在欧盟决策过程中，赋予欧洲议会和成员国议会以更大的发言权②。在更广泛的政策领域中，例如结构基金、社会基金和共同农业政策（CAP）下的农村发展政策等，"伊拉斯谟计划"（ERASMUS）和"苏格

（接上页注②）相一致而提高稳定性为己任的'中央权力'更有意义。从本质上讲，作为成员国政府的一个补充力量的欧盟，所实现的成果就是保障了市场利益群体，即亚里士多德称之为'寡头'的商业阶级的安全"。在他看来，欧盟就是成员国政府手中的一件额外工具，有助于民族国家更好地对付国内共同体不同部分之间的分歧，而追求欧盟的民主或谓"立宪"将导致欧盟政体崩溃或成为一个专制体制。参见〔德〕伊尔玛·里格尔：《欧洲国家建构和欧盟一体化：一个亚里士多德主义的视角》（*European State Building and EU Integration: An Arisotelian Perspective*），范勇鹏译，载周弘、贝娅特·科勒-科赫主编：《欧盟治理模式》，社会科学文献出版社，2008。

① 程卫东：《〈里斯本条约〉：欧盟改革与宪政化》，载《欧洲研究》2010年第3期，第12页。
② 但有观点认为，加强欧洲议会权力无助解决民主赤字问题。例如德国宪法法院在关于"里约"的判决中明确指出，欧洲议会不是欧洲人民的代表机构，它是成员国人民的一个超国家代表机构，它适用的不是选民平等的原则，因此加强欧洲议会的权力并不能弥补欧盟民主赤字问题，但能够提高国家联合体层面的合法性。程卫东：《〈里斯本条约〉：欧盟改革与宪政化》，载《欧洲研究》2010年第3期，第14页。

拉底计划"(SOCRATES)等教育交流项目以及欧盟在媒体、通信、旅行方面的各种政策也都致力于对欧洲认同的形成发挥积极影响。

1. 2002年之前欧洲认同的水平

经过几十年的缓慢塑造,欧洲公民已经具有一定程度的、相对稳定的欧洲认同水平。如一位欧洲学者所说,对大部分欧洲人而言,特别是十几岁的年轻人来说,他们首先认为自己是欧洲人,然后才是具体某个国家的人。欧洲身份在他们内心已经固化下来了,如果受的教育水平更高,这点就更明显[1]。社会调查数据是否支持这种经验印象呢?欧洲晴雨表自1992年以来在每次标准调查中都会提出一个标准问题:"在较近的未来,你认为自己是什么人?"(选项包括:"仅是某国人""某国人和欧洲人""欧洲人和某国人""仅是欧洲人")。从受访者对这个问题的回答,可以看出其欧洲认同程度的大致情形。笔者将选择后两个选项(即"欧洲人和某国人""仅是欧洲人")者视作欧洲认同程度较高者。因为排他性地选择"仅是欧洲人"者,其对欧盟的认同感很强,已经排斥了对国家的认同;选择"欧洲人和某国人"者,将欧洲放在国家之前,也显示了较强的欧洲认同。1992~2002年的调查结果如图1所示。

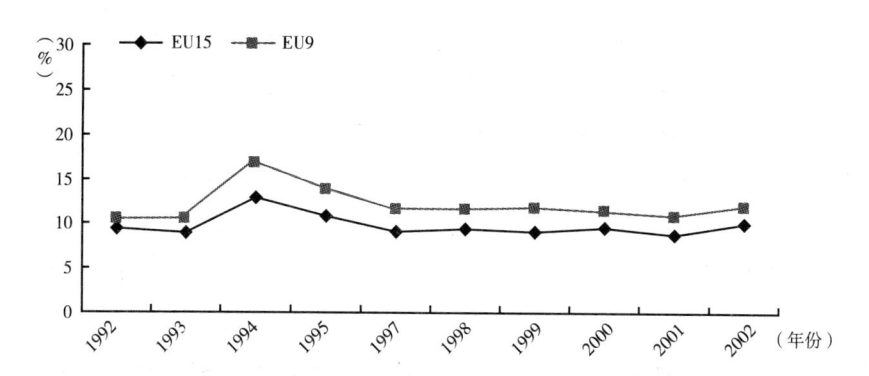

图1 感觉自己"仅是欧洲人"和"既是欧洲人又是某国人"
两项总和的比例(1992~2002年)*

* 数据来自德国曼海姆大学欧洲社会研究中心(MZES)欧盟数据中心存档的"欧洲晴雨表趋势数据库"(The Mannheim Eurobarometer Trend File 1970 – 2002)。
注:本文所有图表均由作者绘制。

---

[1] 〔法〕居伊·索尔曼:《欧洲认同深入人心,统一之路需大勇气》,《南方都市报》,http://news.nfmedia.com/nfdsb/content/2011 – 12/25/content_ 35522890. htm。

由此结果可以得知：除了 1994 年的明显的上升和 2002 年的轻微上扬外，在 20 年的时间里，选择此两项的受访者比例都稳定在 10% 的水平上下。也就是说，约有一成欧盟公民会首先认为自己是欧洲人。更具体地看，在加入欧盟时间较久（也即参加欧洲一体化制度实践较久）的国家之中（EU9），受访者总体的欧洲认同程度要高于新加入欧盟的国家和地区。

2. 危机背景下欧洲认同现状

2001 年，哈贝马斯在一篇文章中问："今天的西欧社会一片欣欣向荣，一片和平的景象，危机又会出现在哪里呢？"① 然而，2002 年之后的欧洲却逐渐步入两次大的挫折，一为立宪危机，一为欧债危机。这两次危机强化了欧盟在公共视野中的存在，引起了关于欧洲一体化的公共讨论，在不同程度上影响到人们的切身利益。因而，根据经验判断，它们也一定会对欧洲认同产生或多或少的影响。

（1）制宪危机

自 2001 年 12 月欧盟布鲁塞尔峰会发表《莱肯宣言》始，欧洲制宪经历了为时 8 年的酝酿、筹备、受挫和妥协的艰难过程。根据《莱肯宣言》要求，欧盟成立了欧盟制宪委员会。从 2002 年 2 月正式开始工作，到 2003 年 6 月的萨洛尼卡欧洲理事会，制宪委员会提交了宪法条约草案的前两部分，意味着制宪正式推动。2004 年 6 月峰会上，欧盟 25 国首脑在妥协中通过宪法文本。欧盟原计划用两年左右时间完成成员国的批准程序。但 2005 年 5 月 29 日的法国公投和 6 月 1 日的荷兰公投都否决了宪法条约，给欧洲一体化的进一步推动蒙上了巨大的阴影，同时也反映了公民对一体化态度的多元复杂。直到 2007 年 6 月峰会上，欧盟才基本确定了解决方案，决定起草一个改革条约来取代宪法条约。当年 10 月 18 日峰会通过了"里约"文本，12 月 13 日各国领导人签署条约。但是 2008 年 6 月 12 日的爱尔兰公投又一次打断了批准程序。经过新一轮妥协，爱尔兰在 2009 年 10 月 2 日的第二次公投中通过了条约。"里约"在 2009 年 12 月 1 日正式生效。至此，欧盟最终通过"不以宪政之名行宪政之实"的折中方式化解了制宪危机。

（2）欧债危机

制宪危机一波未平，全球金融危机和接踵而至的欧债务危机一波又起。危机

---

① 〔德〕哈贝马斯：《欧洲是否需要一部宪法？》，载童世骏、曹卫东编：《老欧洲新欧洲："9·11"以来欧洲复兴思潮对美英单边主义的批判》，华东师范大学出版社，2004，第 3 页。

给欧洲带来损失和震撼，也必然影响到普通民众对欧洲一体化的看法。欧债危机肇始于 2008 年全球金融危机上升之际。第一阶段是北欧危机。早在 2008 年 10 月，受美国次贷危机冲击，冰岛三大银行资不抵债，被政府接管，银行债务升级为主权债务，冰岛主权债务危机爆发。随后，2009 年初，中东欧也发生危机。第三阶段是南欧危机。2009 年底，希腊危机爆发。西班牙、意大利、葡萄牙和爱尔兰等国相继陷入危机，最终蔓延为欧洲范围的一场债务危机①。虽经欧盟、IMF 等多方出手救援，但直到目前，危机仍未过去。

3. 欧洲认同的新变化

两次危机自然会对欧盟认同产生影响。宪法条约和"里约"的推出和批准，整个过程都引起了大范围的公共讨论，特别是两次大的公投风波，成为欧洲政治生活中备受媒体和民众关注的大事。这个过程既反映出部分民众对欧洲一体化的疑虑和认同不足，最终"里约"得以通过，也体现出长期的一体化实践还是塑造了一定程度的欧洲认同。但无论如何，这种关于欧洲一体化命运的大规模公共辩论和全民投票提高了欧盟在普通人观念中的存在感，引发了人们对欧盟发展方向的关注，可能会对欧洲认同产生正面或负面的影响。

经济和债务危机也是这样。深陷危机的国家在公共财政、就业状况、经济增长、社会福利乃至社会秩序等诸多方面遭到不利影响，罢工和抗议运动此起彼伏，必然大大影响其公民对欧洲及国家的认同感。这种影响可能产生双重的悖论。第一重悖论是，一方面，债务危机的根源深植于欧元区货币政策和财政政策的分离，因而危机可以引发对一体化的负面看法；另一方面，深陷危机的国家已经暴露出无力应对全球经济竞争和金融风险的困境，危机的最终解决离不开欧盟的救援措施。从社会心理的角度看，危机可能加强公民对欧盟的归属感。正如卡舒巴所说，"衬托着不可阻挡的、危险的'全球化世界'的背景，欧洲的地平线突然间显得亲切而熟悉——几乎就像家乡的地平线一样，承诺着隔离外界的'陌生世界'的保护与安全。因此，突然间，人们重新发现了他们的欧洲邻居们的生活方式和价值与自己的亲密性"②。第二重悖论是，一方

---

① 参见范勇鹏：《欧洲主权债务危机不会危及欧洲一体化》，载王缉思主编：《中国国际战略评论 2011》，世界知识出版社，2011，第 358～368 页。
② 〔德〕沃尔夫冈·卡舒巴：《从国家的到全球性的：变迁中的欧洲认同？》，杨利慧译，载《民俗研究》2010 年第 3 期，第 9 页。

面，危机会带来民族主义的上升，鼓励不利于一体化的思潮。① 另一方面，这种民族主义在更大程度上是针对外国移民，反而有可能强化"欧洲人"的自我意识。

经验观察无法廓清这些相互冲突的影响。那么欧洲晴雨表的调查结果中，两次危机背景之下的欧洲认同呈现出一种什么样的状态？与 2002 年相比又有什么发展？

近年来的欧洲晴雨表调查，特别关注了欧洲认同的新发展。从近三年的调查数据可以发现欧洲认同的一些变化。对于"在较近的未来，你认为自己是什么人？"（选项包括："仅是某国人""某国人和欧洲人""欧洲人和某国人""仅是欧洲人"）这个问题，2012 年 EB77 调查的最新数据显示，只有 4 成受访者表示将继续将自己仅视为"某国的公民"（38%，比 2011 年 12 月的特别调查 EB379 下降了一个百分点，比 2010 年春的 EB73 下降了 8 个百分点），对国家的认同度有比较明显的下降。

将自己看作"某国人和欧洲人"者比例比 2011 年特别调查上升了 3 个百分点，达 49%，比 2010 年春的 EB73 上升了 8 个百分点。选择"欧盟和国家公民"身份者为 6%，认为自己仅是欧盟公民者占 3%，三年来没有大的变化。选择自己是"欧洲人和某国人"和"仅是欧洲人"两项之和在 2010~2012 年的三年分别是 9%、12% 和 10%。与 2002 年以前欧盟 15 国②的平均水平基本持平，其中 2011 年数据略高于 2002 年。此结果显示，双危机没有对欧洲认同的总体情况造成负面影响③（见图 2）。

除此问题之外，还有其他一些问题可以反映受访者的欧洲认同情况。如归属感和欧盟公民身份。

（1）归属感

2012 年春季的标准调查（EB77）调查了受访者对欧盟、国家和地区的归属感（attached to）。其结果如下：

---

① Philip Stephens, "Europe's Return to Westphalia", *Financial Times*, http://www.ft.com/cms/s/0/e019ba34-9dc9-11e0-b30c-00144feabdc0.html#axzz2DIJ8ZH2I.
② 2002 年时欧盟尚未完成东扩，EU15 即是整个欧盟。对于 2002 年来讲，EU15 反映"老成员国"，EU27 代表整个欧盟。这里比较的是整个欧盟的水平。
③ Standard Eurobarometer 77, Spring 2012, European Citizenship, p. 24.

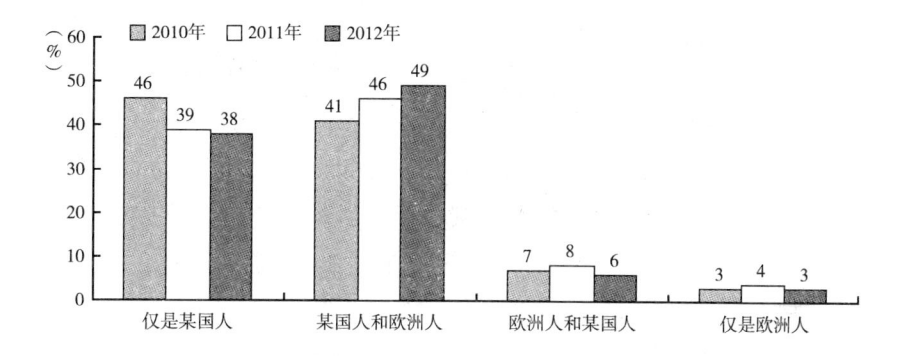

图 2　感觉自己"仅是欧洲人"和"既是欧洲人又是某国人"
两项总和的比例（2010～2012）

数据来源：Standard Eurobarometer 77，Spring 2012，European Citizenship，p. 24。

首先是对国家的归属感。绝大多数国家的受访者都认为，自己归属于他们各自的国家（91%），而其中又有51%的人属于"强烈归属"。但这个结果低于2010年3月进行的欧洲晴雨表特别调查的结果（即选择对国家有归属感的达93%，其中"强烈归属"者达56%）。由此观之，则人们在2012年对国家身份的认同程度要低于两年前的2010年春。

从各成员国具体情况来看，表示对国家有归属感者在所有成员国都在80%以上，尤以希腊（99%，包括79%的"强烈归属"）、丹麦（98%，"强烈归属"81%）、波兰（97%，"强烈归属"54%）、爱尔兰（97%，"强烈归属"67%）和塞浦路斯（97%，"强烈归属"72%）等国为最高。有些国家受访者对国家的归属感下降明显，如意大利（87%，该比例比2010年3月下降了10个百分点，"强烈归属"者为41%，下降了20个百分点）、匈牙利（90%，下降了7个百分点）、爱沙尼亚（91%，下降了6个百分点，"强烈归属"为55%，下降了11个百分点）和立陶宛（88%，下降了6个百分点）[1]。

该调查结果显示，对国家的归属感有一定程度的下降，这与"欧洲人/某国人"问题的结果相吻合。而下降比较明显的，多为近年来受危机影响经济情况不好的成员国，特别是意大利。这有可能显示其公民对国家应对危机无力的不满情绪。但希腊和爱尔兰虽然受债务危机冲击严重，特别是希腊经济情况恶劣，其

---

[1] Standard Eurobarometer 77，Spring 2012，European Citizenship，p. 7.

受访者的国家归属感却依旧很高。

其次是对于欧盟的归属感。这方面分歧较大。自2010年春季标准调查（EB73）以来，对欧盟的归属感有明显下降，从整个欧盟来看，认为其对欧盟有归属感的受访者下降到半数以下，有归属感者为46%（下降了7个百分点），无归属感者为52%（上升7个百分点），其中又有15%"完全没有归属感"（上升了2个百分点）。新成员国（NMS12）的平均水平相对来讲相对更好（"有归属"占51%，下降3个百分点；"无归属"占44%，上升3个百分点），而老成员国平均水平则下降更明显（"有归属"占44%，下降了8个百分点；"无归属"者占54%，上升了7个百分点）。这个结果令人费解。新成员国归属感强，有可能是由于其从一体化受益更大。但老成员国中，既有德国这样在应对危机过程中付出更多的国家，也有需要欧盟救援的国家，有可能是付出更多者，认为利益受损，故归属下降，而需要救援者认为欧盟措施的条件性太强，有损其国家尊严和独立，故也发生归属感下降。目前无法得出定论，有待于进一步的研究来廓清。

调查还表明，欧元区的认同水平要高于非欧元区。虽然在欧元区国家中，对欧盟的归属感明显下降至半数以下（48%，-10），但仍比非欧元区情况要好（42%，-2）。同时也可看到，非欧元区的下降幅度也小于欧元区。老成员国参与欧洲一体化经验更久，但从此结果看不到其认同水平比新成员国高，而且自2010年以来，认同水平下降比新成员国更严重。似乎不支持制度参与对欧洲认同水平的积极影响。但是，以欧元区划分，则可见欧元区的认同水平虽然下降更明显，但仍旧好于非欧元区，似乎又表现了制度参与的积极影响。这也有待于深入的研究来回答。

从具体国家来看，对欧盟有归属感者超过半数的有下列8个国家（而在2010年3月调查中则有14个国家超过半数：卢森堡（72%）、波兰（60%）、比利时（58%）、法国（55%）、拉脱维亚（54%）、保加利亚（53%）、德国（52%）和罗马尼亚（51%）。而下降最明显的是下列国家：意大利（45%，-28）、西班牙（46%，-15）、奥地利（41%，-13）、斯洛伐克（49%，-13）、匈牙利（46%，-12）和葡萄牙（42%，-12）。有归属感者超半数的国家大都是受经济危机影响不大，经济状况不太差的国家。下降明显的国家中，包括最早受到债务危机冲击的葡萄牙、西班牙、意大利。如果再考虑对欧盟归属感绝对值最低的国家，即英国（27%）、芬兰（33%）、塞浦路斯（33%）、立陶宛（34%）、荷兰（35%）、瑞典（37%）和希腊（37%），欧债危机最为严重的4国皆榜上有名①。

(2) 欧盟公民身份

受访者对欧盟公民身份的认同度，也是欧洲认同的一个重要指标。2012年春季调查中，有60%的受访者认同他们自己的欧盟公民身份，与2011年春季（EB75）和2010年春季（EB73）的数据相比，几乎没有发生大的变化。而不认为自己是欧盟公民者的比例为38%，比2010年春季上升了1个百分点，比2011年春季上升了2个百分点②。从新老成员国的区别来看，老成员国（即欧盟15国）认同欧盟公民身份者达60%，而在新成员国（NMS12）中则为61%，没有大的差别。但是欧元区国家中，该比例达63%，高于非欧元区国家的55%③。

通过2012年调查及其与2010年以来历次调查数据的比较可知，认为自己是未来几年"仅是欧洲人"和"欧洲人和某国人"的比例与10年前相比没有大的变化（如果单从近3年来的数据看，还有较大上升）。欧洲公民对其各自国家和欧盟的归属感都有所下降，这个结果显示了受访者对作为欧盟公民的生活现状有所不满，同时又认为仅在国家层面上无法解决应对危机的问题。欧洲一体化制度参与程度对认同程度的影响不明显，一方面，长期参与一体化实践的老成员国认同度不高，且下降明显；制度参与时间较短的新成员国认同度较高，且下降较少。另一方面，参与一体化实践程度较深的欧元区国家的认同度较高，但下降明显；而参与一体化程度较浅的非欧元区国家认同度相对较低，但下降也不明显。

二 危机背景下欧洲认同原因分析

对于在欧洲一体化过程中缓慢出现的欧洲认同现象，其产生原因一直是令人着迷的问题。西方学术界十分关注并致力于回答欧洲认同如何形成的这一问题。面对汗牛充栋的文献，如果不根据理论范式对其进行归纳梳理，必将陷入观点和

---

① Standard Eurobarometer 77, Spring 2012, European Citizenship, p. 8.
② Standard Eurobarometer 77, Spring 2012, European Citizenship, p. 21.
③ Standard Eurobarometer 77, Spring 2012, European Citizenship, pp. 21 - 22.

理论的丛林之中，欲出不能。本文通过对研究文献的梳理，将主要观点归纳入以下6大理论视角：本质主义（essentialism）、理性选择（rational choice）、功能主义（functionalism）、社会心理（social-psychology）、社会建构（constructivism）和新制度主义（neo-institutionalism）①。这些解释范式分别强调了认同形成的不同侧面。通过更深入的分析，我们可以发现这些原因处于不同的层级。笔者认为最为根本的是功利主义和制度主义因素。而功能主义、社会心理和建构主义因素或多或少都是通过二者而间接地发挥影响。在2008年发表的论文中，笔者基于欧洲晴雨表的历史调查数据，针对上述理论视角对欧洲认同的产生原因问题进行了研究，最终发现综合功利主义和制度主义的理论视角，最好地回答了欧洲认同的形成原因问题。经济利益和制度参与都在缓慢地塑造着欧洲认同，在一体化的初期（即《马斯特里赫特条约》生效之前），利益选择是主要的原因；而在此后，制度参与的影响力逐渐上升②。在近年的双危机背景下，这一结论是否依然有效？本文结合最新数据加以分析。

制宪危机先起先落，经济危机发生稍晚，结局尚属未定。两大危机共同影响着欧洲公民政治认同的发展演变。制宪危机属于政治危机，主要围绕着欧盟的制度发展和制度参与而演变。金融危机和债务危机是经济危机，主要影响到欧盟公民的就业、税收和福利等与经济状况和生活质量相关的方面。笔者2008年论文所发现的这两个因素不幸与当前欧盟所遭受的巨大挑战相吻合，但也恰恰提供了一个对此结论进行实证检验的绝好机会。科学的实证检验需要更深入的研究，鉴于危机的发展仍在继续，而危机对认同的影响需要一个较长的传导和反应时间，各种信息和数据还很不成熟，所以本文尚无法就此得出扎实的结论。本文仅拟在双危机的背景下，观察各种因素对欧洲认同发展的影响。

欧盟晴雨表2012年春季调查（EB77）涉及认同的原因问题，初步反映了影响受访者欧洲认同的基本因素。本文进行粗浅的梳理，试图从实证层面对上述理论视角进行分析。

---

① 参见范勇鹏：《欧洲认同的形成：功利选择与制度建构》，中国社会科学院研究生院博士学位论文，2008。

② 参见范勇鹏：《欧洲认同的形成：一个新制度主义的解释》，载《世界经济与政治》2008年第2期，第48~59页。

（一）间接体现：对欧盟的关切度

2012年春季调查EB77问及受访者对欧盟的期待。对这一问题的回答，虽然不能直接体现认同形成的原因，但可以间接反映欧洲公民对欧盟的关切。这种关切是认同的基本前提。

调查结果显示，欧盟公民对欧盟的关切主要涉及经济利益和制度参与。这从受访者的主观认识方面呼应了笔者2008年论文的结论，即功利选择和制度参与是影响欧洲认同形成的主要原因。

当欧盟受访者被问及他们对欧盟的主要期待，选择涉及"经济问题和抗击危机"者比例最大（占51%）。具体而言，受访者所关切的主要包括下列方面的选项：就业问题（特别是创造工作岗位和青年就业）占15%；生活质量（包括生活水平、购买力提高和增加工资）占12%；经济稳定（包括金融安全、遏止经济下行、预算支持和援救银行等）占10%；抗击危机（包括支持陷入困境的中小企业和公司、引入金融交易税和欧洲债券）占9%；减贫占3%；金融市场监管占3%；支持欧元占1%。

与经济问题相比，欧盟受访者关切的第二位问题涉及"治理和合作"（共占27%），包括成员国之间的团结与合作（13%）；协调各国立法和改善欧盟运作（7%）；减少官僚主义，增加透明度和打击腐败（5%）；公平的福利和养老金体系（3%）；成员国中的犯罪问题（2%）。

排第三位的是与公民权相关的问题（共11%），包括保卫欧洲价值、和平、性别平等和公正（6%），人权、民主和《欧洲基本权利公约》（2%）；倾听欧盟公民的声音、"欧盟公民倡议"（2%）；跨国旅行和工作的自由（2%）。

除此三项之外，其他选项的得分相对低得多。例如，只有少数受访者提及欧盟对外关系（如发展欧洲防务政策为2%；移民和边界控制为2%；对穷国的发展援助为1%；打击恐怖主义为1%），环境问题（包括环境和气候变化为2%；能源问题为1%；农业为1%），教育和研究（其中教育为2%；新技术、研究和发展问题为1%）以及退出欧盟的问题（2%）[①]。

调查表明，关切经济和应对危机问题者在所有成员国中都是最多的。在老成员

---

① Standard Eurobarometer 77, Spring 2012, European Citizenship, pp. 4-5.

国（即欧盟15国）中，平均有29%的人选择"治理和合作"；在12个新成员国（即NMS12）中，该比例为20%。此项得分最高者为奥地利（45%）、荷兰（42%）、比利时（39%）和意大利（36%），无一为新成员国，其中后三者还是欧洲一体化的创始国①。这显示老成员国比新成员国更关注治理和合作，显示其制度参与程度和历史经验对认同的影响，一定程度上印证了笔者2008年论文的结论。

（二）直接反映：欧洲认同原因的主观判断

议题关切只能间接地表现影响认同的因素。EB77调查问卷中，还设计了直接针对欧洲认同形成原因的问题。调查结果显示，当被问及有助于欧洲认同形成的主要因素时，41%的受访者选择欧元，40%选择民主价值观，26%者选择文化因素，26%者选择历史因素。欧洲经济的成功（包括欧洲导航卫星、欧洲飞机制造、高速跨国铁路等）也是一个重要因素（21%）。选择地理因素者为18%，选择欧盟旗帜者为16%，选择欧盟座右铭"多样中的统一"（unity in diversity）者为12%，选择欧盟盟歌（《欢乐颂》）者为7%。

此结果在欧盟15个老成员国和12个新成员国中没有大的差异，唯一不同的是新成员国的平均数据将民主价值观放在欧元之前，而选择欧洲旗帜者也高于平均水平。

欧洲晴雨表的问卷设计与笔者对欧洲认同原因的梳理并不完全吻合，但相关度还是比较高的。笔者所梳理的6大影响因素，有4个都在问卷中得以体现。如果要证明6大主要因素的影响力，需要在问卷中进行均衡的问题设置，目前的数据尚不足以进行科学的分析。但EB77问卷中设置的问题，可在逻辑上与这些因素建立部分关联。例如，"欧元"直接涉及受访者的经济利益和生活水平，虽然欧元本身具有符号性的价值，但其主要功能乃显示了利益因素的影响力。"民主价值观"既是一个观念性的因素，又不同于一般的价值观，是基于政治制度实践的一种观念反映，故也在一定程度上反映了公民对制度的参与和期望。民主本质上是政治参与的制度化结果，民主价值观可以反映出一个社会的政治参与程度。②欧

---

① Standard Eurobarometer 77, Spring 2012, European Citizenship, p. 6.
② 笔者在一篇论文中论证了政治参与对欧洲认同形成的重要性，参见范勇鹏：《如何看待欧洲认同问题：以政治参与为视角》，载《欧洲研究》2007年第6期，第25～44页。

盟旗帜、座右铭及盟歌的影响力,均可用新制度主义逻辑来解释。文化、历史和地理因素可列为本质主义因素。而欧洲经济成功,在很大程度上反映了功能主义因素。因而,调查结果显示了功利主义因素和制度主义因素的强大影响力。

建构主义因素(主要是社会交流)和社会心理因素(如欧盟国际地位、全球经济竞争和移民问题等)没有在问卷中得以反映,这应该是欧洲晴雨表调查的一个重大缺陷。由表1可见,功利因素的单项得票最高,制度因素的单项得票率紧随其后,本质主义因素的单项得票远低于前两项,但由于问卷设计的问题,总得票率较高,功能主义因素仅有21%的人选择。

表1 有助于欧洲认同形成的原因

调查选项	获选率	理论变量
欧元	41%	功利因素
民主价值观	40%	制度因素
欧盟旗帜	16%	
欧盟座右铭	12%	
欧盟盟歌	7%	
文化	26%	本质主义因素
历史	26%	
地理因素	18%	
欧洲经济成功	21%	功能主义因素
—	—	社会心理因素
—	—	建构主义因素

(三)主体间认同:共同体感形成的原因

除了公民自下而上对欧盟的归属感,公民之间的共同体感也是欧洲认同的一重要方面。对于什么因素能够在欧盟公民间塑造共同体感,受访者首选经济(26%),随后依次为价值(23%)、文化(22%)和历史(20%)。2007年春季调查(EB67)中最后一次询问这个问题,与当时数据相比,经济(下降1个百分点)和历史(下降1个百分点)没有大的变化,价值上升了3个百分点,文化下降了5个百分点[①]。毋庸

---

① Standard Eurobarometer 77, Spring 2012, European Citizenship, p. 30.

置疑，经济因素仍然是受访者认为最重要的因素。排名第二的是价值观，历史和文化等本质主义因素影响力紧随其后。

（四）相关性检验：不同人群的认同差别

不同人群对欧盟的认同程度差异，显示了受访者从欧洲一体化获益的能力与其欧洲认同水平之间的相关性，2012年调查明确显示了经济利益因素对认同的强大影响。

首先，从对欧盟的归属感来看，在就学年龄达20岁及以上者中（57%）要大大高于那些学习年龄低于16岁者（36%）；在管理者中（55%）高于自我雇用者（48%）和白领工人（48%），远高于蓝领工人（43%）、家务劳动者（41%）和失业者（38%）。在从未面临偿付账单困难的人群中，对欧盟具有归属感的比例（50%）远高于曾经面临偿付账单困难的人群（31%）。认为自己社会地位属于社会顶层者对欧盟具有归属感的比例（53%）远高于认为自己属于社会底层者（38%）。对政治感兴趣程度高者认同欧盟的程度（56%）高于对政治问题不感兴趣者（37%）。从年龄分布来看，对欧盟公民身份的认同程度随年龄升高而下降。15~24岁人群中为67%，25~39岁人群中为62%，40~45岁人群中为61%，55岁及以上人群中为56%[1]。

其次，从认同欧洲公民身份的情况来看，在就学年龄达20岁及以上人群中，认同欧洲公民身份的比例最高，达72%，而那些在16岁之前就终止学习的受访者中，该比例仅为48%。在管理者中，认同自己欧盟公民身份者高达71%，该比例在白领工人中为64%，在自雇者中为61%，在蓝领工人中为59%，仍高于半数。偿付账单从来没有问题的人群中，认同欧盟公民身份的比例为66%，而在总是面临偿付账单的人群中，该比例降为41%[2]。

由这两个方面可知，在从欧盟获益能力强（学历、职业地位、经济状况、社会地位更高）的人群中，对欧盟的归属感和对欧盟公民身份的认同，明显高于从欧盟获益能力较低（学历、职业地位、经济状况、社会地位更低）的人群。对政治问题更感兴趣者对欧盟的认同度较高，这可能是由于通常社会地位、经济地位更

---

[1] Standard Eurobarometer 77, Spring 2012, European Citizenship, p. 9.
[2] Standard Eurobarometer 77, Spring 2012, European Citizenship, p. 22.

高者更关注政治问题，也在一定程度上显示了政治参与程度与认同的相关性。

综合以上四项的结果，可见经济利益与制度因素在欧洲认同形成中的显著作用，与笔者2008年论文提出的结论，即功利选择和制度建构是塑造欧洲认同的主因，高度吻合。

三 欧洲认同的发展前景

基于前文对影响欧洲认同形成原因的分析，本文尝试从目前各种因素的状况判断较近的未来欧洲认同的发展前景。由于欧洲晴雨表调查问卷的内容局限，本文仅能从利益、功能和制度三个方面的发展趋势，对欧洲认同的近期发展做出展望。

（一）利益

笔者2008年论文中，分析了个人利益与国家利益同样作为自变量"利益"影响到公民对欧盟的认同①。对于欧盟成员国身份对其国家利益是否有利，2012年的调查没有这方面的数据，只能依据更早的数据。自2001年秋季以来，直到2010年春，认为国家受益者的比例在总趋势上是上升的。在2010年的春季EB73和秋季EB74调查中，正面意见发生明显下滑，负面意见明显上升。显示受访者对欧洲一体化能给其国家带来利益抱更加消极的态度。但这一趋势在2011年开始有所逆转。2011年春季调查从2010年秋季的谷底略有上升，52%的受访者认为其国家从欧盟成员国身份中受益，37%的受访者认为其没有国家受益。另外，2001年以来的一个明显趋势是，回答"不知道"者的比例在持续下降，显示随着欧洲一体化的发展，欧洲人对一体化对其国家利益带来的影响有了越来越清晰的看法。这一方面显示欧洲人对一体化的认知度和关切度都在上升，另一方面也可能导致不同观点的极化现象（见图3）。

从国家利益的大趋势来看，十多年来保持着大致稳定的水平，2010年的下降趋势很快得到逆转。大致可以预期较近的未来不会发生大的波动，其对欧洲认同水平的影响不会发生大的变化。因而欧洲认同的短期前景，很可能基本稳定。

---

① 范勇鹏：《欧洲认同的形成：一个新制度主义的解释》，载《世界经济与政治》2008年第2期，第54页。

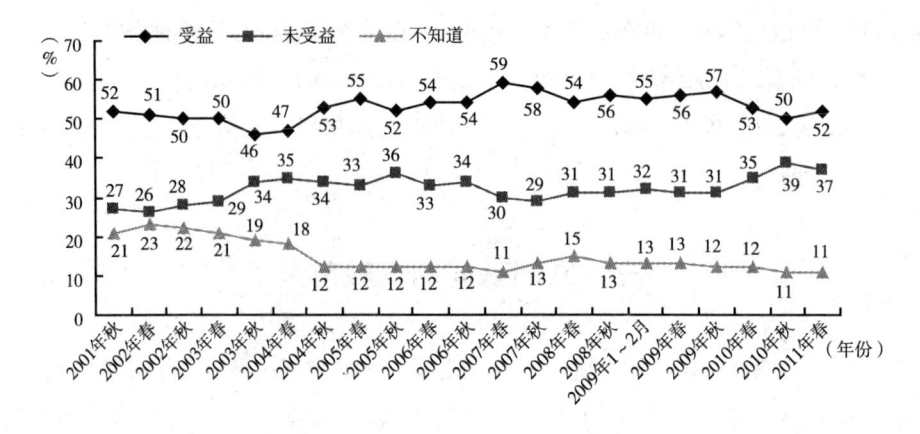

图3 国家是否从欧盟成员国身份受益

(二) 功能

对欧洲认同的功能主义解释认为，欧盟层次上解决问题能力的优势将导致欧洲认同的产生。欧洲晴雨表问卷中涉及不少这方面的问题。

首先，影响生活的层次。当被问及欧盟、民族国家和地区/地方这三个公共权力层次中，哪个层次对其生活影响最大这个问题时，51%的受访者认为国家层次影响力最大，34%的受访者认为地区/地方层次影响最大，9%的受访者认为欧盟层次影响最大。与2009年秋季调查（EB72）的数据相比，选择国家层次者增加了6个百分点，地区/地方层次下降了4个百分点，欧盟层次下降了2个百分点。

其次，应对危机的效率。哪个机构在应对经济危机中最有效？自2009年春以来，该问题已经被调查4次，受访者要从下列机构中进行选择。国际层面包括：欧盟、G20、IMF；国家层面包括：国家政府、美国。欧盟被看作最有效的应对经济危机的机构（22%，比2010年秋季调查降低1个百分点），领先于国家政府（20%，无变化）。欧元区国家对欧盟应对危机的效力评价更高，欧元区国家平均为23%，非欧元区国家为20%。欧元区国家对本国政府应对危机的评价低于非欧元区国家（分别为18%和24%）[①]。

---

① Eurobarometer 75, Spring 2011, European, European Union and the Crisis, p. 11.

EB74 和 EB75 还调查了受访者对不同机构应对危机的具体措施有效性的评价。"自从危机爆发以来,你认为下面这些行为体应对危机的行为是有效的还是无效的?"针对这个问题,受访者的意见分布如图 4 所示。

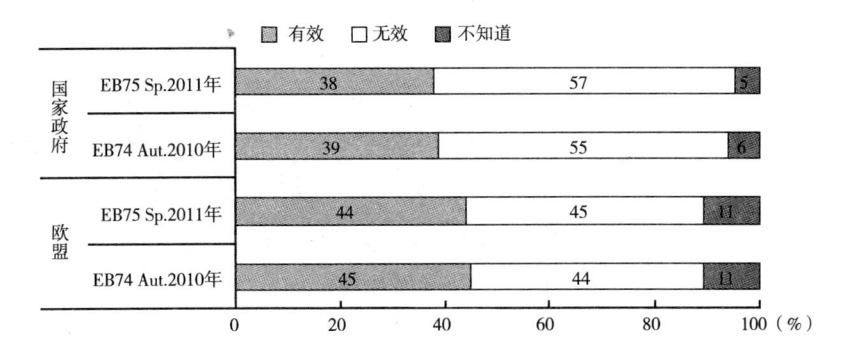

	有效	无效	不知道
国家政府 EB75 Sp.2011年	38	57	5
国家政府 EB74 Aut.2010年	39	55	6
欧盟 EB75 Sp.2011年	44	45	11
欧盟 EB74 Aut.2010年	45	44	11

图 4 欧盟和国家政府应对危机的效率

数据来源:Eurobarometer 75, Spring 2011, European, European Union and the Crisis, p.13。

由该结果可见,在 2010 年和 2011 年,认为欧盟应对危机行为有效的比例远高于国家政府。而且两年的数据波动微小,说明意见的相对稳定性。

前面两个问题涉及的是受访者的客观判断,那么对于受访者的未来意愿,EB75 和 EB76 做了调查。面对"依你的意见,下列哪个机构最能够为抗击金融和经济危机的后果采取有效行动"这个提问,选择欧盟者最多(EB76 为 23%,EB75 为 22%),国家政府次之(20%,20%),G20 再次(16%,14%),IMF 又次(14%,15%),随后是美国(14%,15%)[1]。由此可见,欧洲人认为最适合采取反危机措施的行为体还是欧盟,显示了欧洲公民对欧盟功能主义认同的强度。

综上分析,受访者对于欧盟应对经济危机的效率的评价在近年有轻微下滑,对其未来效率的评价有轻微上升,总体情况稳定,可预见的未来也不会发生大的波动。相比于国家政府、G20、IMF 等,人们对欧盟应对危机的效率评价最高,也就是说,在欧洲人心中,欧盟仍然是有效应对危机的制度,从功能主义的视角来看,欧洲认同水平应该相应的保持稳定的状态。

---

[1] Eurobarometer 76, Public Opinion in the European Union, First Result, p.17.

（三）制度

从制度因素的影响方面看，欧洲认同的前景不那么乐观。

首先，EB77 调查结果显示，欧洲人认为选举是最重要的政治参与形式。对于问卷中的问题"哪种方式最有利于让欧洲公民的声音被听到"，受访者中选择"投票选举"的受访者最多（54%，比 2010 年春季调查 EB73 下降了 6 个百分点），"签署请愿书"是第二位的选择（14%，-2），"参与本地辩论"（市政会议）是本次调查初次加入的选项，排名第三（13%），其后依次是参加政党（12%，-3）、参加罢工（12%，+1）、示威游行（12%，无变化）、参加工会（9%，-2）、参加消费者协会（6%，-1）、参加 NGO（6%，-1）、参加网上辩论（5%，-2）①。

其次，作为欧洲最主要的投票选举之一，欧洲议会的选举最能体现欧洲公民的政治参与程度。由于下一次选举是在 2014 年，故本文只能姑且使用 2009 年选举的数据。自 1979 年实行直选以来，欧洲议会的投票率持续下降（见图5）。

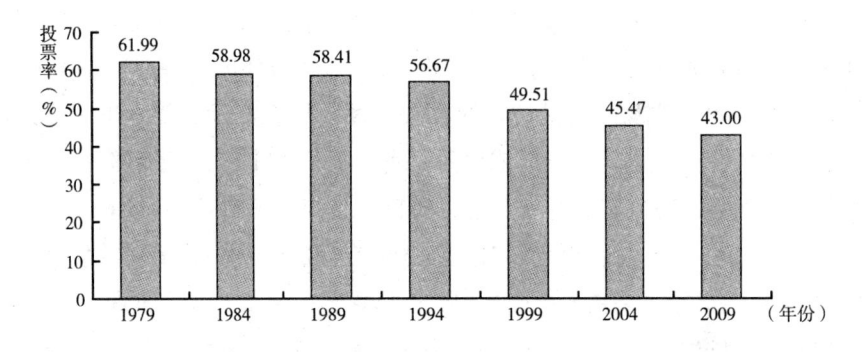

年份	投票率（%）
1979	61.99
1984	58.98
1989	58.41
1994	56.67
1999	49.51
2004	45.47
2009	43.00

图5 欧洲议会选举投票率

数据来源：Special Eurobarometer, Post-electoral Survey 2009, p.6。

再次，对欧盟制度的信任度也发生了下滑，但仍高于国家政府。在 2008 年 10~11 月完成田野调查的"欧洲晴雨表特别调查307"的问卷中，有涉及对欧盟制度信任度的问题："对于下列机构，请告诉我你倾向于信任还是不信任？"调查结果显示，信任国家政府者为 34%，不信任者为 61%；而信任欧盟者达 47%，

---

① Standard Eurobarometer 77, Spring 2012, European Citizenship, p.44.

不信任者为 41%①。

而在历年的标准晴雨表调查中,也涉及受访者对欧盟、国家政府和国家议会的信任度问题。自 2004 年秋季到 2012 年春季,对欧盟的信任下降明显,从 50% 左右下降到略高于 30%。而对国家政府和国家议会的信任也有下降,但趋势较缓,从 35% 左右降低到 30% 以下。但对欧盟的信任度始终高于国家政府和国家议会(见图 6)。

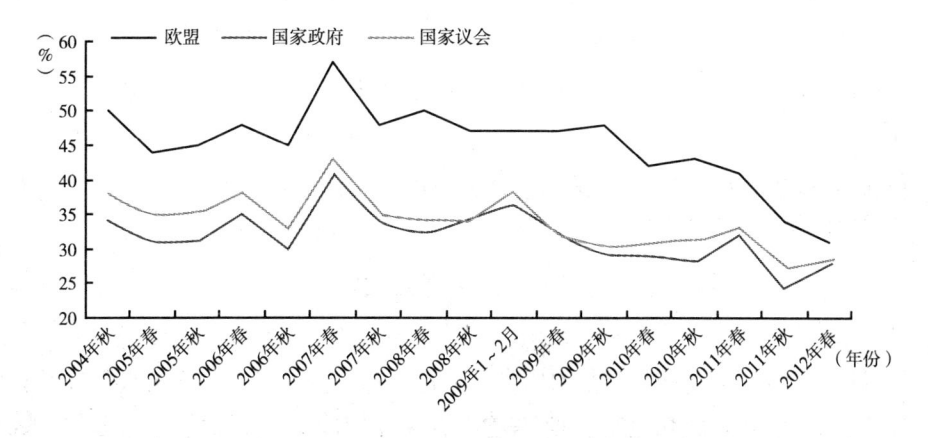

图 6　对国家政府、国家议会和欧盟的信任度

数据来源:Standard Eurobarometer 77, Spring 2012, Public Opinion in the European Union, p.13。

(四) 小结

从欧洲晴雨表有限的数据中,我们可以从功利、功能和制度三个方面的走势大致分析出欧洲人对欧盟的认同前景。从功利角度来看,对于国家是否从一体化受益的问题,抱正面态度者下降,负面意见上升。但一方面,正面态度始终高于负面态度;另一方面,下降的趋势在 2011 年以后有逆转趋势。从功能角度看,对欧盟应对经济危机的效率的积极评价有所下降,但总体情况稳定,没有大的波

---

① Special Eurobarometer 307, the Role and Impact of Local and Regional Authorities Within the European Union, Opinions on the Different Levels of Public Authorities and Awareness of the Committee of the Regions, p.9.

动,而且相比于国家政府、G20、IMF 等,人们对欧盟应对危机的效率评价最高,欧盟仍然是欧洲人心目中最有效率的制度层次。从制度角度看,欧洲议会参选率的连续下降,暴露了制度参与水平的下降,对欧盟制度的信任度也发生了较大下降。但是对欧盟的信任度仍然高于国家政府和国家议会。

这三个方面存在着一些相互抵触的倾向,但也有一些稳定性的特征有助于我们把握欧洲认同未来的发展。其一是人们对欧盟的功能评价和信任度都高于成员国政府,由于欧盟公民的认同主要是在国家和欧盟层面之间进行选择,这决定了欧洲认同不会发生大的消极发展。其二是人们对欧盟给成员国带来利益的评价和对欧盟制度的信任发生下降的同时,国家层面的制度也发生着同样的下降,只是程度不同而已。对欧盟认同的下降不会直接转化为对国家的认同,这也决定了欧洲认同的相对水平不会在短期内发生大的下降。

四 结论与启示

自 2010 年以来,中国学界对欧洲认同问题的关注下降。但是欧盟制宪危机的一波三折和主权债务危机的持续发酵,使认同问题始终萦绕在欧洲人的心头,成为事关欧洲一体化命运的重大公共话题。欧盟及成员国官方机构和学术机构也都在密切关注和跟踪研究欧洲认同的发展。其中最主要的就是欧洲晴雨表的问卷调查。本文主要基于欧洲晴雨表近三年的调查数据,对欧洲认同的最新发展做以梳理。

关于欧洲认同近几年的发展现状,本文发现,与 2002 年欧盟 15 国数据相比,近三年认同自己"仅为欧洲人"或"欧洲人和某国人"的比例没有发生大的变化,还有轻微上升。2010~2012 年的数据也没有大的波动。相反,在三年中,视自己"仅是某国人"的比例有较大下降。从对欧盟、国家和地区的归属感(attached to)来看,欧洲人在 2012 年对国家和欧盟的归属感均低于 2010 年,但欧元区的归属感水平高于非欧元区。从对欧盟公民身份的认同度来看,近三年没有发生大的变化,但欧元区国家中认同欧盟公民身份者高于非欧元区国家。

关于欧洲认同形成的原因,本文发现,最新的调查数据在很大程度上证明了笔者 2008 年论文的观点,即功利选择和制度建构是欧洲认同形成的主因。欧洲人对欧盟的关切主要集中于"经济问题和抗击危机"以及"治理和合作"。而对于欧洲认同形成原因的提问，选择功利因素和制度因素者最多。对于塑造公民之间共同体感的原因，得票最多的也是经济和价值。从不同人群来看，从欧洲一体化中获益能力较强和政治参与程度较高的人群更倾向于认同欧盟。

关于欧洲认同的发展前景，本文发现，对于国家能否从欧盟成员国身份获益的问题，十多年来保持着大致稳定的水平，认为国家获益意见在2010年开始发生下降趋势，但很快得到逆转，短期应该不会发生大的波动。从应对危机的功能角度来看，虽然欧洲人对欧盟应对危机的效率的评价近年来有轻微下降，但仍好于国家政府，欧盟仍然是欧洲人心目中应对危机最有效的制度。从制度角度看，虽然欧盟的制度参与水平一直在下降，人们对欧盟制度的信任度也在下降，但高于对国家政府和国家议会的信任度。因而总体来看，鉴于人们对从欧洲一体化中获益、对欧盟应对危机效率的评价和对欧盟制度的信任度在可见的未来都不会发生大的变化，有理由预期欧洲认同的水平也不会发生大的变化。最大的可能性是，欧洲认同的水平在近年中应与目前的状态大致持平。

通过双危机背景下欧洲认同现状的分析，我们也可获得关系到欧洲一体化命运的诸多重要启示。

（一）扩大与深化的矛盾仍未消失，老问题具有新意义

2002年12月13日欧盟东扩谈判结束后，欧盟轮值主席丹麦首相拉斯穆森高呼"新欧洲诞生了"。但是欧洲人眼中理想的新欧洲，在一年后伊拉克战争问题上却转换成拉姆斯菲尔德口中毫不浪漫的与老欧洲不同的"新欧洲"。转型当中的中东欧各国一方面拥抱欧洲文化，另一方面却对刚刚恢复的国家主权依依不舍。新老成员国之间的隔阂，使欧盟一时面临扩大与深化的矛盾。10年过去了，历史证明欧洲的裂痕远比新老欧洲的边界更加模糊难辨。经济货币一体化参与程度的不同，在欧元区和非欧元区之间栽下了樊篱。四大社会保障体系模式，清晰地描绘出各成员国的个性区别。经济发展水平的差距，又在债务危机之际凸显了北欧、南欧等面临困难的国家与核心欧洲的隔阂。欧洲晴雨表的调查虽然没有刻意探究，但其结果还是在几乎所有涉及认同的问题上，呈现出老欧洲与新欧洲、西欧与中东欧、欧元区与非欧元区、嗷嗷待哺的"欧猪"各国和在救助问题上首鼠两端的法德等核心国家之间的差异。其中最为显著的是，欧元区与非欧元区

民意的不同,将人们的目光重新引向似乎渐已冷却的扩大与深化的尴尬难题,也为多速欧洲的新思考加了把火。

(二)"宪政时刻"不现实,多速前进可预期

西方政治学中存在着"宪政时刻"的神话。美国历史学家卡尔·贝克尔所说的"舆论的气候"或波考克所说的"语境",决定着一个民族及其思想精英思考的局限,在这个局限下达成的广泛共识是所有"立宪"事件的认同基础。美国宪法取决于清教徒、共和派和托利党人的价值,取决于在富兰克林所办报纸上和费城大厅中广泛讨论与流传的观念。法国大革命激发于一代哲学家所建构和一群律师所呼唤的几个概念。德国的魏玛宪法和联邦宪法都基于历史情境所决定的诸种思潮(民族主义、社会主义和古典自由主义)的不同组合形式。然而在欧盟,认同与立宪却成了一个"鸡生蛋,蛋生鸡"的问题。由于缺乏充分的认同,故无论有多少德斯坦、伏思达式的努力,也无法实现立宪梦想;而缺少一部宪法,公民就无法产生坚固的认同,德国式的宪法爱国主义向欧洲的过渡就缺少关键的一环。

正如哈贝马斯所说,曾经人人热衷"欧洲合众国"的欧洲,当前连"联邦主义"一词都难登大雅之堂。欧洲的形势,已不能和美、法立宪时代相提并论,"何况,宪法问题也不是我们解决问题的万能钥匙"①。更有悲观者劝告"不要期待一部欧洲宪法能像那些成功的民族国家宪法如德国基本法那样,发挥提高认同感的力量","按照美利坚合众国的模式将未来的欧洲建立为一个欧洲合众国,却是一个错误的奋斗目标",因为欧洲不应该希望在更高层面上重塑萎缩了的国家性。欧盟应该保持自己的创新性特点,而非"失掉自己的创新特征并转型为一个传统式的联邦国家"。②

思想家的劝告确实反映了欧洲的现实问题。热心的联邦主义者希望毕其功于一役固然精神可嘉,欧洲晴雨表调查却显示尚不存在足以支撑立宪的强大认同。除了对欧盟应对全球化竞争和解决当下债务危机的功能性认同比较一致外,从各

---

① 〔德〕哈贝马斯:《欧洲是否需要一部宪法?》,载童世骏、曹卫东编:《老欧洲新欧洲:"9·11"以来欧洲复兴思潮对美英单边主义的批判》,华东师范大学出版社,2004,第1页。
② 迪特·林格:《我们时代最伟大的创举》,载童世骏、曹卫东编:《老欧洲新欧洲:"9·11"以来欧洲复兴思潮对美英单边主义的批判》,第110~112页。

方面衡量，各成员国民众对欧盟的归属感均有较大差距。近年来，对欧盟的归属感与对国家的归属感都有所降低。从这些数据来看，欧洲的立宪时刻似乎火候未到，而近来再次热起来的多速欧洲话题（如法国总统奥朗德于2012年重提欧洲以"多种速度"前进的主张①），倒是更有现实性。也许思想家们是对的，欧盟本就不必追求国家性，一体化是一个只有进步没有终点的过程。新欧洲和老欧洲、核心和外围、欧元区和非欧元区应该可以不同的速度前进，在不同的地区和领域，与相应的认同水平相匹配。

（三）树立欧洲模式，探寻欧洲价值

与立宪相比，欧盟更紧迫的使命是立模式。2001年，法国总理若斯潘在德国议会演讲中说，欧洲决不只是一个市场，而是一种在历史中发展壮大起来的社会模式。然而全球化带来的竞争、金融危机的冲击，都敲响了欧洲模式的警钟。从20世纪80年代的新自由主义改革起，欧盟在追求效率的道路上渐行渐远。虽然"里约"将"社会市场经济"写入基础条约，强调了公平的方面和与美国模式的不同②，但是债务危机冲击下的欧盟，依然优先强调竞争性。其实多年前，法国前内政部长舍弗内芒就发现欧洲不过是自由经济全球化的一个驿站③。不少人观察到欧洲模式在从米勒·阿尔马克（Mueller Armark A）向亚当·斯密（Adam Smith）倾斜。作为结果，近年来欧洲贫富差距加大、社会矛盾突出、抗议骚乱频仍、政党风向右转，欧洲模式、福利制度和社会伙伴关系都面临着严重的危机。

从认同的角度看，欧盟的应对措施不应过于偏重效率和竞争力，而应平衡地关注公平与效率。欧洲晴雨表的启示是，欧洲政策只有更好地保障公平才有前途。在全球化时代，资本的流动性惊人，往往得以逃避网罗严密的国家行政治理手段。而劳动力在流动方面远远落在后面。因而，在劳资关系中，欧盟应该有意识地倾向于劳动，因为劳动者的联合不仅可以抑制资本的负面效应，而且有助于

---

① 法国总统主张"多速欧洲"推进一体化进程，http://news.xinhuanet.com/world/2012-10/17/c_113407308.htm。

② 秦爱华：《里斯本条约与社会市场经济》，载《欧洲研究》2010年第3期。

③ 菲舍尔：《与法国内政部长的对话》，载童世骏、曹卫东编：《老欧洲新欧洲："9·11"以来欧洲复兴思潮对美英单边主义的批判》，第39页。

超越民族的欧洲认同感的形成,相反,经济机会受到冲击的劳动者通常会缩回到民族主义的"甜蜜的家"。同时,欧洲应该加强对资本的管制和规范,一方面可保护欧洲的实体产业(美国正在努力强化实体工业)不被全球自由竞争摧毁;另一方面则可挽救处于危机之中的欧洲生活方式。最后,即使仅从边际效益来看,也应该这样做,因为欧洲晴雨表调查呈现了不同阶层对欧盟认同程度的显著差异,目前欧洲认同的短板显然是社会下层大众。提升大众认同的边际效益更大。

欧洲模式与欧洲观念有着紧密的关系。一方面,观念是模式的合法性基础;另一方面,模式的创新也在推动观念的演进。当前的欧洲模式危机也伴随着欧洲观念的危机。早在2003年伊拉克战争问题上,老欧洲对国际法的强调和新欧洲对人权、民主等观念符号的干预主义热衷就曾矛盾重重。近年的欧洲晴雨表数据也显示,新成员国民众对民主、人权等价值观的关注度高于老成员国。可能的原因之一是,自由、民主、人权等价值符号在西欧早已成为老生常谈,它们无法体现欧洲的特性(至少从这些字面看不出欧洲与北美、澳大利亚甚至南非等所谓自由民主国家的不同),因而,老成员国民众更看重欧洲独特的经济社会模式,以及其所体现的合作、公平、秩序、多边等特征。而对特征的共同认识是认同的重要基础。新成员国经济转型之初就受到新自由主义的影响,其经济社会模式与老欧洲有较大差距,与之相应,其民众对自由、人权、个人主义等形而上学价值的认同更加强烈。未来的欧洲认同,需要建立在共有的欧洲价值上,而价值共识的实现需要新欧洲经济社会模式的进一步欧洲化。只有如此,才可能探索出超越启蒙时代的欧洲独特价值。

正如哈贝马斯所说,消除战争、容纳德国和经济联合曾经推动了一体化,现在更需要共同的价值趋向和欧盟的效率[①]。从欧洲晴雨表数据来看,对欧盟效率的认同和预期呈现出非常积极的状态。因而,大可不必担心欧盟的解体或倒退,危机越是严重,也许越能激发出进一步一体化的动力,这也已经被历史多次证明。因而,只要欧洲模式和欧洲价值能够稳定发展,欧洲认同的稳步上升应该是可以预期的。

---

① 〔德〕哈贝马斯:《欧洲是否需要一部宪法?》,载童世骏、曹卫东编:《老欧洲新欧洲:"9·11"以来欧洲复兴思潮对美英单边主义的批判》,第3~4页。

真正读懂欧洲的问题和命运，不能离开对深远历史的回顾。源自启蒙运动的科学世界观，将欧洲和现代世界带入了理性时代，同时也产生了不同的，甚至相互矛盾的思想和社会运动。在其故乡英国，产生了古典自由主义的反动（以对规划和干预的排斥）；在以理念建国为特征的法国，理性的凯旋却带来了革命的恐怖；在以精神抗争为底色的德国，产生了来自与英国自由主义和实证主义相反方向的抗议，浪漫主义、唯心主义、历史主义最终将欧洲拖入战争。欧洲的特性即是多元，同时它也是人的自由在文化和社会层面上的反映。任何一种霸权性的观念在欧洲注定会产生出无法预料、矛盾错杂的结果。在欧洲认同的建设中，也应该牢记这一历史经验。"统一中之多元"不应该只是一个标签，而应该是实践的指导。正如哈贝马斯所说，欧洲认同的核心，与其说是痛苦学习的结果，不如说是学习过程本身，需要的不仅是"同化"，也不是纯粹的"共处"①。欧洲认同必定不同于人们已经经历并熟知的民族国家认同，然而，当前观察和研究欧洲认同的人，却不可能真正超越受民族国家认同限制的想象空间。因而不同于任何规范研究，对欧洲认同的研究应该在尊重想象力的前提下，严格遵守经验的方法，欧洲发生的一切都可能是未来认同的建构过程中的一步，只是我们未能清晰认识而已。我们今天所能做的只是老实地观察和记录，同时尝试着透过民族国家认同的眼镜亦真亦幻地揣测其每一步发展的真实意义。

---

① 〔德〕哈贝马斯：《欧洲是否需要一部宪法？》，载童世骏、曹卫东编：《老欧洲新欧洲："9·11"以来欧洲复兴思潮对美英单边主义的批判》，第9页。

第三编
欧洲的未来

本编选取德、法、英三国欧洲政策的设想、实践及对于欧洲权力结构的影响等角度进行考察，并结合欧元与欧债危机问题探讨了欧盟的未来。本编作者认为：

第一，从德国来看，尽管德国的利益与欧洲的利益是一致的，或者按照德国首任总理阿登纳的说法，德国统一与欧洲统一是一枚硬币的两面。因此，积极参与和推进欧洲一体化进程，很快就成为德国的国家利益。德国的努力也确实得到了回报，随着德国不断融入欧洲，它不仅赢回了全部主权，还重新实现了国家的统一，而德国统一又成为欧盟进一步扩大和深化的催化器。但是，自德国统一以来，德国的欧洲政策日益成为其内政的工具，德国日益以本国利益为其欧洲政策的出发点，甚至不惜为此破坏其与欧盟其他成员国之间的团结。诚然，"欧洲的德国"依然是德国的行动框架，但是，从德国在欧债危机中的表现来看，德国的"欧洲使命"在日益衰减。

第二，从法国来看，追求"法国领导的欧洲"是法国外交政策的核心。欧债危机改变了欧洲权力结构，形成了经济治理领域和外交安全政策领域权力结构的分化和欧洲权力结构的失衡。危机使"法德轴心"再次成为欧洲事务和欧洲治理的领导核心，但德国在危机中不断坐大，经济强权日益增长，"法德轴心"在向"德法轴心"转变。法国大选和"左派"上台后，法国的欧洲政策延续了追求欧洲领导权的核心诉求，但呈现出新的路径，通过内部制衡和外部制衡来平衡德国日益增长的经济权势，加强了与南欧国家和债务国的合作，追求一个更加平衡的欧盟。

第三，在欧洲一体化历史上，英国向来被看成是一个"三心二意"的伙伴，"英国问题"也被视作一个棘手问题。在欧债危机中，英国不仅对救助重债国态度冷漠，而且常常与其他国家唱反调，英国国内"退出欧盟"的声音甚至高涨。目前，英国政府的对欧政策正处于一种进退两难的矛盾境地：退出欧洲显然不是最佳选择，但在国内疑欧力量强大压力的情况下，全心全意参与欧洲又几乎是不可能的。如何能交出一份令各方都满意的答卷，似乎是一道鱼与熊掌不可兼得的无解的难题。这道难题在未来可能仍将继续考验英国的政治家们，也将继续考验英国与欧洲的关系。

第四，近三年欧盟应对危机的情势显示，危机也是一体化的催化剂和动力。这次危机必将把欧盟推进到一个深层次并具关键意义的调整、变革和转型的崭新阶段。加快欧盟一体化步伐，使欧盟朝着更加开放、民主、高效、贴近民众、发挥国际影响力的一系列规划设想，正在酝酿和浮出水面。只有加强欧洲一体化才能解决危机，欧洲一体化和区域共治是欧洲的唯一出路和未来，是欧洲的生命和灵魂。欧盟的国际地位和国际影响力取决于继续加强和推进一体化，否则欧洲必将沉沦，面临衰落和被边缘化的命运。

第一章 德国欧洲政策的新变化及其影响

郑春荣*

德国融入西方伊始，就与欧洲处在一种"共生关系"（a symbiotic relationship）①之中。长期以来，德国的利益与欧洲的利益是一致的，或者按照德国首任总理阿登纳的名言，德国的统一与欧洲的统一是一枚硬币的两面。因此，积极参与和推进欧洲一体化进程，很快就成为德国的国家利益（Staatsraison）②所在。德国的努力也确实得到了回报，随着德国不断融入欧洲，它不仅赢回了全部主权，还重新实现了国家的统一，而德国统一又成为欧盟进一步扩大和深化的催化器。

与此同时，德法和解是欧洲一体化的前提，也是其推动力；换言之，"法德轴心"扮演了欧洲一体化发动机的角色。需要指出的是，"法德轴心"基于一种"不均衡的均衡"③：法国政治强（拥有核弹）和德国经济强（拥有马克）之间形成了互补关系。然而，两德统一后，随着德国在欧洲中心地位的凸显以及

---

* 郑春荣，同济大学德国问题研究所/欧盟研究所所长、教授。
① Gunter Hellmann, "Deutschland in Europa: eine symbiotische Beziehung", *Aus Politik und Zeitgeschichte*, B 48/2002, pp. 24 – 31; Geoffrey K. Roberts, *German politics today*, Manchester and New York: Manchester University Press, 2009, p. 192.
② Gisela Müller-Brandeck-Bocquet, "Europapolitik als Staatsraison", in Manfred G. Schmidt and Reimut Zohlnhöfer eds., *Regieren in der Bundesrepublik Deutschland. Innen- und Außenpolitik seit 1949*, Wiesbaden: VS Verlag für Sozialwissenschaften, 2006, pp. 467 – 490.
③ Ulrike Guérot and Thomas Klau, "After Merkozy: How France and Germany can make Europe work", *ECFR Policy Brief*, No. 56, European Council on Foreign Relations, May 2012.

经济实力的上升，德法之间的力量格局发生了改变，重心开始向德国一边倾斜①。

无论如何，一直以来，德国习惯于通过法国并和法国一起"领导"欧洲，然而欧债危机一下子把德国从幕后推到了前台，按照英国历史学家蒂莫西·加顿·阿什（Timothy Garton Ash）的观点，这是"始料不及后果定律"（Law of unintended Consequences）使然②，即正因为欧盟经济一体化对德国而言获得了成功，才造就了德国目前的领导地位。

在危机中，人们像以往那样期待着"欧洲模范生"德国为了欧盟的团结慷慨解囊，然而，德国黑黄联合政府在欧债危机上的应对，却引发了人们的困惑。2009年末希腊主权债务危机刚开始爆发时，德国更多的是沉默和犹豫，不愿出手施救。在欧债危机恶化、德国最终不得不于2010年5月出手纾困后，它又以整肃财政纪律为先决条件，要求重债国按照德国模式寻求解决危机的路径，这招致了这些国家的嫉恨。乌尔丽克·古尔洛特（Ulrike Guérot）等学者为此声称"新德国问题"在欧洲冒头③，而威廉·E. 帕特森（William E. Paterson）却宣称德国只是"不情愿的霸权"④。这一两重性也体现在欧元国家和欧盟国家身上：一方面它们怀恨地说要警惕德国的主导乃至霸权，但另一方面又在呼唤德国的领导，波兰外长西科尔斯基（Radoslaw Sikorski）在2011年末甚至表示："与其说我担心德国的强权，不如说我开始担心德国的不作为⑤。"

德国至今在欧债危机中的表现，折射出德国的欧洲政策出现了某些新变化，这些变化事实上从两德统一以来就已经开始显现，只是在欧债危机中表现得尤为明显。本文将首先分析德国在欧债危机中的表现及其目前在西方学

---

① Wichard Woyke, *Deutsch-französische Beziehungen seit der Wiedervereinigung. Das Tandem fasst wieder Tritt* 2, Auflage, Wiesbaden: VS Verlag für Sozialwissenschaften, 2004.

② Timothy Garton Ash, "Germany, the Eurozone's Reluctant Driver", *Los Angeles Times*, February 09, 2012, http://articles.latimes.com/2012/feb/09/opinion/la-oe-gartonash-germany-20120209 (2012.08.02).

③ Ulrike Guérot and Mark Leonard, "The New German Question: How Europe Can Get the Germany It Needs", *ECFR Policy Brief*, No. 30, European Council on Foreign Relations, April 2011.

④ William E. Paterson, "The Reluctant Hegemon? Germany Moves Centre Stage in the European Union", *Journal of Common Market Studies* (*JCMS*), Vol. 49, Annual Review, 2011, pp. 57-75.

⑤ See "Rede von Polens Außenminister: Deutschland soll Euro-Zone retten", http://www.spiegel.de/politik/ausland/0,1518,800486,00.html (2012.02.05).

术界讨论较多的原因,进而指出德国欧洲政策所呈现出的新变化,最后结合德国当前有关欧洲一体化未来的讨论,论述这些新变化对欧洲未来发展的影响。

一 德国在欧债危机应对中的表现

当 2009 年底希腊主权债务危机刚开始爆发时,德国政府并未把危机视作欧盟成员国共同的问题,而是依据"罪与罚"逻辑,认为希腊人必须自己解决自己的问题。直到 2010 年 3 月 25 日的欧盟峰会,在法德建议的基础上,欧元国就希腊救助紧急计划达成一致。该计划规定,欧元国和国际货币基金组织可自愿提供救助。需要指出的是,国际货币基金组织的参与是德国的要求,而且,同样在德国的倡议下,给予希腊的救助贷款只能是作为最后手段且必须按照市场条件发放,另外,其他成员国必须为财政不守纪接受更为严厉的处罚。但是,总体上德国在 2010 年春并未作出令人信服的救助希腊的承诺。

随着希腊主权债务危机日益严重,国际货币基金组织、欧洲中央银行与欧盟委员会在 2010 年 5 月初与希腊政府就为期三年的紧急贷款达成一致,在 1100 亿欧元的总额中,欧元区国家承担 800 亿欧元,德国承担其中的 28%（224 亿欧元）。与此相对应,希腊承诺进行改革,削减赤字。紧接着,欧元国财政部长和国际货币基金组织先是在 2010 年 5 月 10 日决定设立临时的"欧元救护伞",也就是欧洲金融稳定基金（EFSF）,到 2013 年 6 月底总计可发放 7500 亿欧元贷款;后又在 11 月 28 日决定设立永久性的欧洲稳定机制（ESM）,计划中的规模达到 7000 亿欧元,它应在 2013 年取代届时到期的欧洲金融稳定基金（欧洲稳定机制后来提前到 2012 年 7 月 1 日生效）。其间,爱尔兰、葡萄牙和西班牙先后进入"救护伞",德国也不得不一次次接受救助基金的扩容,包括给予希腊的第二个救助计划和为希腊债务减记。

但德国在欧债危机的应对上明显采取了一种双轨战略,在展示与重债国家团结的同时,要求所有成员国实施负责任的财政政策[①],甚至提议欧盟设专门委员

---

① Guido Westerwelle, Speech "The Euro and the Future of Europe", Brookings Institution in Washington D. C., 20. 01. 2012.

监管希腊①。为了整肃财政，默克尔希望修改欧盟条约，但这将在多个成员国触发全民公决程序，因而遭到其他成员国的反对。最终在 2012 年 3 月 2 日的欧洲理事会会议上，25 个国家和政府首脑签署了《经济与货币联盟稳定、协调与治理条约》②，即"财政契约"③，由于英国和捷克选择不参与，这只是一份政府间条约。条约草案是由德国和法国在 2011 年 12 月 8 日和 9 日的欧洲理事会会议上提出，主要内容是各成员国仿效德国在宪法或等值的法律中引入"债务刹车"，若未符合此规定，可起诉至欧洲法院；另外，倘若某个成员国违反结构性赤字不超过国内生产总值 0.5% 的上限，就会启动一个"半自动"的惩罚程序，该程序只有在各成员国特定多数表决同意情况下才能终止。"财政契约"应于 2013 年 1 月 1 日起生效。在德国的要求下，从 2013 年 3 月 1 日起，只有那些批准了"财政契约"并相应实施了"债务刹车"的国家，才有权从未来的欧洲稳定机制中获得财政援助。这个要求此前在欧盟各成员国招致相当大的争议。

需要指出的是，虽然迄今的危机管理都是基于德法的共同推动，德国总理默克尔和法国总统萨科齐甚至因为在欧债危机应对中的紧密沟通，获得了"默科齐"（Merkozy）的称号。但是，德法在经济、货币和财政政策方面，经常有着不同乃至截然相反的想法。鉴于德国的经济强势、法国的衰弱，法德力量对比朝着有利于德国的方向转移，因此，法国不得不作出更大的让步。当然德国也有让步，例如放松其在欧洲中央银行大幅购买国债上的立场，以及放弃此前实施过但市场反应消极的、把私人债权人纳入债务规定的要求；④ 又如，针对"财政契约"，默克尔总理原本希望引入完全自动的惩罚机制，但出于对法国总统萨科齐的妥协——他不想把最终决定权交给欧盟委员会，而是要把决定权保留在成员国手中，默克尔接受了这个在她看来次优、却明显优于现有规则的"半自动惩罚机制"。

---

① George Friedmann, "Germany's Role in Europe and the European Debt Crisis", *Stratfor Geopolitical Weekly*, January 31, 2012.

② "Treaty on Stability, Coordination and Governance in the Economic and Monetary Union", 31 January, 2012, http://www.european–council.europa.eu/media/579087/treaty.pdf (2012.07.01).

③ 有关"财政契约"和欧洲稳定机制内容的详细分析，见 Anna-Lena Kirch and Daniela Schwarzer, "Die Ratifizierung des Fiskalpakts und des ESM in den Ländern der Eurozone-rechtliche und politische Rahmenbedingungen", *Arbeitspapier der FG 1*, SWP Berlin, 2012/Nr. 02, pp. 3–9。

④ Gisela Müller-Brandeck-Bocquet, "Deutschland-Europas einzige Führungsmacht?", *Aus Politik und Zeitgeschichte* 10/2012, pp. 16–33, here p. 21.

德国整肃财政纪律为先的危机应对战略遭到受债务冲击的南欧国家的批评①，他们认为，一味紧缩将会把欧元区、欧盟和世界经济带入衰退，导致债务问题加剧。他们对德国政府施加了日益强大的压力。在法国新总统、社会党人奥朗德上台后，虽然默克尔成功坚持了"财政契约"不容重新谈判的立场，但也不得不接受包含1300亿欧元投资的《增长与就业公约》②，虽然其政治象征意义远大于其对经济的推动作用。而且，在意大利和西班牙的施压下，默克尔最终在2012年6月29日的欧盟峰会上同意欧洲稳定机制可直接救助陷入危机的银行，而默克尔此前曾坚决反对③。

德法之间的博弈也反映在迈向欧洲银行业联盟的进程中。在2012年12月中旬欧盟财政部长达成的欧元区共同银行监管决议上，德国顶住了法国提出的尽快启动覆盖欧元区所有银行的监管的要求④，但是在德国的另一核心要求"银行监管与货币政策的严格分离"上，德国不得不略作让步：根据欧盟财政部长的决议，决定欧洲中央银行货币政策的欧洲中央银行理事会在银行监管上也有决定权。但是，在德国的要求下，该理事会并无最终决定权：在理事会与银行监管委员会出现争议的情况下，作出最后决定的是一个由各成员国代表组成的委员会。⑤ 需要

---

① 有关欧盟成员国在危机成因、危机应对以及经济治理方案等方面的分歧，参见金玲：《债务危机重塑欧盟内部力量关系》，载《国际问题研究》2012年第2期，第110~121页。

② Carten Volkery, "EU-Wachstumsrhetorik. Der Mogelpakt", *Spiegel Online*, 27.06.2012, http：//www. spiegel. de/wirtschaft/soziales/eu - wachstumspakt - von - merkel - und - hollande - ist - eine - mogelpackung - a - 841040. htm (2012.08.12).

③ See "Euro-Gipfel: Banken dürfen sich beim Rettungsfonds bedienen", *Handelsblatt*, 29.06.2012, http：//www. handelsblatt. com/politik/international/euro - gipfel - banken - duerfen - sich - beim - rettungsfonds - bedienen/6813286. html (2012.08.12).

④ 根据欧盟财政部长的决议，欧洲中央银行应于2014年3月启动银行监管，如果它需要更多时间做准备，也可推迟启动时间。另外，根据决议，欧洲中央银行应监管资产总额超过300亿欧元或占其母国经济实力五分之一的大银行，而且每个成员国至少要有三家银行纳入监管。据估计，欧元区至少有150家大银行属于监管范围。对德国而言，这将涉及所有大型商业银行，如德意志银行、商业银行和德国中央合作银行（DZ Bank），以及大型州立银行。据估计，各有一家合作银行（Apo银行）和一家储蓄银行（汉堡储蓄银行）属于监管对象。但是，作为德国的核心要求之一，德国约1500家小型银行不在自动监管之列。

⑤ "Auf dem Weg zur Bankenunion: EU-Finanzminister beschließen Bankenaufsicht", *Capital*, 13.12.2012, http：//www. capital. de/politik/：Auf - dem - Weg - zur - Bankenunion - - EU - Finanzminister - beschliessen - Bankenaufsicht/100048721. html (2013.03.30); "Europa in der Schuldenkrise: Merkel zufrieden über Einigung bei Bankenaufsicht", *Frankfurter Allgemeine*, 13.12.2012, http：//m. faz. net/aktuell/wirtschaft/europa - in - der - schuldenkrise - merkel - zufrieden - ueber - einigung - bei - bankenaufsicht - 11991916. html (2013.03.30).

指出的是，上述决议内容也是基于此前德法之间的一个妥协方案，但这一次作出更大让步的依然是法国①。

二 经济治理理念与内政因素的影响

德国在欧债危机应对中的犹豫表现和选择以财政紧缩为中心的路径，这在西方学界看来主要有两方面的原因：它既是受到了德国经济治理理念的影响，同时也是德国政府的行动能力在国内受到各种制约因素的限制的表现。

（一）反通胀与秩序自由主义经济治理理念的影响

德国人认为，解决债务危机的唯一方案只能是德国式的，即财政紧缩高于一切。"财政契约"也深深打上了德国的烙印。早在欧债危机爆发前，德国就在2009年初的联邦制改革中，把"债务刹车"写入了《基本法》第143d条第（I）款中，目的在于限制德国的国家负债，以及对联邦和各州预算赤字的降低作出强制规定（2009年8月1日起生效）。此外，德国政府拒绝欧元债券，拒绝把欧洲中央银行变成最后借款人。虽然在这些议题上默克尔受到了欧盟机构、欧元集团主席和其他成员国的强大压力，甚至在部分重债国引发仇视德国的情绪，但默克尔依然不为所动。即使如上所述，迫于意大利和西班牙的压力，默克尔在银行救助问题上有所松动，允许欧洲稳定机制将来直接向银行提供资金，也不能说默克尔完全偏离了原有立场：仔细研读峰会公报可以发现，救助的前提条件是必须在欧洲中央银行的领导下，建立起统一的银行监管机制。先建立监管机制，再引入银行的共同担责，这依然符合德国立场的基本原则。而且，对于欧洲中央银行在银行监管上的权力这一问题，默克尔为了捍卫欧洲中央银行的独立性，尤其是为了避免欧洲中央银行由于对银行监管疏忽而以低息帮助陷入困境的银行，在谈判中始终坚持必须将欧洲中央银行的银行监管和货币政策严格分离。此外，默克尔在欧元债券问题上丝毫没有退让的意思②。

---

① 2013年3月中旬，欧盟各国首脑以及欧洲议会已就欧盟财政部长的决议达成了协议，该协议尚待各成员国批准。"Bankenaufsicht in der Eurozone kommt"，*Deutschlandfunk*，19.03.2013，http：//www.dradio.de/aktuell/2046590/（2013.03.30）.

② Philip Faigle，"EU-Gipfelbeschlüsse. Madame Non bleibt bei ihren Prinzipien"，*Zeit Online*，29.06.2012，http：//www.zeit.de/wirtschaft/2012-06/bruessel-merkel-analyse（2012.08.02）.

在2012年6月29日峰会召开前,默克尔甚至义正词严地回绝了欧盟把债务共同体化的建议,她明白无误地表示:"只要我活着,就不会有欧元债券。"①

默克尔政府这一几乎不容谈判的立场,不能仅仅理解为德国追逐本国利益的需要,而是与德国的经济治理理念有着相当大的关系。首先,魏玛共和国时期以及"二战"后初期的恶性通货膨胀的梦魇,依然铭记在德国人苦涩的集体记忆中,这形成了德国人的稳定文化,或者说反通胀文化;其次,作为德国社会市场经济基础的秩序自由主义理念,拒绝在经济衰退过程中使用扩张型财政与货币政策来应对危机,相反,它认为财政紧缩才是建立可持续经济增长的基础,而且德国战后以来所取得的经济成就更增强了德国人的这一信念②。默克尔的一番话也说明了这一点:"我们拥护一种特别的稳定与经济增长文化,但是我们是在欧洲的精神里这样做。"③ 有学者甚至认为,在欧债危机应对中,存在着法国强调增长的凯恩斯主义和德国强调价格稳定和财政纪律的秩序自由主义之间的张力,之所以最后德国的观点占据主导地位,是因为德国经济思想的说服力使然,而不是德国为了本国利益而滥用其强大经济地位的结果④。

在德国,反通胀和秩序自由主义思想是人们广泛持有的信念。因此,有理由相信,即使德国在2013年出现了联邦政府更迭,即社民党上台执政后,经济政策会有所改变,但应对危机的方法不会出现大幅改变;虽然社民党目前对引入欧元债券表示赞同⑤,但是它的赞同也是有限定范围和先决条件的,它会要求欧盟

---

① See "EU-Vorschläge. Merkel gegen Eurobonds – 'solange ich lebe'", *Welt Online*, 26.06.2012, http://www.welt.de/politik/deutschland/article107275831/Merkel – gegen – Euro – Bonds – solange – ich – lebe. html (2012.08.02).

② Sebastian Dullien and Ulrike Guérot, "The Long Shadow of Ordoliberalism: Germany's Approach to the Euro Crisis", *ECFR Policy Brief*, No. 49, European Council on Foreign Relations, February 2012.

③ Gisela Müller-Brandeck-Bocquet, "Deutschland-Europas einzige Führungsmacht?", pp. 17 – 19.

④ Matthias M. Matthijs, "Germany's Role in Crafting a Solution to the 2010 EMU Sovereign Debt Crisis: Persuading with Power or the Power of Persuasion", Paper to be presented at the Twelfth Biennial International Conference of the European Union Studies Association (EUSA), Boston, Massachusetts, 4 March 2011, p. 23.

⑤ 在社民党看来,引入欧元债券是彻底解决欧债危机的唯一途径。作为反对党,它也不用担心会因为自己赞成欧元债券的主张而受到选民在民调中的惩罚,更何况它指出,是否最终引入欧元债券,要通过全民公决决定。See Frank-Walter Steinmeier and Peer Steinbrück, "Germany Must Lead Fight Back", *Financial Times*, 14 December, 2010, http://www.ft.com/intl/cms/s/0/effa001c – 07ba – 11e0 – a568 – 00144feabdc0. html#axzz24l7cNhnb (2012.08.20).

或欧元区的联邦化，包括强化议会监督①。

从这个意义上来看，默克尔之所以不愿意过快、过于宽松地救助重债国家，是为了促使欧元区国家建立起一种严厉的稳定文化。默克尔的固执不只是谈判手段，而是深信德国解决方案的有效性②。换言之，德国认为欧洲只能通过变得更加德国，才能从危机中走出来。这种信念在德国不仅有着广泛的支持，而且也有着深厚的思想基础。

（二）内政因素的影响

德国政治体制中的各个否决玩家（veto player）③ 明显制约了德国政府的作为，这在两德统一以来尤为明显。同样，根据布尔默（Simon Bulmer）和帕特森的观察，德国20世纪90年代以来欧洲政策的一个关键变化就是出现了影响德国政府决策的"强制性要求"（compelling demands）④，这些要求包括反转的公众舆论、联邦宪法法院的判决等，它们使得德国政府甚至能够向欧盟伙伴提出不容谈判的要求。

首先，默克尔政府的欧债危机应对明显受到了德国国内民意的影响，这突出表现在初期对希腊主权债务危机的犹豫反应上。当时绝大多数德国人反对救助希腊。德国《图片报》主导的充满敌意的媒体报道，把希腊人描绘成懒惰、腐败和不负责任的典型，这进一步刺激了德国民众的感受，他们不愿用自己在经历了痛苦的"2010议程框架"里的改革的成果，来为大肆挥霍的希腊人埋单。默克尔政府没有更早地给出救助希腊的承诺，不仅迎合了这种民意，而且也是考虑到德国最大的联邦州北莱茵-威斯特法伦州2010年5月9日的州议会选举：当时，执政联盟的选情告急，基民盟/自民党有可能在该州失去执政地位，更何况选举结果还关系到执政联盟在联邦参议院的多数席位。后来，德国政府迫于局势的发

---

① Sebastian Dullien and Ulrike Guérot, "The Long Shadow of Ordoliberalism: Germany's Approach to the Euro Crisis"; Ulrike Guérot and Thomas Klau, "After Merkozy: How France and Germany Can Make Europe Work".

② Ulrike Guérot and Sebastian Dullien, "Why Berlin Is Fixed on a German Solution to the Eurozone Crisis", *The Guardian*, 2 March, 2012.

③ George Tsebelis, *Veto Players: How Political Institutions Work*, Princeton, NJ: Princeton University Press, 2002.

④ Simon Bulmer and William E. Paterson, "Germany and the European Union: from 'Tamed Power' to Normalized Power?", *International Affairs*, Vol. 86, No. 5, 2010, pp. 1051–1073, here p. 1057.

展和外部压力最终同意救助希腊，这也是造成基民盟在该州选票大幅流失①，并导致社民党与绿党得以组成少数派政府并上台执政的主要原因之一。鉴于在2011年这个"超级选举年"将有7个联邦州举行州议会选举，正如北莱茵-威斯特法伦州选举所暗示的，债务救助问题会损害默克尔所在的基民盟的选情②。由于民调显示，民众对不断扩大的救助行动的抵触在持续增强，默克尔优先考虑国内关切也就不足为奇。

目前，德国人已经在担忧，德国自身最终也会受到债务危机救助的拖累，毕竟德国的力量不是无限的，不少政界和经济界精英也公开发表了德国的承受力已经到达极限的言论。德国慕尼黑伊福研究所甚至已经测算好德国目前担保的金额可能会给德国带来怎样大的损失，其结论是：若欧元崩溃，德国最多要支付7710亿欧元。德国人的担心不无道理，例如美国信用评级机构穆迪已经开始质疑德国的最优评级③。所有这一切都加重了德国民众对不断扩大救助的反感，却又反过来增强了他们对默克尔强硬的谈判立场的支持，这也体现在民调中大多数民众对默克尔的欧债危机应对表示满意，并相信拯救欧元依然处在她的掌控之中④。

其次，德国联邦宪法法院在欧债危机应对中扮演着越来越重要的角色。自1993年《马斯特里赫特条约》判决以来，联邦宪法法院就在其判决中一再限制德国向欧盟进一步让渡主权的可能性，同时增强联邦议会和联邦参议院在欧盟事务中的地位⑤，这也反映在其对《里斯本条约》的判决⑥中。之所以德国政府未

---

① 这次得票率为34.6%，与上一次州议会选举结果相比，损失了10.3%。
② 参见伍慧萍：《2011德国超级选举年州选结果与政党格局的演变》，载李乐曾、郑春荣主编：《德国发展报告（2012）》，社会科学文献出版社，2012，第10~24页，此处为第15页。
③ Johannes Pennekamp, "Schuldenkrise: Wann kippt Deutschland?", *Frankfurter Allgemeine Zeitung*, 29.07.2012, http://www.faz.net/aktuell/wirtschaft/europas-schuldenkrise/schuldenkrise-wann-kippt-deutschland-11835599.html (2012.08.02).
④ See "Umfrage in Eurokrise. Spitzenwerte für Merkel", *Spiegel Online*, 02.08.2012, http://www.spiegel.de/politik/deutschland/ard-deutschlandtrend-merkel-laut-umfrage-beliebteste-politikerin-a-847798.html (2012.08.20).
⑤ See Peter Becker and Andreas Maurer, "Deutsche Integratiosbremsen", *SWP-Aktuell*, Nr.41, 2009. 联邦宪法法院（包括在欧债危机中）这样做的目的，是出于其机构自身利益，即它不希望自己的权限随着欧洲一体化的深化而被侵蚀。这是德国波恩大学欧洲一体化研究中心主任鲁德格·库恩哈特（Ludger Kühnhardt）教授2012年8月21日在波恩与笔者交流时所表达的观点。
⑥ BVerfG, 2 BvE 2/08 vom 30.6.2009, Absatz-Nr. (1-421), http://www.bverfg.de/entscheidungen/es20090630_2bve000208.html (2012.08.01).

能及早作出对希腊的救助承诺,正是基于联邦宪法法院对《里斯本条约》的判决内容;在德国决策者看来,《里斯本条约》(《欧洲联盟运作方式条约》第125条)包含有"不纾困条款"(no-bail-out clause),他们担心会有人就希腊救助方案提起宪诉,而一旦救助被判不合宪,无疑会给金融市场带来实质性的不稳定因素。所幸的是,在联邦议会和联邦参议院2010年5月7日批准救助希腊的相关法案后,虽然有多位学者向联邦宪法法院提出了阻止给予希腊救助的紧急申请,但被联邦宪法法院驳回①。2011年9月7日,联邦宪法法院最终驳回了针对希腊救助的宪诉,法官们证实,德国参与至今的希腊救助措施是合宪的。但是,他们列出救助的先决条件是,联邦议会的预算委员会必须同意所有的救助措施。换言之,联邦政府在所有欧洲金融稳定机制方面的决议都要征得联邦议会的同意②。最后,在"财政契约"与欧洲稳定机制艰难取得联邦议会和联邦参议院的多数后,联邦宪法法院立即收到了要求采取临时命令加以终止的紧急申请和相应宪诉。尽管联邦政府一再敦促,联邦宪法法院依然决定留出更多时间进行审查,这使得欧洲稳定机制无法如期在2012年7月1日生效③。2012年9月12日,联邦宪法法院在其裁决中对欧洲稳定机制给予放行,但是提出的附加条件之一是必须在国际法上确保德国的担保责任局限在约定的1900亿欧元。需要指出的是,这一裁决是暂时的,而且,在即将进行的主审程序中,联邦宪法法院还将审查欧洲中央银行此前作出的、无限制购买重债国家国债的决定是否逾越了自身权限。④从以上分析中可以看到,联邦议会每一次通过救助法案,联邦宪法法院都会收到

---

① BVerfG, 2 BvR 987/10 vom 7.5.2010, Absatz-Nr. (1–28), http://www.bverfg.de/entscheidungen/rs20100507_ 2bvr098710.html (2012.08.01).

② BVerfG, 2 BvR 987/10 vom 7.9.2011, Absatz-Nr. (1–142), http://www.bverfg.de/entscheidungen/rs20110907_ 2bvr098710.html (2012.08.01). 2011年10月27日,联邦宪法法院通过临时命令,宣布新的《欧洲稳定机制框架里的担保承担法》中的有关条款暂不适用,因为该条款把有关欧洲金融稳定机制的决定权"在特别紧急和机密情况下"放到了一个所谓9人委员会的手中(这9人由联邦议会预算委员会的41名成员中选出)。在联邦宪法法院看来,为确保决策的民主合法性和联邦议会的预算决定权,相关决议应由预算委员会全体成员乃至联邦议会通过。See BVerfG, 2 BvE 8/11 vom 28.2.2012, Absatz-Nr. (1–162), http://www.bverfg.de/entscheidungen/es20120228_ 2bve000811.html (2012.08.01).

③ "Eilanträge gegen Fiskalpakt und ESM", Tagesschau, 30.06.2012, http://www.tagesschau.de/inland/verfassungsklagen100.html (2012.08.01).

④ BVerfG, 2 BvR 1390/12 vom 12.9.2012, Absatz-Nr. (1–319), http://www.bverfg.de/entscheidungen/rs20120912_ 2bvr139012.html (2012.09.13).

相关紧急申请和宪诉,这不仅拖长了德国政治决策过程,而且增加了潜在的结果不可测性。

再次,执政联盟乃至各执政党内部的分歧以及反对党的阻挠,削弱了默克尔政府的行动余地,在联邦宪法法院判决增强了联邦议会和联邦参议院在欧债救助中的地位后,这一点更加明显地表现出来。因此,在德国,欧债救助的措施取决于联邦政府以及联邦议会和联邦参议院中的赢集(win-set)有多大。从2010年5月起,执政联盟内部就出现了反对救助的声音,以至于执政联盟数次艰难地在联邦议会中取得"总理多数票"。此外,联合执政的自民党由于在州议会选举中一再失利,并由此陷入生存危机,其新任党主席菲利普·勒斯勒尔意欲借助欧洲政策突出本党形象,曾经率先并一再脱离联合政府的路线,公开主张让希腊有序破产;甚至少数反对欧元救助措施的自民党党员,在自民党内发动了意在阻止欧洲稳定机制的公决。所幸的是,反对者在党内公决中未能取得成功①。此外,在意大利出现经济和政治危机后,自民党联邦议会党团主席莱纳·布吕德勒扬言,"意大利退出欧元区是可以想象的"②。在执政联盟内,基社盟也通过相关决议,在欧元救助上划出红线,其中包括反对进一步扩大救护伞,反对建立担保共同体,以及反对引入欧元债券③。在反对党中,除了左翼党反对所有救助措施外,社民党和绿党虽然对默克尔政府的危机应对提出了批评,但总体上都对相关的议会表决案投了赞成票④。但是,在"财政契约"和欧洲稳定机制的表决上,由于需要在联邦议会和联邦参议院取得2/3多数,执政联盟依赖于反对党,经过艰难博弈,在默克尔向社民党和绿党承诺在未来引入金融交易税和经济增长计划后,

---

① "Mitgliederentscheid gescheitert, Rösler erleichtert", *Focus*, 16.12.2011, http://www.focus.de/politik/weitere-meldungen/fdp-mitgliederentscheid-gescheitert-roesler-erleichtert-_aid_694794.html (2012.08.02).

② "FDP-Fraktionschef: Brüderle fantasiert Euro-Zone ohne Italien", *Die Welt*, 08.03.2013, http://www.welt.de/politik/deutschland/article114255077/Bruederle-fantasiert-ueber-Euro-Zone-ohne-Italien.html (2013.03.30).

③ CSU, *Die Europäische Einigung und der Euro*, Beschluss des Parteitags der Christlich-Sozialen Union, Nürnberg, 7./8. Oktober 2011.

④ 唯一的例外是,在2010年5月对希腊第一份救助方案的表决中,社民党投了弃权票。有学者认为,这是德国50年来主要政党间在欧洲政策上的共识首次遭遇重大挫折。See Simon Bulmer and William E. Paterson, "Germany and the European Union: from 'Tamed Power' to Normalized Power?", p.1062.

"财政契约"和欧洲稳定机制才最终于欧洲稳定机制原定生效日,即 7 月 1 日前获得通过①。

三 德国欧洲政策的新变化

如前文分析所述,德国在欧债危机中的应对表现,既与德国的经济治理理念有着紧密关系,又是德国国内各个否决玩家钳制的结果。欧债危机这个案例分析表明,德国的欧洲政策并非简单地遵循一个逻辑,相反,可以说是"结果逻辑"和"适当性逻辑"② 共同作用的结果。本文并不想比较这两种解读范式哪个更具说服力,而是想从德国欧债危机的应对表现中,指出德国欧洲政策的若干相互关联的"新"变化。事实上,如下文所述,这些变化在两德统一以来已初见端倪,之所以冠以"新"意,是因为它们在欧债危机中表现得尤为明显。

(一)德国欧洲政策日益为内政所驱动

不可否认,德国所处的多边框架在冷战后发生了本质变化。北约与欧盟的扩大,连同美国奉行单边主义政策,这一切势必影响德国的外交政策,甚至使得统一后的德国面临着许多"单边主义诱惑"(unilateralist temptation)③。

但正如本文对欧债危机的分析所指出的,这种"诱惑"也是来自于德国内政的需要以及国内制度的约束,这既包括公众舆论及其民调和选举政治的影响,也包括来自联邦政府内部、联邦议会各个政党以及联邦宪法法院等方面的阻力。在以往,德国政治家出于欧洲一体化的长远利益,敢于违背国内民意作出决策,而在欧债危机中,默克尔政府始终出于选举政治考虑紧跟民调,害怕作出有违民

---

① See "Karlsruhe prüft Klagen", *Frankfurter Allgemeine Zeitung*, 30.06.2012, http://www.faz.net/aktuell/politik/karlsruhe-prueft-klagen-bundestag-und-bundesrat-billigen-fiskalpakt-und-esm-11805001.html (2012.08.02).
② James G. March and Johan P. Olsen, "The Logic of Appropriateness", in Michael Moran, Martin Rein and Robert E. Goodin eds., *The Oxford Handbook of Public Policy*, Oxford: Oxford University Press, 2006, pp.689-708.
③ Anne-Marie Le Gloannec, "The Unilateralist Temptation: Germany's Foreign Policy after the Cold War", *Internationale Politik und Gesellschaft*, 1/2004, pp.27-39.

意的决定而有损其所在政党的选情以及执政联盟的团结。这一点也体现在欧元债券的问题上，虽然默克尔发表了"只要我活着，就不会有欧元债券"的言论，但是事实上她并不是永远反对欧元债券，她首先要求的是共同的预算政策。但是，她不能像反对党那样公开提出引入欧元债券的主张，是因为执政联盟内部的另外两个政党在这个问题上划了红线，默克尔不想因为这个议题而使执政联盟破裂。而且，在两德统一前，欧洲政策基本上不是各个政党在竞选中的争议议题；但是，两德统一后，传统的"默认共识"（permissive consensus）变成了"有限分歧"（constraining dissensus）[1]，欧洲政策成为各党突出自己形象、争取选票的议题领域，这一点清晰地反映在欧债危机中各党之间及其内部不同的立场上。

总之，德国欧洲政策的这种内倾（inward-looking）从两德统一以来就已经开始。在统一前，联邦德国的德国政策与其欧洲政策是一枚硬币的两面；统一后，这一情况发生了改变，德国开始把精力和注意力放在本国内部问题上[2]。海尔加·哈夫滕多恩（Helga Haftendorn）把从波恩共和国的（国际框架条件）外部驱动型外交政策到柏林共和国的（国内社会要求）内部驱动型外交政策的转变，非常贴切地表述为"内政回归了外交政策"[3]。他这里所讲的外交政策也包含了德国的欧洲政策[4]。换言之，欧洲政策日益被内政工具化。由此，德国的欧洲政策失去了聚合性、连贯性，尤其是建构力。鉴于统一后的德国对狭隘的国家利益的捍卫常常优先于其长期的欧洲与全球关切，德国不再是一个"驯服的强权"（tamed power）[5]，而是已经成为欧盟内的一个"正常化的国家"（normalized power）[6]。

---

[1] Liesbet Hooghe and Gary Marks, "A Postfunctionalist Theory of European Integration: From Permissive Consensus to Constraining Dissensus", *British Journal of Political Science*, Vol. 39, No. 1, 2009, pp. 1 – 23.

[2] 这是德国波恩大学欧洲一体化研究中心主任鲁德格·库恩哈特教授 2012 年 8 月 21 日在波恩与笔者交流时所表达的观点。

[3] Helga Haftendorn, *Deutsche Außenpolitik zwischen Selbstbeschränkung und Selbstbehauptung 1945 – 2000*, Stuttgart und Muenchen: Dva, 2001, p. 445.

[4] 2005 年 11 月默克尔首次上台执政后，把欧洲政策从外交政策中独立了出来。参见连玉如：《德国默克尔政府的外交与欧洲政策辨析》，载《德国研究》2006 年第 1 期，第 15～20 页。

[5] Peter J. Katzenstein, *Tamed Power: Germany in Europe*, Ithaca, NY: Cornell University Press, 1996.

[6] Simon Bulmer and William E. Paterson, "Germany and the European Union: From 'Tamed Power' to Normalized Power?".

(二) 德国的"欧洲使命"在日益衰减

在过去,德国愿意为欧洲的团结慷慨埋单,不计较本国在经济上的短期得失;而如今德国在对待希腊以及其他成员国的主权债务危机的反应,表明德国在欧洲经济政策上日益独断专行,日益以成本收益核算为导向。德国反对欧盟变成任何形式的转移支付联盟,只是出于自身被绑架而非欧盟范围内的团结原因而最终同意救助希腊以及其他债务国家。

与上述内政驱动因素影响的增加相呼应的是,默克尔在欧债危机的应对中偏向于"联盟方法",而不是"共同体方法"[1]。例如,德国要求希腊主权债务危机由国际货币基金组织参与解决,而不是像法国所要求的局限在经济与货币联盟内部,这预示着德国政府认为经济与货币联盟的制度安排无法服务和确保德国的利益;又例如,在建立欧洲金融稳定机制以及后来的欧洲稳定机制时,德国提出为欧债危机国家承担超大比例财政负担,德国应为此获得能反映这种更高的财政投入的正式的参与决定权。鉴于救助机制在很大程度上是在欧盟条约以外、在政府间机制的框架里设计且表决权是按照财政贡献计算的,这事实上赋予了德国更大的发言权[2]。

鉴于德国日益从内政需要和本国的经济利益出发制定其欧洲政策,德国对欧洲一体化的反射性或本能的支持被更为工具性的、冷静的和(公开)以利益为基础的欧洲方案所取代。换句话说,德国追求欧洲一体化不是目的本身,而是作为追逐德国国家利益的工具。尤其是德国政府在追逐国家利益的过程中,尽量避免与其欧盟伙伴发生公开冲突,更多的是利用自己的不对称的经济强权,输出自己的社会与经济模式[3]。

---

[1] 参见默克尔的演讲"Rede von Bundeskanzlerin Merkel anlässlich der Eröffnung des 61. akademischen Jahres des Europakollegs Brügge", Bruges, 2 November, 2010, http://www.bundesregierung.de/Content/DE/Rede/2010/11/2010-11-02-merkel-bruegge.html; "Rede von Bundeskanzlerin Merkel bei der Veranstaltung 'Die Europa-Rede'", Berlin, 9 November, 2010, http://www.bundeskanzlerin.de./Content/DE/Rede/2010/11/2010-11-09-merkel-europarede.html (2012.08.02). See also Alan Mayhew, Kai Oppermann and Dan Hough, "German Foreign Policy and Leadership of the EU - 'You can't always get what you want…but you sometimes get what you need'", SEI Sussex European Institute Working Paper, No. 119, University of Sussex, pp. 6-7。

[2] Ulrike Guérot and Mark Leonard, "The New German Question: How Europe Can Get the Germany It Needs".

[3] Alan Mayhew, Kai Oppermann and Dan Hough, "German Foreign Policy and Leadership of the EU - 'You can't always get what you want…but you sometimes get what you need'", pp. 6-7。

事实上，两德统一以来，德国的"欧洲使命"（European vocation）已经经历了一个逐渐衰减的过程，变得更加因情况而异，更加有争议和更加受到限制①。这种衰减在欧债危机中表现得尤为明显，这和德国国内对欧洲一体化的支持度下降相关②。这一变化限制了政治精英为了欧洲的团结而作出"转移支付"（side payments）的可能性，而与此同时，德国决策者不愿违背这种变化的民意，而是在欧债危机中出于选举政治考虑，奉行"受民调驱动的机会主义"③。

如今，欧洲日益被视作德国的问题所在，而不是德国问题的解决方案。德国政治精英和民众普遍对欧洲一体化日益缺乏信心。一份问卷调查表明，对欧洲信心少乃至没有的德国民众占63%；对于53%的德国人而言，欧洲不再是其未来④。这种"新德国疑欧主义"也反映在正如欧洲对外关系委员会（ECFR）柏林办事处公布的一份讨论文件所表示的，德国似乎相信，与在欧洲联合体框架内行动相比，它"单独能更快、更远和更好地前进"⑤。

与德国的"欧洲使命"衰减相呼应的是，德国日益将目光转向欧洲以外地区，例如在联邦政府最近通过的一份新方案中，它表示要与新兴国家（即所谓新的建构力量）建立新的伙伴关系，以应对全球化挑战⑥。虽然该新方案重申了德国与欧

---

① William E. Paterson, "Does Germany Still Have a European Vocation?", *German Politics*, Vol. 19, No. 1, 2010, pp. 41 – 52; William E. Paterson, "The Reluctant Hegemon? Germany Moves Centre Stage in the European Union", p. 60. 对于德国把本国利益优先于欧洲利益，贡特·海尔曼提出了"默认去欧洲化"的概念，See Gunther Hellmann ed., *Germany's EU Policy on Asylum and Defence: De-europeanisation by Default*, Basingstoke: Palgrave, 2006。

② 例如，这也反映在"欧洲晴雨表"的数据上。See European Commission, *Eurobarometer 72, öffentliche Meinung in der Europäischen Union*, *Nationaler Bericht Deutschland*, Autumn 2009, http://ec.europa.eu/public_opinion/archives/eb/eb72/eb72_de_de_nat.pdf (2012.08.02). 需要指出的是，这里是指德国历史纵向比较。但是，从横向比较看，德国在许多指标上仍然高于欧盟27国的平均水平。

③ Jürgen Habermas, "Europapolitik: Merkels von Demoskopie geleiteter Opportunismus", *Süddeutsche Zeitung*, 07.04.2011, http://www.sueddeutsche.de/politik/europapolitik-merkels-von-demoskopie-geleiteter-opportunismus-1.1082536 (2012.08.02).

④ Thomas Petersen, "Allensbach-Umfrage Gemeinsames Interesse an Europa in Gefahr", *Frankfurter Allgemeine Zeitung*, 17.08.2011, http://www.faz.net/aktuell/politik/europaeische-union/allensbach-umfrage-gemeinsames-interesse-an-europa-in-gefahr-1579998.html (2012.08.02).

⑤ Ulrike Guérot, "How European Is the New Germany? Reflections on Germany's Role in Today's Europe. An Essay", *MEMO*, ECFR Berlin Office, November 2010.

⑥ Deutscher Bundestag, *Unterrichtung durch die Bundesregierung*, *Globalisierung gestalten — Partnerschaften ausbauen — Verantwortung teilen*, Drucksache 17/8600, 08.02.2012.

盟、北约等现有伙伴的关系是基础,但依然促使个别学者提出"德国是否还是一支欧盟/欧洲的力量?"①的疑问。与此相应,对于德国与中国近年发展起来的、以政府间磋商为标志的"特殊关系",也有学者担心会损害欧洲的共同战略利益②。

(三) 德国似乎日益成为地缘经济强权

德国在欧债危机背景下经济实力日益增长,这主要也是因为德国是弱势欧元和欧债危机的获利者,例如,德国国债在欧债危机中成为投资的避风港,德国甚至可以以零利率发行国债③。而其他国家包括法国实力的削弱则进一步突出了德国的领导地位。如前文所述,虽然在欧债危机中,每一项救助措施都是基于德法的建议,这表明传统的法德轴心依然在发挥作用,但是重心无疑向德国发生了转移,正如欧盟委员会前主席普罗迪曾形象表述的:"如今是默克尔做决定,而萨科齐负责举行新闻发布会解释她的决定。"④在告别"默科齐"时代、法国新总统奥朗德上台后,虽然法国、意大利和西班牙之间的联盟迫使德国作出了某些让步,但是在欧元债券等根本性问题上,它们依然无法撼动德国政府的立场,这也反映在围绕着欧元区引入银行监管的博弈中。

但是,德国在欧债危机中凸显的经济实力并未转变成其在欧洲共同外交与安全政策上的领导地位。这也就是说,德国外交政策和欧洲政策的重点在经济政策上,而不是在安全政策上。这一点比较一下德国在利比亚危机上的表现就非常明显:2011年3月17日,在联合国安理会关于在利比亚设立禁飞区的1973号决议的表决中,德国与"金砖四国"中国、俄罗斯、印度和巴西一起投

---

① Susanne Gratius,"Is Germany still a EUropean Power?", *FRIDE Policy Brief*, No. 115, February 2012.
② Hans Kundnani and Jonas Parello-Plesner,"China and Germany: Why the emerging special relationship matters for Europe", *Policy Brief* 55, European Council on Foreign Relations, May 2012.
③ See "Krisengewinner Deutschland. Darum klingeln trotz Schuldenkrise die Kassen", *Focus*, 23.08.2012, http://www.focus.de/finanzen/news/staatsverschuldung/krisengewinner-deutschland-darum-klingeln-trotz-schuldenkrise-die-kassen_aid_805527.html (2012.08.26).
④ Paul Hockenos,"The Merkelization of Europe. A European Germany Has Become a German Europe-and It's all Downhill from Here", *Foreign Policy*, December 9, 2011, http://www.foreignpolicy.com/articles/2011/12/09/_merkelization_of_europe?page=full (2012.08.02).

了弃权票。这是德国在"二战"后第一次在联合国安理会投票中不支持其所有的欧盟与北约盟友①。德国在经济上的强势地位与其在安全政策上的节制立场形成了鲜明反差。为此,在西方盟国看来,德国越发是一个安全的消费者,而非提供者,这被视作德国外交政策的自我矮化和搭便车②。

有鉴于此,德国似乎正日益成为一个"地缘经济强权"(geo-economic power)③,这是指德国日益运用经济手段去追逐其外交政策以及欧洲政策目标,而这种目标本身更多的是经济性的,而不是政治方面的目标④。这使人们有理由认为,德国只有非常适度的外交与欧洲政策雄心;德国在欧洲的新影响力仅限于德国在当前欧债危机解决中的"默认领导地位"(leadership by default),但并未反映出德国在欧洲的实力有了更为全面的提升。至少利比亚危机表明,德国与法英在军事力量的使用上依然存在着严重分歧,法国如今把英国视作安全与防务政策上的优先伙伴⑤。因此,鉴于德国无法胜任领导欧洲共同外交与安全政策发展

---

① 参见闫瑾:《德国利比亚危机政策分析》,载《欧洲研究》2011 年第 3 期,第 10~13 页。
② 这一两重性也反映在欧洲对外关系委员会的 2012 年欧洲外交政策记分卡中:在总计作为调查样本的 30 个外交政策议题中,德国在 19 个议题(包括欧债危机应对)上被视为"领导",由此德国被列为领导者的领域多于其他任何国家,但与此同时,德国在 4 个议题(包括利比亚)上被视为"懒鬼"。European Council on Foreign Relations (ECFR), *European Foreign Policy Scorecard 2012*, London: ECFR, 2012. 在 2013 年欧洲外交政策记分卡中,德国居"领导"地位的议题也是最多的(12 个)。European Council on Foreign Relations (ECFR), *European Foreign Policy Scorecard 2013*, London: ECFR, 2013.
③ Hans Kundnani, "Germany as a Geo-economic Power", *The Washington Quarterly*, Summer 2011, pp. 31-45, here pp. 39-41.
④ 需要说明的是,这里并不是说德国没有任何政治雄心,一个典型的例子是德国积极谋求联合国安理会常任理事国席位,但是德国"争常"的主要理由之一恰恰是其对联合国的财政贡献,而且从历史发展来看,德国统一以来在联合国安理会改革问题上的立场发生了明显转变:从最初的矜持,乃至优先考虑欧洲共同代表,转向谋求单独的常任理事国席位。这也是德国统一后日益走向"正常化",其外交政策日益以本国的利益为导向紧密相关的。但是,德国"争常"与欧洲一体化的理念,尤其是欧洲共同外交与安全政策的深化形成了冲突。详细分析参见郑春荣:《德国"争常"的过程、障碍与前景》,载顾俊礼主编、杨解朴副主编:《中德建交 40 周年:回顾与展望》,社会科学文献出版社,2012,第 193~207 页。
⑤ 法英之间的双边合作反映在 2010 年 11 月 2 日签订的有关两国军队合作与共同继续开发其核武器的协议中。但必须看到,这是法英两国在欧盟框架之外的双边行动,是对欧洲共同安全与防务政策的侵蚀。Ronja Kempin and Nicolai von Ondarza, "Die GSVP vor der Erosion? Die Notwendigkeit einer Wiedereinbindung Frankreichs und Grossbritanniens", *SWP Aktuell* 25, Mai 2011.

的角色，德国至少在目前不愿意也没有能力领导欧盟成为一个更有效的全球力量①。

四 德国与欧洲一体化的未来

虽然德国的欧洲政策自两德统一以来，尤其是欧债危机爆发以来呈现出上述变化，但德国依然是"欧洲的德国"。这既是基于其在欧洲和欧盟中心的地理与地缘政治位置，也是基于其表述在《基本法》前言中的价值取向，即德国"作为一个统一的欧洲中的平等组成部分"致力于世界和平②。而且，德国从欧洲一体化以及统一的欧元中获益最多，所以，单从经济利益考虑，德国绝不会轻易让欧元崩溃乃至欧盟解体。

与此同时，人们在欧债危机中见证了一个自信乃至独断的德国，但其目前在欧盟中的领导地位，并不是德国主动谋取的，而且，德国没有能力和意愿把在欧债危机中的领导力转化为全面的领导力。此外，欧债危机再次表明，德国的邻国依旧对德国心怀警惕，德国无法轻言放下历史负担。因此，"德国的欧洲"并不会重现。

然而，不可否认的是，随着德国欧洲政策的日益内政化、日益以本国的经济利益为行动出发点，德国国内在进一步推动欧洲一体化问题上也出现了杂音。这也清楚体现在德国政界有关欧洲一体化未来走向的讨论中。

在执政党方面，联邦财政部长朔伊布勒（基民盟）作为欧洲一体化的坚定捍卫者，曾多次勾画欧洲的未来蓝图，他不仅表示要为欧盟委员会货币事务委员引入对成员国预算的否决权，甚至还表示他支持建立真正的政治联盟③。反对党

---

① Ulrich Speck, "Why Germany Is Not Becoming Europe's Hegemon", *FRIDE Policy Brief*, No. 126, April 2012.
② Werner Link, "Europa ist unentbehrlich: Plädoyer für ein europäisches Deutschland", in Thomas Jäger, Alexander Höse and Kai Oppermann eds., *Deutsche Außenpolitik. Sicherheit, Wohlfahrt, Institutionen und Normen*, Wiesbaden: VS Verlag für Sozialwissenschaften, 2007, pp. 585 – 595.
③ See "Schäubles EU-Vorstoß. Die Volksabstimmung wird kommen", *Zeit Online*, 25.06.2012, http://www.zeit.de/politik/deutschland/2012 – 06/eu – schaeuble – volksabstimmung (2012.08.20).

社民党主席加布里尔也提出，要建立共同的财政与税收政策①，虽然他没有朔伊布勒走得那么远，但是这样的一体化步骤在德国按照《基本法》第 146 条也需要通过全民公决制定新宪法才能实现。

但是，问题是自民党不赞同建立债务共同体，而基社盟也对进一步让渡主权给欧盟表示出很大怀疑，基社盟主席泽尔霍夫甚至表示，在为债务国家承担每一笔新的担保前，就应举行全民公决②。但是一个新的变化是，自民党联邦议会党团主席布吕德勒日前也表示，就欧盟的政治未来举行全民公决是可能的，关键是德国在欧债危机中到底必须让渡多少主权③。

从以上的讨论可以看出，各党虽然对全民公决众口一词，但是各党在欧洲一体化到底应该往何处去以及应该走多远的问题上并没有统一立场。尤其是基社盟作为疑欧派的代表更多的是希望利用全民公决来为进一步让渡主权设置无法逾越的障碍。换言之，在某些人看来，全民公决是通往"更多欧洲"的民主之途，而另一些人却恰恰希冀全民公决成为去一体化的"催化器"④。默克尔总理虽然再次提出了在欧盟召集修约大会的要求⑤，但是鉴于德国执政联盟内部以及各党之间的分歧，她也承认，目前讨论在德国通过全民公决来就欧盟

---

① See "Volksabstimmung. Gabriel setzt Merkel mit Euro-Vorstoß unter Druck", *Berliner Morgenpost*, 06.08.2012, http：//www.morgenpost.de/politik/inland/article108500332/Gabriel - setzt - Merkel - mit - Euro - Vorstoss - unter - Druck.html (2012.08.20).

② Annett Meiritz und Severin Weiland, "Debatte über Volksentscheid. Warum die Bürger über Europa abstimmen sollen", *Spiegel Online*, 25.06.2012, http：//www.spiegel.de/politik/deutschland/euro - krise - fuehrt - zu - debatte - ueber - volksabstimmungen - in - deutschland - a - 840757.html (2012.08.20); See also "Euro-Krise. Seehofer verlangt Plebiszit über Zukunft Europas", *Spiegel Online*, 10.08.2012, http：//www.spiegel.de/politik/deutschland/euro - krise - seehofer - fordert - volksabstimmung - ueber - zukunft - der - eu - a - 849403.html (2012.08.20).

③ See "Schuldenkrise. Schwarz-Gelb stellt sich auf Volksabstimmung zur EU ein", *Spiegel Online*, 10.08.2012, http：//www.spiegel.de/politik/deutschland/euro - krise - bundesregierung - stellt - sich - auf - volksabstimmung - zur - eu - ein - a - 849251.html (2012.08.20).

④ Hans Kundnani, "The German People Will Decide Europe's Fate", *The Gurdian*, 26.08.2012, http：//www.guardian.co.uk/commentisfree/2012/aug/26/merkel - push - treaty - may - tear - eu - apart (2012.09.10).

⑤ See "Kontrolle der Haushalte. Merkel forciert neuen EU-Vertrag", *Spiegel Online*, 25.08.2012, http：//www.spiegel.de/politik/deutschland/kanzlerin - merkel - fordert - neuen - eu - vertrag - a - 852054.html (2012.08.28).

将来应具有怎样的权限作出决定还为时尚早①。

但是，人们不能寄望于德国2013年9月联邦议会选举后德国政府的欧洲政策会出现大的改变，这主要是因为：一方面，根据目前民调，默克尔有很大希望获得连任，只是执政伙伴可能会更换为社民党或绿党；另一方面，在目前的反对党中，除了左翼党，社民党和绿党对默克尔的危机应对方案都投了赞成票，因此，没有理由认为，他们上台后会改弦更张。最后，德国政府所面临的、正如上文所分析的国内限制因素依然会束缚其行动的余地。例如，民调显示，虽然有绝大多数德国人（71%）赞同通过全民公决决定是否进一步让渡主权，但是在是否真的要把预算决定权和预算监督权上交欧盟的问题上，持反对意见的人占了多数（占55%，支持的仅为39%）②。目前，德国国内甚至出现了"反欧元"运动：一群代表自由和保守思想的知识分子于2013年4月组建了"德国选择"党（Alternative für Deutschland），打着取消欧元、恢复德国马克的旗帜吸引选民，以期在2013年9月的德国大选中能越过5%门槛，进入联邦议会。

综上所述，即使暂且不论德法在欧洲一体化终极目标上的立场迥异③，也不去考虑那些曾经对欧盟宪法说"不"的国家依然会对大幅让渡主权进行抵制，更不去考虑英国甚至表示将来要对是否留在欧盟举行公投，如今，哪怕在德国，无论是政治精英，还是民众，其对进一步推动欧洲一体化的共识也不再是既定的、无条件的。这无疑给欧洲一体化的未来带来了诸多变数。

---

① See "EU: Merkel gegen baldige Volksabstimmung über EU-Machtfülle", *Focus*, 25.06.2012, http://www.focus.de/politik/deutschland/eu - merkel - gegen - baldige - volksabstimmung - ueber - eu - machtfuelle_ aid_ 772236.html（2012.08.02）.

② See "EU. Mehrheit der Deutschen für Volksabstimmung zu Europa", *Focus*, 05.07.2012, http://www.focus.de/politik/deutschland/eu - mehrheit - der - deutschen - fuer - volksabstimmung - zu - europa_ aid_ 777996.html（2012.08.02）.

③ 例如2000年德国外长菲舍尔和法国总统希拉克之间的"欧洲联邦"与"民族国家"之争。See Joseph Fischer, "Vom Staatenbund zur Föderation-Gedanken über die Finalität der europäischen Integration. Rede am 12. Mai 2000 vor der Humboldt-Universität in Berlin", *Blätter für deutsche und international Politik*, 6：2000, pp. 752 – 756; Jacques Chirac, Unser Europa " Rede von Jacques Chirac, dem Präsidenten der Republik Frankreich, vor dem Deutschen Bundestag, Berlin, Dienstag, den 27, Juni 2000.

五　结语

德国在欧债危机应对中先犹豫后独断的表现，除了受到德国经济治理理念的影响，更多的则是受到国内民意和否决玩家的钳制。事实上，自德国统一以来，德国的欧洲政策日益成为其内政的工具，也就是说，德国日益以反映在民调中的本国利益为其欧洲政策的出发点，甚至不惜为此破坏与欧盟其他成员国之间的团结。

诚然，"欧洲的德国"依然是德国的行动框架，毕竟德国从欧洲一体化进程中获益最多。但是，从对德国在欧债危机中表现的分析中，可以清晰看出德国欧洲政策自两德统一以来所出现的若干新变化，这就是：德国的欧洲政策日益为内政所驱动；德国的"欧洲使命"在日益衰减；德国似乎日益成为地缘经济强权等。这些新变化进一步加剧了来自欧盟其他成员国对德国欧洲政策的外部期待与来自德国社会的内部约束之间的张力，增加了德国欧洲政策的不可测性，也为欧洲一体化的未来前景增添了不确定性。

（原文刊于《欧洲研究》2012年第5期，辑入本文集前，做了相应修改与补充。）

第二章 法国的欧洲政策与欧洲的未来*

张 骥**

法国是欧洲一体化进程的核心缔造者和领导者。欧洲一体化为解决法德安全困境、发挥法国国际影响力、保障欧洲长期和平、稳定与繁荣提供了一个独一无二的机制。法国作为欧盟核心成员国,它的欧洲政策对一体化的发展至关重要,直接影响并制约着一体化的前景和欧洲的未来。欧债危机不仅是一场经济危机,也是一场政治危机,它在给欧洲和世界经济造成巨大影响的同时,也深刻改变着欧洲的权力结构,带来成员国之间、成员国与欧盟之间关系的复杂变化,"法德轴心"的演变即是这种变化的集中体现。危机的发生和深化集中暴露了一体化的矛盾和问题,也为一体化的发展带来了改革的压力和动力,而其中最为重要的,就是如何处理和平衡成员国之间以及成员国与一体化之间的关系,它是决定欧洲未来的关键。

一 欧债危机与法国欧洲政策的新环境

(一)法国的欧洲政策

欧洲合作和欧洲一体化建设是"二战"后至今法国实现外交和安全政策目

---

* 本文为作者主持的2013年国家社科基金青年项目"欧债危机背景下中法新型大国关系构建研究"(项目批准号13CGJ006)的阶段性研究成果。
** 张骥,复旦大学国际关系与公共事务学院助理研究员、上海欧洲学会理事。

标最重要的战略依托和手段,也是法国外交和安全战略最重要的一环。

"二战"结束后,两极格局逐渐形成,法国国际地位衰落。要保障国家的安全和主权,追求在国际政治中的独立和影响力,恢复法国大国地位,只有通过欧洲合作和联合来实现。战后法国之所以选择欧洲合作战略主要基于三个原因:第一,通过将德国置于欧洲框架中寻求相对的安全;第二,欧洲合作为保障法国在世界政治中的独立,摆脱两个超级大国,特别是美国的控制提供了一个合适的框架;第三,法国认识到自身相对实力下降,单靠民族国家有限的能力已经难以在世界舞台上发挥重大作用,法国的主权要通过欧洲合作来加强和巩固,法国的国际角色和世界影响力要通过欧洲联合来实现①。

冷战结束后,虽然国际和欧洲格局发生了重大的变化,但是通过欧洲合作和欧洲一体化建设来实现法国外交和安全战略目标的政策在总体上保持了连续性。第一,德国的统一再次带来对其权力增长的安全忧虑,法国和其他欧洲国家一道采取"绑定"战略,将德国继续置于欧洲联合的框架中,以保持欧洲大陆的长期和平与稳定;第二,两极体系虽然解体,但对于美国主导的单极世界和美国权力扩张的担忧,成为维持欧洲合作和独立的新的更加强大的动力,法国鲜明的奉行多极世界的主张,并认为欧洲应该成为其中重要的一极,欧洲合作仍然是法国追求在世界政治中的独立和领导地位的合适框架;第三,法国的相对实力继续下滑,面对世界政治经济中力量对比的变化和新兴国家的崛起,法国只有继续通过欧盟这个框架才能达到在世界政治中发挥重大影响力的目标。

通过建设一个强大的欧洲,发挥法国的影响力,始终是法国对外政策的核心诉求。法国将欧洲联合(欧盟)作为一个"权力放大器"(un multiplicateur depuissance)②和"跳板"③,借助欧洲联合实现单靠法国自身力量已经无法实现的对外政策目标和影响力;同时始终追求在欧盟事务中的领导权,确保联合的欧

---

① Claudia Major and Christian Mölling, "'Show Us the Way Forward, Astérix' Europe Needs the French Involvement in ESDP", CERI-Sciences Po, *Dossier du kiosque*, mars-avril 2007, pp. 2 – 4, http://www.ceri-sciencespo.com/archive/mars07/art_cmcm.pdf.

② Adrian Treache, "Europe as a Power Multiplier for French Security Policy: Strategic Consistency, Tactical Adaptation", *European Security*, Vol. 10, No. 1, 2001, pp. 22 – 44.

③ Bastien Irondelle, "France and CFSP: the End of French Europe?", *Journal of European Integration*, Vol. 30, No. 1, 2008, p. 156.

洲朝着法国希望的方向前进①。

欧洲一体化为法国发挥影响力服务的同时，也带来了维护国家主权与维持欧洲合作之间持续的张力。法国欧洲政策存在的一个基本矛盾是，若要发挥法国的领导作用和影响力，就需要建设一个更加强大的欧盟；要加强欧盟的团结和效率，就需要赋予联盟更大的权力，而这将削弱法国外交政策的独立性，甚至让渡更多的主权②。因此，法国始终坚持欧洲合作和欧洲一体化的政府间主义性质，在推进欧洲一体化的进程中强调法国的领导，强调欧洲的自主，强调核心欧洲的作用。

综上，法国的欧洲政策围绕四项基本诉求展开，即"法国领导的欧洲"、"政府间主义的欧洲"、"多速和核心的欧洲"以及"欧洲人的欧洲"，其核心是"法国领导的欧洲"，其他三项诉求围绕这一核心诉求展开。

萨科齐上任伊始，就将重振法国在欧洲的领导权和影响力作为外交政策的重点，其欧洲政策延续了法国对外政策的核心诉求：通过建设一个强大的欧洲，发挥法国的影响力。全球金融危机，特别是欧债危机的爆发和蔓延以及一系列外交危机的发生，为法国发挥影响力提供了舞台，而萨科齐积极进取、强势硬朗的鲜明个性更凸显了其追求领导权和影响力的目标。

全球金融危机和欧债危机也使得法国雄心勃勃的外交政策目标与相对削弱的国家实力之间的矛盾更加突出。危机进一步凸显了法国经济不适应全球化的问题，加剧了竞争力下降、经济低迷、失业率高企、债务庞大的状况。法国国力进一步削弱，外交和国防预算大幅削减，外交政策的资源和手段受到限制。在这样的情况下，法国外交政策的两面性更加突出：一方面是相对收缩和内向化。萨科齐提出了"相对大国时代"③的概念，认为世界将进入一个"相对大国时代"，无论在世界事务还是欧洲事务上，法国越来越难以单独行事，需要通过伙伴关系来完成外交政策目标，改善与美国的关系，加强与欧洲国家、新兴国家的合作。同时，法国的资源和精力必须更加集中。在欧债危机爆发后，法国外交政策的重

---

① 参见〔美〕兹比格纽·布热津斯基：《大棋局——美国的首要地位及其地缘战略》，中国国际问题研究所译，上海人民出版社，1998，第80页。
② Dionyssis G. Dimitrakopoulos, Anand Menon and Argyris G. Passas, "France and the EU under Sarkozy: Between European Ambitions and National Objectives?", *Modern & Contemporary France*, Vol. 17, No. 4, November 2009, p. 451; Justin Vaisse, "A Gaullist By Any Other Name", *Survival: Global Politics and Strategy*, Vol. 50, No. 3, September 2008, p. 9.
③ 参见沈孝泉：《萨科齐的"相对大国"论内涵》，载《瞭望》2008年第4期，第58页。

点转向应对危机和解决欧洲内部问题。另一方面，在欧盟对外政策领域，特别是涉及法国利益的地区和全球议题上，像中东北非地区、利比亚、叙利亚、气候变化、航空碳税、伊朗核问题等，法国外交政策的进攻性也更加突出。

萨科齐政府的欧洲政策，依然是在加强欧洲合作与维护法国主权和领导权这一基本矛盾下，围绕四项基本诉求展开的。这些基本的欧洲政策诉求在危机的背景下面临的是一个日益失衡的欧盟，其实现面临越来越大的挑战。

（二） 法国面临一个日益失衡的欧盟

在欧洲合作和欧洲一体化进程中，"法德轴心"是最为重要的支柱。法国对欧洲的领导，是通过"法德轴心"为欧洲提供强有力的政治领导来实现的。从欧洲一体化起步开始，法德合作就在欧洲事务和欧洲治理中发挥着核心作用。"法德轴心"建立在一个被斯坦利·霍夫曼称之为"不均衡的均衡"（symmetry of asymmetry）的基础之上：法国在政治上的领导和德国在经济上的领导所达成的均衡，它们代表了不同的政治体制（中央集权/联邦国家）、经济制度（国家干预/自由经济）、欧洲观念（政府间主义/联邦主义）在欧洲合作中的妥协和合作[1]。什么时候法德能达成共识，其他国家就能相应的妥协，推动欧洲一体化向前发展，反之亦然。冷战结束、德国统一之后，欧洲一体化的成果得以维持，欧洲政治与安全合作得以获得实质性的深化和拓展，欧元得以诞生都依赖于法德之间通过这种"不均衡的均衡"而达成的大交易（big deal）。法国始终希望通过欧洲一体化的框架将一个统一和强大的德国限制在欧洲联合事业中来保障欧洲和平与平衡德国的权势，通过法德之间的合作来引导欧洲联合向着法国希望的方向发展。

但是，德国的统一、欧盟的扩大都给"法德轴心"本身及"法德轴心"内部的平衡带来了冲击。首先是欧盟扩大带来的法国领导权的"稀释"（dilution）[2]。随着欧盟的不断扩大，欧盟内部出现不同的政策联盟。一些中等国家像波兰、西班牙等不愿只做法德的跟随者，特别是当它们认为法德等大国越来越强调自身的利益而不是欧盟整体利益的时候，它们更加强调自身利益的伸张，

---

[1] Ulrike Guérot, "Germany and Europe: New Deal or Déjà Vu?", *Notre Europe Studies and Research*, No. 55, December 2006, http://www.notre-europe.eu/uploads/tx_publication/Etud55-UGuerot-presidenceallemand-ene.pdf.

[2] Bastien Irondelle, "France and CFSP: The End of French Europe?", p. 157.

在一些议题上组成新的政策联盟。比如在伊拉克战争问题上,就形成了所谓"新欧洲国家"与"老欧洲国家"的分化。其次,德国统一以及《尼斯条约》对欧盟决策投票权重的调整则给"法德轴心"的平衡带来了冲击,德国的力量和地位不断增长。不仅如此,法德之间经济差距的日益扩大也加剧了不平衡。德国成为欧盟最成功的经济体,而法国却在全球化中缺乏竞争力①。再次,无论是法德英等大国,还是中小成员国,都在一定程度上出现了"再国家化"②的现象,在国家利益存在严重分歧的领域采取单边的方式,以其国家利益、甚至是执政党利益为出发点。上述三方面的变化使得欧盟内部的利益差异愈加明显,政治结构变得愈加复杂、愈加难以管理③。欧债危机加剧了欧盟内部政策联盟的分化改组和政治结构的变化,北方国家/南方国家,债权国/重债国在一系列政策问题上产生了重大分歧,随着危机的深化,左翼思潮和极端势力兴起,右派政府接连下台。

更为重要的是,欧债危机加剧了大国关系和"法德轴心"的不平衡,改变着欧洲的权力结构,这主要体现在三个方面:第一,欧债危机的深化将"法德轴心"再次推上了领导核心的位置,英国在深化欧元区一体化问题上的怀疑态度和在修约问题上特立独行的强硬,使得欧盟从近年来的"三驾马车"转回"法德联姻"④,进一步促使法德在欧洲经济治理领域,特别是在危机应对中靠拢,领导地位得到巩固,"默科齐"在欧洲应对债务危机的决策和行动中扮演了"双头"领导者的角色;第二,在"法德轴心"内部,由于法德经济状况和国家实力的差距进一步拉大,德国在危机中不断坐大,话语权不断增强,法国的一系列政策主张不得不向德国作出让步,呈现出"法国主张、德国内核"的特征,"法德轴心"向"德法轴心"演变;第三,尽管德国以其一枝独秀的经济表现在危机中日益成为一个地缘经济强权,但其凸显的经济实力并未转变成其在欧洲外交和安全政策领域的领导地位⑤。德国在外交和

---

① Ulrike Guérot and Thomas Klau, "After Merkozy: How France and Germany Can Make Europe Work", ECFR (The European Council on Foreign Relations), May 2012, http://ecfr.eu/page/-/ECFR56_FRANCE_GERMANY_BRIEF_AW.pdf, p. 3.
② 张骥:《欧洲化的双向运动:一个新的研究框架》,载《欧洲研究》2011 年第 6 期,第 136 页。
③ Steven Philip Kramer, "The End of French Europe?", *Foreign Affairs*, Vol. 85, No. 4, Jul/Aug 2006, p. 135.
④ 赵怀普:《英国否决欧盟修约与英欧关系的新动向》,载《外交评论》2012 年第 3 期,第 110 页。
⑤ 郑春荣:《从欧债危机看德国欧洲政策的新变化》,载《欧洲研究》2012 年第 5 期,第 13~14 页。

安全议题上采取了相对沉默的立场，甚至在利比亚问题上采取了与欧洲盟友和北约盟友相左的立场。在叙利亚问题上，德国也与法英强烈的武力干预冲动保持距离。而法国尽管在经济治理和危机应对领域追随德国，但在外交和安全政策领域表现出强势的进攻性，依然扮演着领导者的角色，并与英国在武力干预利比亚以及叙利亚问题等方面展开了有效的合作。此外，欧盟内部对德国严苛的紧缩战略的批评声和对其日益增长的经济强权的担忧和反弹也在日益增加。

从以上的分析可以看出，欧债危机进一步打破了欧盟权力结构的"均衡"，形成了经济治理领域和外交安全政策领域权力结构的分化。这种失衡和分化体现在三个方面：第一，经济权力失衡。德国在危机中成为欧洲主导性的经济力量，由于法国和其他国家经济的孱弱，使得德国在欧盟经济政策决策中已经不断增长的权力进一步扩大，经济权力结构严重失衡。第二，虽然法国保持了在欧盟外交和安全政策领域的领导，并加强了与英国的合作，但由于经济实力的衰落，军费和外交预算的持续衰减，继续保持这种领导地位变得日益艰难。第三，政经权力关系失衡。应对欧债危机成为欧洲事务的核心，经济政策和经济治理的重要性不断增强，外交事务的分量有所下降，这进一步加剧了德国影响力的上升和欧洲权力结构的失衡。

二 危机中的领导者：在失衡的欧盟中追求领导

面对一个日益失衡的欧盟，法国在追求欧洲事务领导权上呈现出两个不同的路径：即在外交和安全政策领域展现强势的领导和进攻性，在经济治理和危机应对领域与德国共同领导，并在一定程度上追随德国，展现出妥协性。

（一）外交与安全政策：重振法国的领导地位

"法国领导的欧洲"是法国欧洲政策的核心诉求。萨科齐上台时面临的，是因全民公决否决《欧盟宪法条约》而带来的法国国内"疑欧主义"的上升和法国在欧盟中领导权威的下降。萨科齐将解决制宪危机、重振法国在欧洲的领导权作为重振大国地位和展现其领导力的基础和重点，当选不久就宣称要使法国"重返欧洲"[①]。他

---

① Brinton Rowdybush and Patrick Chamorel, "Aspirations and Reality: French Foreign Policy and the 2012 Elections", *The Washington Quarterly*, Vol. 35, No. 1, Winter 2012, p. 164.

对前任的欧洲政策提出批评，提出在四个方面加强法国的欧洲政策：一要加强对欧洲的政治领导，为欧洲合作和治理提供强有力的领导；二要密切和欧盟机构之间的协调，改变轻视欧盟机构的做法；三要加强与其他欧洲国家的伙伴关系；四要改善与美国的关系，换取美国对欧洲一体化特别是安全和防务合作的支持。萨科齐政府在欧盟内部治理和对外政策领域，在一系列外交危机和金融危机、债务危机的应对中，特别是2008年下半年担任欧盟轮值主席国的过程中，为欧盟注入了强势领导。

首先，推动《里斯本条约》的通过，强化欧盟对外政策机制，提升欧盟对外政策行动能力。萨科齐主张用简化的宪法条约来解决制宪危机，提升欧盟机构的效率和对外行动能力。当选后他和默克尔一道不遗余力地推动《里斯本条约》的谈判和通过，并在解决爱尔兰、捷克等国批准程序危机的过程中发挥关键性作用。

其次，推出"地中海联盟"（l'Union pour la Méditerranée），强化法国和欧盟在该地区的影响力。法国建立"地中海联盟"的考虑有三：一是平衡由德国主导的欧盟东扩带来的法国影响力的削弱，以欧盟为支撑强化法国在地中海地区的影响力；二是为解决欧盟扩大问题，特别是为反对土耳其加入欧盟寻求替代性方案；三是解决困扰法国的中东北非移民问题。但是，尽管"地中海联盟"在2008年7月法国担任轮值主席国期间成立，并在巴黎召开首次峰会，但在默克尔的强烈要求下，它最终与欧盟已有的"巴塞罗那进程"合并[1]，从一个萨科齐设想的法国领导的地中海国家联盟，变成一个包括所有欧盟国家在内的稀释了的欧洲计划[2]。

再次，在2008年下半年担任欧盟轮值主席国期间，法国在应对一系列国际危机和推动欧盟内部治理方面发挥了关键性作用。萨科齐在格鲁吉亚危机中成功地扮演了调停角色。为应对全球金融危机，法国领导制订了欧盟的救市计划。在气候变化、共同农业政策、移民政策、共同安全与防务政策四项法国制定的轮值主席国重点工作[3]上都取得了进展：推动欧盟27个成员国签订了控制气候变化

---

[1] Justin Vaisse, "A Gaullist By Any Other Name", pp. 9 – 10.
[2] Zaki Laïdi, "Méditerranée: une union pour quoi faire?", 13 juillet 2008, http://www.telos-eu.com/fr/globalisation/emergents/mediterranee-une-union-pour-quoi-faire.html.
[3] "Les grands enjeux de la présidence française de l'Union européenne", 16 juillet 2008, l'Ambassade de France en Chine, http://www.consulfrance-pekin.org/Presidence-francaise-de-l-UE-enjeux-pour-la-Chine.html?lang=fr.

的协议，为欧盟在气候变化问题上的国际谈判奠定了基础；通过了《移民与避难公约》；达成了欧盟农业共同政策"执行状况总结"的协议；提出了加强欧洲防务能力建设的草案等①。

第四，法国推动欧盟对外政策表现出强势的进攻性，奉行积极的干预主义。法国在伊朗核问题上采取比美国更加强硬的态度，推动欧盟对伊朗实施至今最严厉的制裁：石油禁令及一揽子经济制裁。在中东北非危机中，法国更是奉行积极的干预主义，甚至冲在美国前面充当急先锋。法国率先承认利比亚反对派，积极和英国联手推动联合国安理会通过在利比亚设立禁飞区的1793号决议，并率先发动和领导了对利比亚的多国军事行动。在叙利亚问题上，法国同样强硬地要求阿萨德下台，率先支持反对派，同英美一起谋求在安理会通过授权动武和政权更迭的决议。在非洲，法国介入科特迪瓦内政和大选，并最终采取直接军事干预将反对法国的败选总统巴博赶下台，支持当选总统瓦塔拉上台。此外，法国还在全球气候谈判、航空碳税等议题上支持欧盟采取单边主义的做法。

最后，法国在应对全球金融危机中扮演了欧洲领导者的角色。萨科齐在倡导强化国际金融监管、推动国际金融和货币体系改革方面表现积极，法国在推动G20成为应对金融危机的主要制度平台方面发挥了积极作用。在这些领域，法国加强与中国等新兴国家的合作。在领导欧洲应对全球金融危机方面，萨科齐主张建立"欧洲经济政府"（gouvernement économique），亲自推动欧元区成员国首脑会晤的机制化；批评欧洲央行僵化的限制性货币政策，主张利用货币政策促进增长和就业；主张建立一个"受保护的欧洲"（une Europe qui protège），提出创立欧洲主权财富基金以保护欧洲企业免受外资控制（德国反对这一政策），他还在最初阶段提出过建立一个3000亿欧元的欧洲银行救助基金的建议（法、德最后放弃了这一建议）②。

需要指出的是，在对外政策和安全防务合作领域，法国加强了与英国的合作

---

① "Bilan de la Présidence française du Conseil de l'Union européenne", 19 janvier 2009, l'Ambassade de France en Chine, http：//www.consulfrance – pekin.org/Bilan – de – la – Presidence – francaise – du – Conseil – de – l – Union – europeenne.html? lang = fr ; Dionyssis G. Dimitrakopoulos, Anand Menon and Argyris G. Passas, "France and the EU under Sarkozy: Between European Ambitions and National Objectives?", pp. 453 – 461.

② Dionyssis G. Dimitrakopoulos, Anand Menon and Argyris G. Passas, "France and the EU under Sarkozy: Between European Ambitions andNational Objectives?", pp. 455 – 456.

关系。两国在加强欧盟安全与防务政策行动能力方面存在共识。2010年秋，法英还签署了一项防务条约，在航空母舰及核武器研究等敏感领域开展合作和共享。在伊朗学生冲击英国驻德黑兰大使馆的问题上，萨科齐也给予英国强力支持。特别是在利比亚问题上，法英密切合作形成"战友"，成为欧盟干预的领导者[1]。而德国却对英法等国提出的在利比亚设立禁飞区的决议投了弃权票，对武力干涉叙利亚持谨慎立场。在法国一直积极推动的欧盟扮演全球战略行为体角色方面，特别是发挥安全和军事作用方面，德国持相对保留的态度。

（二）经济治理与危机应对：从"法德轴心"到"德法轴心"

欧债危机爆发后，危机应对和经济治理成为整个欧盟事务的重中之重。在这一领域，"法德轴心"成为领导核心。

欧债危机在两个方面对"法德轴心"产生重要影响。一方面，欧债危机强化了"法德轴心"。欧债危机发生后，尽管欧盟机构积极应对，但由于机制的缺陷和权力的缺乏，欧盟委员会尚不能担当领导核心的作用，无论在政治上还是具体政策上，甚至在政策的推动和落实过程中，依然是"法德轴心"在发挥领导作用。欧盟扩大所带来的"法德轴心"的稀释可能只是暂时性的，当危机到来时，依然需要法德提供强有力的领导和贡献[2]。在任何一个欧元区受到威胁的地方，任何一个需要欧盟治理进行改革的地方，法德倡议仍然是一体化的最基本的动力[3]。

欧洲三大核心国家应对危机的政策所带来的欧洲权力结构变化，进一步强化了"法德轴心"。著名欧洲问题学者让·莫内教授薇安·A. 施密特（Vivien A. Schmidt）通过对欧盟主要成员国精英对欧债危机态度和政策的研究指出，英国虽然在经济危机的第一阶段展现了积极的领导，在利比亚干预中也对欧盟全球

---

[1] 赵怀普：《英国否决欧盟修约与英欧关系的新动向》，载《外交评论》2012年第3期，第107页。

[2] Ulrike Guérot and Thomas Klau, "After Merkozy: How France and Germany can make Europe work", p. 2.

[3] Amandine Crespy and Vivien A. Schmidt, "The Clash of Titans / The White Knight and the Iron Lady: France, Germany and the Simultaneous Double Game of EMU Reform", Paper presented at 9th Biennial Conference of European Community Studies Association-Canada (ECSA-C), April 27 – 28, 2012, http://blogs.bu.edu/vschmidt/files/2012/06/crespy_schmidt_The-clash-of-Titans-ecsa-canada-paper.pdf, p. 1.

战略行为体的角色表现出积极的态度，暂时离开了疑欧主义，但卡梅伦否决"财政契约"使得这一暂时的偏离终止，又回到了疑欧主义的老路上。赵怀普教授通过对英国否决欧盟修约的研究进一步指出，正是由于英国在深化欧元区一体化问题上的怀疑态度和在修约问题上的强硬，使得欧盟从近年来的"三驾马车"转回"法德联姻"①。法国在经济危机中展现了领导角色，在利比亚干预中展示了要将欧盟建设成一个全球人道主义行为体的雄心，扭转了法国国内抵制欧盟的偏离，为欧盟注入了强有力的领导。德国则在一开始迟迟不愿提供融资和贷款保证，对安理会关于利比亚干预的决议投了弃权票，表现出某种自私自利的特征，给人感觉似乎开始扭转其长期坚持的支持一体化的政策②。

英国的作壁上观，法国的雄心勃勃但力不从心，德国的不断坐大但自利谨慎，使得欧洲的权力结构呈现出"英法德"向"德法英"的转变。

欧债危机给"法德轴心"带来的另一个影响，是加剧了"法德轴心"内部的不平衡，使得"法德轴心"在某种程度上向"德法轴心"转变。尽管法国和德国在应对欧债危机方面发挥的协同领导核心作用有目共睹，以至于被冠以"默科齐"（Merkozy）的称号，但这种关系更多地呈现出"法国主张、德国内核"的特征：德国需要法国的支持以使政策倡议更具有合法性和号召力，而实际上却依靠自身的经济强势把德国式的经济模式和紧缩战略强制推广到整个欧洲；法国在经济上的衰弱使得它不得不在一系列政策上向德国让步，尽管仍然使用法国的话语提出共同政策倡议，但不得不装入德国政策的内核。薇安·A. 施密特教授新近完成的研究对法、德在应对欧债危机上的政策主张和最终的政策产出进行了对比（见表1），她的结论是：尽管欧洲充满对"铁娘子"默克尔的批评，批评她在市场的压力下不愿与欧元区成员国采取团结一致的行动，但是她赢得了政策竞争，德国的政策主张、原则和价值被法国所采纳；相反，尽管萨科齐赢得了广泛的赞誉，表现了领导角色，赢得了公共关系竞争，但在实质性的政策上不断向德国作出妥协③。

---

① 赵怀普：《英国否决欧盟修约与英欧关系的新动向》，载《外交评论》2012 年第 3 期，第 110 页。
② Vivien A. Schmidt, " European Member State Elites'Diverging Visions of the European Union: Diverging Differently sincethe Economic Crisis and the LibyanIntervention?", *Journal of European Integration*, Vol. 34, No. 2, Feb. 2012, p. 187.
③ Amandine Crespy and Vivien A. Schmidt, "The Clash of Titans / The White Knight and the Iron Lady: France, Germany and the Simultaneous Double Game of EMU Reform", p. 4.

表 1　法、德在欧债危机应对上的分歧

	法国	德国
危机根源	不受监管的金融和贸易全球化	破坏财政纪律，无限制的赤字和债务
经济政策方案	救助希腊 ➡ EFSF + ESM ➡ 财政协调 ECB 作为最终手段(债务货币化) ⬅ ⬅ ⬅	 财政纪律、规则、惩罚措施 IMF 介入 私人部门参与 投资研发
机制改革方案	欧洲经济政府 ➡ (gouvernement économique) ⬅	平衡预算条例(黄金条例 golden rule)写入宪法
政策理念	 ⬅ ⬅ ⬅ 凯恩斯主义 趋同(convergence) 增长和就业 金融监管	秩序自由主义(ordo-liberal) 竞争力 接受救助条件限制(conditionality) 增长和就业
哲学理念	团结	稳定 财富(wohlstand)
政策反对者	市场/投机者 英国	"欧猪"国家 英国
政策领导者/ 实施者	欧元区 ➡ 法德轴心 ➡ 政府间主义机制 ➡ (领导人政治领导) ⬅ ⬅ ⬅ "欧猪"国家	包括非欧元区的国家 超国家机制(欧盟委员会、欧洲法院) IMF 银行

注：根据 Amandine Crespy 和 Vivien A. Schmidt 的图表 "Discursive Differences Between France and Germany" 制成，本文作者进行了一定的修改和补充。其中的 "➡" 表示法国的主张被德国接受，"⬅" 表示德国的主张被法国接受。

资料来源：Amandine Crespy and Vivien A. Schmidt, "The Clash of Titans / The White Knight and the Iron Lady: France, Germany and the Simultaneous Double Game of EMU Reform", Paper Presented at 9th Biennial Conference of European Community Studies Association-Canada (ECSA-C), April 27 - 28, 2012, http://blogs.bu.edu/vschmidt/files/2012/06/crespy_schmidt_The-clash-of-Titans-ecsa-canada-paper.pdf。

可以看出，在对危机根源的认识上，萨科齐强调不受监管的贸易和金融全球化、国际投机者的操纵；默克尔强调重债国破坏财政纪律、无限制的赤字和债务。在应对措施方面，萨科齐强调应及时出手救助希腊等重债国，强调欧元区国家的"团结"以确保不出现违约，主张设立欧洲共同债券（joint Eurobonds）；默克尔强调必须先整肃财政纪律，制定惩罚措施。萨科齐呼吁欧洲央行（ECB）采取行动，默克尔则坚决捍卫欧洲央行的独立，萨科齐主张由欧元区国家在欧盟内建立一个紧密的内核，默克尔则希望吸纳尽可能多的非欧元区的欧盟成员国参与。萨科齐希望采取法国式的领导方式，强调领导人对一体化的政治领导；默克尔则希望采取德国式的联邦结构，强调欧盟机构（欧盟委员会、欧洲央行、欧洲法院）的独立性[①]。

从政策结果来看，法国在一定程度上实现了欧元区改革方案，得到了它所希望的机制和政策行动，如对希腊的紧急纾困，建立了临时性的欧洲金融稳定工具（EFSF）。但作为交换，法国接受了德国的经济政策和哲学，包括在整个欧洲范围内实施德国式的自由秩序（ordo-liberal）的宏观经济原则和严苛的紧缩政策，建立更为永久性的欧洲稳定机制（ESM），把"财政纪律"写入"财政契约"，同意强化《稳定与增长公约》（SGP），授予其更有力的惩罚和制裁措施[②]。当然，德国也对法国作出了一些让步，例如放松其在欧洲央行大幅购买国债上的立场，以及放弃此前实施过但市场反应消极的、把私人债权人纳入债务规定的要求；放弃在"财政契约"中引入完全自动的惩罚机制，接受了法国的"半自动惩罚机制"等[③]。

总体而言，法国不得不在欧元区应对战略和大政方针上跟随德国，而表现出在具体细节上的讨价还价。法国的一个政策重点和重大挑战就是如何与一个比过去强大的德国共事，一个更加强大的德国对法国的需要比过去小，也比法国对德国的需要小[④]。然而需要指出的是，面对欧元区和欧盟成立以来最为严峻的危机，法德双方以及其他欧盟国家都意识到法德合作和协调的必要性。德国需要法

[①] Charlemagne, "One problem, two visions", Dec 2nd 2011, Website of The Economist, http://www.economist.com/blogs/charlemagne/2011/12/euro-crisis.

[②] Amandine Crespy and Vivien A. Schmidt, "The Clash of Titans / The White Knight and the Iron Lady: France, Germany and the Simultaneous Double Game of EMU Reform", p. 2; 赵怀普：《英国否决欧盟修约与英欧关系的新动向》，载《外交评论》2012 年第 3 期，第 108~110 页。

[③] 郑春荣：《从欧债危机看德国欧洲政策的新变化》。

[④] Brinton Rowdybush and Patrick Chamorel, "Aspirations and Reality: French Foreign Policy and the 2012 Elections", p. 170.

国的政治支持来平衡其他成员国对德国权势的担忧,力不从心的法国则需要德国的实力来应对欧债危机和维持欧元区的稳定。萨科齐和默克尔通过密切的沟通与合作,克服双方的政策分歧,为欧洲应对主权债务危机提供了强有力的领导。

(三) 其他欧洲政策诉求

除了"法国领导的欧洲",危机中法国的欧洲政策还体现了法国欧洲政策的其他基本诉求。

首先是"政府间主义的欧洲"。从法国应对欧债危机的政策主张来看,建立欧洲联盟的雄心与不愿赋予超国家机构过多权力之间的张力这一法国欧洲政策的基本矛盾依然存在[1]。欧债危机暴露出一体化的货币政策与成员国分立的财政政策之间的矛盾,法、德等国都意识到需要通过进一步的一体化来从根本上解决问题,因此在通过修约加强财政政策协调、制定规则上存在共识。然而法国主张的一体化深化是建立在政府间主义基础之上的,因此法国的目标是建立欧洲经济政府(gouvernement économique),始终强调成员国领导人政治领导的重要性,批评欧洲央行过度的独立性,主张欧洲央行直接和有效的干预,在"财政契约"的谈判中尽量争取政府间主义的原则,迫使德国在完全自动的惩罚机制上作出让步。法国还试图将政府主导经济的理念扩展到欧盟经济治理当中,主张建立一个"受保护的欧洲"(une Europe qui protège),强调政府干预的重要性,在增长问题上提出欧洲基础设施建设计划,等等。

其次是"多速和核心的欧洲"。随着欧盟的历次扩大,法国始终想维护其在欧盟中的领导权,其中一个重要的方式就是强调深化重于扩大,屡次在欧洲一体化进程中提出"多速欧洲"的主张,试图通过在大欧盟中组成"核心欧洲"来深化某个政策领域的合作,减小由于利益多元化和政策联盟分化带来的一体化阻力。法国试图通过组建"欧元区政府"以在欧盟内部建立一个欧元区的核心集团。2008 年 10 月,法国利用担任欧盟轮值主席国的机会,在巴黎召开了首次欧元区首脑峰会,欧债危机的深化为法国加强欧元区国家的合作提供了契机,萨科齐试图通过欧元区这个小集团在欧盟内部更便利地作出更多决定,借此将鼓吹市场自由主义的英国及几个北欧和东欧国家排挤出去。此举遭到了英国的强烈抵制。[2] 德国虽然赞成深化欧元区的政策协

---

[1] Dionyssis G. Dimitrakopoulos, Anand Menon and Argyris G. Passas, "France and the EU under Sarkozy: Between European Ambitions andNational Objectives?", p. 451.

[2] 赵怀普:《英国否决欧盟修约与英欧关系的新动向》,载《外交评论》2012 年第 3 期,第 108 页。

调,但在危机的应对中更加强调要包括尽可能多的非欧元区的欧盟成员国。

最后是"欧洲人的欧洲"。法国欧洲政策中的一个重要传统是追求独立的欧洲,在跨大西洋联盟中保持欧洲的独立性。萨科齐上台后迅速扭转希拉克时期对美国单边主义的挑战,大力改善与美国的关系,被称为最亲美的法国总统。在阿富汗问题、伊朗问题、利比亚问题、叙利亚问题等美国外交的重要议程上,萨科齐都提供了有力的支持和合作。特别是作为具有重要象征意义的手段,萨科齐宣布法国重返北约军事一体化组织。奥巴马和萨科齐在应对经济危机的一系列政策上也找到了共同点:都主张建立强有力的防火墙、欧洲央行直接和有效的干预、适度的通货膨胀等①。但必须指出的是,法国重返北约的象征意义大于实质内涵,实际上希拉克已经进行过重返北约军事一体化组织的努力,并非是法国北约政策的突然转向。更为重要的是,萨科齐重返北约决定的一个重要考量是换取美国对建设防务欧洲的支持和打消关键盟国在发展防务欧洲问题上的顾虑②,以利于法国更为顺利地推动欧盟安全与防务政策(ESDP)建设③。欧盟安全与防务建设是法国担任欧盟轮值主席国提出的四项工作重点之一,但是由于经济危机的到来,法国欧洲政策的关注重点迅速转移到应对经济危机上。

三 法国大选与奥朗德:追求欧盟的再平衡

(一) 欧债危机下的法国大选

2012年的法国总统大选是在欧债危机进一步发酵的背景下进行的。尽管萨科齐在带领法国和欧洲应对危机方面展现了领导者的风采,但仍受欧债危机拖累而黯然下台。法国社会党在时隔17年后重返爱丽舍宫,并控制了从中央到地方

---

① Justin Vaïsse, "Les relations franco-américaines après l'élection de François Hollande", *Question d'Europe*, n°241, La Fondation Robert Schuman, 21 mai 2012, http://www.robert-schuman.eu/doc/questions_europe/qe-241-fr.pdf, pp. 1-2.

② Nicolas Sarkozy, "Discours de M. Le Président de La République Sur la Défense et la Sécurité Nationale", 17 juin 2008, http://www.elysee.fr/download/?mode=press&filename=17.06_Def_et_sec_nationale.pdf, 以及 Ben Hall, "France takes strength from US ties, interview of Hervé Morin", *Financial Times*, March 9, 2009.

③ 具体可参见 Dionyssis G. Dimitrakopoulos, Anand Menon and Argyris G. Passas, "France and the EU under Sarkozy: Between European Ambitions andNational Objectives?", pp. 457-460。

的行政和立法权力。萨科齐败选固然与他张扬的个性有关，但更重要的原因是欧债危机深化了法国的国内政治矛盾，带来了法国国内政治生态的左转。

在全球金融危机和欧债危机的双重影响下，法国经济持续低迷，失业率高企。国际货币基金组织（IMF）预计法国2012年的经济增长率仅为0.2%。法国公共债务高达1.7万亿欧元，占GDP的90%，公共开支占GDP的56%，财政赤字达GDP的5.5%，在紧缩政策影响下，失业率更是高达10%，为近12年来最高。萨科齐为振兴法国经济、提升法国竞争力和效率而实施了一系列改革措施，如提高退休年龄、增加工作时间、设立税收上限等，这些政策在短期内都损害到下层民众的利益。

经济危机激发了反对金融资本和新自由主义的浪潮，左翼思潮在法国和欧洲社会兴起，爱尔兰、葡萄牙、希腊、意大利、西班牙等国政府纷纷在欧债危机中下台，这些都给法国社会党和其他左翼政党以极大的鼓舞[1]，使得法国国内政治生态发生左转。危机给下层民众带来的损害也使得极右和极左思潮在法国兴起，在首轮投票中，极右的国民阵线和极左的左翼阵线分别获得17.9%和11.1%的选票，创出历史新高，成为此次大选的一个显著特点。这表明，全球金融危机和欧债危机对法国经济和民众生活造成的冲击，直接影响了他们的政治态度和投票行为[2]。候选人为了迎合选民，纷纷抛出保护主义的竞选主张。社会党反萨科齐之道而行之，主张刺激经济、增加开支、增加就业、降低退休年龄、对富人征收高额边际税，迎合了受到危机影响的普通民众的要求和求变的心理。社会党竞选战略的最大成功，就是把经济危机带来的危害归结为萨科齐个人和政策的失误。

（二）奥朗德的欧洲政策：追求欧盟的再平衡

奥朗德在竞选中强烈批评萨科齐应对欧债危机的政策，指责萨科齐是默克尔的"跟班"，将欧洲事务的主导权拱手让与德国。他反对德国在危机中推行僵化的紧缩政策，批评德国剥夺其他国家发言权。左派的上台，特别是奥朗德以促进经济增长为核心的政策主张与欧洲既定的危机应对方针相左，给德国及支持紧缩政策的国家带来疑虑和冲击，但给欧债危机的解决方案带来新的选项，得到部分重债国家的支持。

---

[1] 李其庆：《2012年法国总统选举》，载《国外理论动态》2012年第5期，第85页。
[2] Nick Hewlett: "Voting in the Shadow of the Crisis. The French Presidential and Parliamentary Elections of 2012", *Modern & Contemporary France*, Vol. 20, No. 4, November 2012, pp. 404–405.

奥朗德的欧洲政策延续了法国欧洲政策的基本诉求，特别是对欧洲领导权的核心诉求，但其追求领导的方式发生了新的变化，试图通过内部制衡和外部制衡来平衡德国日益增长的经济权势：在"法德轴心"内部，更加强调在应对危机方面增长的重要性和德国需要承担的责任，强调在决策中的平等；在外部加强了与有相似立场的南欧国家的合作，强调欧盟决策应更具包容性和代表性，应加强对话，而不能只是德国说了算。在外交和安全政策领域，法国依然保持强势，发动了另一场军事干预行动——出兵马里，并积极寻求英国支持武力干预叙利亚。

欧债危机的深化已经为奥朗德欧洲政策的调整提供了土壤。德国主导的以紧缩为核心的应对政策在重债国引起负面效应和反弹，过快的赤字削减降低了这些国家的偿债能力，并激起民粹主义、极端主义和反欧洲的情绪[1]。对德国政策的批评和反思也在日益增长，著名欧洲问题专家让·莫内教授安德鲁·莫劳夫奇克（Andrew Moravcsik）的观点具有代表性，他在《外交政策》上撰文指出：普遍的看法以及德国的观点都将欧债危机归咎于那些铺张浪费的成员国过度的公共开支，因此，其解决方案也就简化为要求赤字国严格收紧财政预算，并为此而达成"财政契约"。实际上更深层次的根源是欧元体系内部的矛盾，南欧的银行破产和德国的繁荣是一个硬币的两个方面，德国政策同样是导致赤字的原因：德国通过压制价格和工资增长压制国内消费，导致巨大竞争力差距、贸易不平衡和大量贸易盈余，德国投资者又以历史性的低利率将贸易盈余轻率地借贷给南欧国家，造成德国和这些国家之间巨大差距。危机的解决仅靠紧缩政策和加强一体化的政策协调是不够的，还需要德国和其他盈余国家国内政策的转变：德国必须以一个较快的速度增加公共开支、提高工资、增加消费，以弥补盈余国与赤字国的竞争力鸿沟，同时鼓励赤字国增长和出口，并减少赤字[2]。

奥朗德的政策有助于"法德轴心"的再平衡，更重要的是有助于在紧缩和增长之间寻求新的平衡。欧洲对外关系委员会（CEFR）在一份报告中提出三项建议：一是法德应就增长问题达成协议。奥朗德要求增加欧洲投资银行（EIB）

---

[1] Charles Grant, "How Hollande Should Handle Merkel", CER (Centrefor European Reform), 14 May 2012, http://centreforeuropeanreform.blogspot.co.uk/2012/05/how-hollande-should-handle-merkel.html.

[2] Andrew Moravcsik, "Europe after the Crisis", *Foreign Affairs*, Vol. 91, Issue 3, May/Jun 2012, pp. 54–68.

的借款能力，启动欧盟预算，这对德国来说是可以接受的；二是德法必须为下一轮条约修订做好准备，兑现承诺在五年内将"财政契约"整合进条约框架；三是在不需要修约的情况下推动三项政策：（1）制定欧元区宏观经济政策规则；（2）消除跨边界的劳动力流动障碍；（3）启动欧元区福利国家政策。报告指出，要赢得默克尔对允许劳动力充分流动的法德行动计划的支持相对容易，但要她支持福利国家政策方面的计划就要困难得多①。欧洲改革中心（CER）的查尔斯·格兰特（Charles Grant）则提出奥朗德可以优先提出两项政策建议：一是给予重债国更宽泛的时间来削减赤字和达到财政目标；二是促使德国平衡其自身经济，说服德国更多地投资、更多地消费、更多地进口，这将有效地减小有大量盈余的德国和大量赤字的南欧国家之间的不平衡②。

可以看出，这些政策建议都指向一个更加平衡的增长与紧缩之间的关系，一个更加平衡的盈余国与债务国之间的关系，一个更加平衡的法德关系。2012年6月的欧盟夏季峰会上，"增长"首次在危机发生以来的欧盟峰会上成为主题。峰会达成三项重要成果：一是通过了法国主导的《增长与就业契约》（Compact for Growth and Jobs），其核心是一项总额1200亿欧元的一揽子经济刺激计划；二是允许欧洲稳定机制（ESM）直接向陷入危机的成员国银行注资；三是允许欧洲金融稳定工具（EFSF）或欧洲稳定机制（ESM）直接购买重债国国债以降低其融资成本。法国在峰会前后加强了与意大利、西班牙等重债国的立场协调，对默克尔施加了强大压力，迫使德国在增长问题和直接注资、购买债券等问题上作出重大让步。

从峰会的结果看，此前在欧洲经济治理领域形成的"法德轴心"有所削弱，由于奥朗德的政策方向与德国相左，法国在重新寻求政策联盟，加强了与南欧国家和债务国的合作。这种新的权力结构变动，也是欧洲国家对德国不断增长的经济权势的一种平衡。但是，现实的国力差距将限制这些国家对德国政策进行平衡和挑战的范围。首先，1200亿欧元的刺激计划资金的来源是一个问题；其次，德国是欧洲稳定机制（ESM）最大出资国，在总共800亿欧元认缴本金中德国将出资近220亿欧元，并额外提供约1683亿欧元的担保。为此，德国坚持欧洲稳定机制（ESM）提供的任何救助都要以受援国满足严格的改革措施为前提。此

---

① Ulrike Guérot and Thomas Klau, "After Merkozy: How France and Germany Can Make Europe Work".
② Charles Grant, "How Hollande Should Handle Merkel".

外，德国还坚持欧洲稳定机制直接向银行注资的前提是建立欧元区单一的银行业监管机制。实际上德国为银行注资和购买债券都加上了"紧箍咒"。

概括起来，德国的主张是先行建章立制，设定严格约束条件才肯出资救助、共担债务，主张让渡更多主权建立财政联盟；法国则不肯让渡更多主权，主张德国出资先行救助并刺激增长，建立政府间主义的欧洲经济政府。芬兰、荷兰等国站在德国一边，反对欧洲稳定机制（ESM）购买成员国国债。意大利、西班牙等国则站在法国一边。最终，德国有条件的重大让步和德法的妥协促成峰会达成协议。

这种状况延续到2012年底的欧盟冬季峰会上。尽管峰会通过了建立经济与货币联盟（EMU）的"路线图"，并就在2014年3月1日前建成欧元区银行业单一监管机制（SSM）达成协议，但以法德为代表的南北之争依然激烈。瑞典、芬兰、丹麦、荷兰等国站在德国一边，意大利、西班牙、葡萄牙等国站在法国一边。以德国为首的北方国家，力求延缓通过建立银行业单一监管机制（SSM）允许欧洲稳定机制向其他成员国问题银行注资的时间，不愿意接受共同承担风险和成本的条款，并力图限制银行业单一监管机制（SSM）适用本国银行的范围；反对欧洲共同债券计划；强调"纪律"，主张重债国首先要实行结构性改革，提升竞争力，并严格落实财政纪律，主张通过建立经济与货币联盟统一成员国的财政政策，向欧盟让渡更多的财政权力。以法国为首的南方国家，则希望尽快落实向银行注资，强调欧盟的"团结"，主张建立欧元区"经济减震机制"，强调经济与货币联盟的社会维度，主张通过经济和货币联盟筹措欧盟的公共财政能力，增加公共投入促进增长与就业。结果，峰会通过的经济与货币联盟的"路线图"只能是各方主张的最小公约数，欧盟委员会和欧洲理事会提交的精心绘制的"蓝图"严重缩水，尤其是其中深化经济和财政一体化的计划（欧洲共同债券、欧元区财政能力以及更为革命性的赎债基金、欧盟经济部长等）几乎完全被抛弃①。峰会成果虽有赖于各方作出的一定的妥协，但终究成为一个各提所需的最小方案。

（三）外交与安全政策：保持强势进攻性

在欧盟对外政策方面，法国外交保持了两面性的特征。一方面，在法国全球

---

① SPIEGEL Staff, "Behind the Scenes in Brussels: EU Summit Reveals a Paralyzed Continent", *Spiegel Online*, December 27, 2012, http://www.spiegel.de/international/europe/eu-summit-reveals-a-paralyzed-continent-a-874359.html.

战略收缩的背景下,法国的战略重心主要放在欧洲及其周边,法国仍将集中关注于欧债问题的解决和欧盟内部治理,集中于如何同一个日益强大的德国实现共同领导①。另一方面,在涉及法国核心利益的地区,外交政策的进攻性相较萨科齐时期没有丝毫减弱。当欧盟作为一个整体不能在地区安全问题上有所作为时,法国毫不犹豫地采取单边军事行动,充当干预急先锋。尽管奥朗德个人风格内敛,但基于社会党对人权和价值观的强调,法国在伊朗核问题、叙利亚问题上仍延续着强硬的立场和进攻性。

2013年1月,出乎国际社会意料,法国突然对马里反政府武装采取了相当规模的直接军事行动。这是不到两年的时间内,法国对外发动的第三次直接军事干预。尽管获得了英国、比利时、丹麦等欧洲国家和美国、加拿大等国的支持,但法国显然是这次单边军事干预的主角。通过在马里的军事行动,法国再次向世界表明其维护自身在非洲存在的决心和作为一个有战略影响的大国的地位②。欧盟之前采取支持西非经济共同体的措施未见成效,又对采取军事行动意见不一,再次暴露了欧盟作为一个战略行为体的有限性,对威胁到欧洲安全的地区问题缺乏行动能力和意愿③。法国是加强欧盟安全与防务建设和对外采取军事行动最主要推动者,英国是法国在这方面最重要的盟友,而德国始终对此持消极态度。在2013年3月的欧盟峰会上,法国提出终止对叙利亚的武器禁运政策以向叙利亚反对派武装提供武器,并积极拉拢英国支持,而德国对此表示谨慎的反对。

在跨大西洋关系方面,尽管奥朗德政府对美政策的独立性会有所增强,但美国将奥朗德执政的法国视为欧债危机中的一个重要的制衡力量,以平衡孱弱的布鲁塞尔、边缘化的伦敦和上升的柏林④。法国著名国际问题学者扎基·拉伊迪(Zaki Laïdi)最近指出,从美国对利比亚军事干预到马里军事干预的态度可以看

---

① Brinton Rowdybush and Patrick Chamorel, "Aspirations and Reality: French Foreign Policy and the 2012 Elections", p. 170.
② 郑若麟:《反恐,法国确保在非利益的"道义旗号"——析法国军事干预马里局势的前因后果》,《文汇报》2013年1月15日,第6版;Zaki Laïdi, "France Alone?", *Project Syndicate*, January 16, 2013, http://www.project-syndicate.org/commentary/why-france-intervened-unilaterally-in-mali-by-zaki-laidi。
③ Zaki Laïdi, "France Alone?", *Project Syndicate*, January 16, 2013, http://www.project-syndicate.org/commentary/why-france-intervened-unilaterally-in-mali-by-zaki-laidi.
④ Justin Vaïsse, "Les relations franco-américaines après l'élection de François Hollande", p. 2.

出，欧美安全关系正在发生一个重要的变化，即美国只有在其直接利益受到威胁时才愿意进行干预，而对于那些不涉及美国直接利益的问题希望欧洲盟友分担责任甚至承担领导角色，而美国仅提供有限的支持，主要是空中侦察、定位、空中运输和空中加油这些欧洲盟友缺乏的能力。美国的支持以欧洲盟友的自力更生为前提，美国扮演"幕后领导"，甚至是"追随者"的角色①。这将要求欧洲在保障欧洲安全及应对周边安全威胁方面承担更多、更大的责任，欧洲人必须现实地面对安全能力和意愿不足的问题。这也给法国在安全与防务领域发挥领导作用，加强法美合作提供了新的机遇。

法国政策诉求与国家实力之间的矛盾依然持续存在。奥朗德上台以来，法国经济不见起色，且继续恶化。根据法国统计局公布的数据，法国失业率已经连续6个季度上升，2012年底失业率高达10.6%，25岁以下青年失业率更是高达24.8%。增长和减赤目标困难重重，每一项都落后于奥朗德的承诺，法国政府已将2013年的经济增长预期从之前的0.8%下调到0.2%~0.3%，而欧盟委员会的预测仅为0.1%。2012年法国财政赤字占GDP的比例高达4.5%，奥朗德承诺2013年将财政赤字降低到3%，以达到《稳定与增长公约》（SGP）的要求，并在五年内将财政赤字减少为零。但是2013年2月，法国政府请求欧盟给予一年宽限达到3%的要求，欧盟委员会预测2013年法国财政赤字将达到GDP的3.7%。如何做到既恢复公共财政平衡、避免债务危机，又实现经济增长、增加就业的平衡，是奥朗德政府面临的严峻挑战②。国力和资源的限制将制约法国外交政策的资源和手段及其在国际和欧洲事务谈判中的地位。

四 欧债危机下的成员国与欧洲一体化

追求"法国领导的欧洲"是法国外交政策的核心。欧债危机改变了欧洲权力结构，形成了经济治理领域和外交安全政策领域权力结构的分化和欧洲权力结构的失衡。面对一个失衡的欧洲，萨科齐执政的法国在追求欧洲领导权上呈

---

① Zaki Laïdi, "Following from Above", Project Syndicate, February 1, 2013, http://www.project-syndicate.org/commentary/lessons-from-mali-about-american-foreign-policy-by-zaki-laidi.
② 赵晨：《法国大选与法国政治的新篇章》，载《当代世界》2012年第5期，第37页。

现出两个不同的路径：在外交和安全政策领域展现强势的领导和进攻性，加强与英国的合作；在经济治理和危机应对领域与德国共同领导，并在一定程度上追随德国，展现出妥协性。危机使得"法德轴心"再次成为欧洲事务和欧洲治理的领导核心，德国在危机中不断坐大，经济强权日益增长，"法德轴心"向"德法轴心"转变，呈现出"法国主张、德国内核"的特征。随着危机深化，德国主导的以严苛紧缩为核心的危机应对战略以及"法德轴心"的失衡，在欧洲和法国都引起反弹，危机也深化了法国国内政治矛盾，引起政治生态的左转。法国大选和左派的上台为再平衡提供了契机。奥朗德执政的法国其欧洲政策延续了追求欧洲领导权的核心诉求，但呈现出新的路径，通过内部制衡和外部制衡来平衡德国日益增长的经济权势，加强了与南欧国家和债务国的合作，追求一个更加平衡的欧盟。

欧洲一体化历来是在危机中向前发展的，危机既是一体化问题的集中暴露，又为一体化提供了改革的压力和动力。法国在欧债危机中欧洲政策的发展变化，以及法国与欧洲国家、欧盟之间关系的发展演变，为我们思考成员国与欧洲一体化的关系带来了一些理论的启示。

第一，权力结构的平衡是一体化健康发展的目标和条件。作为欧洲合作和一体化建设的基石，"法德轴心"代表着权力结构平衡、政治－经济关系平衡、南北平衡，处理好这三对关系对确保欧洲的和平稳定至关重要。

欧债危机的一个重要根源，就是经济机构的南北失衡。在实行统一货币政策之后，经济政策、财政政策依然保留在成员国手中。南欧国家不思经济结构调整和改革，却开支无度，并利用货币统一和德国的低利率大肆借贷，造成铺张浪费和寅吃卯粮。德国则利用自身经济优势压低工资、价格、利率，大量出口和借贷，造成大量贸易盈余和竞争力鸿沟。尽管南方重债国对危机负有不可推卸的责任，但北方也负有责任，危机的解决需要南北双方共同努力。法国在危机初期基本跟随德国的政策，但德国严苛的紧缩政策和不断增长的权势必然导致权力结构的失衡，在欧洲和法国都引起反弹。随着国内政权更迭，法国调整了政策，制衡德国权势，追求欧盟的再平衡，形成了以法国为代表的南方集团和以德国为代表的北方集团的对垒。法国的再平衡政策虽然有助于在一定程度上纠正德国矫枉过正的政策，但要使得危机得到解决仍然需要发挥"法德轴心"的作用，法德需要团结合作，平衡好增长与紧缩的关系，平衡好债务国与盈余国的利益，在推进经济与货币联盟的问题上进行合作。如果法德达不成共识，一体化就很难向前推进。

从政治－经济关系看，德国在经济上的领导权与法国在政治上的领导权的平衡，对欧洲稳定和一体化健康发展至关重要。欧债危机的一个重要影响就是导致欧盟权力结构的分化和不平衡：德国的经济权势不断膨胀；经济治理的重要性不断上升，外交和安全议程相对下降；法国虽然在外交与安全领域展现出强势进攻性，但国力的孱弱正在削弱其发挥作用的实力基础。德国权势的膨胀再次在欧洲引起对"德国的欧洲"的担忧，德国面临被孤立的危险。德国问题始终是影响欧洲稳定与发展的核心问题，欧洲一体化是法、德为解决这个问题为人类贡献的伟大创造，"法德轴心"是其中的关键，其平衡有利于解决对德国的忧虑。法、德都清楚，各自外交政策目标的实现都离不开对方的合作。

同时，政治－经济关系也涉及安全和防务政策领域。德国在欧盟安全与防务合作问题上的消极态度，使得法国和英国在这一领域成为重要的盟友，法国连续对外发动三场军事干预，并在其中扮演了领导角色。但是，如果法国不对经济进行实质性的改革，经济状况继续恶化的话，它在这一领域的作用将会受到严重制约；而德国的消极态度也使得欧盟不能成为一个独立的战略行为主体，其国际战略影响力始终有限。无论是推动欧盟的经济治理还是推动欧盟的外交与安全合作，都需要一个平衡的"法德轴心"提供强有力的领导。

另外，还要处理好大国与小国的关系。尽管危机使"法德轴心"的领导地位再度突出，但如果在决策过程中不充分考虑和顾及中心成员国的利益，将损害大国的领导权威，再次带来政策联盟的分化，并使疑欧、反欧的主张在这些国家蔓延、扩大。法国在历史上一直是南欧国家和北方国家之间的重要桥梁，应继续在这方面发挥积极作用。这里还涉及"核心欧洲"与"边缘欧洲"以及"双速欧洲"甚至"多速欧洲"的问题。法国在一体化进程中多次提出"核心欧洲""多速欧洲"的政策主张，在危机中也极力强化欧元区集团的合作；而德国则主张尽量包含非欧元区国家的参与。"多速欧洲"在一定程度上有利于解决欧盟扩大带来的发展不平衡问题，但处理不好也会扩大"核心欧洲"与"边缘欧洲"的差距，破坏欧盟的团结。

第二，权利与义务的平衡是维持欧洲合作，推动一体化向前发展的重要保障。在导致欧债危机的原因以及危机解决过程的纷争中，都有明显的再国家化现象。一些国家，包括法、德、英这样的大国，都在不同程度上只想分享一体化带来的好处，不愿承担一体化的责任和作出必要的贡献和牺牲，不愿受到一体化机制和规则的约束，都想追求各自国家利益的最大化，必然损害一体化的成果。最明显例子就是《稳定与增长公约》（SGP）规定3%的公共债务上限，没有一国真正严格执行。公共债务泛滥是导致危机的重要原因之一，众多中小国家只想分享一体化带来的经济好处，在危机到来时却不愿意接受应有的惩罚和承担应有的责任。德国在危机初期迟迟不肯出手援助，英国希望欧盟成为一个可以任意选择的菜单，法国则不愿让渡更多主权，始终强调政府间主义，对加强经济、财政一体化持保留态度。数次为解决危机召开的欧盟峰会都因为成员国利益的严重分歧只能取得有限的成果，峰会文件成为各提所需的最小公约数。法国希望成为欧洲领导者，希望欧洲成为法国发挥国际影响力的放大器，就必须为建设强大的欧洲作出重大贡献，甚至重大牺牲。法国在外交和安全政策领域很好地发挥了领导者作用，应该在解决欧债危机的深层次问题、推动经济和货币联盟一体化方面作出更大的贡献。为此，法国必须意识到自身经济存在的严重问题，适时进行大刀阔斧的改革，提升自身经济的竞争力，并带头执行《稳定与增长公约》和"财政契约"的规定，为其他国家作出表率。

"欧债危机不仅是债务的危机，也是增长的危机。欧洲联合不仅是一个经济工程，也是一个政治工程。欧盟不仅是经济性的相互依赖，也是社会性的相互依赖。欧洲合作的目标不仅是繁荣，也是和平。"[①] 尽管法国雄心勃勃的外交政策目标与相对削弱的国家实力之间的矛盾仍然持续存在，但作为欧盟最为核心的成员国和领导者，法国在追求一个更加平衡的欧盟方面有着特殊的责任和利益。一个更加平衡的增长与紧缩之间的关系、一个更加平衡的债务国与盈余国之间的关系、一个更加平衡的法德关系，都有赖于法国继续发挥其领导角色。

（本文主要内容发表于《欧洲研究》2012年第5期，题目为《欧债危机中法国的欧洲政策——在失衡的欧盟中追求领导》，辑入本文集时，作者根据本书主题做了大幅增改。）

[①] 著名欧洲问题研究学者让·莫内教授坦娅·布尔采（Tanja A. Börzel）在复旦大学国际关系与公共事务学院作的题为"European Integration, the Debt Crisis, and Lessons of Asian Regionalism"的演讲，2012年9月18日。

第三章 英国欧洲政策的特殊性与延续性

李靖堃*

在欧洲一体化历史上，英国向来被看成是一个"三心二意"的伙伴，"英国问题"也被视作一个棘手问题。在历尽周折加入欧共体之后，英国与欧共体之间仍然摩擦不断。特别是在20世纪80年代撒切尔夫人执政时期，尤其在共同农业政策和英国预算摊款问题上，英国与欧共体以及其他成员国的关系几乎到了剑拔弩张的地步。此外，欧共体的机构改革问题也是导致双方矛盾的重要根源之一。此后，随着英国预算摊款问题的解决，双方关系逐渐缓解，尽管它仍在很多领域保留了"例外"权，但矛盾明显减少。有一段时期，特别是在布莱尔领导的工党执政期间，尽管在加入欧元区的问题上仍然有所保留，但英国政府总体上采取了更为积极的对欧政策，先后加入欧盟"社会宪章"和"基本权利宪章"，并顺利批准《欧洲宪法条约》和《里斯本条约》。从这些表现来看，"英国问题"似乎已经得到解决，不再成为欧洲一体化中的一个"问题"。2010年大选后，保守党与自由民主党组成联合政府上台执政，由于自由民主党一贯支持欧洲一体化，因此外界普遍预期它会对保守党的疑欧主张形成一定制约，从而保证英国的欧洲政策不会出现大的起伏。但是，事与愿违，在欧洲主权债务危机的发展与解决过程中，英国不仅对于救助重债国态度冷漠，而且常常与其他国家唱反调，英国国内甚至出现日益高涨的"退出欧盟"的声音。在

---

* 李靖堃，中国社会科学院欧洲研究所政治研究室主任、副研究员。

这种情况下,"英国问题"重新浮出水面,再次成为欧洲地缘政治中的一个重要问题。

一 欧债危机背景下的"英国问题"

在欧债危机刚刚爆发之时,尽管并非欧元区成员国,但英国工党政府一度曾与其他国家一道积极救助希腊,并曾承诺向希腊提供 80 亿英镑的财政援助。但是,联合政府上台后,英国在救助希腊问题上表现得十分消极,甚至是"袖手旁观"。卡梅伦明确表示不准备提供超过前政府承诺的 80 亿英镑的援助,而且声称没有义务向任何潜在的希腊救助计划提供帮助①。

随着欧债危机进一步恶化,英国的立场越发消极,甚至在几乎所有问题上都与其他欧盟国家唱反调。这一立场在 2011 年 12 月召开的欧盟峰会上达到顶峰。在该次峰会上,欧盟力图通过修订《里斯本条约》对金融体制进行改革,强化欧元区财政纪律,并建立永久性危机应对机制,以缓解并最终解决欧债危机,同时预防希腊式的危机再次发生。但是,英国反对向欧盟让渡任何权力,特别是担心接受统一的财政赤字监管将有损英国政府的预算主导权,因此要求获得欧盟对英国金融市场地位的保证。由于这一要求被拒绝,英国首相卡梅伦以不符合英国"国家利益"为由否决了修改条约的动议。为此,其他 25 个欧盟成员国被迫采取折中措施,在基础条约框架之外通过了一项"财政契约"②。此举招致多个欧洲国家的批评,但在英国国内却得到普遍支持。

英国对欧洲的"不合作"态度不仅表现在欧债危机的解决方面,还包括关于银行业联盟的建立,以及欧盟预算等诸多问题。在建立欧洲银行业联盟问题上,由于担心加强银行监管将对英国金融业造成不利影响,英国最初持坚决反对态度,甚至曾提出有可能阻碍这一计划③。尽管它最终并没有否决这一动议,但还是留在这一联盟之外。在欧盟 2014~2020 年预算问题上,欧盟委员会的目标是将其在原有基础上增加 4.8%,但是以英国为首的几个成员国表示坚决反对

---

① 《欧债危机肆虐,缘何英国态度冷漠》,http://jingji.cntv.cn/20110624/109329.shtml。
② 2012 年 3 月欧盟春季峰会上通过的文件,正式名称为《经济货币联盟稳定、协调与治理条约》。
③ 《英国威胁阻碍欧洲银行业联盟》,http://wallstreetcn.com/node/19775。

（它们主张削减预算），导致未能在2012年11月的峰会上就中期预算达成一致。

英国政府以及卡梅伦首相本人的上述举动，一定程度上源于英国国内强烈的疑欧情绪，特别是在保守党内部。

事实上，自保守党2010年执政伊始，其内部反对欧洲一体化的声音就没有停止过，特别是在新一代保守党议员中，存在着十分明显的疑欧情绪。随着欧债危机日益严重，部分保守党后座议员已不止一次向卡梅伦施加压力，要求英国退出欧盟的动议一度甚嚣尘上：2011年11月，81名保守党议员要求就英国退出欧盟举行全民公决；在2012年6月底欧盟峰会召开期间，又有大约100名保守党议员写信给卡梅伦，要求就英国退出欧盟举行全民公决进行立法。有民意测验表明，保守党成员中，希望英国退出欧盟的比例甚至高达3/4①。

此外，来自英国国内民众的压力也不容忽视。特别是2012年下半年以来，在媒体的推波助澜下，英国民众的疑欧情绪更为强烈，要求英国退出欧盟的呼声也日益高涨，甚至已经创造出了一个新词"Brixit"，意为"英国退出"②。

根据"欧洲晴雨表"2009年秋季民意调查③，只有23%的英国被调查者表示信任欧盟，还不到欧盟27国平均比例（48%）的一半，是所有欧盟成员国中最低的；另外，只有30%的人认为欧盟能够发挥积极作用，而欧盟27国的平均比例为53%。加拿大著名咨询集团安格斯列特（Angus Reid）2011年7月的民意调查④进一步验证了这一点：只有32%的英国被调查者认为欧盟成员国身份能够发挥积极作用，而57%的被调查者持相反意见。在该机构于2012年4月举行的民意调查⑤中，绝大多数英国人都支持卡梅伦拒绝签署财政条约的决

---

① Paul Goodman, "David Cameron Is Caught between a Rock and an EU Referendum", *Daily Telegraph*, July 3, 2012, http://www.telegraph.co.uk/news/worldnews/europe/eu/9373106/David-Cameron-is-caught-between-a-rock-and-an-EU-referendum.html, last accessed on July 27, 2012. 在2012年11月由Opinium/Observer所做的调查中，这一比例为68%，见http://www.guardian.co.uk/politics/2012/nov/17/lib-dem-voters-eu-poll。
② 该词为"英国"（Britain）和"退出"（exit）两个英文单词的组合（还有一种写法是Briexit）。
③ "欧洲晴雨表"每年都有专门的国别调查报告，但2010年和2011年的报告中没有专门针对英国对欧态度的调查。2009年报告见http://ec.europa.eu/public_opinion/archives/eb/eb72/eb72_uk_en_exec.pdf。
④ http://www.angus-reid.com/polls/43951/half-of-britons-would-vote-to-leave-the-european-union-in-a-referendum/。
⑤ http://www.angus-reid.com/polls/44279/most-britons-side-with-cameron-on-eu-treaty-rejection/。

定，而且，46%的被调查者指出，如果立刻举行全民公决的话，将投票支持英国退出欧盟，只有26%的被调查者支持英国留在欧盟①。而在2012年11月的民意调查中，支持英国退出欧盟的比例达到了56%②。在向欧盟转让主权问题上，英国民众的态度更呈现出"一边倒"的趋势：《星期日电讯报》委托民意调查机构ICM于2012年7月初所做的调查表明，有68%的被调查者认为，在英国向欧盟转让任何主权之前均应首先举行全民公决，只有13%的被调查者不这样认为③。

这种疑欧情绪甚至影响到英国的政党政治格局。近年来，以致力于英国脱离欧盟为目标的英国独立党（UKIP）异军突起。该党成立于1993年，尽管未能进入议会，但它在2010年的选举中一举获得100万张选票，是1997年大选的10倍，并且在连续两次欧洲议会选举中得票率均超过15%，在欧洲议会中占有13个议席。此外，它还在英格兰的8个市议会获得超过半数的选票。

在上述种种压力下，卡梅伦不得不做出明确表态。尽管他曾先后在多个场合明确表示，不支持英国退出欧盟，认为英国退出欧盟不符合英国的国家利益。但是，他同时也明确指出，赞同通过全民公决或选举的方式，让英国选民就英国与欧洲的关系"作出真正的选择"④。2012年12月17日，卡梅伦在下院就欧盟峰会发表的陈述中说，对于英国而言，关于未来的所有选择都是"可以想象的"⑤，从而首次提出了英国退出欧盟的可能性。2013年1月23日，卡梅伦在伦敦发表演说，一改先前含糊其辞的"改变双方关系"的说法，明确表态，如保守

---

① 还可参考 Ipsos Morris，Popus，Gallup 等其他一些著名民意调查机构的调查结果，参见 http：//www.parliament.uk/briefing - papers/SN05442.pdf。
② "Four out of 10 Lib Dem Votes Inclined to Leave EU-poll"，http：//www.guardian.co.uk/politics/2012/nov/17/lib - dem - voters - eu - poll.
③ Patrick Hennessy，"Voters Want a Say on EU Power Grab"，*Daily Telegraph*，July 1，2012，http：//www.telegraph.co.uk/news/worldnews/europe/eu/9367564/Voters - want - a - say - on - EU - power - grab.html，last accessed on July 27，2012.
④ David Cameron，"We Need to Be Clear about the Best Way of Getting what Is Best for Britain"，*Sunday Telegraph*，June 30，2012，http：//www.telegraph.co.uk/news/politics/david - cameron/9367479/David - Cameron - We - need - to - be - clear - about - the - best - way - of - getting - what - is - best - for - Britain.html，last accessed on July 27，2012.
⑤ Cameron："British EU Exit Is 'Imaginable'"，http：//euobserver.com/news/118564.

党赢得 2015 年大选，则将与欧盟开启谈判，希望能够就英国与欧盟的关系达成"新的安排"，并将于 2017 年底之前就英国是否退出欧盟举行全民公决①。与此同时，英国外交部也在对欧盟的权能进行评估②，评估结果有望于 2014 年公布。

在这样的背景下，我们应如何客观评估英国的欧洲政策？英国是否真的会退出欧盟？英国与欧盟未来的关系将何去何从？为回答这些问题，我们必须对英国的欧洲政策进行综合、全面的考量，因为任何国家的对外政策都是多种因素综合作用的结果，尽管在某个特定时刻，某个单一因素可能会起到突出作用。具体到英国的欧洲政策，其背后有着深刻的历史逻辑、政治和经济理念逻辑，也与其现实利益息息相关。只有厘清了这些问题，才能理解英国的欧洲政策，并正确把握英国与欧盟的未来关系走向。

二　英国欧洲政策的成因

（一）疑欧主义与现实主义外交传统

陈乐民先生在《战后英国外交史》一书中曾说过："一个国家的外交是与它的历史、国内外政治生活联系在一起的。"③ 每个国家的外交都不是空穴来风，均有其深刻的历史根源。尽管随着时间的推移，历史所起的作用或许会减弱，但永远不会消失，在某些特定环境下甚至还会发挥十分重要的影响。

系统梳理一下英国的欧洲政策，我们可以发现一条清晰的历史脉络，特别是以下两个方面的外交传统，可以解释当今英国欧洲政策背后的历史逻辑。

第一，疑欧主义传统。

特定意义的"疑欧主义"（Euroscepticism）一词是在第二次世界大战之后才正式

---

① Cameron's Speech: "The Danger is That Europe Will Fail", http://www.spiegel.de/international/europe/the-full-text-of-the-david-cameron-speech-on-the-future-of-europe-a-879165.html.
② "Foreign Secretary Statement on the Balance of Competences of the European Union", http://www.gov.uk/government/news/foreign-secretary-statement-on-the-balance-of-competences-of-the-european-union?view=PressS&id=787171682.
③ 陈乐民主编：《战后英国外交史》，世界知识出版社，1994，第 1 页。

出现的，与反对欧洲统一的运动息息相关①。但我们这里所说的"疑欧主义"是宽泛意义上的，指的是英国传统上与欧洲大陆的疏离和对后者的不信任。这种不信任由来已久，根源于英国的地理位置，长成于英吉利民族关于欧洲大陆的历史记忆之中②。

首先不得不提的是英国远离欧洲大陆、孤悬海外的地理位置，尽管这是人尽皆知的老生常谈，而且现代科技的发展已经使空间距离不再不可逾越，但地缘政治仍然是不可忽视而且也是一直在发挥作用的一个重要因素。因为这种地理上的特殊性、例外性造成了心理上的特殊性和例外性，使得"英国人时有一种自成系统的心理状态。他们有意无意地以岛国为出发点的意识，形成了盎格鲁－撒克逊的利益观和安全观，在政治文化上同大陆隔着一条界线，并且不愿意使自己湮没在以大陆为中心的欧洲集团里"③。

其次是英国与欧洲大陆国家交往的历史。远至古罗马帝国对英格兰的征服，英国与欧洲大陆国家的联系"竟是通过诺曼人入侵英吉利而开其端的"④，此后，直至第二次世界大战，双方的交往基本上就是一部战争史，充斥着征服与被征服、侵略与被侵略。特别是英国与法国之间的恩恩怨怨，"占据了欧洲史的很大篇幅"⑤。这样的历史，不可能不"在幸存者及后人的心里留下沉痛的记忆"⑥。而且，这样一种集体记忆将不可避免地给民族心理造成影响，从而直接作用于英国后来对欧洲一体化的态度。

最后是英国曾经建立的霸权及其"光荣孤立"传统。19世纪，英国的国力达到了顶峰。随着工业革命的完成，英国的经济实力空前绝后，而且凭借着强大的海军，成为世界上最大的殖民帝国。19世纪因此被称为"英国统治下的和平年代"，或称"英国世纪"。恰恰是在这样一种背景下，英国确立了"光荣孤立"政策。这项政策始自18世纪末，由19世纪末期先后担任英国首相的迪斯雷利和

---

① 关于疑欧主义的研究有很多，例如，可参见 Anthony Forster, *Euroscepticism in Contemporary British Politics*, London: Routledge, 2002; Chris Gifford, *The Making of Eurosceptic Britain*, Aldershot: Ashgate Publishing Limited, 2008。

② 梁晓君:《英国欧洲政策之国内成因研究》，世界知识出版社，2008，第13页。

③ 陈乐民主编:《战后英国外交史》，第19页。

④ 同上，第2页。

⑤ 同上，第3页。

⑥ 〔英〕温斯顿·丘吉尔:《英语国家史略》（上），薛力敏、林林译，新华出版社，1985，第159~160页。

索尔兹伯里侯爵发扬光大。"光荣孤立"有两个基本原则：一是在欧洲大陆国家中间进行协调斡旋，以建立所谓"协调的欧洲"；二是避免与欧洲其他国家结盟，以保持自己的行动自由，实现"光荣孤立"。其目的是既可使欧洲列强彼此牵制，又可使自身保持行动自由。随着国家间实力的消长，第二次世界大战后英国逐渐丧失了实行这项政策的实力，"但是该原则并未被彻底埋葬，而是以新的形式和内容表现出来，继续影响着英国与欧洲的关系"①。

第二，对欧政策中的现实主义与"三环外交"思想的调整。

国际政治理论中的现实主义（或称实用主义、功利主义）是相对于理想主义而言的。而英国是一个尤其信奉现实主义外交的国家。它强调，在保证民族国家利益至上的前提下，采取灵活的应对措施，"既善于适应环境的变化，又善于在变化了的环境里不与传统的利益观决绝"。它"表现为审时度势，努力使自己不处于过分被动、尴尬的境地。知所进退，往往能更好地保住自己的利益"②。自19世纪末开始，特别是经过两次世界大战之后，英国的实力逐渐下降，不得不调整自己的外交战略，并逐渐开始向欧洲回归。"三环外交"思想的提出和调整，就是现实主义外交的突出体现。

"三环外交"思想由丘吉尔于1948年的保守党年会上首次提出③。第一环是指英联邦和英帝国；第二环是英美关系；第三环是联合起来的欧洲。在当时的形势下，英联邦和英帝国是英国大国外交的资本；英美特殊关系是其政策的基石和重点④。特别的是，美国因素在决定英国外交走向方面始终发挥着不可替代的作用，这一点与其他任何欧洲国家都有所不同。"三环外交"思想也始终是英国时至今日外交政策的基础和根本。后来，随着形势的进一步发展，英国不得不对其外交政策的侧重点和三个"环"在总体外交中的次序进行调整，不得不选择向欧洲靠近。换言之，英国之所以加入欧洲，是现实主义使然，而非出于理想主义的考虑⑤。这一点也与欧洲一体化创始人的思想背道而驰。

---

① 赵怀普：《英国与欧洲一体化》，世界知识出版社，2004，第358页。
② 陈乐民主编：《战后英国外交史》，第12、14页。
③ Winston Churchill, "Perils at abroad and at home", in Robert Rhodes James ed., *Winston Churchill, His Complete Speeches 1897 – 1963*, Vol. VII, Chelsea House Publishers, 1974, p. 7712.
④ 王振华：《英国》，社会科学文献出版社，2010，第445页。
⑤ Graham Avery, "The Risk of an 'Unintended' UK Exit from the EU", http：//www. epc. eu/pub_details. php? cat_ id =13&pub_ id =3105.

疑欧主义使英国希望远离欧洲，而现实主义又让英国在国力衰落的情况下选择加入欧洲。这两种相反的力量结合起来，就造成了英国对欧洲一体化的这种"若即若离"态度。正因为如此，才决定了英国最初对欧洲一体化采取观望态度，继而犹豫不决，最终选择加入欧洲共同体，但加入后并未全心投入，而是力图尽最大可能地保持本国的独立性。这也恰恰体现了黑格（Hague）任保守党领袖时曾经说过的那句名言："留在欧洲，但不由欧洲掌控"（in Europe, but not run by Europe）[①]。但是，我们从中恰恰可以看出，不管是"光荣孤立"，还是"留在欧洲"，英国始终都是在欧洲的体制之内运作，区别只是距离的远近和关系的亲疏。

（二）议会主权观念与自由主义经济理念

理念，或称观念，会潜移默化地影响一个人的行动。这一点对于一个国家也不例外[②]。历史上长期形成的共有理念，不仅会在一定程度上直接或间接影响一个国家的对外政策，甚至在有些时候还可能起到决定性作用。

在英国的欧洲政策方面，传统的议会主权观念和自由主义价值观发挥着至关重要的作用。

第一，议会主权观念。在西方民主发展史上，英国有很多个引以为傲的"第一"，例如它是第一个建立议会制的国家。英国的主权[③]观念也形成最早，并在其特定的历史发展过程中，经由一些著名法学家的诠释，最终形成了独特的"议会主权"观念。

综合戴雪、詹宁斯、韦德等英国著名法学家的观点[④]，"议会主权"

[①] Simon Lee and Matt Beech eds., *The Conservatives under David Cameron*, Basingstoke: Palgrave Macmillan, 2009, p.189.

[②] 关于观念与对外政策的关系，可参见〔美〕朱迪斯·戈尔茨坦、罗伯特·O. 基欧汉主编：《观念与外交政策——信念、制度与政治变迁》，刘东国、于军译，北京大学出版社，2005。

[③] 本文中的"主权"概念采用《奥本海国际法》中的解释，即主权意指最高权威，也即每个国家在其自身的地理范围之内都拥有自主的管辖权，在处理与其他国家的关系时拥有完全的、不受外来干涉的自主权和独立权。参见《奥本海国际法》（第九版），王铁崖等译，中国大百科全书出版社，1995，第一卷第一分册，第93页。

[④] A. V. Dicey, *An Introduction to the Study of the Constitution* (Tenth Edition), London: Macmillan, 1959; H. W. R. Wade, "The Basis of Legal Sovereignty", quoted from P. P. Craig, "Report on the United Kingdom", in Anne-Marie Slaughter, Alec Stone Sweet and J. H. H. Weiler eds., *The European Court and National Courts—Doctrine and Jurisprudence*, Oxford: Hart, 1997;〔英〕詹宁斯：《法与宪法》，龚祥瑞、侯健译，生活·读书·新知三联书店，1997。

(parliamentary sovereignty) 观念主要有以下四个方面的含义：(1) 英国议会可以合法地针对任何人、任何问题立法；(2) 议会的立法权力不受任何限制，只要议会法令经过了正当的立法程序，它就成为英国法律体系的终极表述形式；(3) 任何一届议会既不能被其前任议会约束，它所制定的法令也不具有约束后任议会的效力；(4) 没有任何个人或机构（包括法院）能够对议会法令的合法性提出质疑。这四个方面的含义可以简单地归结为一句话，即在英国，议会是至高无上的立法机构，其通过的法律除了可以由其本身通过的新立法取代之外，不受其他任何力量的约束。这一点至今仍然是英国宪政制度不可动摇的基础。

不可否认，在当代西方国家，每个国家的议会均为最高立法机构，但其他国家的议会仅能就其权限范围内的问题通过立法，而且，在美国、德国和法国等国家，议会还要受宪法法院或总统权力的约束和制衡。但英国则不同，其议会"可以就任何问题通过任何法律"①，且没有其他任何机构有权审查其立法，因此其议会主权观念也就显得更为强烈。

这样一种主权观念，已经内化为英国政治传统不可分割的一部分。也正是由于在主权观念方面与欧洲大陆国家存在着如此的不同，才造成了双方对于欧洲一体化理念的根本性差异。英国认为，参与欧洲一体化并非是要向一个超国家组织"让渡"国家主权，也不意味着国家主权的削弱，而只是加强了独立主权国家之间的合作。并且，英国加入的目的是使英国在国力衰弱的情况下，能够通过与其他主权国家的合作，更充分运用本国主权发挥自己的作用。对英国而言，如果向欧洲联盟让渡主权，就不是主权的"集中"，而是主权的丧失②。

但是，这样一种理念和原则与欧洲联盟法的"最高效力"原则是有冲突的。1991 年的 *Factortame* 判例③在英国与欧洲一体化关系的历史上是一个重要里程碑，它通过判例的形式确立，（具有直接效力的）欧盟法优先于英国国内法。该判决对议会主权观念造成了严重冲击，因为它在实际上肯定，英国议会的立法也

---

① 〔英〕詹宁斯：《法与宪法》，第 102 页。
② Neil McNaughton, *Understanding British and European Political Issues*, Second Edition, Manchester: Manchester University Press, 2010, p. 230.
③ *Rv Secretary of State for Transport, ex parte Factortame* [1989] 2 CMLR 353; *Rv Secretary of State for Transport, ex parte Factortame and Others* (No. 1) [1990] 2 AC 85; *Rv Secretary of State for Transport, ex parte Factortame and Others* (No. 2) [1991] 1 AC 603 and Case C – 221/89; *Rv Secretary of State for Transport, ex parte Factortame and Others* (No. 3) [1991] ECR I – 3905.

可能由于除其自身之外的其他机构通过的立法而导致无效。这一判决结果在英国国内引起了巨大争议。后来，随着欧洲政治一体化进程加速，尤其是《马斯特里赫特条约》启动的经济货币联盟和政治联盟，主权问题在英国日益成为一个迫切问题，认为不应向欧盟再转让更多主权的呼声也越来越高。

2011年7月，英国议会通过了《欧洲联盟法令》①。该法令明确规定，任何涉及向欧盟进一步转让权力的新条约或条约修订均须首先举行全民公决。该法令还首次指出，欧盟法之所以在英国生效，是由于英国议会的意愿使然，从而明确肯定了议会主权原则，也在法律上结束了关于英国议会法和欧盟法何者具有最高效力的争论。

第二，自由主义经济理念②。自由主义价值观在英国已经成为一种国家传统，其在经济理念方面的体现甚至可以追溯到英帝国时期③，即与殖民地扩张相伴的自由贸易和经济全球化。英国的自由主义经济理念可以划分为古典自由主义、新自由主义（new liberalism）和新古典自由主义（neo-liberalism）④三个阶段。

古典自由主义产生于封建社会末期、资本主义初期，目的是为了对抗专制权力，反对重商主义经济思潮和国家干预主义，保证英国在世界市场上获得最大利益，因而强调最大限度地限制国家的作用，强调"自由放任"，其代表人物为亚当·斯密。但由于"自由放任"产生了一系列问题，因此，19世纪下半期产生了主张国家适度干预的所谓"新自由主义"。20世纪二三十年代的经济大萧条使得"新自由主义"在第二次世界大战后的几乎所有资本主义国家，尤其是英国

---

① 该法令全文参见 *European Union Act 2011*, http://www.legislation.gov.uk/ukpga/2011/12/pdfs/ukpga_20110012_en.pdf。

② 关于"自由主义"的经济主张，特别是"新古典自由主义"，参考了多篇相关论述，包括 N. Chomsky, *Neoliberalism and Global Order*, New York: Severn Stories Press, 1999；〔英〕约翰斯顿、萨德·费洛编著：《新自由主义：批判读本》，陈刚等译，江苏人民出版社，2006；左大培：《关于新自由主义经济学的几个问题》，载《经济学动态》2004年第1期；吴易风、王晗霞：《国际金融危机和经济危机背景下西方国家干预主义与和新自由主义的论争》，载《政治经济学评论》2011年第10期；百度百科关于"经济自由主义"的介绍，参见 http://baike.baidu.com/view/715266.html。

③ Chris Gifford, *The Making of Eurosceptic Britain*, p.12.

④ 也有中国学者将其与前者都译为"新自由主义"。本文认为，为了明确两者之间的差别，也为了表明后者是对古典自由主义的"复兴"，还是译为"新古典自由主义"更贴切。

和美国盛极一时,该理念以凯恩斯及其国家干预理论为代表。与此同时,作为对"古典自由主义"的复兴,也产生了"新古典自由主义"。但直至20世纪70年代,由于凯恩斯式的新自由主义无力解决当时资本主义世界面临的问题,新古典自由主义才成为西方国家的主流经济理念。新古典自由主义以哈耶克为代表。为了消除第二次世界大战后一直困扰英国的"英国病",也为了解决公共福利开支过大和国有企业效益不高等长期问题,撒切尔首相大力推崇新古典自由主义,使其成为英国的主流经济理念。

"新古典自由主义"的主要主张包括:强调市场的作用,认为市场是合理配置经济资源的最重要甚至唯一的力量,市场的自动调节是最优越和最完善的机制;主张市场是完全的自由竞争,反对人为干预市场经济的行为,反对由国家来计划经济、调节分配,并且反对诸如垄断和补贴等手段;希望政府最大限度减少对经济的管制,特别是对劳动力市场的管制,但并非不加区分地反对国家干预,只是反对过度干预;在国际领域支持自由贸易和全球化。

布莱尔工党政府上台之后,尽管其与保守党在意识形态、特别是政治理念方面存在一定差异①,但在经济理念方面基本上完全继承了这一"新古典自由主义",也因此被认为是两党在历史上出现的第二次"共识"时期,有些学者甚至称其为"布莱切尔主义"②。直至今日的卡梅伦政府,这一经济理念仍然在英国占据着主导地位。

在英国的欧洲政策方面,"新古典自由主义"表现为主张最大限度的贸易自由化,主张推动单一市场的发展,希望从统一大市场中受益;但又反对欧盟在税收政策、工业标准、社会政策等方面进行协调,也反对增强欧盟超国家机构的权力,这就是为什么英国一开始没有加入欧洲共同体,而是组织了松散的、以贸易为主要目标的欧洲自由贸易联盟的原因所在;也是英国反对政治一体化,支持欧盟扩大,支持加强单一市场建设的原因。

上述政治经济理念塑造了英国关于欧洲一体化的观点:由于坚持国家主权,

---

① 在这些方面,工党更倾向于"新自由主义"主张的国家的作用。
② 两党的第一次"共识"时期是指从第二次世界大战后到20世纪70年代中期,两党在经济政策和社会政策等问题上基本保持一致,这段时期又被称为"巴茨克尔主义"(Butskellism)时期;"布莱切尔主义"是指布莱尔领导下的工党在内外政策上继承了撒切尔政府的政治遗产。参见刘玉安:《从巴茨克尔主义到布莱切尔主义》,载《欧洲》1999年第6期。

因此反对更紧密的、联邦式的一体化；由于信奉经济自由主义，因而支持单一市场，同时反对欧盟在一些领域加强规制。

（三）现实利益：既是阻力又是动力

凡是研究英国问题的学者都对这样一句话十分熟悉：没有永远的朋友，也没有永远的敌人，只有利益是永恒和不变的。这是19世纪中期担任过英国首相的帕麦斯顿爵士的名言，也成了英国外交"教科书"式的指导方针。在现实中，英国也常常以"保护国家利益"为由选择不参加或反对欧盟的某些政策主张。

毋庸讳言，每个国家都有其要保护和捍卫的"国家利益"，特别是某些核心利益，这也无可厚非。但是，对英国而言，它坚持保护的某些现实利益既是妨碍其进一步融入欧洲的负面阻力，也是导致它无法离开欧洲的积极动力，因而从另一个侧面决定了英国对欧洲政策的特殊性和两难处境。

英国目前是世界第七大经济体[①]，也是欧洲第三大经济体，同时，其经济开放程度[②]非常高。根据安永集团（Ernst & Young）与经济学人智库（Economist Intelligence Unit）2011年联合发布的"全球化指数"，在全世界经济规模最大的60个经济体中，英国的经济开放指数排名第15位[③]；而根据瑞士智库KOF的2012年全球化指数排名，英国在全世界208个国家和地区中排名第14位[④]。

英国经济的开放程度尤其体现在贸易方面。英国是传统的贸易大国，其贸易活动最早伴随着殖民扩张而扩展到了全世界。甚至有人指出，正是由于有了贸易和扩张，才有了大英帝国[⑤]。从19世纪末到第二次世界大战前夕，英帝国及其殖民体系曾拥有世界上1/3的贸易市场。尽管第二次世界大战后英国在世界贸易

[①] 根据 EIU（Economist Intelligence Unit）2011年10月发布的月度经济预测，巴西已经超过英国成为世界第六大经济体，参见 http：//news.hexun.com/2011-12-27/136696531.html.

[②] 这里所说的经济开放程度，主要是指国际贸易和资本跨境流动等经济活动在国家总体经济生活中所占的比重。其定义参考了《中国经济究竟有多开放》一文，参见中国亚太经济合作网：http：//www.zgyt.org/newsList.asp? newsid = 13456。

[③] http：//www.ey.com/GL/en/Issues/Business-environment/Winning-in-a-polycentric-world-globalization-and-the-changing-world-of-business-The-Globalization-Index-2010-summary.

[④] "2012 KOF Index of Globalization", http：//globalization.kof.ethz.ch/static/pdf/rankings_2012.pdf.

[⑤] Simon Miller, "UK Exist Costly...for the EU", http：//www.thecommentator.com/article/2022/uk_exit_costly_for_the_eu_.

中占有的份额日益下降，但它目前仍然是世界第五大贸易国。贸易是英国经济的主要推动力之一，其商品和服务贸易占国内生产总值的32.5%（2011年）①。特别是其服务贸易拥有较大优势，在很大程度上弥补了商品贸易的逆差。从地区流向来看，欧盟国家是英国的第一大贸易伙伴，与欧盟国家的贸易占其贸易总量的50%以上。有鉴于此，英国不遗余力地支持欧洲范围内的自由贸易，支持开放市场，希望能够毫无阻拦地进入欧洲市场。也正因为如此，英国一方面支持单一市场建设，希望实现更大程度的市场开放和更严格的竞争政策，另一方面又希望欧盟放松规制、增强劳动力市场的灵活性、降低市场进入成本，与此同时，英国也希望在制定单一市场的规则中拥有更大的发言权。甚至有学者认为，单一市场恐怕是英国在欧盟最重要、最直接的利益，超过政治方面的利益，这也是英国留在欧洲的最大理由②。

除贸易之外，金融服务业对英国经济也发挥着举足轻重的作用，2009年其产值占国内生产总值的比例在10%左右（2010年有所下降，为9.4%），2011年从业人员为112万③。此外，金融服务业还是英国最大的出口部门之一，对英国的贸易平衡做出了不可替代的贡献。这与德国商品生产和出口占主导的经济模式存在着结构方面的差异。英国金融服务业的这种高度全球性和开放性，使得英国要求欧盟进一步开放服务业市场，从而使其获得最大化的利益。同时，这也导致英国选择不加入欧元区、不接受金融税、反对就跨境储蓄收取利息税等，因为它担心单一货币以及税收方面的此类措施可能对英国金融服务业产生不利影响，从而动摇伦敦金融城（city of London）的世界金融中心地位，使大量资金流向美国和瑞士。

特别是作为欧洲的金融中心，伦敦金融城不仅在对经济的贡献方面关系着英国的切实利益，它还具有重要的象征意义，代表着在英帝国衰落之后英国仍然在全球金融中占有重要的霸主地位④，进而进一步证明它在世界舞台上的重要

---

① Office for National Statistics, *United Kingdom National Accounts*, The Blue Book 2012 Edition, http://www.ons.gov.uk/ons/dcp19975_245796.html.
② 英国于2011年底拒绝修改欧盟基础条约之后，中国欧洲学会英国研究会曾邀请英国驻华使馆官员与中国的部分学者就此问题进行过一次深度讨论，参见 http://ies.cass.cn/Article/sdtl/201201/4523.asp。
③ *United Kingdom National Accounts*, The Blue Book 2012 Edition.
④ Chris Gifford, *The Making of Eurosceptic Britain*, p.13, 142.

作用。

从政治方面看，英国的传统利益和目标包括，最大程度保持英国在世界上的地位，坚决捍卫国家的自主决定权。在欧洲，则是尽力维持各大国之间的均势，防止任何一个欧洲国家独大。英国之所以在相当长的时间内对是否加入欧洲共同体始终犹豫不决，其根本原因在于既担心丧失对欧洲的影响，又担心为欧盟所束缚；最终选择加入欧盟的原因也是一方面希望借助欧盟的力量提升英国在世界舞台上的地位，另一方面希望通过在内部对欧盟的决策施加影响，避免欧盟朝着自己不愿意看到的联邦方向发展，同时牵制其他欧盟国家的力量。这样一种战略选择有着很强的延续性。

由此可见，无论是在经济还是在政治领域，在英国处理与欧盟的关系时，某些核心现实利益发挥着一种类似"双刃剑"的作用，既有促使英国靠拢欧洲的一面，但同时也让英国无法全心全意投入到更深入的欧洲一体化建设中去。

三 英国欧洲政策的特殊性

综上所述，可以看出，由于历史发展的轨迹不同，由于特定的政治观念与经济理念，再加上现实利益方面的诉求，英国形成了与其他欧洲国家不同的欧洲一体化理念，从而使其欧洲政策具有不同于其他欧洲国家的一些"特殊性"。

除此之外，从国内政治的角度来看，欧洲政策在英国的特殊性还在于，首先，"欧洲问题"对于英国来说，不仅是国际问题，更是国内问题。其次，在英国政治中，"欧洲"一直是个"问题"[1]，这在其他欧洲国家非常少见。再次，欧洲问题对英国国内政治影响之深，也是其他欧盟国家所难以想象的[2]。这个问题常常成为决定保守党和工党这两大党内部团结或分歧的重要原因之一，甚至成为一个政党政治命运的分水岭，特别是20世纪80年代的工党和20世纪90年代的保守党。其中一个典型的例子是在撒切尔夫人执政后期，保守党内部关于欧洲问

---

[1] Stephen Wall, *A Stranger in Europe—Britain and the EU from Thatcher to Blair*, Oxford: Oxford University Press, 2008, p. 8.

[2] 赵怀普：《英国与欧洲一体化》，第368页。

题的分歧几乎到了白热化的地步，这正是撒切尔夫人下台的最重要原因之一，同时也是导致保守党在1997年大选中惨败的重要原因。因此，可以说，欧洲问题在一定程度上影响着英国的政党政治格局，从而影响着其政治版图。目前，受益于英国民众的疑欧情绪，英国独立党（UKIP）的兴起给主流政党带来了不可忽视的冲击，其政策主张也给两大主流政党造成了不小的压力，在一定程度上加剧了英国政府的疑欧立场。

欧洲问题对于保守党的影响极其深远，其根本原因在于保守党的政治文化。尤其是其社会与政治价值观，直接产生了对于任何主权转让行为的不信任①。在欧洲，绝大多数国家的绝大多数主流政党都持亲欧立场，唯独英国保守党是个例外。从当年的撒切尔到今天的卡梅伦政府，从数年前的预算摊款回扣到今天要求保证英国的特殊利益，其间贯穿的均是这种"不信任"的政治文化。而且，不仅如此，尽管英国保守党总体上持疑欧立场，但是，其内部关于欧洲问题的立场并不统一，甚至有很大差异，既有坚决要求退出欧盟的强硬派，也有仅是希望在一定程度上改变英国与欧盟关系的中间派，还有只是反对某些特定问题的温和派。总之，保守党自始至终都没有形成关于欧洲问题的一贯和一致理念。甚至有玩笑称，即使同一房间里只有两个保守党人，用不了多久他们也会由于欧洲问题而争吵②。也正因为如此，关于欧洲问题的意见分歧曾多次造成保守党的分裂。

与欧洲问题造成的政党内部分歧相反，尽管从总体上看，工党比保守党的欧洲政策更为积极一些，但这两个政党之间的分歧并没有那么明显，至少不存在根本原则方面的差异。相反，它们之间表现出了相当程度的一致性。例如，它们都希望英国在欧洲发挥领导作用，并试图改变德法主导欧洲事务的局面；希望继续在以英美特殊关系为基础的跨大西洋关系与欧洲政策之间保持平衡；支持以放松经济管制为核心的欧洲单一市场和自由贸易；不支持向欧盟进一步转让权能，认为税收、社会政策和福利政策，以及法律等方面的控制权应留在成员国政府手中，等等。可以说，尽管两大政党在政策细节上存在一定分歧，但双方的宏观政

---

① Simon Usherwood, "The Conservative Party and Euroscepticism", http：//www.e-ir.info/2012/11/11/the-conservative-party-and-euroscepticism/.
② Daniel Boffey and Toby Helm, "'Exist Europe' Is the Battle Cry as Tory Rebels Turn the Pressure Up", http：//www.guardian.co.uk/politics/2012/nov/17/europe-tory-rebels.

策立场均是对英国传统理念和政策主张的一种继承和肯定。

但是，尽管英国两大党在对欧政策上有如此多的共同点，然而，从第二次世界大战至今，在长达60多年的时间里，英国仍然没能形成明确、一贯和系统的对欧政策。从这几十年的历史中可以看出，英国对于欧洲的态度始终可以用"犹豫、摇摆、矛盾、迷惘"等词汇来形容。这不仅源于上述两大党内部的对欧政策存在着重大分歧，也源于英国选择加入欧洲共同体是由于自身实力下降、经过"成本—收益"的考量之后做出的一种"不得不"为之的实用主义选择，从而造成了它的这种被动态势。从这一点上可以说，英国加入欧洲、参与欧洲事务的过程恰恰是其实力从盛到衰的真实写照。

四 英国欧洲政策的未来

今天的英国政府在对欧政策方面正面临着艰难的选择。在历史上，尽管梅杰政府时期也曾经遇到过保守党内要求退出欧共体的强烈呼声，但其面临的压力远不如今天为甚。目前，不仅在保守党内部，甚至一部分工党和自由民主党成员也在民调中表示希望英国退出欧盟①。为此，有越来越多的媒体认为存在着英国退出欧盟的可能性。

但是，无论从英国本身，还是从英国以外的力量来分析，总体上可以认为，英国退出欧盟的可能性并不大。

从英国本身来看，无论从哪一方面来看，退出欧盟都将付出极为高昂的代价，首先是经济代价，特别是在贸易和投资方面。英国10个最大的贸易伙伴中，有8个为欧盟国家。欧盟既是英国最大的对外直接投资来源地，也是英国对外投资的主要目的地。此外，在英国，有350万个岗位与英国的对欧贸易有关。单一市场为英国增加了2%~6%的收入，也就是说，每个英国家庭每年能从单一市场中获益1100~3300英镑②。鉴于目前这种如此紧密的经济联系，即使英国退出欧盟，它也不可能割断与欧盟的关系。但是，无论将来英国采取哪种模式发展与

---

① http://www.guardian.co.uk/politics/2012/nov/17/lib-dem-voters-eu-poll.
② Department for International Development, "The UK and the Single Market: Trade and Investment Analytical Papers", http://www.bis.gov.uk/feeds/~/media/568CC723188C40DFBB02E868353B40B9.ashx.

欧盟的关系，均不如留在欧盟内部带来的利益更大。特别是它不仅无法像现在这样影响欧盟的政策，相反仍然需要受欧盟政策的约束。而且，那时为争取有利于英国的利益所需付出的谈判努力，远远高于现在留在欧盟内所付出的代价。与此同时，英国退出欧盟也要付出高昂的政治代价，意味着它无法再对欧盟的决策产生影响，无法再对欧洲未来的发展方向产生影响，也无法从内部对其他欧洲国家力量的崛起形成牵制。因此，英国退出欧盟对英国而言是灾难性的①。这与英国保持欧洲大陆均势的传统及其加入欧共体的初衷完全相悖。

从欧盟方面来看，英国退出欧盟也将意味着巨大的损失。在经济领域，特别是在预算摊款方面，尽管自撒切尔夫人以来的历届英国政府在"预算回扣"问题上往往与欧盟存在摩擦，但英国对欧盟的预算净捐款仍在逐年增加，2012年为81亿英镑，占欧盟预算收入的11.6%②，是10个净捐款国之一。在贸易和投资方面，如前所述，英国对其他欧洲成员国的意义重大，特别是德国。英国不仅是德国的第五大贸易伙伴（2011年）③，而且，相较于法国，德国与英国的经济理念更为相近，尤其是在推进全球化和自由贸易方面（法国相对而言更倾向于保护主义）。因此，对于德国而言，英国留在欧盟有利无害，而且（除了经济方面原因）有助于平衡法国的力量。在政治领域，英国的存在对于欧洲一体化的意义更是不言而喻。特别是，欧洲建设本身自始至终就有着重要的政治象征意义。英国退出欧盟将无疑意味着欧洲一体化的严重倒退，是对欧洲统一事业的沉重打击。因此，尽管其他欧盟成员国不满于英国的对欧政策，但绝大多数欧洲国家并不真正希望英国退出欧盟。

在本文即将结束的时候，笔者希望简单提一下英国对欧洲一体化的贡献，而这一点常常被人们所忽略。事实上，与人们的"直觉"相反，尽管英国在加入乃至参与欧洲一体化的过程中，的确没有全心全意地投入，甚至在很多问题上给欧洲制造了一些或大或小的"麻烦"，但它也为欧洲一体化做出了积极贡献。特

---

① "If Britain Leaves Europe, We Will Become a Renegade without Economic Power", http://www.guardian.co.uk/commentisfree/2012/nov/18/editorial-britain-leaving-european-union.
② 见英国财政部 *European Union Finances 2012*, http://www.hm-treasury.gov.uk/d/eu_finances_2012.pdf（由于计算方法不同，不同数据来源的具体数字可能会有出入）。
③ "Foreign Trade: Ranking of Germany's Trading Partners in Foreign Trade", October 2012, http://www.destatis.de/EN/FactsFigures/NationalEconomyEnvironment/ForeignTrade/TradingPartners/Tables/OrderRankGermanyTradingPartners.pdf?__blob=publicationFile.

别是，英国是适用欧盟法律规定情况最好的成员国之一：在将欧盟指令转化为国内法方面，英国是转化比率最高的成员国之一，它也是被欧洲法院提起诉讼最少的国家之一①。在欧洲一体化的某些问题上，特别是在单一市场的建设方面，英国也是积极的倡议者和推动者。至少，在英国与欧盟的关系中还从未发生过与法国戴高乐执政时期的"空椅子危机"类似的重大冲突，也未出现过诸如法国和荷兰公投否决《欧洲宪法条约》的情况。欧洲一体化本身就是一部充满妥协的历史。在卡梅伦发表演讲之后不久，德国总理默克尔就回应说，她愿意讨论卡梅伦提出的某些观点。因此，我们有理由相信欧洲的政治家们最终能够找到解决之道。

综上所述，由于地理、历史、政治和经济等多种综合因素的长期作用，今天的英国政府希望看到的是一个松散、实行政府间主义，以自由贸易为核心的欧洲联盟，而不是更深入的联邦式的欧洲。英国对于欧洲的这种态度，不是一朝一夕可以轻易改变的，也不会因执政党的不同而变化——不论是工党还是保守党，尽管"亲欧"或"疑欧"的程度有所不同，但并不存在本质上的差别。从将英国带入欧洲共同体的麦克米伦首相开始，这种疑欧主义传统一直延续到了今天的卡梅伦时期。英国与欧洲之间数十年来的关系也因此常有龃龉，不管执政者是强硬的撒切尔夫人，还是较为温和的梅杰首相；不管是工党的布莱尔，还是保守党的卡梅伦，这样的关系都很难发生改变。回顾英国与欧洲关系的历史轨迹，始终是在犹豫、怀疑、进退两难中踟蹰前行。也许，当年的麦克米伦首相已经为英国的欧洲政策定下了基调：对于欧洲联盟，"英国更青睐一种基于经验上的渐进式合作，而不是纵身跃入黑暗中"。②

但是，如前所述，无论从哪个方面来看，英国退出欧盟的可能性并不大，因为这样做需要付出的代价过于高昂，不仅英国承受不起，欧盟也承受不起。甚至美国也在向英国政府施加压力，希望英国继续留在欧盟，并保持在欧盟的重要影

---

① "Influence of European Law on British Law", http：//users. aber. ac. uk/scty34/53/eu. html. 还可参见欧盟委员会1984年以来每年一次发布的《欧盟委员会对成员国适用共同体法情况的年度监督报告》（Annual Report of the Commission on Monitoring the Application of Community Law）（从第27份报告起改为"欧盟法"），到2012年6月为止共发布了29份年度报告。详情可参见http：//ec. europa. eu/eu_ law/infringements/infringements_ annual_ report_ en. htm。

② 《欧洲人为何不待见英国》，人民论坛网，http：//www. rmlt. com. cn/News/201203/201203090955362464. html。

响力，认为这"符合美国的国家利益"；而且指出，如果英国退出欧盟，英美"特殊关系"的价值就会降低。美国因素在英国的外交战略中始终是关键的一"环"，这与其他任何欧洲国家都不相同。鉴于英美"特殊关系"的重要意义，英国不太可能置美国的诉求于不顾。正如卡梅伦在演说中所指出的："我们必须仔细考虑这对于我们在国际事务中的影响所产生的冲击。无疑，正是由于我们是欧盟中一个强有力的行为体，我们才在华盛顿、北京和德里拥有更大的影响力……这对于我们发挥在世界上的作用很重要。"[1]

目前，英国政府的对欧政策正处于一种进退两难的矛盾境地：退出欧洲显然不是最佳选择，但无论是从历史还是现实来看，特别是在面临着国内疑欧力量强大压力的情况下，全心全意参与欧洲又几乎是不可能的。如何能交出一份令各方都满意的答卷，似乎是一道鱼与熊掌不可兼得的无解的难题。如果不能尽快重新审视英国的欧洲政策，在各利益相关方之间达成共识，并最终形成具有连贯性和系统性的欧洲政策，这道难题在未来可能继续考验英国的政治家们，也将继续考验英国与欧洲的关系。

最后，还需要指出的是，英国对欧洲的态度也在很大程度上取决于欧洲一体化本身的成就和进展，只有欧洲自身发展壮大，才会对英国（也包括其他欧洲国家）具有足够的吸引力。必须承认，卡梅伦在1月23日的演说中针对欧盟现状提出的一些问题，包括欧洲的竞争力问题、进一步开放市场问题，以及欧盟的民主赤字等问题，也恰恰是目前欧盟必须尽快解决的问题，这才是欧盟未来的前途所系。

（原文刊于《欧洲研究》2012年第5期，辑入本文集前，作者做了相应修改与补充。）

---

[1] Cameron's Speech, "The Danger is that Europe Will Fail", http://www.spiegel.de/international/europe/the-full-text-of-the-david-cameron-speech-on-the-future-of-europe-a-879165.html.

第四章 欧元、欧债危机和欧洲的未来

伍贻康*

一 "德国问题"现今还存在吗？

自1871年德意志帝国在欧洲中部宣告建立起，欧洲局势走向和欧洲格局变动都深受德国战略动向的影响。19世纪后期到20世纪上半期，由于德国奉行争霸欧洲的扩张侵略战略，先后挑起了两次世界大战，使欧洲山河破碎、民穷国贫，欧洲因此加速走向衰落，丧失了持续几百年傲居世界经济和政治中心的霸主地位。由此可见，德国的强盛及其战略定向和政策动向事关欧洲兴衰存亡的命运。究竟是"欧洲的德国"还是"德国的欧洲"？所谓"德国问题"一直像一个可怕的幽灵在欧洲徘徊，搞得欧洲不得安宁。"德国问题"成了欧洲发展和兴衰的一个关键问题。

惨痛的历史教训使欧洲人开始觉醒，痛定思痛。第二次世界大战后包括英法大国在内的欧洲国家，坚决批判为争夺霸权而兵戎相见、自相残杀的战争道路。战败的德国吸取第二次世界大战的教训，彻底否定希特勒的复仇争霸战略，决心改弦更张，寻求和平发展，奉行融入欧洲成为"欧洲的德国"的明智战略，与周边邻国一起共同探索走上欧洲联合道路，以煤钢联营为开端，使欧洲一体化由理想变为现实，通过共同体方式逐步构建欧洲国家经济、政治和安全等方面协调合作的崭新区域性国家联盟体制。于是，在欧洲一体化的框架下，德国自主自愿

---

* 伍贻康，上海社会科学院欧洲研究中心研究员、中国欧洲学会副会长。

地放弃部分主权，把自己牢牢拴在并融入欧洲大家庭中，使德国名副其实地成为"欧洲的德国"。事实证明，把德国问题置于欧洲终究是走和平相处、共同发展还是继续恶性竞争、战乱自残道路这一"欧洲问题"大框架中，即把"德国问题"融入"欧洲问题"，两者一并妥善解决，这是一种具有国际意义和历史意义的解决国际关系问题的全新方式。

这样，欧洲赢得了和平、稳定、安全和繁荣昌盛，而德国也通过欧洲一体化改邪归正、全面融入欧洲，成为欧洲一体化进程中最大的获益者。德国和欧洲一体化相互依托、相辅相成。

然而，"德国问题"是否就此终结？似乎问题还不那么简单。德国"第四帝国"论近期在欧洲媒体上重新浮现①。这种"德国威胁"论、"德国控制"论的老调重提，是否意味着"德国的欧洲"将借尸还魂，"德国问题"又将重新困扰欧洲？欧债危机爆发以来，德国在欧洲的关键地位和主导作用显著地突出起来，这究竟对欧洲一体化意味着什么？对欧盟和欧元区的兴衰存亡又有什么影响？欧洲一体化的走向和欧洲的未来又如何？这一切值得深入关注和研究。

二 欧洲单一货币欧元的诞生

欧洲国家联合起来走上欧洲一体化的道路，无论在政治、安全还是经济方面，德国都是最得益的国家。通过一体化，德国摘掉战败国的帽子成为共同体中平等的一员，国家安全和稳定得到保证，经济迅速恢复到战前水平并快速增长，至20世纪50年代中期，德国经济尤其是工业实力又重新在西欧居于首位。自此以后，德国在欧共体/欧盟中GDP的比重一直占据第一位，20世纪60年代德国在共同体6国GDP中接近40%，超出法国50%。重新统一的德国的GDP已接近法意之和。经济实力的不断增强，辅之以1963年法德轴心的形成，使德国在欧共体/欧盟中已取得稳居第二的地位。在欧洲一体化得以运作的财务杠杆——转移支付机制中，德国一直勇挑重担，甘做"奶牛"，从而使德国在一体化进程中

---

① Simon Heffer, "Rise of Fourth Reich, How Germany Is Using the Fiancial Crisis to Conquer Europe", 17th August 2011, http：//www.dailymail.co.uk/news/article-2026840/European-debt-summit-Germany-using-financial-crisis-conquet-Europe.html, 访问日期：2011年8月22日。

占据日益重要的地位，通过与法国结盟，使法德轴心一直在欧洲一体化中发挥主导作用，成为欧洲一体化的"发动机""火车头"和"方向盘"。德国已经融入欧洲各国人民平等与和平的共同体之中，依托欧洲一体化积极发展自己，似乎脱胎换骨，成为真正的"欧洲的德国"。

然而，即使在这个契约性的欧盟大家庭中，成员国之间要建立真正的战略信任并不容易，更何况两次世界大战的阴影挥之不去，希特勒第三帝国的丑恶形象难以在邻国中完全抹去，事实上欧洲国家的"恐德症"从来没有根除。尽管欧共体的体制机构是在牢牢制约德国的指导思想下设计的，但当德国日益羽毛丰满，显示超群绝伦、独占鳌头之势，其邻国，特别是法国和英国放心不下，唯恐"德国的欧洲"再次出现，这在德国重新统一的问题上暴露无遗。在1989年秋冬柏林墙倒塌、两德统一突然提上议事日程时，畏惧和阻挠德国统一的，不是苏美，而是法英。因为重新统一后的德国不仅正式摆脱战败国地位，不再是"政治侏儒"，且领土扩大1/3，人口增至8000万，GDP接近英意之和，黄金储备遥居欧洲之首，马克更成为仅次于美元的世界第二国际货币，这好似"放虎归山"，怎会令欧共体其他成员国放心。因此，在德国统一后，欧洲国家齐心立即签署了《马斯特里赫特条约》，成立欧洲联盟，用强化经济和政治联盟的方式，进一步把统一后的德国拴在欧洲一体化的"马车"上，通过建立货币联盟，逼德国放弃马克，加速创建单一货币欧元。从这一催化欧洲一体化跃进的行动中，完全可以看到"德国问题"这一幽灵还在作怪。

德国马克换成欧元的"货币换统一"的交易，既表示德国坚持欧洲一体化，信守做"欧洲的德国"的承诺；也是德国通过货币联盟战略强化自身"国际货币权利"的一次机会。德国马克诞生于1948年，借助国内经济复兴，到1973年就由一个弱币发展为超过英镑、仅次于美元的世界第二国际货币。其后，马克趁美元危机，通过创建欧洲货币体系，逐步主导欧洲货币一体化进程，使德国马克在"去美元化"的欧洲货币体系中成为主导货币。在此基础上，为换取欧洲各国支持两德统一，德国再以放弃马克、共同创建区域单一货币欧元的方式，通过合法手段获得欧元区的国际货币权利，即按德国马克模式塑造欧元，使欧元在本质上成为一种放大的德国马克，使欧元区成为实质上德国化了的区域货币联盟。欧元的治理模式和货币政策理念完全按照德国马克设定，严格规定欧洲中央银行的独立性，坚持把价格稳定作为欧洲央行唯一的货币政策目标，欧元汇率的划一更使德国产品的竞争力大大强化,确保了"德国制造"在欧洲共同市场中的优势地位,使德国贸易盈余迅速激增,到全球金融危机爆发的2007年,欧元区国家吸纳了德国出口总量的近一半,德国贸易顺差总额60%来自欧元区[1],欧元的诞生使德国经济享有比马克时期更大的竞争优势。由此可见,欧元创建目的当初是将德国货币主权置于一体化共管之下,然而现实却更加强化了德国的"货币权利"和德国在欧元区中的经济、金融和货币的优势地位。

三 欧债危机的乱象与应对战略的分歧

在2007年爆发的这场战后最严重的金融与经济危机中,欧盟和欧元区受到强烈冲击,遭到"伤筋动骨"的伤害。目前,欧洲主权债务危机恶性蔓延,危及欧元的生死存亡,这充分表明欧元区经济和金融的脆弱性,暴露了一体化在应对危机中存在的严重缺陷。通观全球,主权债务问题在很多国家尤其是发达国家中相当普遍,债务危机表现出全球性质,债务严重现象也绝非仅仅出现在欧洲。

问题出在区域一体化程度较高的欧盟和欧元区主权国家联合体内,成员国间发展不平衡和竞争力差距日益加剧,且欧元区实行单一货币——欧元和统一的货币政策,但相应的财政政策不仅没有统一,而且协调既不容易也不顺当。在这种先天不足、后天失调的欧元区货币财经状况下,财政经济政策的协调相当困难,因此在应对危机特别是当前严重的主权债务危机时,债务国受到诸多严格约束,政策调整缺少灵活性,丧失运用惯常应付这类危机的办法和手段,如货币贬值、加印钞票等。欧元区这一职能的缺失,导致债务国困难加重,无法周转调节以自救,彻底暴露了债务沉重并危急的国家陷于走投无路的困境,只能公开乞求欧盟等给予国际救助,致使欧洲债务危机越出当事国,成为欧元区、欧盟和国际的重大危急问题。

问题还在于,欧债危机出现多米诺效应,小洞不补,大洞吃苦,行动滞

---

[1] Mattias Vermeiren, "Monetary Power and Europe: EMU's Role in Global Monetary Governance", Paper Presented at the Annual Meeting of the International Studies Association Annual Conference, "Global Governance: Political Authority in Transition", Quebec, December 1, 2011, p. 14.

缓，后患无穷。从希腊开始，危机由小变大，传播迅速，随之传导至爱尔兰、葡萄牙，现已危及西班牙和意大利这样的大国，甚至传言会冲击到法国。欧元区严重债务国所需的国际救助资金从一开始时的数十亿、上百亿欧元，半年不到急升至上千亿、数千亿欧元，目前已达上万亿之巨。欧债危机这种恶性膨胀态势，还受到美国评级机构等别有用心、虚实并举的煽风点火、火上加油的助推渲染，致使欧债危机完全超越国别界限，成为欧洲一体化以来最为严重的一场大危机。

祸不单行，当前欧洲各种问题成堆，矛盾错综复杂，纠结严重，使得危机解决变得更趋复杂和艰难。21世纪初，欧盟制宪进程受阻，《里斯本条约》在追求制宪目标上打了折扣就是由于维护国家主权意识的国家主义的干扰；金融与经济危机使欧洲各国经济陷于停滞和萎靡不振，也激化了自私自利的国家利己主义和民粹主义倾向抬头，主权国家经济利益至上成为解决债务危机最大的阻力。在一体化进程中，主权意识和主权利益顽固的劣根性发酵，德国也概莫能外，这成为团结协作抵抗危机的大敌。

解决债务危机的麻烦还表现在，作为危机救助的最大出资国，德国总理默克尔坚决认为，债务危机是一些南欧国家借加入欧元区"搭便车"，挥霍滥用轻易获得的融资借贷，常年膨胀公共开支所引发。因此，解救危机必须从紧缩开支、减少财政赤字着手，要求重债国接受救助，必须以承诺执行紧缩政府开支、降低财政赤字为前提条件。这导致这些国家作为社会平稳和谐基础的高福利受到种种削减，不仅社会矛盾激化、消费不振，更使社会秩序动荡不稳，经济复苏疲软乏力，更谈不上提高竞争力和经济增长。因此，债务沉重—紧缩财政—削减福利—消费不振—经济衰退，这种恶性循环使重债国陷于进退两难的困境，而危机的迅速恶性蔓延进而加剧了对于欧元和欧元区稳定的信心与信任危机。

目前，欧元区国家深受经济危机、债务危机、银行金融危机、政治危机甚至社会危机的交错感染，内外交困，矛盾纠结，乱象丛生，危机久拖不决，成员国各自为政，同床异梦，凝聚力趋于松弛，欧盟一体化正处在前所未有的最危难时刻，犹如大祸临头，病急乱投医，疑似无可救药。由此，欧元区分裂、欧元崩盘消亡、欧盟散伙……种种评论不胫而走，一时间似乎欧洲一体化即将四分五裂。

解救欧债危机的战略选择和政策措施从根本上说只有两种：一是应急救危，

止血输血；二是标本兼治，既要消解债务危机，化解违约破产，更要从根本上通过修缮、调整以达到健全、完善和深化欧盟一体化。前者尽管受到指责，但早已起步，从欧洲金融稳定基金（EFSF）到欧洲稳定机制（ESM），从临时性救助机制到永久性防火墙的建立，关键在于如何落实执行，问题卡在落实前提和执行步骤还有争议；后者则从认知、方案到目标，都存在诸多分歧。这方面的矛盾很复杂也很混乱，最主要反映在救助者和重债国接受者之间、几个大国之间就关键问题存在重大分歧。简要述之，关于前者，财大气粗的德国默克尔政府颇受责难与非议，被媒体形容为犹豫不决、行动滞缓、延误时机、自私专横。在希腊，默克尔甚至被丑化为女希特勒，指责她紧缩过严，其加强财政预算监管已干涉他国内政，甚至认为默克尔专注紧缩政策必将威胁经济增长，毁掉整个欧洲。而德国国内则批评默克尔救助过于慷慨，致使默克尔深受内外夹击，置身于"走钢丝"玩平衡的险境中。

更严重的是，英、法两国先后对德国默克尔的危机应对战略发起挑战，使欧洲应对债务危机的形势和前景增加了不确定性。

鉴于欧债危机源头之一在于货币政策与财政政策的脱节，要保持欧元稳定，欧元区必须着手推动货币一体化向财政一体化过渡，以期从根本上解决危机。经过艰苦协调终于达成共识：从严格加强财务预算纪律着手，2011年12月初欧盟峰会上就"财政契约"达成一致，2012年3月2日正式签署。契约主要内容有：坚持财政赤字不得超过国内生产总值3%作为"黄金法则"写入各国宪法；强化成员国加强财政预算趋于平衡的政治承诺，实施一旦超标即启动自身惩罚措施；拟增设共同财政部长加强经济政策协调，向财政联盟推进。然而英国首相卡梅伦明确反对，公开强调"捍卫英国的利益"，拒绝在这一新条约上签字。围绕"财政契约"，英国"疑欧派"借机闹事，鼓动英国"撤离欧盟"。2012年春夏之际，上百名英国议员联名发出公开信，呼吁就英国的欧盟成员资格进行公投。而以卡梅伦为首的英国保守党主流派是欧洲实用主义者，既不亲欧也不反欧，对欧洲一体化的立场，始终在经济、金融与财税之间摇摆，在社会利益与政治国际利益之间徘徊，归根结底是在英国利益和英国在国际舞台的影响力之间搞权衡，维护微妙的平衡。一直以来，英国既怕丧失独立主权，又怕因有限区域一体化立场而被边缘化，使其与欧盟一体化若即若离、渐行渐远。英国在欧盟问题上"玩火"的高潮是2013年1月23日卡梅伦首相公开宣布，如果保守党在2015年大选中获胜,将会在2017年就"英国是否脱离欧盟"进行全民投票公决。这一有关"欧洲未来"的演讲在英国和世界一时间舆论哗然,开启了对英国和欧盟"前途未卜"的危险历程,把英国与欧盟关系推向了一个令人不安的极端。笔者认为,这是卡梅伦虚晃一枪的政治赌博,既反映了英国社会确实存在对"留退欧盟"的严重政治分歧,也是他为保守党拉选票以及与欧盟谈判改革讲条件的一种策略。卡梅伦的"脱欧"倾向实为他的"留欧"谈判增加价码。然而,无论如何,卡梅伦这一"玩火"举动,显示英国与欧盟关系进一步走向边缘,为欧洲一体化进程增添不确定因素,也更进一步表明在欧洲一体化方向、理念、体制等一系列重大问题上,欧盟内部尤其是英欧之间确实存在重大分歧,不能掉以轻心。这对克服欧债危机特别是欧盟未来都产生实质性的负面影响。显而易见,在今后欧盟改革问题上会有场恶战。

　　法德合作——法德轴心是欧洲一体化赖以启动、发展、扩大和深化的基础和基本动力。法国前总统萨科齐在执政期间,与德国总理默克尔一起担当起克服欧债危机的主导责任,尽管各有各的盘算,但协调合作、共担责任还是做得不错。然而,德法之间分歧时而显现,例如在发行欧元区共同债券问题上,两国已分道扬镳。2012年5月6日,社会党人弗·奥朗德当选新总统后,法德在克服欧债危机的战略方针上显示出严重分歧,奥朗德提出一系列与德国相异的主张,从建议重新谈判"财政契约"到反对过分紧缩政策而强调只有刺激经济增长才能摆脱欧债危机等,公开向默克尔的领导权及其战略方针发出挑战。法国新总统内政外交纲领性主张的转向,其反响和震动,甚至超过英国唱反调搞摩擦的严重程度;从实质上说,法德分歧对于克服欧债危机和影响欧洲一体化走向及欧洲未来的后果要更严重得多。然而,当事态平静后,冷静分析当前欧洲局势下的法德关系,笔者认为,对于奥朗德的"政治秀"要客观分析。从法德相互依存关系以及欧洲一体化的命运和欧洲的未来来看,法德轴心的重要性不可或缺也无法取代;而相互间协调和妥协的空间还很大,寻求共识,维护和承继法德轴心完全有必要,也完全有可能。欧盟一体化需要稳固的法德关系,而且需要与时俱进,不断革新和充实,一个全新的法德轴心向德法轴心转换无疑是时代的要求,也是欧洲局势发展之必然。德法两国首脑经过了双边和多边的几轮峰会,立场已逐渐趋向靠拢。"财政契约"不存在重新谈判问题,经济增长也给予重视,它与紧缩政策绝非对立和转向问题,而是两者并重,两手抓，德法应协调克服危机。正如默克尔所说："严格的财政纪律和对经济增长的刺激并不是对立的，而是同一枚硬币的正反两面。"① 德国仍反对发行欧元区共同债务，反对债务共担化，但不反对欧洲央行行使新职能：在二级市场购进重债国中短期债券。显而易见，法德协调和妥协已有进展，正共同寻求加强欧元区国家凝聚力和确保欧元区的稳定和完整。两国正借法德爱丽舍宫同盟条约签订50周年纪念之际，使这一同盟条约更为包容，更受其他成员国的欢迎并使之更为开放和合法化。

欧债危机爆发已近三年，欧元区和欧盟国家已逐渐接受这样一个现实：德国现在是，将来也继续是欧元区和欧盟的主导国家。波兰外长拉多斯瓦夫·西科尔斯基在2011年11月29日在一篇署名文章中这样写道："与其说我担心德国的强大，不如说我开始担心德国的不作为。"他把德国看作是欧盟"改革的领路人"。② 而美国著名的国际金融家索罗斯更直言不讳地认为："唯有德国能够扭转欧洲瓦解的趋势"，"德国肩负着决定欧洲未来的责任"。③

显然，德国已被推到欧债危机能否克服，甚至欧元区存亡兴衰的主导地位。

四　德国的战略定位成为欧盟兴衰的关键

世界正处在剧烈大变革中，德国也在变。尽管欧洲一体化带给德国几乎是使用战争手段都得不到的收益，但在世事变迁中，德国也面临种种新的挑战。一个大问题是，代际更替使德国面临新的抉择，并把德国推向十字路口：德国将走怎样的道路？德国国家战略的标杆是什么？也就是说，德国需要怎样的德国？需要怎样的欧洲？这就是德国的战略定位问题。

欧洲一体化是对民族主义、国家主权的一种超越，在推进欧洲一体化的进程中，民族主义、国家利益至上往往成为一体化的阻力。当今欧洲出现了民族主义抬头、国家主义回潮的倾向，从欧盟制宪受阻中已有显现，欧洲经济不景

---

① 《德国》（中文版）2012年第2期，第25页。该杂志由法兰克福莎西埃德媒体公司与德国外交部合作出版，在180个国家发行。
② 参见〔英〕《金融时报》2011年11月29日。
③ 〔美〕乔治·索罗斯：《欧元崩溃将导致全球无法控制的危机》，http://www.cauhubg.com.cn/2011-08-12/110809095.html，访问日期：2011年9月1日。

气,欧债危机愈演愈烈,使这一倾向更为突出,德国也不例外。有舆论评论:欧洲正在"滑向一种苍白的民族主义"①。德国是欧洲一体化的主要倡导者和坚定推进者,但代际更替显示,部分战后出生的年轻德国人包括精英在内,他们的人生轨迹与前辈截然不同,思维方式和认知判断已和老一代德国人有很大差别,他们缺乏历史对比视野,缺乏那种对战争的历史惨痛教训的感性认知,没有历史包袱,把来之不易的和平和一体化成果看作理所当然,存在对欧洲一体化的冷漠、厌倦和不信任,甚至有对未来的迷茫以及消极看待欧盟。在德国精英层中,那些在"蜜罐中"长大的人,他们认为现在"欧洲不再是战争与和平的问题",认为从阿登纳到科尔致力于把德国"融入到欧洲同一性中","现在这种尝试结束了"②。在德国出现了欧洲一体化动力弱化的现象,尤其在经济困境中利己主义膨胀,把国家甚至小家的利益置于欧洲共同利益之上,打小算盘,鼠目寸光,自私自利,反对"支付转移";对于解救欧债危机,为重债务国"埋单"强烈不满,不认为存在"道德义务",要求恢复德国马克,退出欧元区的大有人在。有民意测验表明,3/4 甚至 80% 以上的德国人反对进一步救助希腊,过半数德国人留恋并盼望恢复德国马克,进而上升到对默克尔政府的不满,以至在德国对待欧盟一体化问题上也出现分歧。这些分歧在民意调查、执政党内部争论和地方选举中已反映出来,这些都对默克尔政府的决策形成巨大压力,成为其掣肘。在这样的背景下,一方面,默克尔总理在危机解救机制的态度上,决策谨慎犹豫,行动优柔寡断。但另一方面,默克尔的政策又受到行动迟缓、错失良机的指责,批评她所奉行的应对危机的政策"处在核心地位的,不再是欧洲人的共同命运,而是国家利益的平衡",抨击她的政策是"出于短视的本国利益"③,甚至前总理科尔也认为默克尔的危机应对政策是"在毁坏欧洲",德国内外舆论要求默克尔总理应在捍卫并推进欧盟一体化方面"承担起责任",要求德国在解救欧债危机中"发挥领导作用","引领欧洲走向共同的

---

① 菲利普·斯蒂芬斯:《欧盟的裂缝》,2010 年 12 月 7 日,http://www.ftchinese.com/story/001035894/? print = y,访问日期:2011 年 9 月 1 日。
② Sebastian Fischer, "Merkels Europa-Politik. Sprachlos, ziellos, mutlos", 17.07.2011, http://www.spiegel.de/politik/deutschland/0,1518,774925,00.html,访问日期:2011 年 9 月 1 日。
③ Henrik Müller, "Währungskrise. Wer ist schuld, falls der Euro scheitert? Deutschland!", 21.06.2011, http://www.spiegel.de/wirtschaft/soziales/0,1518,769386,00.html,访问日期:2011 年 9 月 1 日。

未来"①。显而易见,目前德国在欧洲政策的大政方针上出现分歧和争论,默克尔处在夹板中,左右为难。

当前德国政府解救欧债危机的应对战略是事关国家发展命运的战略决策,存在两种抉择:一是坚持战后以来一贯积极推进欧洲联合,把德国融入欧洲,以一体化事业为重,继续走来之不易的团结互助的道路;二是屈服于民族主义回潮和民粹主义思潮,以狭隘国家利益至上,以德国自我为中心作决策标杆的孤家寡人的道路。过往历史和当前国际格局都证明:前者是拥有未来的光明大道,而后者必将葬送德国、毁灭欧洲。这关系到德国战略定位的大问题,正如前总理科尔所提示:"如今德国到底处在什么位置,它想到哪里去"。他明确表示,"联合的欧洲"这一信条原则是"指南针",是德国外交政策的"基本支柱",要把德国"牢牢地固定住"②。德国必须做出历史性抉择。

欧盟目前正处在自创始以来最具决定性的危险时刻,德国的国家定位和战略决策处在新十字路口,欧债危机能否解脱,欧元、欧元区和欧盟的兴衰存亡越来越取决于德国政府的战略决策和政策取向。如果按某些人意愿让德国在危机中以自我为中心,坐视不救,明哲保身,这对欧债危机和欧盟一体化无疑是釜底抽薪,必将引发决堤灾难。现实是欧洲一体化面临新形势、新问题,呼唤德国必须为"欧洲的德国"更新并充实内容,赋予新的含义,担负起更大的主导或领导责任。从默克尔争取内政与外援最佳平衡点,沉稳而又逐步地采取一系列政策及其言行趋势分析来看,笔者认为,尽管德国政府的政策还遭到质疑和诟病,但默克尔总理在战略抉择上已经理性而毫无疑问地选择了前者。

在希腊主权债务危机爆发之初,默克尔对希腊危机的认知判断似乎有误差和犹豫,行动滞缓,对应疑有不当。但随着欧债危机的发酵,她的认知态度越来越坚定明确。她代表德国政府承担救助重债国的责任,誓言维护欧元区的稳定和完整,确认保卫欧元区生存是底线,要"不惜一切代价捍卫欧元"。德国是欧元区临时救助基金(EFSF)和即将启动的永久性欧洲稳定机制(ESM)的倡导者和

---

① " Schuldenkrise. Helmut Kohl rechnet mit Merkels Europapolitik ab", 17. 07. 2011, http://www. spiegel. de/politik/deutschland/0, 1518, 774875, 00. html, 访问日期:2011 年 9 月 1 日。

② "Dokumentation. Auszüge aus Helmut Kohls Abrechnungs-Interview", 24. 08. 2011, http://www. welt. de/politik/deutschland/article13563464/Auszuege – aus – Helmut – Kohls – Abrechnungs – Interview. html, 访问日期:2011 年 9 月 1 日。

最大金主,整个基金的27%是由德国贡献的。但是默克尔更着眼于对危机的标本兼治,首先强调要从根本上解决重债国的财政赤字和债务负担,严厉要求重债国以承诺紧缩政府开支,实行经济和社会改革,并在财政预算收支上以接受严格监督为前提,才能发放救助款,即转移支付不是无条件的,救助必须与自救相结合;其次,坚持原则,在不落实预算财政监督之前,决不同意发行欧元共同债券,拒绝债务共担化,以免陷入"无底洞";再次,坚持欧洲央行的独立性,不能轻易担当危机的"最后贷款人",但在对待欧洲央行购买欧元区债务国的国债问题上,逐渐持灵活态度。2012年9月,欧洲央行宣布重启在二级市场上无限量购买重债务国3年期以内的国债,附加条件是该国必须履行减赤和改革承诺,对此德国未予异议。近年来在德国倡议推动下,有关"银行联盟"和成立欧元区银行业单一监管机制以及欧盟增设财政部长一职等提案正在磋商中,除英国和捷克外,欧盟25国已签署了严控预算和财政纪律,争取实现财政平衡,建立违规自动化惩罚机制的"财政契约"。一个标本兼治、综合性克服欧债危机,加强经济政策协调治理的行动方案已形成框架。2012年9月12日,德国宪法法院正式宣布,有条件允许德国加入欧洲稳定机制和"财政契约",欧洲稳定机制和"财政契约"有望在2013年正式生效。与此同时,9月9日法国新政府宣布了30年来最大规模的紧缩计划,之前默克尔和法国新总统奥朗德在6月欧盟峰会上通过了欧洲《增长与就业公约》,就紧缩与增长协调平衡,尽快克服危机达成了基本共识。由以上可见,德法两国努力协调一致,正走上承续原有联盟轴心关系的方向。

综上所述,德国总理默克尔应对欧债危机的战略策略,无论在国内还是欧盟内部都像在走钢丝,风险不可避免,但总体上能担当主导作用的重任,掌控局势。默克尔既是德国利益的政治守护者,又是欧元区和欧盟一体化的坚定捍卫者,一身二任,内外兼顾,是位具有战略思考,原则性和灵活性结合得当的务实政治家。在她的领导下,德国正同盟国一起尽力争取妥善解决欧债危机,并试图高瞻远瞩,化危为机,以克服危机为动力,力争积极推进欧洲一体化的进程。目前看来,最好的结果是,按"马约"提出的方向,建设一个名副其实、真正的欧洲经济与货币联盟和政治联盟。

事实表明,德国欧盟中的印记正在加强,德国在欧元区和欧盟中的隐性主导能力、引领作用在增强,德国在欧元区和欧盟中的权重日益增大。而德法关系正在消除奥朗德上台之初的阴影，两国努力趋于重新靠拢，预计法德轴心将会向构建未来的德法轴心演变并逐渐显性化。当前欧债危机的解救过程充分表明，德国已成为希望之星，正如前波兰外长所言，欧元区和欧盟国家正急迫期盼默克尔来克服欧盟"领导危机"，担当起重任，发挥领导作用。由此，也有人心存疑虑，德国担当"领导"后，是否"德国的欧洲"又复活了？笔者认为，形势已发生巨大变迁，原来含义的"德国的欧洲"已不可能。当今时代诸多特征和欧盟体制及运行机制已不允许德国称霸欧洲，不允许出现"第四帝国"。欧盟的体制机制拒绝霸权并可制约霸权；而且国际霸权主义行径在当今时代业已弱化，更遑论欧洲，原来含义的"德国的欧洲"已成历史。但是，德国兴盛强大，尤其是欧盟力量结构中德国一国独大日益明显，德国模式和德国规制机制的影响力在加强和扩散，人们有理由提出"德国版的欧洲"是否可能出现；按德国的意愿和价值观塑造欧盟一体化是否会成为现实；德国的独大是否会遭到法英意等国的忌恨，并使欧盟、欧元区所有成员国对德国畏惧和担忧；德国在欧盟和欧元区中鹤立鸡群的态势是否会导致德国孤立，从而引致欧盟内部新的矛盾和新的力量组合。这些问题都值得进一步深入思考研究。正因为如此，无论是"欧洲的德国"还是"德国的欧洲"，这个"德国问题"还将以不同的形式、不同程度地在欧洲变态式地继续存在。当然，本文前述已断言这不会是原来意义上的"德国问题"和"德国的欧洲"，当代"德国问题"的内涵和表现形式已大大改变了。说到底，笔者认为德国模式、德国理念、德国价值观和德国的规制在德国综合实力强盛的态势下，其影响力不容低估。就此而论，从反面更加有力地证明，欧盟及其均衡、制约原则和成系统的体制和规制对于欧洲是绝对不可或缺的，这是拴住和制约德国的杀手锏，是欧洲和平与安全的可靠保障。进一步联系到世界格局中区域化特征已经并必将日益加强，由此可以断言，欧元区不能垮，欧洲更不能散伙；否则，欧洲必将大乱，世界也会更不安宁。

　　历史和现实已从正反两方面反复证明，德国不能没有欧盟和欧元，没有欧洲一体化及其发展，就没有德国的今天，这是德国兴盛之根本；欧元区、欧盟更不能没有德国，没有德国的欧元区和欧盟是无法想象的。"欧洲的德国"必须与时俱进，德国不仅是欧洲经济的火车头，也是欧元区、欧盟一体化、欧洲区域共同治理的领头羊和中流砥柱，当前更是欧债危机能否解脱，欧元区兴衰存亡最为关键也最具决定性的因素和力量。

总而言之，对德国和欧洲而言，德国正确的战略定位及其勇挑重任，对克服欧洲面临的种种危机，维护和继续推进欧盟一体化都事关重大，这是德国和欧盟发展的钥匙，是德国和欧洲未来命运之所在。

五 欧盟一体化动向和欧洲的未来

当前欧债危机不仅决定欧元的命运，更重要的是，欧盟是一个成员国全面而紧密依存的共同体，危机如何解决，必将决定整个欧洲的未来。危机的久拖不决和最近一系列的应对政策表明，欧元区成员国整合国内政策，严格财政紧缩，进一步深化改革是实现欧盟互利合作的前提。这也表明要根本克服危机，就必须标本兼治、综合治理，这才能消除产生危机的根源，真正振兴欧洲。

所谓标本兼治、综合治理，对欧元区和欧盟来说，首先是进一步促进经济和财政融合，并增强各国有关政策的协调性。当前，一个标本兼治、综合治理克服欧债危机，加强经济财政金融政策协调治理的行动框架趋于成形。预计摆脱这场危机还会有很多曲折和摩擦，克服危机是个长期而艰巨的过程，至少再有三至五年欧洲时局才能获得平稳发展和真正复苏。显然，任何轻视和仓促解决问题的方式都不可取。从恢弘广阔的历史发展角度来看，半个世纪多以来的欧洲一体化是人类探求全球治理、建设美好新世界的伟大历程中一种阶段性局部性的探索，区域共同治理的模式是一次革命性的实验，未来要走的路还很漫长。

众所周知，合作与融合是历史发展的规律，区域一体化是符合历史发展大方向的。实践区域共同治理和实现欧洲一体化，是欧洲在制度建设以及后现代化国家发展道路和发展模式上，为人类文明和进步做出具有历史里程碑意义的一大创新贡献。尽管这次危机威胁到欧元区的根基，但它还没有彻底动摇欧元区和欧盟一体化的根本和基础，尽管今后欧洲一体化发展进程中不确定因素还很多，前景还有变数；但是，欧洲一体化这一基本发展道路和方向是一个定数，是不可根本逆转的历程，这次危机不足以颠覆和否定这一历史发展进程。

近三年应对危机的情势显示，应充分利用危机是一体化的催化剂和动力这一作用。这次危机必将把欧盟推进到一个深层次并具关键意义的调整、变革和转型的崭新阶段。说到底，这场欧债危机仍然是欧盟一体化进程中的一次危机，究竟如何才能克服危机，在方法、途径和手段等方面仍存在众多分歧和争议，一体化进程中的问题只能通过加强一体化予以解决，已越来越成为多数欧洲人的共识。以德国总理默克尔为代表的欧盟主流派已充分认识到，必须抓住恰当的时机标本兼治地克服危机，决心化危为机，把危机当作推进和加强欧盟一体化的催化剂和动力。默克尔和欧盟委员会主席巴罗佐等人经常大声疾呼，"我们需要更多的欧洲、更多的一体化"，默克尔强调"欧洲是我们的命运，也是我们的未来"[1]。德国外长韦斯特韦勒则明确声明，"我们欧洲只有联合才能强大"，呼吁"迈向一个更有行动能力的政治联盟"[2]。显而易见，主张继续加强和推进欧盟一体化的主流派和当权派正借助克服这场危机的时机修补欧元区结构性缺陷，筹划一系列诸如"银行业联盟""预算联盟""财政联盟"等众多更欧洲化的具体主张和方案，试图超越《马斯特里赫特条约》和《里斯本条约》，促进欧盟一体化整体发展更上一层楼。

近来，加快欧盟一体化步伐，使欧盟朝着更加开放、民主、高效、贴近民众、发挥国际影响力发展的一系列规划设想正在酝酿和浮出水面。据各方面信息汇总，自2012年春天德国外长韦斯特韦勒提议成立一个"未来小组"筹划进一步改革欧盟、绘制欧洲未来的蓝图以来，迄今已有11国（德国、法国、意大利、西班牙、波兰、荷兰、奥地利、比利时、丹麦、卢森堡和葡萄牙）外长陆续加入了这个所谓的"柏林俱乐部"，他们不定期会晤，并在当年6月19日形成一份有关"联邦欧洲"的议案，呈交给欧盟委员会主席巴罗佐和欧洲理事会主席范龙佩。9月12日，巴罗佐主席在欧洲议会上发表"欧盟情势咨文"，把11国外长这一提案内容纳入并公诸于世，并于9月17日在法国《费加罗报》上刊载"走向民族国家联邦"的署名文章。9月18日，上述11国外长在波兰华沙会晤后正式公布他们有关强化欧盟的这份倡议文件。虽非正式政府文件，但该文件具有重要政治意义。11国中10国均属东扩前老欧共体成员国，堪称推动欧洲一体化的中流砥柱，大国中只有英国除外，但波兰是中东欧新成员国中政治和经济分量最重、最有代表性的国家，同德法也保持很好的关系，号称欧盟六大国之一。这11国外长虽不以正式外长身份代表国家出面，但他们的的职务身份和半年里反

---

[1] 德国外交部合作出版（180个国家发行）：《德国》（中文版）2012年第2期，《一个运动中的大陆——关于欧洲的未来》专辑，第3、22页。

[2] 同上，第17~18页。

复磋商的成果事关重大，足以显示该文件的政治分量和意义。更重要的是，巴罗佐主席在官方正式的"盟情咨文"中确认并谈及该文件内容，然后还以个人署名文章阐述"欧洲的政治前景，就是向民族国家联邦的方向迈进"① 这一重大政治改革倡议。因此，这一动向值得重视与跟踪关注。

上述由德国发起，受欧盟委员会推动的强化政治联盟的倡议其内容概要如下：明确声称欧盟应向建立"国家联邦"体制的目标奋进。决心要完成"马约"规定的建设欧洲经济与货币联盟的任务，迈向一个真正的政治联盟，建构由民族国家联合的联邦体制，"通过共享主权的方式来解决欧洲所共同面临的问题，使每个国家和每个公民能更好地掌握自己的命运"；申明欧洲联盟的各成员国是一种并肩协作的关系，而不是相互对立。具体提议：（1）由欧盟公民直接选举一位欧盟总统，负责掌管欧洲理事会和召开定期的欧盟成员国峰会；（2）欧盟委员会主席可由欧洲议会选举产生，削减委员会委员的人数但赋予委员会更多权利；组建一个更有效能的经济政府，推动欧盟进一步联邦化，尤其在经济和财政领域，实现真正的经济共同治理；（3）赋予欧洲议会范围广泛的新权力，欧洲议会和成员国议会之间互补与合作关系必须加强，要提升欧洲层级政党的作用，可考虑在欧元区设立新的下级议院；（4）欧盟要实现真正一致的外交政策，制定新的防务和安全战略，直至建立统一的欧洲边防军或欧洲军队。巴罗佐在文章中还表示，为实现这个倡议，成员国需要签订一项新的条约才能最终完成，在2014年下届欧洲议会选举前，欧盟委员会将会提出一份着眼"欧洲未来"的规划。必须指出，还有一项重大建议是要求终止个别成员国对欧盟外交和防务政策的否决权，如果这一决定得到其他大多数国家的支持，要求未来针对"马约"的修改应当在获得特定多数的成员国通过后即可生效，而不需要全体一致通过。显然最后两点建议主要是防止英国这类国家的阻挠，以便以后的新约能较顺利通过。

这些志在强化欧盟"联邦化"欧洲的倡议，仅是一些初步设想和基本框架，反映了欧盟主体力量中一部分精英人士的政治意向和奋斗目标，旨在抗衡疑欧反欧派鼓吹欧盟正在走向倒退、散伙、垮台之类的舆论，同时力图制止民众对欧盟的"信任危机"和"信心危机"，以振奋推进欧洲一体化的人心和政治氛围，意

---

① 〔法〕《费加罗报》2012年9月17日。

欲酝酿掀起类似21世纪初探求"制宪"那样推动前所未有的新型功能性"联邦体制"新运动。然而，当前成员国发展不平衡，差距还在拉大，各国在让渡主权问题上分歧进一步加深。无论是历史教训还是当前现实都表明，欧盟实现"联邦式治理结构"所面对的阻力很大，困难和障碍也很多，对此应有充分估计，绝非今后数年里能够成功化解和突破的。但是，上述的政治倡议毕竟是一个重要信号，它表明了欧盟主流派和当权派的政治思想动向和战略方向，也显示欧盟今后调整变革的动向和重要思考，有着不可低估的能量和影响力，这至少进一步证实了欧盟主流巩固、加强和推进欧洲一体化的决心和意志。由此进一步推论，危机已磨炼了欧洲人，他们已做好应对准备和方案，即使个别国家一旦退出欧元区，欧元区也不会垮，欧元不会消失，欧盟更不会散伙。

总而言之，只有加强欧洲一体化才能解决危机，欧洲一体化和区域共治是欧洲的唯一出路和未来，是欧洲的生命和灵魂。欧盟的国际地位和国际影响力取决于继续加强和推进一体化，否则欧洲必将沉沦，面临衰落和被边缘化的命运。展望欧洲的未来，即使在法制上（即通过签订国家间条约）推进欧盟一体化的阻力和困难还很大，但是，在循序渐进地选择适当时机坚持从局部领域和逐个方面加强一体化、扩大民众参与欧盟政治、加强民主合法性、提高体制机制运行效能、加强更多政治协调一致等方面是可以大有作为的，坚持欧洲一体化的发展方向完全有可行性。欧洲一体化仍然具有生命力和国际影响力。

（原文刊于《德国研究》2011年第4期，辑入本文集前应编者要求做了相应修改与补充。）

第四编
欧盟的对外战略

本编从三个角度探讨了欧盟的对外战略，分别涉及欧盟安全战略、欧盟全球治理战略，以及欧盟中东-北非战略调整。

　　本编编者认为，从欧洲一体化进程看，欧盟对外战略问题是随着欧洲政治一体化的开启以及欧盟在对外关系领域权能逐渐增加而提出的。欧盟试图作为一个整体在国际舞台上发挥作用，客观上要求在欧盟层面能够形成共同的外交与安全政策，这些共同外交与安全政策在某种程度上反映了欧盟对国际格局以及对自身的认识；反映了欧盟对外关系中的利益、欧盟在国际舞台上的抱负及目标；反映了欧盟为实现其共同利益、抱负与目标所能利用的政策工具。

　　但与国家不同，欧盟的对外战略具有很多局限性与不稳定性。由于欧盟对外战略反映的是欧盟成员国共同意志、共同利益，它必然是某种妥协的结果，不能反映所有成员国的重大战略利益，在实施上也难以得到全体成员国的全力支持；同时，欧盟的对外战略也受制于欧盟的权能与欧洲政治一体化的程度、进程，而欧洲一体化是一个尚未完成、尚未定型的过程，本身受诸多因素限制。因此，欧盟也难以制定能够一以贯之的具有长期性的对外战略。基于此，欧盟的战略也具有分散性与不平衡性，在不同地区、不同领域，因欧盟成员国共同利益不同、欧盟权能不同，表现形式与实施效果也各异。当然，欧盟试图尽力在欧盟层面制定一些对外战略，以维护欧盟的利益及其国际影响力，并根据实际情况的变化，调整其对外战略。

第一章 新安全观与欧盟安全战略

程卫东[*]

2003年底欧盟"欧洲安全战略"(European Security Strategy)[①]出台的背景比较复杂[②],但从该文件来看,欧洲对威胁及对关于安全概念的认识已超出传统安全领域,应对安全问题的机制与方法也与传统的以军事为基础手段的机制与方法大相径庭。欧洲安全战略体现了一种运用综合手段处理安全问题的倾向,包括军事与非军事手段。而且,从欧洲战略来看,更加重视非传统安全与非军事手段。

实际上,欧洲安全战略所体现的安全观与安全方法并不是突然之间形成的,虽然"9·11"事件及此后的阿富汗战争、伊拉克战争,对欧洲安全战略的出台起到了直接推动作用,但欧洲安全观早在20世纪70年代就已经开始发生转变,从欧洲依靠北约保障其安全到极力推动欧安会运用包括非军事手段在内的方法解决欧洲安全问题,到70年代TREVI小组设立,欧洲的安全观在一步一步地发生变化。1992年签署的《欧洲联盟条约》既有军事与防务方面的安排,也有司法与内务合作方面的安排。司法与内务政策虽然不是完全出于安全方面的考虑,但安全是其中一项重要内容,特别是《阿姆斯特丹条约》提出建立"自由、安全

---

[*] 程卫东,中国社会科学院欧洲研究所副所长、研究员。
[①] "A Secure Europe in a Better World: European Security Strategy", Brussels, 12 December 2003, http://www.consilium.europa.eu/uedocs/cmsUpload/78367.pdf.
[②] Sven Biscop, "The European Security Strategy in Context", in Sven Biscop and Jan Joel Andersson eds., *The EU and the European Security Strategy*, Routledge, 2008, pp. 5-8.

与公正的区域"的目标后,安全成为司法与内务政策领域的一个重要价值与目标。在欧盟安全机制转变的同时,很多学者就安全问题提出了许多新观点、新理论。因此,可以认为,在欧洲安全战略出台之前,欧盟已经为安全战略中采纳的综合性处理安全事务的方法奠定了观念上与制度上的基础。

一　威胁与安全:理论解读

(一) 传统安全观:以国家为核心的安全

如同很多常用的词(如自由、民主、恐怖主义)一样,虽然在各类情景中人们会经常谈到安全,但安全一直是"本质上有争议的概念"①。之所以如此,不仅在于安全受很多因素的影响,其概念包含了政治、社会与文化的含义;而且,受更广泛的文化因素、社会经济、地理环境等因素的影响,安全概念本身也包括多种因素,如安全的主体、与安全相对应的威胁及应对威胁的办法,对这些不同因素的认识也都直接影响到安全观。传统上,一旦涉及安全,通常也会与政治问题相关,它不是一个在法律上可清晰界定的概念,国家很容易用"安全"作为实施某种政策或战略的工具。另外,安全具有相对意义,一个国家的安全有可能意味对着对另一国家是一种威胁。在国际关系中,由于国际形势的变化,导致各个国家的安全局势与对安全的认知也不完全相同。

但不论对安全如何界定,也不论将何种因素归结为对安全的威胁,传统上,安全问题都有共性的内容,即安全是建立在对公共机构、人和财产的实际的或潜在的攻击的恐惧基础之上,即安全与威胁是紧密联系在一起的,安全是预防威胁造成实际后果或解除威胁。

对于威胁,人们普遍采用了16世纪时马基雅维利的观点,即对国家的威胁来自两个方面,内部威胁与外部威胁;内部威胁主要是谋反,外部威胁主要来自外国势力的入侵②。但国家对这两类威胁采取的处理方法是不同的,对于内部威

---

① W. B. Gallie, "Essentially Contested Concepts", *Proceedings of the Aristotelian Society*, N. S., 56 (1956), pp. 167-198.

② Malcolm Anderson and Joanna Apap, "Changing Conceptions of Security and Their Implications for EU Justice and Home Affairs Cooperation", *CEPS Policy Brief*, No. 26, Oct. 2002, p. 2.

胁，主要采取加强统治和用法律惩治违法犯罪行为的方式进行处理，这属于一个国家的内政问题；而对于外部威胁，则主要是发展军事力量或通过结盟借助外部军事力量的方式来处理。从国家的认识来看，外部威胁是国家安全的主要威胁，因为它关系到国家的存亡与重大利益，而内部威胁只关系到国家的统治。因此，传统上的安全问题主要解决外部安全，而在国际法与国际秩序尚不完善的时代，解决国家安全主要依靠发展军事，因此，国家安全主要是指军事上的安全。从安全的结构上看，安全的主体是国家，承担安全责任的主体也是国家；从威胁上来看，主要威胁是外部威胁，特别是外部的军事威胁。因此，解决安全问题的手段，主要是发展军事力量或军事同盟。在传统安全观中，安全基本上等于国家安全。这一安全观一直构成传统安全的主流，时至今日，军事安全仍然是国家安全的主要组成部分。

传统上重视军事安全的一个重要原因是，很长一段时间以来，国家间缺少以其他手段解决国际争端的方式。欧洲历史上战火不断，迫使各个国家都特别重视发展武力或结盟。但人类技术的进步和战争对人类造成的危害越来越大，人们不得不寻找用新的手段限制战争，解决国家间的争端。威斯特伐利亚体系的建立反映了人们的这种理念。但现代国际关系秩序的建立和现代国际法体系仍然反映了人们在传统世界秩序中的担心，即国家安全问题。可以这么认为，现代国际法的基本规则与原则，在很大程度上也是在传统国家安全观的基础上发展起来的。传统国际法的基本原则，包括主权原则、领土完整、不干涉内政等，主要出发点都是保障国家安全，它反映了传统国家安全的价值。威斯特伐利亚国际体系和国际法规则建立之后，并没有改变安全即为国家安全的安全观。一方面，虽然国际法日渐限制战争，逐渐禁止以战争作为推行国家政策的工具，但战争并没有消失，国际法也并没有完全禁止战争。相反，一直到第二次世界大战，大规模的战争一直存在，甚至第二次世界大战后，虽然没有爆发大规模的战争，但小规模的战争也一直不断，外部军事威胁并没有消失；另一方面，传统国际法上并不干涉国家内政，国家可以利用国家机器实行对内统治，只要没有外部干涉，国家的内部安全相对来说有保障。因此，安全的重点仍然在国家安全，特别是军事安全上。

关于传统安全的理论主要来自现实主义学派。摩根索对安全的最初界定是"国家安全应界定为国家领土与制度的完整性"，后来又增加安全的文化因素，强调"政治体身份上的存续"①。沃尔弗斯（Wolfers）在 1962 年将安全界定为，"从客观意义上说，是指不存在对既存价值的威胁；从主观意义上说，不存在这类价值会受到攻击的担心"②。这一界定已成为国际关系理论中衡量安全的一个标准。从上述对安全的认识与界定来看，现实主义者实际上关心的是国家利益，其安全观中同时包括客观与主观的因素。国家利益因国家不同而异，因情势变迁不同而异；客观因素是国家所面临的对国家利益可能造成的威胁，而主观因素则是相关主体对国家利益、客观因素的认识与评估。

虽然近年来关于安全的界定的探讨不少，很多学者批判以国家为中心的安全观，认为应加强以人为中心的安全观。但是，以国家为中心的安全观仍然有很大的市场。有人认为，从学科角度看，在国家关系与安全研究中，讨论安全问题通常在一定的概念框架下进行，这一概念框架包括安全所针对的主体、对安全主体的威胁以及安全主体保护自己应对威胁的手段。传统上，这三要素都是围绕国家展开的。这种分析具有重要意义，它对国家制定政策具有直接的参考价值。冷战结束后，虽然安全形势发生了变化，但冷战结束并没有带来和平，传统安全问题仍然是国家面临的一个重大问题。在这种情形下，将安全概念扩大化，将会存在许多问题，因此，国家中心安全观对重新界定安全特别是以人为中心的安全提出了许多批评，主要包括：（1）以人为中心的安全是难以界定的，如果这里的人是指个人，则传统上个人安全是由国家提供保护，并适用国内法；只强调个人安全实际上是绕开了国家，但国家是无法绕开的；如果人是指群体的人，群体该如何界定？况且，对于人的保护已经有人权法和国际人权法，不需要通过重新界定安全来对人提供保护。（2）国际社会并不是建立在社会公正的观念之上，而是建立在无政府与权力政治之上，在国际社会中，国家安全有不同的目标，主要是国家的外部安全，威胁也主要来自于外部的军事威胁，因此，需要由国家保护自己的利益③。（3）将安全扩大

---

① H. J. Morgenthau, *Politics Among Nations. The Struggle for Power and Peace*, 3rd edition, Alfred A. Knopf: New York, 1960; H. J. Morgenthau, "The Problem of the National Interest", in *Politics in the Twentieth Century*, University of Chicago Press, 1971, p. 219.

② Arnold Wolfers, "National Security as an Ambiguous Symbol", in *Discord and Collaboration. Essays on International Politics*, John Hopkins University Press, 1962, pp. 147 – 165.

③ Pauline Kerr, "The Evolving Dialectic Between State-centric and Human-centric Security", Canberra, September 2003, Department of International Relations, Australian National University, Working Paper 2003/2.

化不能提供实践上的指导,如关于人的安全,无法确定安全要解决的优先问题在哪儿;而且强调个人的安全不一定能缓解被压迫者的困境[①]。(4) 也有人认为将安全观念扩大到人的安全,是西方强加其价值观的一种方式,西方自由的价值观强调政治而不是社会与经济权利,目的在于削弱主权原则,并进行人道主义干涉[②]。

传统的国家中心论的安全观仍然是当代安全的主流,但是,很显然,社会在变化,各国所处的国际安全环境也在变化。虽然现代国际法与国际秩序未能消灭战争,也不能制止战争,但总体而言,战争的可能性要大大减少;另一方面,由于人类面临着新的威胁,人类的安全观不可能不随之变化。正是基于此种背景,出现了很多新的安全观与安全理论——非传统安全观。

(二) 非传统安全观

非传统安全观是针对传统的以国家为中心,以军事安全为核心内容的安全观提出的不同的安全观。非传统安全观并非只有一种观点,而是泛指所有与传统安全观不同的安全观,既包括对传统安全观的否定、批判或修正,也包括对传统安全观的补充。欧洲关于非传统安全理论早在冷战结束之前就已经开始。在非传统安全理论研究方面,欧洲一直处于领先地位,不仅在内容上扩大了安全概念,而且在地理范围上扩大了安全的概念。在欧洲有影响的非传统安全观主要包括安全化理论、解放理论、建构主义理论和人的安全观等。

1. 安全化 (Securitization) 理论

安全化理论始于 20 世纪 80 年代,最早由当时哥本哈根和平研究所的维夫 (Wæver) 提出,因此该理论学派又称为哥本哈根学派。其核心是认为安全事项并不是如新现实主义者所宣称的那样,是由某种事情构成一种客观的对国家的威胁,相反,只有当某一强有力的安全主体(主要是国家,但不必然如此)认为某一事项构成对某一主体的外部威胁并需要立即处理的情况下,该事项才成为安全事项[③]。该

[①] Yuen Foong Khong, "Human Security: A Shotgun Approach to Alleviating Human Misery?", *Global Governance*, Vol. 7, No. 3, 2001, p. 233.

[②] Amitav Acharya, "Human Security: East versus West", IDSS Working Paper No. 17, Singapore: Institute of Defence and Strategic Studies, September 2001, pp. 1 – 18.

[③] B. Buzan, O. Wæver & J. de Wilde, *Security: A New Framework for Analysis*, Boulder: Lynne Rienner Publisher, 1998, p. 24.

理论实际上强调主体的主观认知才是安全事项的主要因素,如关于气候变化,只有当主体(有能力处理安全问题的主体)认为气候变化构成对其生存或重大利益的严重威胁,并认为必须立即处理时,气候问题才成为安全问题。因此,安全问题是一个"行动性的表达行为"(performative speech act)[1]。

但仅有行动性的表达行为是不够的,表达只是安全化的一个方面,如果表达的受众不认可表达者所表达的内容为安全问题,该问题也不能正式成为安全问题,即一个事项的安全化还需得到表态所针对的受众的支持[2]。一旦受众也认可某一事项为安全事项,则安全化行为主体就可以援引应急措施并采取措施应对威胁,该行为也就获得了合法性。安全措施源于安全化,但强调安全化的合理性与必要性。因此,布赞(Buzan)等认为,一项成功的安全化具有三个组成部分或三个步骤:一是生存威胁;二是应急行动;三是违反规则(安全措施通常是对一般规则的违反)对内部关系的影响[3]。

安全化理论对于安全的解读实际上包括这样几个要求:谁界定安全问题;什么被界定为安全问题;采用什么方式解决安全问题,以及对被界定为安全问题所采取的措施会产生什么样的后果。它并不涉及什么应该是安全问题,因此,安全分析专家并不能确定什么是安全问题。对此,布赞等认为:确实是由政治家而不是安全分析专家确定什么构成安全问题,分析者的作用是解释政治家的行为,并分析什么时候这些行动符合安全标准;分析者还可以判断行为者在动员对安全问题的支持上是否有效,以及评估安全化事项的重要性[4]。

安全化理论最初只是一个分析安全的工具,布赞等还表明了他们在规范性偏好上倾向于"去安全化"[5]。所谓"去安全化",是指把某一被安全化的事项从安全事项中移去,不再成为安全问题,不用通过安全措施加以解决,而是通过通常的规则与机制去应对。当某一问题不再构成对安全的威胁时,该事项就"去安全化"了。如第二次世界大战后,因欧洲一体化及欧安组织的建立,德

---

[1] J. L. Austin, *How to do Things with Words?* Oxford: Clarendon Press, 1962.
[2] H. Stritzel, "Towards a Theory of Securitisation: Copenhagen and Beyond", *European Journal of International Relations*, Vol. 13, No. 3, 2007, p. 363.
[3] B. Buzan, O. Wæver & J. de Wilde, op. cit., p. 26.
[4] Ibid., pp. 33 – 34.
[5] Ibid., p. 29.

国问题不再成为欧洲的安全问题,该问题在欧洲国家的安全议程上就是"去安全化"了。

安全化与"去安全化"理论在某种程度上解释了欧洲安全形势的发展。随着军事威胁的减少及欧洲国家间军事安全问题通过一体化得以解决,欧洲国家间内部军事安全不再是欧洲国家关注的重大事项,相反,由于欧洲一体化及全球化,使得欧洲认识到新的威胁。因此,在某些事项"去安全化"的同时,很多问题则被安全化了,如非法移民问题、恐怖主义问题、跨国犯罪与有组织犯罪等。

安全化理论虽然解释了欧洲安全观的转变,解释了很多新问题成为欧洲安全问题的现实,但是不足之处在于,它未能解释为什么安全化行为主体将某一事项安全化,未能解释安全化的标准是什么。

2. 解放理论(Emancipatory Theory)

解放理论源于批评理论。批评理论认为,理论探讨总是会受观点与意图的影响,它必定是规范训练的结果。解放理论的目标是要从正统概念与范围相关的各种错误且经常是危机的意识中解放出来,认为在我们现存社会之外,存在着可靠的其他现实,这些现实更有利于人们的福利与幸福。之所以人们要解放自己不受其他理论的影响,是因为"理论总是为某些人,为某些目的服务的"[1]。

解放理论与安全化理论不同,其目的不是研究安全本身,而是要打破现存的安全观与安全理论。该理论在20世纪90年代由布斯(Ken Booth)等人发展起来,认为现实主义者将安全理解为权力与秩序,其结果只能是:某一行为主体的安全对于其他主体来说就是不安全的。因此,解放理论倡导一种世界安全。在布斯看来,世界安全指的是人类社会(包括局部的和整体的)之中的结构与进程,这些结构与进程能够减少决定个人与集体生活的威胁与风险;世界安全的理念在保障个人与集体的自由的同时,也能保障其他人的自由[2]。在解放理念看来,安全具有工具价值,它是个人与集体建立生存条件的工具。安全能够保障人们有意义的生活,安全是手段,解放是目的。如果实现了解放,人们就会认识到现在的

---

[1] Robert Cox, "Social Forces, States and World Orders: Beyond International Relations Theory", in R. Keohane ed., *Neorealism and Its Critics*, New York: Columbia University Press, 1986, p. 207.

[2] K. Booth, *Theory of World Security*, Cambridge: Cambridge University Press, 2007, pp. 4–5.

安全观是错误的,并转向新的观念,解放就是实践安全①。

解放理论实际上是对现有安全观的一种批判,是对传统的具有对立性的安全观的批判。它是一种理想主义的观点,超越了现实的国际关系格局。但是,它对安全观的扩大,并将安全从国家的安全转向更广泛的人类的安全,具有一定的理论意义。它的本质并不是解释安全本身,而是借助对传统安全观和安全体系的批评建立一种新的安全,创造一种新的国际秩序。

3. 建构主义理论(Constructivist)

建构主义安全理论不只是将安全视为既存的某种东西,等待分析者或政治家去发现它,而是认为它是主体间理解的创造与再创造物。建构主义有很多种不同的观点。如阿德勒(Adler)和巴尼特(Barnett)认为,安全是通过共同体而不是权力实现的,因此,安全是某种可建构的东西,不安全并不是国际体系固有的,安全是由国家创造的。建构主义的方法承认转变国际结构与安全政治的重要性,并认为建构的方法是最适于看待国际社会如何塑造安全政治并创建稳定和平条件的方法②。卡赞斯坦(Katzenstein)的核心观点认为,安全利益是行为者基于对文化因素而界定的,但并不是说权力对于分析国家安全不重要,国家和政治行为者所赋予的权力与安全的含义有助于解释其行为③。

在建构主义看来,在安全问题上,国家仍然是核心的行为者,安全仍然被界定为军事安全。因此,有人认为,建构主义理论只是对现实主义和新现实主义的一种补充④。

4. 人的安全观(Human Security)

"人的安全"这一概念是1994年联合国开发计划署(UNDP)提出来的,它主张安全应从军事安全转向人的安全。其提出的背景是冷战结束后,很多冲突都是发生在一国之内,对于大多数人来说,对日常生活的担心所引发的不安全感甚于对世界性事件的恐惧。人的安全关心的不是武器,而是人的生活与尊严。联合国

---

① K. Booth, op. cit., p. 256.
② Emanuel Adler and Michael Barnett eds., *Security Communities*, Cambridge University Press, 1998, p. 59.
③ Peter Katzenstein ed., *The Culture of National Security: Norms and Identity in World Politics*, New York: Columbia University Press, 1996, p. 2.
④ Michael Desch, "Culture Clash: Assessing the Importance of Ideas in Security Studies", *International Security*, Vol. 23, No. 1, 1998, p. 142.

报告中列出了人的安全的七个方面：经济安全、食品安全、健康安全、环境安全、个人安全、团体安全以及政治安全，并列出构成对人的安全的六类威胁：无节制的人口增长、经济机会上的差异、移民压力、环境恶化、毒品走私与国际恐怖主义[1]。世界银行、国际货币基金组织及一些国家政府都在某种程度上接受了人的安全的概念。

在学术上，人的安全概念将冲突与安全的研究与经济发展联系起来。托马斯（Thomas）指出了经济不发展与安全之间的联系，并认为人的安全不仅涉及安全中心从国家转移到个人，而且涉及从个人安全的观念到集中于个体的需求上；对于托马斯来说，人的安全既要求满足基本的物质需要，也要实现人的尊严，包括个人自治、对个人生活的控制及不受限制地参加公共生活[2]。

人的安全是一个非常大的概念，上文已提及传统安全观对该安全观的批评。总体说来，人的安全将安全观从只关注国家转向关注个人是一个重大的转变。但是，人的安全涉及的很多问题都是人类社会要解决或致力于解决的问题，并非都是安全问题。所有问题都安全化，使得安全不再是一个独特的概念与政策领域。人的安全在本质上与传统的安全并不是同一个概念。人的安全涉及的许多问题与传统的安全一直是并列的，并不是安全观转变后才有的新鲜事物。当然，正如安全化理论所指出的，安全主体既将某些事项安全化，同时也将某些事项去安全化。如果人类社会已经解决了传统安全所关注的事项，这些问题都可以去安全化，则安全观实现根本性的转折也是大势所趋。但在目前的国际秩序中，完全以人的安全代替传统安全是不现实的，也不符合目前各国的安全政策与战略。人的安全更多的是一种理念、一种目标。

（三）关于安全理论发展的小结

除了传统的安全观外，欧洲及其他区域出现了很多新的安全观与安全理论。这些新的安全观与理论有一些共同特点，如，它们拓宽了安全的范围，将传统上不属于安全的很多事项纳入安全领域；它们都深化了安全的观念，扩大了安全的

---

[1] United Nations Development Programme (UNDP), *Human Development Report 1994*, New York: Oxford University Press.
[2] Thomas and Peter Wilkin eds., *Globalization, Human Security and the African Experience*, Boulder, CO: Lynne Rienner, 1999, p. 6.

主体。罗斯柴尔德（Rothschild）将新的安全观归纳为四个方面：（1）将安全的主体范围从国家安全扩展到团体与个人安全；（2）将安全地理范围从国家扩大到国际体系；（3）将安全内容横向扩大，从军事安全扩大到政治、经济、社会、环境及人的安全等；（4）保障安全的责任从国家扩展到其他主体，包括国际机构、地区或地方政府、非政府组织，甚至公众意见、媒体及自然的或市场的抽象力量[1]。总之，当代安全观已经在横向上扩大、纵向上深化。同时，安全观的扩大也产生了很多新的问题，对于安全观扩大后的核心含义，各有不同的理解。对于这种现象，学界评价不一。有人认为，将安全扩大到其他事项上，如经济、环境等，是将有意识的、有组织的、有形的坏处或威胁与其他类型的威胁与痛苦混在一起，这是不幸的[2]。但另一方面，也有人认为，或许有必要扩大安全研究的范围，以便缩小安全的议程，只有对于力量、威胁等有深刻的理解，才能真正地去安全化，将之从需要通过机制与实践去处理的安全议程中去掉这些问题，从而解决真正的安全问题[3]。

不仅学界对于安全概念理解不一，各国在战略、政策上对安全的理解也不完全一致。如美国的安全战略基于传统的安全观，以现实主义的安全理论为基础，寻找一种通过军事手段与有形力量实现国家安全，欧盟的安全观和安全战略与美国则不同。

二 欧盟的安全定位与新安全观

除了解决德国问题并进而解决欧洲国家间的安全问题外，欧盟/欧共体长期以来并非是作为一个安全提供者的角色而存在。由于欧洲一体化长期以来一直注重于经济上的联合，欧盟缺少作为安全提供者所必需的权能与资源，因而欧共体在定位上一直认为将自己定位为"民事力量"或规范力量。欧盟各国的内部安

---

[1] Emma Rothschild, "What is Security?", *Daedalus*, Vol. 124, No. 3, 1995, p. 55.
[2] Patrick Morgan, "Liberalist and Realist Security Studies at 2000: Two Decades of Progress?", in Stuart Croft and Terry Terriff eds., *Critical Reflections on Security and Change*, London: Frank Cass, 2000, p. 40.
[3] Keith Krause and Michael Williams, "Broadening the Agenda of Security Studies: Politics and Methods", *Mershon International Studies Review*, 40, Supplement 2, 1996, p. 249.

全则由各成员国提供。但是，随着欧洲一体化的深入发展与不断扩大，形势逐渐在发生变化。一方面，欧盟逐渐成为国际舞台上一支独立的整体力量①，另一方面，欧洲一体化从经济一体化扩大到政治一体化，客观上要求欧盟解决由于全球化与欧盟扩大带来的安全问题。

实际上，欧盟作为一个整体介入安全问题远在欧洲政治一体化开始之前。首先，由于欧洲经济一体化的发展，欧共体作为一个整体的力量在不断上升，使得欧洲开始谋求作为国际上一支独立的力量发挥作用。在欧安会议与欧安组织的合作中，虽然欧共体不是作为一个合作方或独立的主体参与其中，但是，欧共体成员国在其中发挥了重要作用。在此过程中，欧共体成员国之间协调立场至关重要。在欧安组织合作过程中，欧洲国家逐渐表现出了与美国现实主义不同的安全观。其次，在20世纪70年代后期，由于打击恐怖主义、有组织犯罪与跨国犯罪的需要，成员国开始进行合作，以维护欧洲的安全。在此合作过程中，传统的内部安全与外部安全的界线及处理不同安全问题适用不同方法的界线逐渐模糊，对于欧盟后来形成完整的安全战略也发挥了重要作用。

当然，欧洲安全观是一个复杂的概念，在不同情境中，欧洲安全观并不一致，如不同的欧洲国家面临的形势不同，对于安全的理解、需要与重点也不同。欧洲安全也是由不同机制、不同组织与不同方式予以保障的，其军事安全仍然以北约为主要安全架构。这里所谈的安全观是指欧盟层面的安全观。欧盟层面的欧洲安全观受很多因素影响，既包括安全形势的变化及欧盟对安全的认识，也包括欧盟所能利用的安全手段、资源与工具。

欧盟的安全观并不完全等同于国家的安全观。一方面，欧盟的安全观受制于欧盟的权能，因此，在现阶段，欧盟较少关注军事安全。另一方面，欧盟的安全观与欧洲一体化直接相关，它解决的是欧盟层面的安全问题或者是因欧洲一体化及全球化导致的新型的安全问题。当然，欧盟的安全观也受全球范围内对安全的重新思考与定位，包括国际组织的主张与实践以及新的安全理论的影响。欧洲安全观涉及以下几个问题。

---

① 有关欧盟是什么样的力量的讨论，详见周弘主编：《欧盟是怎样的力量》第二章第二节，社会科学文献出版社，2008。

（一）安全提供主体

在欧盟层面上讨论安全，首先需要解决的问题是欧盟是否是安全主体，能否提供安全，以及欧盟能够提供什么样的安全，而答案取决于对欧盟的界定[①]。

如果安全仅指传统意义上的军事安全，指国家或政治体应对外部军事威胁所提供的安全，则长期以来，欧盟/欧共体不是安全主体。在1993年"马约"生效之前，欧盟条约中没有政治合作条款，不涉及军事问题；即便是"马约"之后，欧盟在军事方面的合作也仅是规定了一个集体安全机制，但该集体安全机制仰赖北约及成员国的军事力量，而欧盟并没有军事力量，也没有相应的军事指挥系统。"里约"之后，欧盟试图加强军事合作，但也很有限。欧盟实际上还不是一个传统安全的提供者。

但是，如果按照新的安全理论与安全观，安全概念与范围在横向与纵向上都扩大，欧盟就可以成为一个非传统安全的提供者。如在军事安全领域，欧盟没有自身的军事力量，不能抵御外来的武装入侵，但是，当安全扩大到非国家主体，包括地区的时候，欧盟可以在区域安全上发挥作用，欧盟的行动可以扩大到维持和平、建设和平与预防武装冲突等事项上。在"马约"之后，欧盟具有相关的权能与行为能力，并逐渐参与了这些事项。在这个意义上，在军事安全领域，欧盟是一个安全提供者[②]。但是，它并不是一个如同国家一样的安全提供者，它受制于很多因素，特别是欧洲的传统安全核心主体仍然是成员国以及北约。

随着安全概念的扩大，很多新的问题，特别是具有跨国因素的问题也成为安全问题，而在这些新型安全领域，欧盟能够发挥很大作用。由于欧盟的扩大与内部市场的建设以及与此相关的人员自由流动，欧盟出现了很多新的问题，这些问题既与传统的国家内部安全相关，同时，它又超出了一国的范围，按传统的方式处理这些问题，效率与效果上都存在着严重的问题。因此，客观上欧盟需要一种新的机制应对这些问题，在这一领域，欧盟逐渐成为安全提供者。

[①] Emil J. Kirchner, "The Challenge of European Union Security Governance", *Journal of Common Market Studies*, 2006, Vol. 44, No. 5, p. 952.

[②] 关于欧盟作为安全主体在此领域的行为，详见 Emil J. Kirchner, "The Challenge of European Union Security Governance", *Journal of Common Market Studies*, 2006, Vol. 44, No. 5.

不过，欧盟在新的安全事项上成为安全提供者，并不意味着欧盟已经取代国家成为安全的唯一提供者。恰恰相反，成员国仍然是主要的安全提供者，但欧盟拥有与成员国不同的机制与方式应对安全问题，特别是合作与协调机制。

（二）对威胁的认识与评估

冷战结束之前，虽然安全问题出现了一些新的变化，呈现出不同的特征，对于安全问题人们也有了不同的认识，但是，欧洲安全最主要的问题仍然是来自前苏联及以之为核心的华沙条约组织的军事威胁。在此期间，两大集团内部也存在不稳定因素，如前南斯拉夫试图从华沙集团中退出，匈牙利发生了暴乱，捷克斯洛伐克出现了"布拉格之春"事件；在西欧，法国在20世纪50年代后期出现不稳定局势，葡萄牙、西班牙直到20世纪70年代一直存在独裁政权，但是，这些局部事项或问题并没有改变欧洲对安全的总体认识与判断[1]。基于此种认识与判断，欧洲的安全主要是解决军事威胁。20世纪60年代后期和70年代欧洲局势的缓和以及欧洲一体化的发展，也没有改变这一安全格局。因此，建设以北约为核心的军事力量以及以欧安会为核心的冲突预防合作机制是欧洲的主要安全措施。

但冷战结束使得欧洲从军事威胁中解放出来，有机会有条件重新审视安全问题；而欧洲一体化及全球化的发展也促使欧洲对此重新思考，对威胁重新进行评估，并将安全措施与策略建立在新的评估之上。冷战结束后两极对立的格局解体，欧洲数十年对峙的安全局势发生了根本性的转变：华约组织解体了，但北约组织依然存在，并成为欧洲唯一强大的军事合作组织，不再存在其他的军事力量对欧洲的安全构成根本性的威胁。但与此同时，如何认识欧洲安全也成为一个新的问题。后冷战时期的发展，给欧洲的信号是多方面的、相互矛盾的：苏联不存在了，北约的使命是什么？欧洲还存在军事威胁吗？欧洲安全的重点是什么？对此，虽然存在不同的认识与回答，但总体上看，欧洲对威胁的认识呈现多样化的趋势。

冷战结束之前，虽然对于总体安全形势与威胁的判断是基于冷战时的格局，

---

[1] Norrie MacQueen and Trine Flockhart eds., *European Security after Iraq*, Koninklijke Brill NV, 2006, p.2.

但对于随着欧洲一体化而出现的新问题，欧共体已经有所认识，特别是恐怖主义与跨国犯罪、有组织犯罪等问题，并发展了政府间合作方式等应对机制。但是，这些问题并未上升为欧共体层面的安全问题。冷战结束后，这些问题日益重要，并在欧洲安全日程上占有越来越重要的地位。

1990～1991年第一次伊拉克战争进一步改变了欧洲的安全意识。此时，苏联尚未解体，但美国开始宣示新的国际秩序，戈尔巴乔夫大谈"改变"（perestroika）与"公开"（glasnost），在安全问题日渐缓和、新秩序构建浮出水面的情势下，欧洲开始重新审视威胁、安全及欧洲在世界格局中的地位与作用。欧洲希望在多极的全球体系中占有一席之地，并对安全抱有一种乐观情绪[①]。但苏联解体并没有带来稳定的多极世界和新的安全秩序，而是给欧洲带来了新的不稳定，苏联出现地区动荡，并给欧洲其他国家带来了破坏性影响，如南斯拉夫解体，出现冲突与动荡。欧洲局势的变化也导致欧共体国家之间的不同立场，如法国支持塞尔维亚一方（但不是很坚决），德国则站在反塞族联盟一边。在这种情况下，传统的欧洲应对苏联及华约组织的安全架构对这些问题处理能力有限，需要根据新的情况进行改革与革新。冷战结束后，欧安会议转变为欧安组织，试图防止欧洲冲突，但未能如愿。

欧洲对威胁的认识不再局限于外部的军事侵略，而是扩大到国家内或地区内的动荡。为应对这种新的安全局势，北约首先开始转变。一方面，北约开始与原先对立的组织成员建立军事合作关系，如建立了北大西洋合作理事会（NACC）与和平伙伴（PFP），将许多非北约成员的国家纳入到军事合作框架下，减少国家间的冲突；另一方面，北约加强了自身的力量，扩大了职能，从原先的集体防卫组织转变为积极行动的组织，甚至于1999年在没有联合国授权的情况下发起了科索沃战争。

随着后冷战时期美国应对安全威胁的方式越来越单边化，并试图改变传统的国际规则，如以武力推翻其他国家的政权、主张先发制人的战略等，欧美在安全问题上开始出现分歧。美国的战略开始表现出帝国主义特征，而欧盟则倾向于多边主义的方法，并发挥国际组织，特别是联合国的作用。

新的安全形势的变化使得欧洲试图在安全问题上寻求独立的理解与政策，用欧洲方法解决欧洲问题。在欧盟层面上，欧盟既要解决权能问题，又要解决欧洲

---

① Norrie MacQueen and Trine Flockhart, op. cit., p. 3.

一体化过程中出现的问题。在军事安全主要由成员国提供保障的情况下，欧盟寻求解决欧盟内部共同安全问题，并将内部安全威胁与外部安全威胁结合起来。一方面，欧盟认为周边国家内部不稳定会影响到欧洲安全，因此，欧盟通过邻国政策来解决周边问题；另一方面，欧盟认为一些新的与全球化及欧洲一体化相伴随的很多问题是欧洲安全的主要威胁，因此要致力于解决这些内部威胁。

欧盟安全所要解决的问题是共同威胁，而不是一般意义上的威胁。共同威胁是欧洲一体化过程中逐渐形成的，它超出成员国的范围①而成为欧盟必须解决的问题。这些问题日益严重，以至于在国家层面已不能有效地解决，同时也不是仅靠政府间合作的机制就能有效解决的。如恐怖主义，它不再是一个个孤立的事件，特别是"9·11"事件后，人们认识到恐怖主义是一个网络，需要通过国际合作才能解决，其中，情报合作与警务合作是打击恐怖主义非常关键的手段。在欧盟，通过统一的措施来加强情报交换与警务合作成为应对恐怖主义的重要措施。

当欧盟将注意力从军事安全转移到其他安全方面时，与安全相对应的威胁范围就更加广泛。另外，威胁不仅是指直接威胁，而且也包括间接威胁，一个国家的问题有可能具有溢出效应②，从而威胁到其他国家和地区的安全。如一个国家的动荡不安，有可能造成大量的难民潮；恐怖主义或意识形态冲突严重的国家，恐怖主义与意识形态冲突有可能输出到其他国家或将其他国家牵涉进来，从而间接威胁到这些国家的安全。

（三）应对安全问题的手段

欧洲应对安全的方法是多层次的。有些问题在欧盟层面解决；有些问题由欧盟层面提供合作框架；有些问题依赖于成员国之间的政府间合作，而完全由成员国解决的问题越来越少。欧洲安全战略中提到，今天的威胁更为能动（dynamic）、更为复杂，每一种威胁都不单纯是军事的，每种威胁都要求不同工具的组合③。

欧洲应对不同安全适用的方法与处理安全问题的机构不尽相同。对于欧盟来

---

① Carl Cavanagh Hodge, *Redefining European Security*, Routledge, 1999, Chapter 5.
② Ibid., p. 97.
③ "A Secure Europe in a Better World", EU, Brussels.

说，主要处理的是欧盟的内部安全问题，同时也涉及与军事行动相关的安全问题。

三 欧洲安全战略及其影响

虽然在2003年之前，欧盟就已开始介入一些安全事项，但是一直缺乏欧盟层面的安全战略。1998年阿约增加了欧盟军事方面的内容，创设了欧洲安全与防务政策，但是，欧盟并不是军事安全的主要提供者，在欧洲安全与防务问题上各国存在着较大的分歧，如军事问题在欧盟对外行动中到底扮演什么样的角色。另一方面，欧盟面临着其他方面的威胁。缺乏联盟层面的安全战略使欧盟不能有效应对安全问题。在对外关系中的安全问题上，欧盟更是缺乏明确的方向、决心与一致性[1]。在缺乏明确战略的情况下，遇到重大安全问题或事项，欧盟都忙于确定方向与立场，既影响欧盟的应对效率，而且在仓促之间，欧盟内部容易出现不同的立场，从而影响欧盟作为一个整体在国际舞台上作用的发挥。

虽然缺乏明确的安全战略，但在实践中，欧盟逐步形成了具有欧洲特色的应对安全问题的方法。这种方法是基于一种广泛的、多维的、综合性的安全观而形成的综合性安全方法，强调政治、经济、文化、军事、生态等领域的相互作用与相互支持。这要求欧盟在所有这些领域综合运用各种工具实现安全的目标；同时由于安全的综合性，也需要欧盟设定安全目标并处理安全与其他目标之间的关系。欧盟安全实践的另一个特点是合作，关注对话、合作与伙伴关系，欧盟的邻国政策即是一个明显的例证。为了使欧盟的实践之间具有内在一致性，确保各种目标之间的协调，确保欧盟安全领域的明确方向，现实的发展需要欧盟出台安全战略处理这些问题。伊拉克战争突显了这种必要性。在伊拉克战争期间，欧盟不仅没有形成统一的欧盟立场，反而内部出现了明显的分裂，这对试图用一个声音说话的欧盟，是一个很大的打击。

---

[1] Sven Biscop, The European Security Strategy Implementing a Distinctive Approach to Security, "Sécurité & Stratégie", Paper No. 82, March 2004. Royal Defence College (IRSD – KHID), Brussels, p. 4.

"9·11"事件对于欧盟安全战略的出台也是一个推动因素。虽然欧盟参加了美国领导的反恐战争，但是，以军事方式解决恐怖主义问题并不是欧盟的首选。2001年9月21日，欧洲理事会特别会议呼吁与那些发生恐怖主义的国家和地区进行深度政治对话，强调将所有国家融入一个安全、繁荣与发展的公开的世界体系①。"9·11"事件并没有改变欧盟在安全问题上的立场与应对安全问题的方法与策略。只是在美国主导的行动中，欧盟的方法未引起关注。

面临新的形势及出于塑造欧盟独立安全主体地位的需要，欧盟于2003年出台第一份欧洲安全战略——"更好世界中的安全欧洲"（A Secure Europe in a Better World），详细阐述了欧洲的主要威胁与挑战，并提出应对的措施以维护其安全。欧盟安全战略的出台不仅为欧盟提供了应对安全问题的战略，而且在战略规定的范围内统一了欧盟成员国的立场，形成了"欧洲方法"，这有助于欧盟在安全方面的实践，有助于加强欧盟的整体性。

很多评论者将欧洲安全战略视为对美国2002年11月安全战略的一种反应。欧洲安全战略所列的主要安全威胁与美国类似，有学者认为这是欧洲强调与美国的合作的一面，但也有评论认为，虽然欧洲与美国在威胁的认识上大体一致，但二者应对威胁的方法不同，表明了在安全战略上欧洲与美国的分歧，以及欧洲试图探索自主的安全方法。

实际上，欧洲安全战略不只是对美国安全战略的一种反应，或者主要不是。索拉纳在起草欧洲安全战略时，面临许多挑战。他必须考虑协调不同成员国的立场，因此，作为一个妥协的产物，该战略必须保持在语言上的灵活性，以便成员国接受；同时还必须考虑欧盟的权能、欧盟与成员国的分工等。当然，欧洲安全战略并不简单地只是索拉纳起草的一份文件，它实际是欧盟/欧共体在安全问题上合作实践的一种总结与延伸，其中很多战略选择在欧盟政策与实践中已经出现或使用过，欧洲安全战略实际上是基于对相关政策的评估并建立在欧盟成员国的共识基础之上。

从欧洲安全战略的内容来看，在应对威胁、保障安全方面，欧洲强调的是综

---

① Extraordinary European Council Meeting Conclusions and Plan of Action, SIC (2001) 990 - Brussels, 21/09/2001, http://europa.eu.int/comm/external_ relations/cfsp/doc/concl_ 21_ 09_ 01. htm.

合性的方法。如在预防冲突方面，2001年欧盟委员会在"冲突预防通讯"中，就建议应通过促进结构性稳定来根除冲突的原因。所谓"结构性稳定"指的是"可持续的经济发展、民主与尊重人权，可行的政治结构和健康的环境与社会条件，有能力应对变化而不会借助于冲突[1]"。

欧洲安全战略的重要内容之一是界定威胁。它详细阐述了欧盟面临的五种威胁，包括恐怖主义、大规模杀伤性武器扩散、地区冲突、失败国家和有组织犯罪，并根据新威胁的特点提出了应对威胁的方法。

欧洲安全战略界定新的威胁与安全问题是基于新的安全环境。冷战结束改变了欧洲安全环境，它意味着欧洲直接的、主要的军事威胁的终结，与之相对应的是，防务政策的重要性相对下降。但冷战结束也引发了新的问题，特别是一些邻近欧洲的国家内部及国家间的冲突。这些冲突虽然不直接威胁欧洲的安全，但它们给欧洲安全带来新的问题，特别是非传统安全问题，如非法移民、恐怖主义、大规模杀伤性武器扩散、跨国犯罪、有组织犯罪等。欧洲不仅关注这些威胁，而且关注这些威胁产生的根源，关注民主、人权等价值问题，并关注国家之外的主体在安全方面的作用与影响。因此，欧洲安全战略首先采取并发展了多维度的安全概念[2]。

为应对新的安全环境，欧盟试图适用新的方法。当然，在安全方法上进行创新不是欧洲的专利，很多国家与国际组织都注意到整个国际安全环境的转变，注意到安全对个体与人类的意义而不只是对国家的意义，因此，也主张用新的方法解决安全问题。在欧盟层面处理安全问题，实际上也是这种趋势的一种反映，特别是威胁的根源问题不是军事手段所能解决的，它要求一种综合性的、长期的战略方法，通过消除威胁的根源来解决安全问题。"9·11"事件强化了欧盟用综合性的方法解决安全问题的理念。从"9·11"事件中，欧洲认识到，即使拥有最强大的军事力量，包括最先进的技术，也不能保证安全。[3] 因此，欧盟采取了自欧安会议以来欧洲国家试图采用的新的安全方法，即综合性的、合作的安全方法，它具有以下几个特点。

第一，内部安全防线外移。欧洲安全战略提出，内部安全与外部安全的界限

---

[1] COM (2001) 211 final, "Conflict Prevention", p. 10.
[2] Sven Biscop, op. cit., p. 9.
[3] Ibid., p. 10.

已经模糊,冷战时期的本土内应对威胁的形式已经过时,第一道应对威胁的防线已移至国外。这一方面表明,欧盟深刻地认识到当今社会安全问题的复杂性,认识到全球化使安全问题超出了国界的限制,其他国家的社会动荡与冲突都有可能对其他国家和地区造成影响。另一方面,这也表明欧盟作为一支独立的安全力量在日渐加强,欧盟不再是一个只专注于欧洲事务的行为者,而是逐渐发展成为一个全球性的力量与国际行为者[1]。

第二,欧洲安全战略界定的威胁是传统威胁与新型威胁的混合体,因此,在应对威胁上采取的是多工具的方法。实际上,某一类型的威胁本身也可能因理解上的原因而具有多面性。如对于恐怖主义,欧盟不同成员国的理解也不尽相同,西班牙是从移民角度看待,而波兰则从国际犯罪角度来理解,意大利的关注点在巴尔干地区,而法国则关注非洲的阿尔及利亚[2]。因此,欧盟国家间的分歧使得欧盟不可能用单一的方法解决安全问题,而且由于欧盟面临的威胁的多样性,不同威胁的性质、成因、表现方式各不相同,因此,客观上也要求用不同的方法解决。如在防止大规模杀伤性武器扩散方面,欧盟不仅通过内部立法与合作控制、限制武器交易,而且通过参与国际合作,来达到这方面的目的。在移民方面,欧盟既通过内部立法规范合法移民、打击违法移民,还通过邻国政策、国际合作、发展援助等综合性方式解决非法移民问题。

第三,欧盟强调运用软力量解决安全问题。由于威胁的多样性以及由于受自身军事力量与军事资源的限制,欧盟认为自己的优势在于软力量,包括规范力量,因此,强调用软力量的方法解决安全问题。在这一点上,欧盟的安全战略与美国的安全战略着力点相距甚远。同时,通过软力量的介入,欧盟的安全与人权息息相关,借此理由, 欧盟通过安全问题获得了介入他国内政的理由与合法性。

第四,欧洲安全战略将欧洲安全与全球性的安全问题联系起来,注重用全球合作机制解决共同安全问题。在这方面,防止大规模杀伤性武器扩散,特别是核武器,是欧盟关注的一个焦点。近年来,欧盟非常多地介入到核安全国际问题,如伊朗问题,就是一例。大规模杀伤性武器属于军事安全之列,传统上属于北约

---

[1] Sven Biscop and Jan Joel Andersson eds., *The EU and the European Security Strategy: Forging a Global Europe*, Routledge, 2008, p. 21.
[2] Ibid., pp. 21 – 22.

处理的范围。但是,"9·11"事件后,大规模杀伤性武器受到全球关注。一方面,西方国家担心一些国家的国家恐怖主义,另一方面,担心大规模杀伤性武器与恐怖主义组织结合起来①,对全球安全造成严重威胁。基于此,欧盟也将传统上不属于欧盟范围内的事项纳入到欧盟安全战略之中,并希望通过欧盟国家的共同努力,形成一支独立的力量,在国际舞台上发挥作用。

第五,在欧洲内部安全问题上,欧盟采取立法的方式促进成员国的合作。在司法与内务合作领域,进入21世纪以来,欧盟一直寻求在联盟层面开展警务与刑事司法合作,以打击恐怖主义、跨国犯罪和有组织犯罪,在民事领域,寻找在欧盟层面解决移民问题。但在《里斯本条约》生效之前,由于欧盟只在民事领域具有立法权能,因此,立法主要是在民事领域。在《里斯本条约》生效之后,在整个司法与内务领域,欧盟取得了立法权,虽然在不同事项上欧盟的立法权还有差异,但总体上欧盟可以通过立法形式,采取有效措施开展司法与内务领域的合作②。

第六,对于欧盟之外的安全问题,欧盟主张多边主义的方法。在欧洲安全战略中,欧盟提到:"在全球威胁、全球市场和全球媒体的世界中,我们的安全与繁荣越来越依赖于有效的多边主义体系。"③ 因此,欧盟致力于建设一个更强有力的国际社会,促进运行良好的国际机制与以规则为基础的国际体系的建设。从加强欧洲自身安全建设来看,欧盟依赖于北约与欧洲安全组织,加强欧美关系,并通过合作的多边主义,促进欧洲邻国的发展与稳定。不仅如此,欧盟还致力于加强世界和平与安全,特别是强调国际法与联合国在国际安全中的重要性。欧盟本身也试图加强与联合国的合作。如在维和问题上,欧盟与联合国在2003年9月发表联合声明,确定了双方的合作框架。尽管实践中欧盟维和行动有不同的做法,但欧盟参与或执行了联合国授权的很多维和行动,将欧盟的维和行动置于联合国的框架之下,如在2006年,欧盟的维和人员大约11140名,在联合国维和人员中占13.5%④。

---

① G. Allison, *Nuclear Terrorism*, *The Ultimate Preventable Catastrophe*, New York: Times Books, 2004.
② 有关《里斯本条约》生效后欧盟在司法与内务领域政策的发展,参见课题成果《〈里斯本条约〉与欧盟司法与内务合作》。
③ "A Secure Europe in a Better World: European Security Strategy", Brussels, 12 December 2003.
④ "How the European Union and the United Nations Cooperate", See http://www.unric.org/html/english/pdf/Leporello_ EU – UN_ e. pdf.

四 结论性评价

2003年欧洲安全战略基于对新的安全环境的认识与评估,致力于解决新型安全与威胁问题。它要实现的目标不仅是传统的军事安全,而是包括:(1)应对安全威胁;(2)建立邻国安全;(3)促进有效的多边主义。

在应对安全威胁方面,在传统的军事安全上,欧盟仍借助北约并在欧盟内部发展集体防卫机制;除此之外,欧盟还致力于解决新型威胁,并采取了一系列措施,包括通过欧洲逮捕令、建立不扩散政策、介入地区冲突等。欧盟根据威胁的性质与特点采取了不同的应对之策。

在建立邻国安全方面,欧盟策略之一是通过扩大将一些国家纳入到欧盟之中,解决这些国家与欧盟之间的安全问题,中东欧国家入盟即是这种策略的具体体现,另一方面,实施邻国政策,促进邻国的民主、繁荣,加强邻国与欧盟之间的联系,保证这些国家的稳定,从而间接保障欧洲的安全。巴尔干地区、南高加索地区、地中海地区是欧洲邻国政策的重点。当然,欧盟邻国政策不仅限于这些地区,凡欧盟认为它在和平与安全方面拥有特定责任的区域,都属于欧盟邻国政策实施的范围,对这些地区欧盟适用特殊的政策工具。欧盟邻国政策的目标包括:(1)防止邻国出现冲突以及对欧盟的侵犯行为;(2)解决现有的冲突与争端;(3)在共同价值、繁荣与安全的基础上,建立与这些国家与地区紧密的经济与政治伙伴关系;(4)控制向欧盟的移民及其他形式的非法入境;(5)保护生活在国外的欧盟公民的安全。为了保证邻国政策的成功,欧盟还要求成员国应使用足够的手段,并使邻国能得到实际的好处①。

在多边主义方面,欧盟认识到全球化对国际安全及欧洲安全的重要意义,认识到只有多边主义才能促进全球和平与安全。欧洲致力于建立基于规则的国际秩序,注重发挥国际组织的作用,特别是联合国的作用,并积极与联合国加强合作。

欧盟的安全战略对于欧盟的安全政策具有重要的意义。欧盟安全战略要求欧

---

① William Wallace, "Looking after the Neighbourhood: Responsibilities for the EU – 25", Notre Europe Policy Paper No. 4, July 2003.

盟成为一个更积极的、更有能力的、更具一贯性的主体，这要求欧盟必须在政策上贯彻安全战略的有关要求。

　　欧盟的安全战略与美国的国家安全战略明显不同，因而在安全政策与措施上也与美国不尽相同。虽然两份安全战略都关注威胁，但美国战略关注的是军事问题与军事手段，强调的是在各条战线上与敌人作战。而欧洲的安全方法则是综合性的。这种战略方法上的差异意味着欧盟与美国在如何处理安全问题及其他涉及安全的全球性问题上存在差异。这既表明欧盟与美国存在进一步合作的必要性，同时也表明欧盟日益成为或打算成为一个独立的、自治的安全主体，它在安全问题上将不会总是跟随美国的步伐。从实际效果上看，欧盟的方法更容易为其他国家所接受。因此，欧盟安全方法的自主化将有助于限制美国的单边主义方法，促进和平方法与综合性方法的使用。当然，如上所述，在欧盟军事能力与军事资源逐渐增强、欧盟防务一体化进一步加强的情况下，欧盟能否坚持综合性安全方法，特别是首先使用非军事方法解决安全问题的策略，将是一个问题。

第二章 欧盟的全球治理战略

杨 娜[*]

强大的综合实力、在两极体系中巧妙的周旋策略以及在创建国际机制过程中的先导作用，使欧洲成为战后全球治理体系的赢家。冷战结束后，欧盟积极推进和深化区域一体化进程，倡导国际社会协同应对全球化挑战，并逐步构建自己的全球治理战略，尤其在全球环境治理、应对气候变暖等方面走在世界各国的前列。在全球治理的理念指引下，欧盟形成了全球治理战略，并且不断完善。

一 欧盟全球治理的主要理念

（一）主权共享理念

欧洲大陆是主权理论的发源地。法国政治思想家让·博丹提出以主权为核心的国家权力至上的理论构想，并指出主权是超乎公民之上、不受法律限制的最高权力[①]。主权具有对内最高管辖权和对外独立权，保持主权独立、不受外来干涉成为各国制定和执行对外政策的基本原则。欧洲政治家创造性地丰富并发展了主

---

[*] 杨娜，南开大学周恩来政府管理学院讲师。
[①] 柯联民、刘巧红：《博丹与近代欧洲国家理论的发展》，载《国际关系学院学报》2011年第1期，第15页。

权理论，提出主权让渡的思想，即在坚持主权所有权仍属于国家的前提下，可以在欧盟层面共享，让渡不是转让或放弃①，相反，主权让渡也是国家行使主权的结果②。在经济、贸易等不涉及核心主权的领域，国家为了获得更多收益，愿意构建超国家机制协调多样化的成员利益和偏好；而在关乎核心主权的外交、安全等领域，欧盟通过一致同意的投票程序保障成员国维护独立决策权、防止出现强迫某国接受他国意愿的情况。欧洲一体化深化的过程就是主权共享与让渡的不断尝试。虽然成员国在诸多领域已经实现共享部分主权，但随着一体化的继续深化，欧盟说服成员国让渡主权的努力举步维艰。对于欧盟以外的民族国家而言，更是难以接受主权让渡的提法，国际社会与欧盟的权力结构存在根本性差别，欧盟希望将主权共享的理念推广到全球治理进程中的设想很难成为现实。新兴发展中国家可能因全球主权共享理念的提出而高度警惕全球治理进程，防范发达国家干涉其内政的企图或行为。

（二）以国际制度规范行为体行为的理念

卢梭设想的欧洲联合比联邦国家松散，但比联盟更紧密，它具有一定的强制性，不允许任何成员退出联盟③，即制定具有强制力的制度和规范协调并约束成员的行为。康德提出，人们有意识地结合为政治共同体，通过订立社会契约进入法治社会，即成员出于维护国家利益的需要组成共同体④，通过制度和规范等社会契约形式保障共同体的统一、稳定与有序。欧盟自建立以来，通过签署、修改条约的形式确立了一系列的制度与规则。现实主义学者克里斯托弗·希尔指出，欧盟是"国际社会在地区层面的缩影"⑤，曾经的宿敌都能在欧盟一体化机制框架下实现和解、相互承认和深度合作⑥。在参与全球治理的过程中，欧盟主张通过协商谈判等制度化的非军事手段解决各类冲突，促进国际合作与稳定，在共同同意的规

---

① 张海冰：《欧洲一体化制度研究》，上海社会科学院出版社，第145页。
② 曾令良：《论冷战后时代的国家主权》，载《中国法学》1998年第1期。
③ 计秋枫：《论欧洲一体化的文化与思想渊源》，载《世界历史》1998年第1期，第26页。
④ 白云真、刘凯：《康德与国际关系理论》，载《国际论坛》2006年第5期，第8页。
⑤ 转引自Mario Telo, "The EU as a Model, a Global Actor and an Unprecedented Power", in Mario Telo ed., *The European Union and Global Governance*, Routledge/GARNET Series: Europe in the World, 2009, p.11。
⑥ 同上。

则与规范的基础上建立集体行动体系,采用非武力的软性方式推广自身的制度与价值观①,将具有约束力的国际制度与规范作为维护全球和平与安全的重要因素。

(三) 分权理念

在分权理念的指导下,欧盟治理采取横向和纵向分权的治理模式,以保证机制的正常运转。欧盟超国家、国家、次国家层面各掌握部分权力,职责分配较为明晰。在超国家层面,欧盟理事会、欧盟委员会和欧洲议会等机构也进行了职权划分。欧盟希望在全球治理进程中实现国际机制、国家政府和地方政府分工治理,国际机制协调成员之间的关系与行为,地方政府可以跨越国家边界在特定问题领域开展合作。为了应对欧盟治理中存在的"民主赤字"问题,欧盟将权力分配向下延伸至民众层面,引入民间力量发展"市民社会",利用公共领域的舆论平台"自下而上"的参与并监督治理过程。市民社会理念扩展到全球层面,全球市民社会存在于国家和市场之间,在国家之上和之外运作、又与国家互动互补的非政府网络和领域,旨在加强对全球身份的认同感②。全球市民社会与国家、市场的界限在全球治理过程中变得模糊,国家在一些力所不及的领域授权非政府组织治理③。市民社会越来越多地参与到地方、区域、国家和国际决策过程中,成为以国家为主要行为体的全球治理进程的有效补充。

二 欧盟全球治理战略的形成

发表于 21 世纪初的《欧洲治理白皮书》赋予欧盟委员会将欧洲"善治"经验推广到全球治理进程中的任务,其目的在于化解全球化的消极影响,并将欧盟的制度结构引入现实国际关系的无政府世界中④。随着全球化的深入发展与国家

---

① Laurence Tubiana and Tancrede Voituriez, "Emerging Powers in Global Governance: New Challenges and Policy Options", Paper Presented at the Conference Emerging Powers in Global Governance: New Challenges and Policy Options, organized by Iddri in Paris, Jul. 6, 2007.
② 刘贞晔:《国际政治视野中的全球市民社会——概念、特征和主要活动内容》,载《欧洲》2002 年第 5 期,第 51、55 页。
③ 同上,第 56 页。
④ Jens-Uwe Wunderlich and David J. Bailey, The European Union and Global Governance: A Handbook, Taylor & Francis, 2011, p. 68.

间相互依存的加深，2002年欧盟委员会发布了应对全球化的报告，关注政府、学者以及社会各界关于如何应对全球化的争论，并正式将全球治理提上欧盟议事日程。报告认为，全球化增加了收入和福利，却拉大了贫富差距，穷国不愿融入全球经济秩序中，因为它们仍然处在全球化进程的收益之外①。全球化带来的一系列挑战（如疾病、气候变暖、生态环境恶化等）需要各国提供全球公共产品，才能使发展中国家和工业化国家互利共赢、和谐相处。第二次世界大战结束以来，构建国际和区域机制的努力取得显著进展，为国际经济和金融治理提供了便利条件。为了应对新的挑战，弥补治理的不足，欧盟制定了完善治理体系的改革性措施。欧盟安全问题研究所（EUISS）2006年出台了《全球新迷局：2025年欧盟面对怎样的世界？》报告，明确提出欧盟发展为羽翼丰满的全球行为体需要对未来挑战、威胁和机遇进行充分评估，并在此基础上设法驾驭而非拒绝变化。报告认为，如何更好地协调正在出现的多极国际体系与持久有效的多边秩序的关系是欧盟面对的最大挑战，这将是欧盟未来正确自我定位与提高国际地位的第一步②。美国国家情报委员会与欧盟安全问题研究所2010年联合发布的《全球治理2025：关键转折点》指出，全球治理机制针对国际新问题已做出一定调整，但都是在外部力量驱使下的变化，而非机制本身主动的自我完善，改革力度也不足以应对国际体系变化的趋势③。在国际结构处于关键转折的时刻，欧盟作为全球主要行为体，其全球治理战略备受关注。

在参与全球治理进程之初，欧盟主要成员国都是以单个国家的身份参与全球治理，并将全球治理作为实现和扩展国家利益的契机。法国希望利用它在欧洲一体化进程中的优势地位成为全球事务的欧洲代言人，同时防范其他大国趁机威胁法国在欧盟的地位。法国前总统德斯坦曾号召创建欧洲未来制宪委员会，为欧盟尤其是法国在世界舞台上发挥更强大、更有效的作用做准备④。英国筹划借欧洲

---

① Robert Went, "Globalization: Can Europe Make a Difference?", Paper for the EAEPE Conference, 7 - 10 Nov., 2003, p.4.
② Nicole Gnesotto and Giovanni Grevi, "The New Global Puzzle: What World for the EU in 2025?", EUISS Report, 2006, p.207.
③ NIC and EUISS, *Global Governance 2025: At a Critical Juncture*, http://www.iss.europa.eu/uploads/media/Global_ Governance_ 2025.pdf/, 2010, p. iv.
④ Fraser Cameron, "The European Union and Global Governance", Paper Presented at the National University of Australia, 10 Mar., 2004, p.1.

参与全球治理的时机转移成员国的注意力,减慢一体化的深化速度,利用成员国在诸多全球事务中的分歧削弱联盟的凝聚力。德国则希望以全球治理为跳板,提高自身在国际事务中的地位。科索沃战争暴露出,欧盟在地区冲突问题上缺乏一致的立场,对重大国际问题还没有形成独立的政策,只能担当美国的"小跟班"角色。近年来欧洲国家逐渐意识到,在高度相互依存与竞争激烈的今天,必须放弃这种单打独斗、互相拆台的"内耗式"全球政策,转而追求在国际事务中以一个声音说话,形成欧盟独立的全球治理战略。只有这样,欧盟才能在跨大西洋伙伴关系中求得与美国的平等地位。

欧盟的全球治理战略经历了从"发展优先于安全"到"安全是发展的前提"的过程。欧盟理事会与欧盟委员会2000年联合发布《欧盟发展政策》,核心思想是"发展优先于安全",和平与稳定是欧盟追求的首要目标,欧盟将减少或消除贫困、发展援助、与传染病作斗争作为其全球治理战略的重点①。

"9·11"事件后,欧盟积极加入以美国为首的反恐斗争中,欧盟的全球治理战略受到外部环境变化的影响,并做出相应调整。2003年《欧盟安全战略》明确提出,"安全是发展的前提",将安全置于西方世界最重要的政策议程,而威胁安全的主要因素是恐怖主义、地区冲突、有组织犯罪、大规模杀伤性武器的扩散等。"9·11"事件后,发展与安全相互依存、相辅相成,尽管新的风险与威胁需要采取暂时的强制性措施,但若要根治这些问题就不能忽视造成不安全环境的主要因素,欧盟必须从更加战略性、宏观性的视角思考解决全球事务②。

与新兴国家发展双边伙伴关系是欧盟全球治理战略的重要转折。受全球性经济金融危机的影响和内部机制缺陷的制约,近年来欧盟爆发了主权债务危机,欧洲国家的经济因遭受巨大冲击而自顾不暇,经济危机也暴露出多边主义合作的诸多弊端。欧洲主权债务危机的受灾国政府在指望获得欧盟超国家机构救助与改革的同时,将国家关注的重点从国际事务和联盟事务转向本国国内经济的"自救"。新兴国家的崛起将经济相互依存提升到一个新的高度,多极世界使得国际环境更加复杂化。全球权力从老牌大国向新兴国家转移,新兴行为体经济增长势

---

① Churruca Cristina, "Criticizing the EU Security Strategy: The EU as a Regional Cooperative Security Provider", Revista Electrónica de Estudios Internacionales, No. 10, 2005.

② Jolyon Howorth, "The EU as a Global Actor: Grand Strategy for a Global Grand Bargain?", Journal of Common Market Studies, Vol. 48, No. 3, 2010.

头强劲且市场广阔,加强经济合作无疑为处于发展低谷的欧盟经济注入了新的血液。近期,欧盟与新兴行为体之间的双边峰会和协议渐增,发展与新兴国家的双边关系作为应对危机的短期实用性措施暂时代替了其长期追求的多边主义政策。

发展经济与协调一致是欧盟全球治理战略的未来目标。欧盟委员会2006年发布的《全球的欧洲》战略框架反复呼吁实现世界范围内的自由市场以刺激欧洲的经济发展、增加欧洲的就业机会。该框架是《欧洲2020战略》的前身。《欧洲2020战略》是欧盟在国际层面行动的自我主张,目标是寻求在全球贸易与发展领域获得领导权。该战略将发展经济再次放在其全球治理战略的首要位置,以减缓欧洲的相对衰落速度。实现这一目标必须坚持把"巧增长"与"可持续增长"作为推动欧盟全球治理战略的持续动力①。将知识与技术密切结合,坚持绿色产业作为欧盟在国际市场上的竞争优势。这一目标不仅是向国际社会发出的强有力信号,更是改善欧盟内部不同行为体与联盟政策的协调性和一致性的战略需求。在《欧洲2020战略》中,欧盟委员会重申了欧盟作为全球性行为体的国际责任,同以往强调与西方发达国家尤其是美国特殊关系的不同之处在于,经济发展合作计划建立在"与发展中国家名副其实的伙伴关系"基础上,它的贯彻实施是欧盟的主要国际责任②。欧盟成员国的数量和需求多样,其立场与偏好必须协调一致才能更好地影响全球政策。

三 欧盟全球治理战略的主要内容

通过参与并融入全球治理进程,最大限度地维护既有国际关系秩序,推进全球治理机制改革以适应全球形势变化,防止新兴国家在现有国际体系之外建立与之抗衡的新机制,这是欧盟全球治理战略的核心内容。具体来说,以在国际关系中扩展"有效的多边主义"为目标,利用区域合作的成功经验,以欧盟整体的身

---

① European Commission, *EUROPE 2020: A European Strategy for Smart, Sustainable and Inclusive Growth*, Brussels, 2010, pp. 3 - 4.
② Benjamin Laag, "Development Cooperation and the EU Raw Materials Initiative: New Strategic Opportunities for Development Policy or Policy Coherence for Raw Material Supply?", Paper Presented at the Panel "U Trade and Development Policies after Lisbon: What Prospects for the External Dimension of 2020", 2011, pp. 18 - 20.

份在重要的国际机制中谋求代表权与话语权；以参与全球安全治理为契机，逐步改变欧盟军事依赖北约、集体行动能力差的现状，为欧盟赢得对全球治理进程的持久影响力提供实力保证；以全球公益领域的治理为突破口，通过向霸权国缺失的公益领域提供全球公共产品，使欧盟逐渐成为全球治理进程中重要的领导力量。

（一）维护既有国际关系秩序，调整国际机制的投票权分配

战后国际机制的设计和运作模式深受欧洲"多边合作"思想的影响，在一定程度上是欧洲利益的反映。然而，欧洲主要大国在世界经济中的比重不断下降，难以维系原有的辉煌。新兴大国经济快速发展以及欧盟新成员国要求增加自身利益表达渠道的呼声渐高，欧盟只能选择在维护既有利益的基础上积极参与甚至主导全球性机制的改革进程，并使改革进程体现欧盟意志。新兴国家要求改革国际组织的制度安排，逐渐打破原有国际关系秩序，尤其是强烈呼吁改变欧洲国家在国际经济金融机制中"超额代表"的状况，按照在全球经济中的比重和贡献重新分配票数比例。新兴国家的要求得到了广大发展中国家的积极回应，甚至也得到美国的支持。

在2005年10月举办的G20会议上，新兴国家的财政部长一致表示，"布雷顿森林机制的治理结构，包含配额与代表权两方面，应该反映变化的经济状况"，即削减欧盟国家拥有的票数比例[1]。美国出于自己的利益考虑，呼吁给予新兴国家更多代表权。此举一方面可削弱欧盟的"超额代表"地位。机制内部的代表权属于有限资源，满足新兴国家增加代表的诉求就意味着降低欧盟成员国的票数比例。欧盟与新兴国家也因缺乏利益共同点而难以形成利益联盟，美国可以趁机渔翁得利；另一方面是防止新兴国家另起炉灶。美英等国担心，如不及时对票数比例进行重新分配，新兴国家将可能被迫在布雷顿森林机制之外建立抗衡现有秩序的国际经济金融新机制，置老牌资本主义强国于不利和被动的境地[2]。受新兴国

---

[1] Jean Pisani-Ferry, "The Accidental Player: The EU and the Global Economy", Prepared for a Lecture at the Indian Council for Research on International Economic Relations, Delhi, 25 Nov., 2005, p. 2.

[2] Lauren M. Phillips, "Lead, Follow or Get Out of the Way? The Role of the EU in the Reform of the Bretton Woods Institutions", Prepared for the XXVI G24 Technical Meeting, Geneva, Switzerland, 16–17 Mar., 2006, pp. 4–5.

家经济快速发展与欧盟内部人口数量减少双重因素的影响，欧洲在世界GDP中的比重迅速下降，因此，从长远考虑，改革国际经济金融机制也符合欧盟的整体利益①。

欧盟"超额代表"的现状不仅没有使其在国际金融事务中拥有主导权，反而削弱了欧盟的话语权与行动力。究其原因，成员国尤其是大国在国际机制中各自拥有代表，它们与利益相近的非欧盟国家结成同盟，有些欧盟成员国是小集团的领导者，有些则是在非欧盟国家领导的集团中充当追随者，因而造成欧盟权力分散②。从欧盟内部的权力分配情况考察，欧盟的决策体系与投票制度更加倾向保护中小成员国，在国际经济金融机制的改革过程中，如果限定欧盟获得的总票数，则大国将沦为改革的损失者。因此，法国与德国在机制改革问题上持统一态度，即任何形式的改革都不能对它们的优势地位造成实质影响。欧盟需要协调成员国立场，进而通过与其他行为体谈判的方式共同商讨渐进式改革的内容与程度。在改革国际机制的问题上，"融入"比"抗拒"更有利于欧盟降低损失。欧盟平衡各方诉求的举动可谓"一箭双雕"，既安抚了新成员国蠢蠢欲动的不满情绪，又以新兴国家伙伴的身份引导国际新机制沿着对自己有利的轨道前进。

（二）以欧盟整体身份谋求在重要国际机制中的代表权和话语权

在国际事务中，欧盟并非一直与以美国为首的西方国家站在同一条战线上。近年来美国多次"抛弃"联合国而单独行动，澳大利亚在解决国际安全事务时倾向于依靠"自愿联盟"等，都与欧盟在联合国框架下和平解决争端的倡议相悖。当与西方盟友在重大国际问题上产生意见分歧时，欧盟只有保持内部一致，其立场才能不被国际社会所忽视。因此，欧盟必须进一步深化一体化进程，以整体身份在全球治理中发挥作用，才能保持成员国的国际影响力和欧洲大国在重要国际机制中的代表性。

在安理会改革的问题上，以法国、英国为首的成员国坚持反对任何改变安理

---

① Jean Pisani-Ferry, "The Accidental Player: The EU and the Global Economy", p. 14.
② Lauren M. Phillips, "Lead, Follow or Get Out of the Way? The Role of the EU in the Reform of the Bretton Woods Institutions", p. 9.

会现状的改革措施,德国则积极争取获得常任理事国的席位,而欧盟超国家机构建议以欧盟整体身份继承法、英在安理会的席位。意大利与一些中小成员国反对德国"入常",并与新兴国家结成同盟提出安理会改革方案①,认为常任理事国的数量增加不能解决安理会合法性与代表性的问题,只有定期选举才能解决民主与透明度问题,安理会改革必须考虑地域因素采取轮值方式分配席位②。意大利支持在安理会设置欧洲单一席位,但也默认国家利益仍然左右着欧洲在安理会重大事务中的立场。《联合国宪章》赋予了区域联盟加入联合国的合法性,安理会关于维护国际和平与安全的决议必须在成员国直接贯彻,成员国应在国际组织中采取恰当行动,欧盟可以委派外交事务与安全政策高级代表或者欧盟驻纽约代表团团长列席安理会会议。2010年5月,阿什顿以欧盟外交事务与安全代表的身份首次参加联合国安理会会议,尽管她的讲话仅限于欧盟与联合国合作的现状与未来,但对欧盟今后参与联合国安理会的关键议题意义重大③。《里斯本条约》明确规定了欧盟具有法律人格,为其在联合国安理会中成为更可信赖的行为体提供了法律保障④。因为安理会常任理事国拥有针对重大国际问题的决定权,"入常"依然是大国的目标,成员国关于欧盟整体身份"入常"的分歧是一体化进程中超国家与政府间力量矛盾的延续⑤。欧盟在全球治理机制中获得单一代表权与话语权的时机尚未成熟,不仅遭到成员国尤其是大国的抵制,其他全球行为体能否接受超国家机构与主权国家在全球治理重要机构中拥有同等地位也还是个问题。

(三) 借助参与全球安全治理的契机,提高欧盟独立的集体行动能力

欧盟作为全球安全行为体,受到跨大西洋伙伴关系,尤其是美国军事战略的

---

① Daniele Marchesi, "The EU and the Reform of the UN Security Council: Assessing the Impact on CFSP", Paper Presented at EUSA Conference, Montreal, 17–19 May, 2007, p. 1.
② 关于意大利改革安理会的立场,参考 Elisabetta Martini, "UN Security Council Reform: Current Developments", Documenti IAT 0926, p. 7。
③ European Union, Statement by High Representative Catherine Ashton at the UN Security Council, New York, 4 May 2010 (A70/10), http://www.consilium.europa.eu/uedocs/cms_data/docs/pressdata/EN/foraff/114179.pdf.
④ Nicoletta Pirozzi and Natalino Ronzitti, "The European Union and the Reform of the UN Security Council: Toward a New Regionalism?", IAI Working Papers, 11–12 May, 2011, p. 2.
⑤ Kennedy Graham, "Towards Effective Multilateralism: The EU and the UN: Partners in Crisis Management", EPC Working Paper, No. 13, 2004, p. 12.

影响，在全球或区域治理机制的掩护下插手地区冲突。纵观欧盟在中东问题、南斯拉夫危机、"9·11"事件后反恐行动中的表现，可以看出欧盟常在本土未受外部行为体严重威胁或影响时参与军事行动。在打击利比亚的问题上，由于美国不愿主导，且利比亚与欧盟主要成员国之间存在千丝万缕的利益关系，欧盟大国特别是法国成为军事行动的领导力量。一直以来，欧盟想向国际社会证明自己在外交事务上"用一个声音说话"以及毋庸置疑的军事行动能力。但事与愿违，从利比亚危机之后，欧盟反对使用武力、以和平方式解决冲突的形象大打折扣，成员国之间的巨大分歧也削弱了欧盟的快速反应能力。

欧盟的共同外交与安全政策（CFSP）、欧洲安全与防务政策（ESDP）都是旨在提高欧盟的集体军事行动能力，逐渐减少对以美国为首的北约的依赖。1991年《马斯特里赫特条约》赋予了共同外交与安全政策的合法性地位，1997年《阿姆斯特丹条约》将"彼得斯堡任务"融入到CFSP中，2000年《尼斯条约》创建了欧洲共同安全与防务政策（CESDP）作为承担"彼得斯堡任务"的主要政策框架。针对伊拉克战争造成欧盟新老成员国分裂的状况，2003年欧洲理事会出台的《欧洲安全战略》（ESS）指出，欧盟及其成员国通过推动"有效多边主义"和践行法律规范，在安全事务领域开展合作。欧盟参与全球安全治理遵循"多边主义"精神，在联合国体制、北约框架、跨大西洋伙伴关系和双边安全协议的指导下行动。《里斯本条约》设置了欧洲防务局，突出欧洲外交与安全政策高级代表的地位，建立与安全防务相关的"布鲁塞尔化"的官僚机构[1]。

欧盟参与全球安全治理的主要目标是保护欧盟本土的安全与稳定，以多边制度为主、军事打击为辅，通过改革CFSP决策机制、加强军事协调能力以及设立外交与安全政策高级代表等方式提高欧盟行动的一致性。然而，欧盟参与全球安全治理的能力受到诸多因素的制约。从欧盟内部看，CFSP的制度尚不完善、ESDP的实践能力颇受质疑，由于安全、外交事务涉及成员国核心国家利益，成员国政府不愿给超国家组织让渡更多主权，且在这一敏感领域，成员国利益差异巨大，协调行动的难度相应增大。从外部考察，欧盟外交与安全事务深受美国因

---

[1] Barbara Delcourt and Eric Remacle, "Global Governance: A Challenge for Common Foreign and Security Policy and European Security and Defence Policy", in Mario Telo ed., *The European Union and Global Governance*, p. 250.

素的制约，欧盟因在军事上依赖北约而广受诟病。比如当军事危机发生时，一旦《联合国宪章》与北约行动发生冲突，欧盟整体该如何选择？无视《联合国宪章》将使欧盟的国际声望毁于一旦，违背美国意志又会损害特殊的跨大西洋伙伴关系。这种情况极易造成欧盟内部成员国的分裂，欧盟外交、安全政策在全球经济、环境甚至安全高度相互依存的时代备受考验。

在应对全球性问题时，欧盟提倡以多边制度框架约束全球行为体的行动，通过和平、渐进、民主的途径开展全球治理。然而，为了扩展欧盟的国际影响力、提高独立的军事行动能力，原本鲜明的欧盟安全战略逐渐呈现模糊化趋势。在关键时刻，欧盟不惜违背其一贯坚持的"武力作为解决问题的最后手段"原则，插手与之利益相关的地区问题。由此看出，在美国主导的全球事务领域，欧盟的军事实力无法与之竞争，要么选择追随美国的战略，要么"另辟蹊径"提倡多边合作反对使用武力。而在美国放弃主导、与欧盟利益攸关的国际安全领域，为实现自身意志，欧盟甚至不惜以军事手段重建区域秩序。

（四）通过提供国际公共产品，主导全球公益领域的治理进程

全球公共产品既是全球治理的重要组成部分，也是全球治理持续开展的必要条件。由于集体行动困境尤其是"搭便车"行为的存在，国家政府或私人部门缺乏提供全球公共产品的动力[1]。因此，在需要充足的全球公共产品领域，往往缺失主导国，单个国家或者国际组织没有能力也没有意愿提供所有国家都可以享用的公共产品。欧盟将全球公益领域作为践行多边合作的场所与突破口，以身作则并发动其他全球行为体联合起来向国际社会提供全球公共产品，全球环境与气候治理就是欧盟发挥作用最突出的领域。

从联合国环境规划署的建立到《京都议定书》的签署，全球环境与气候治理具备了较为成熟的制度保障。然而，全球性环境协议与行动缺乏连贯战略和明确的机制设计，大部分协议都是针对已发生的具体问题提出对策[2]。1997年《京都议定书》谈判时，欧盟就提出了削减二氧化碳排放量并将自身标准列为

---

[1] Oliver Wiechoczek, "The EU's Contribution to Global Governance: The Case of Global Infectious Diseases", Paper for the Degree of Master of European Studies Academic Year 2005–2006, p. 9.

[2] R. Madelin, "Strengthening Europe's Contribution to World Governance", White Paper on Governance, Working Group No. 5, 2001, p. 36.

主要工业化国家的首位。2001年，欧盟部长理事会批准了《京都议定书》，并鼓励日本、俄罗斯等国批准该协议。此后，哥本哈根、坎昆、德班气候峰会所取得的成果都未能超越《京都议定书》的核心内容。欧盟有28个代表①参加全球环境问题的谈判，不同成员国对具体议程的关注点不尽相同，27个成员国难以达成一致意见限制了欧盟推动全球环境与气候治理的能力。2004年欧盟扩大完成后，大部分新成员国都是小国和弱国，缺乏足够精力和财力应对环境问题，甚至无法委派代表参加国际环境会议，而大国则不止有一名或两名代表②。

欧盟之所以选择环境领域作为参与全球治理的突破口，从现实条件看，气候变化将使欧洲大陆的生态系统遭受破坏、耕地面积减少、地中海森林区域缩小、水资源缺乏③。环境恶化、气候变暖问题严重且紧迫，如不加以治理将威胁全人类的生存与安全。从全球层面考察，美国放弃了环境领域治理的主导权，发展中国家集中精力搞国内建设无暇他顾，而欧盟恰好拥有区域内环境治理的成功经验、业务成熟的专家队伍以及低碳环保的产业转型，可以及时填补这一领域的权力真空。在全球层面建立以规则为基础的环境治理秩序，这有助于欧盟树立"民事力量"与"安静的超级大国"的形象。欧盟借助国际环境与气候谈判的机会，积极呼吁世界各国与欧盟一道共同开展环境与气候治理，法国甚至提倡建立世界环境组织作为全球环境治理的核心机构和环境争端解决机构④。从欧洲层面考虑，欧盟在环境保护与全球变暖领域做出的努力得到了欧洲民众的广泛支持并日益成为推动一体化向前发展的动力。领导全球环境与气候治理进程有助于增强欧盟的合法性，在这一分歧最少的政策领域将管辖权从成员国转移到超国家机构。全球能源紧缺是欧盟致力于环境治理的又一动力。欧盟的经济发展使其对区域外能源进口的依赖性逐年增加，而且其能源进口来源多是冲突频发的中东地区与欧盟强邻俄罗斯，开发可再生能源与可持续发展是环境治理的重要内容，直接关乎欧盟的能源安全。

---

① 欧盟27国加上欧盟委员会。
② John Vogler and Hannes R. Stephan, "The European Union in Global Environmental Governance: Leadership in the Making?", lnt Environ Aggreements, 2007, p. 408.
③ 薄燕、陈志敏：《全球气候变化治理中的中国与欧盟》，载《现代国际关系》2009年第2期。
④ R. Madelin, "Strengthening Europe's Contribution to World Governance", White Paper on Governance, Working Group No. 5, 2001, p. 38.

总之,欧盟的国际影响力今非昔比,只能寻找其擅长的治理领域发挥领导作用,在世界各国都将关注重点放在地区冲突、能源争夺、经济竞争与金融风险、反恐等议题时,欧盟却选择了其他全球行为体都不愿发挥主导作用的全球公益事业领域。随着美国扮演"世界警察"的角色而有选择地从一些领域退出,欧盟不吝向国际社会提供全球公共产品,引导相应的制度建设惩罚"搭便车"行为,在霸权缺失的全球公益领域治理中发挥领导作用。欧盟在巩固公益领域治理的先行者地位后,开始与其他全球行为体进行利益交换,逐渐将其影响力"外溢"到全球治理的其他"核心领域"。

四 欧盟全球治理的主要路径与工具

(一) 将区域主义与多边主义有效融合

拓展跨区域的多边合作是欧盟参与全球治理进程的重要途径,积极推动本区域与其他区域之间、不同区域成员之间的多边合作才能保证欧盟在全球治理进程中独树一帜。欧盟内部成员国的实力大小有差异,却能够在不断改革的制度框架内紧密合作。欧盟期望将此模式推广到全球,通过健全的机制协调各国的行动,临近国家之间签署贸易互惠协定以开展多边谈判。欧盟委员会认为,多个区域性组织在全球化时代应运而生,多样化的行为体开展合作对制衡单边霸权、推进"后霸权"时代的全球治理有积极影响[1]。例如,亚欧峰会是亚欧大陆沟通交流、协商合作的桥梁,是没有美国参加却具有全球影响力的重要国际机制,亦是亚欧在微观层面寻找新合作模式的尝试,以亚欧峰会为代表的新机制是区域主义与多边主义相结合的成功模式。2012年11月在老挝万象召开的第九届亚欧首脑会议将全球经济金融作为主要议题,欧债危机的外溢风险及解决措施成为亚欧峰会成员共同探讨的焦点。

凭借欧盟制度建设的示范作用和先进经验为全球治理机制的构建与发展出谋划策。虽然目前深陷危机,但完善的治理机制、共享主权的新观念、一体化进程中丰富的经验教训、快速有效的应急机制、共同的传统价值观都能使欧盟治理模

---

[1] Mario Telò, "Europe and Global Governance after 11 September", http://www.europarl.europa.eu/pes/global/newsletter/n1/TeloEN.PDF.

式在全球治理进程中展现吸引力。尤其是东扩吸纳了与欧盟老成员在经济、政治、文化诸方面存在巨大差异的新成员,极大地保障了欧盟周边的安全与稳定。欧盟的扩大及其睦邻政策是全球治理得以推进的例证。全球化与全球治理进程推动国家间、区域间关系发生新的变化,欧盟因时应变调整内部治理机制以及时适应外部环境的改变,欧盟对治理机制与规范的新理解也促使全球治理机制的不断调整。欧盟主张在全球治理进程中尝试发展调节性权力,建立自由、公平的市场竞争机制和相应的管理部门,调节各行为体与各部门之间的关系;试图将经货联盟的经验扩展至全球经济金融治理领域;抢占先机倚仗欧盟治理经验制定全球治理规则,维持并发展欧盟占据较强话语权和影响力的国际机制[1]。

(二) 通过推行"逐步走计划"循序渐进地融入全球治理进程

所谓"逐步走计划",即在以条约为基础的框架内,先以小规模论坛的形式举行谈判,推动协议的达成,进而以跨国合作的形式利用多边机制在全球范围内逐步推广。欧盟的治理思路是区域治理先行,恰当处理与近邻、远邻的关系,待积累资源与经验后再融入全球治理进程[2]。欧盟参与全球治理的行动,要做到快速有效,就需要联盟加强内部治理。共同体成员在某些问题上立场的不统一会严重削弱欧盟对全球治理的影响。欧洲一体化的发展使欧盟成为欧洲地区的主导力量,在此基础上,欧盟寻求与临近国家建立伙伴关系,进而扩展到与其他地区构建多种类型的合作机制,最后,逐步成为全球治理进程中举足轻重的力量。无论是构建区域抑或是全球治理机制都意味着国家要损失一部分主权,而政府只有在看到长期持续的收益时才会考虑主权共享。欧盟地区不同于世界其他地区和国家的是,在主权共享与让渡方面先行一步,不仅向欧盟层面的超国家机制让渡部分主权,还积极推进全球治理机制建设,将全球治理看作是欧盟治理的"自然延伸"[3]。全球化进程使与人类息息相关的各种问题突破了国家界限,单个国家或

---

[1] Wade Jacoby and Sophie Meunier, "Europe and the Management of Globalization: Responding to Globalization Pressures", *Journal of European Pubilic Policy*, Vol. 17, No. 3, pp. 305 – 307.

[2] Mario Telo, "The EU as a Model, a Global Actor and an Unprecedented Power", in Mario Telo ed., *The European Union and Global Governance*, p. 40.

[3] Ana Postolache, "The Power of a Single Voice: The EU's Contribution to Global Governance Architecture", *Romanian Journal of European Affairs*, Vol. 12, No. 3, 2012, p. 7.

地区都无法单独面对全球性挑战，区域与全球事务存在千丝万缕的联系，如何处理区域治理与全球治理的关系就显得尤为重要。对欧盟而言，两个进程之间是互补而非竞争关系，参与全球治理进程可以适当扩大区域影响力。

（三）在全球贸易、环境治理等领域推广高标准以求发挥主导作用

欧盟力图将共同体自由贸易政策、健全的福利制度、共同体环境治理政策以及严格的食品安全政策等标准应用在全球治理的具体领域中。在经济领域，欧盟倡导在全球范围内建立公开、透明、公平的贸易体系，在保持贸易自由化目标与社会保护等公共需求之间平衡的基础上强调"人文关怀"，倡议全球贸易规范的制定必须关注非市场因素，如集体讨价还价的权利、卫生保健和可持续发展等。[1] 在环境治理领域，欧盟在《京都议定书》谈判、应用和执行过程中发挥关键的领导作用，这是欧盟在国际环境政策领域转型成为毋庸置疑的领袖的关键一步[2]。欧盟还试图将其内部环境治理的统一高标准推广到全球环境治理中，进一步巩固其在该领域的治理主导权。欧盟许多老成员国的跨国公司在新成员国国内投资，通常把经济投资或产品出口与环境问题挂钩，对新成员施压，要求它们接受更高标准的环境政策，同时也增加对新成员国的环保资金援助。欧盟试图将自身环境治理的模式嫁接在全球环境治理中，通过"协助"一些发展中国家执行某些领域治理的高标准树立正面形象、拉拢合作伙伴并从中获益。

五 欧盟全球治理战略的特点

作为在国际事务中发挥重要作用的超国家组织，欧盟正在构建和完善中的全球治理战略具有鲜明的特点。

（一）包容性与排外性

欧盟的全球治理战略具有"包容性"与"排外性"的"双重特性"。一方面，欧盟现有的治理机制以互利共赢的自由市场、高福利社会、民主制度为诱

---

[1] Ana Postolache, "The Power of a Single Voice: The EU's Contribution to Global Governance Architecture", *Romanian Journal of European Affairs*, Vol. 12, No. 3, 2012, p. 10.

[2] Ibid., p. 12.

饵，吸引并鼓励联盟外的非成员国加入，体现了欧盟极大的"包容性"；另一方面，欧盟有"排外俱乐部"之称，欧盟内部早已实现商品、人员、劳务、资本的自由流动与共同货币，对外却实行严格的市场保护主义。为了保护联盟内部公民的高福利生活质量，拒绝采取宽容的移民政策。欧盟"混合特性"的另一含义就是欧盟及其成员国拥有"混合管辖权"[1]，即欧盟以整体身份、成员国政府以个体身份共同参与全球治理进程，其优点在于更好地集中资源发挥作用，但是如果成员国之间、成员国与超国家机构之间意见不一致，欧盟在全球治理中则难以发挥合力。

（二）"有效的多边主义"

欧洲一体化的本质就是在法律、规则与决策程序基础上重建欧洲内部国家间关系[2]。欧盟在国际事务中不及美国实力强大，构建"有效的多边主义"制度框架是欧盟有别于美国的全球治理特征。"有效的多边主义"是借助现有的国际制度框架开展多边合作，在不对既定国际秩序进行根本变革的基础上，改革与全球权力对比严重不符的制度规则，平衡权力变化与制度设计之间的关系，减少冲突甚至局部战争爆发的可能性。"有效的多边主义"可以被理解为一种有效的全球治理体系，旨在确保人们都能享受重要的全球公共产品[3]。2001 年，欧盟委员会发布了题为《在发展人道主义事务上与联合国构建有效的伙伴关系》的报告，并于 2003 年 5 月签署了《财政与行政多边框架协议》。同年，欧盟委员会还出台《欧盟与联合国：多边主义的选择》文件，明确提出欧盟已经做好配合联合国行动、拓展多边合作的准备工作[4]，主张利用奖顺罚逆的制度框架约束国际行为体的行为。

---

[1] Sebastian Obertbur, "The Role of the EU in Global Environmental and Climate Governance", in Mario Telo ed., *The European Union and Global Governance*, p. 196.

[2] Alan Ahearne, Jean Pisani-Ferry, Andre Sapir and Nicolas Veron, "The EU and the Governance of Globalization", Paper Contributed to the Project Globalisation Challenges for Europe and Finland, Organized by the Secretariat of the Economic Council, 2006, p. 20.

[3] Espen Barth Eide ed., "Effective Multilateralism: Europe, Regional Security and a Revitalised UN", Global Europe Report, The Foreign Policy Centre and British Council Brussels, 2004, p. 22.

[4] Fulvio Attina, "Managing Globalization: EU's Effective Multilateralism", Jean Monnet Working Papers in Comparative and International Politics, No. 65, 2008, p. 8.

(三) 关注全球公益领域治理

国际行为体参与全球治理的主要目的是借助这一进程确保切身利益不受损害，并在比较成本收益后介入某些领域的治理活动。欧盟将大量资源投入普遍存在的"搭便车"行为，从短期看成本可能大于收益的全球公益领域的治理中。在欧盟看来，能够享有全球公共产品的行为体与无权获得此类稀有资源的行为体之间的差距太大，最终将对欧盟安全形成系统威胁。而欧盟发现，领导全球公益领域治理的优势可以换取其他治理领域的资源，同时欧盟企业谋求可持续发展而进行的产业升级可以在全球严格遵守环境保护高标准的情况下赢得竞争力。欧盟热衷全球公益领域治理的行为提高了其整体国际声望，也增强了它在其他治理领域的话语权和说服力。

(四) 是在治理的"幌子"下推广欧盟式民主

直接选举的欧洲议会有效缓解了欧盟内部的"民主赤字"问题，欧盟以自身成功的治理经验引以为傲，也吸引着周边国家纷纷申请加入共同体。欧盟通过扩大的方式，将对其具有重要战略利益的周边国家吸纳进来，新成员若要享受欧盟共同市场的宝贵资源，就必须事先接受欧盟式的民主制度。在与综合实力相当的大国进行交往时，欧盟倡导平等的多边主义，主张建立跨国公民社会，而针对广大发展中国家，欧盟的对外援助政策则常常隐藏着政治附加条件，借机推广欧盟的"民主"观念与制度，企图以全球治理的名义削弱受援国对"输出民主"的敏感性与警惕性。

然而，欧盟全球治理战略的实施也面临着许多制约与挑战，主要表现在：

第一，共同体内部决策的政府间属性影响着欧盟的行动力。欧盟并非主权国家，政策制定程序复杂。欧盟理事会是欧盟最重要的决策机构，在重要议题上往往采用全体一致决策，即使使用有效多数投票方式，成员国之间也要经过漫长的讨价还价过程。这种决策方式制约了欧盟在国际事务中的行动能力，而欧盟的轮值主席制也不利于共同体政策的连贯性与持续性。在全球治理进程中，常常出现自然或社会性突发危机，这就要求政府的危机应对机制迅速做出有效回应，而欧盟繁冗的决策与复杂的投票程序可能使它错过应对的最佳时机。欧盟决策效率的低下不仅为共同体及成员国带来损失，还会使国际社会对其治理能力失去信心。

第二，欧盟不断扩大，增加了成员国在重大事务上达成一致的难度。2004年欧盟实现了最大规模的扩大，现有27个成员国在经济水平、政治制度、历史文化等方面存在巨大差异，导致成员国政府在各个政策领域的利益与偏好多样化，协调一致的难度加大。欧盟超国家机构力图加强决策的超国家属性，将许多原属于成员国的权力通过签署或修订条约的形式让渡给欧盟机构。例如，在一些公益领域，欧盟计划通过签署一系列条约规范行为体的行为并提供全球公共产品，却遭到部分成员国政府的反对和抵制。成员国之间的利益与立场分歧经常因某个突发事件或地区冲突的影响而加剧。伊拉克战争曾造成新老欧洲的分裂，军事打击利比亚的分歧又恶化了欧盟成员国的关系。来自全球层面的激烈竞争与矛盾是促进欧盟成员国更紧密的团结还是导致更严重的分化，目前仍是未知数。

第三，全球治理与区域治理的矛盾使欧盟陷入选择困境。欧盟既是区域治理的核心力量，又是全球治理的重要行为体，这就决定了欧盟在涉及区域发展与全球治理的重要领域时谨慎决策、区分轻重缓急。在区域治理与全球治理相契合时，欧盟乐意推动两个层面的治理活动，实现"互补"和"双赢"；而当全球治理与区域治理产生矛盾时，欧盟常常陷入选择困境，当然，大多数情况下还是区域治理优先于全球治理①。例如，欧盟拥护WTO倡导的在全球范围内实现自由市场与公平贸易的基本精神，虽然在共同体内部实现了单一市场与共同货币，但为了保护本土弱势产业，欧盟在国际市场上对某些国家的进口产品设置高关税壁垒、提高产品的质量标准，或者以发展援助计划为交换，要求受助国降低某些产品的对欧关税，这种公开或隐性的贸易保护主义行为违背了国际经济治理的规范与原则。

第四，欧盟的全球治理能力受到军事协调能力差且缺乏独立性的掣肘。拥有独立的行动能力（包括经济、政治、军事等方面）是一国或组织成为全球行为体的必要条件之一。欧盟共同外交与安全政策、欧洲安全与防务政策

---

① Barbara Delcourt and Eric Remacle, "Global Governance: A Challenge for Common Foreign and Security Policy and European Security and Defence Policy", in Mario Telo ed., *The European Union and Global Governance*, p. 251.

都属于政府间合作性质,这决定了欧盟的军事协调能力差,遇到突发危机或紧急冲突时快速反应能力和威慑力不够。没有强大的军事行动能力作保障,欧盟对全球事务的影响力度与范围必然受到限制。主要大国常常抛开欧盟机制单独行动或与外部行为体结盟,欧盟脆弱的安全合作机制也就分崩离析,其全球治理战略的贯彻执行也受到负面影响。从目前来看,欧盟及主要成员国的安全防务处于北约框架内,军事行动缺乏独立性必然导致全球治理战略的不完整。

第五,欧盟在某些领域积极的全球治理战略因内外阻力而放缓。欧盟关于全球治理的构想很多停留在观念层面,若想转化为现实,依然存在不少困难。随着全球治理的不断深入,一些领域的治理必然涉及国家主权,由于欧盟对主权共享与让渡的认知远远超前于世界其他国家和地区,欧盟推进全球治理战略遭遇的外在阻力无疑越来越大。特别是在全球金融危机爆发后,世界各国经济普遍受到冲击,欧盟随后发生的主权债务危机更使成员国经济雪上加霜。全球治理的反对者批评共同体每年将大额财政预算用于不能为欧盟盈利的领域,他们认为欧盟及其成员国的财政已是捉襟见肘,欧盟的全球治理战略是以民众生活水平下降为代价的。此外,主要成员国内部的政党利用反全球治理的民意捞取政治资本,提出欧盟应将有限的资源集中于共同体内部治理,尤其是成员国经济的复苏与民众福利水平的改善,以此作为赢得国内选民支持的筹码。迫于内外压力,欧盟将更多的资源投入本土治理,原本积极推进的全球治理战略在很多领域呈现出放缓的趋势。

六 欧盟全球治理与美国及发展中国家的关系

欧盟与美国在全球治理进程中呈现出微妙的竞合关系。作为极其重要的全球行为体,欧盟与美国在全球治理进程中既因共同利益而合作,也由于权力争夺而引发竞争。双方在维持反映美国与部分欧盟成员利益的现有全球治理机制方面具有共同点,在利益相近的全球治理领域开展合作。它们都因不堪承受解决全球性问题的成本,而要求与其他国家分担国际责任,欧盟成员国与美国国内自下而上要求增加全球治理决策过程透明度、责任感和参与度的呼声愈加强烈,双方都主张先从已取得共识的经济金融领域共建治理机制进而逐步"外溢"到其他领域。

美国虽然倾向于单边行动,但在应对全球性问题时也越来越接受多边机制与跨国合作的方式。欧盟在全球治理进程中不断调整自我定位,通过倡导多边合作提高自身在国际事务中的影响力。然而,欧盟与美国的全球治理目标不同,解决全球性冲突的途径也有差别,甚至对环境治理的态度迥异,政策优先性亦存在差异。这种差异性造成双方制定出不同的全球治理战略,为了在全球治理进程中获取更大利益或增强自身影响力而展开竞争。"9·11"事件后美国的反恐战略、近期美国战略东移以及欧洲主权债务危机的加剧都使欧盟与美国在全球治理进程中的关系充满变数,双方既是毋庸置疑的跨大西洋伙伴,又不可避免地出现更多矛盾与摩擦。

  欧盟与发展中国家尝试发展新型合作伙伴关系,但双方在现有国际机制中因权力分配问题亦存在冲突。欧盟深陷严重的经济困境,若想内外兼顾,在集中资源用于应对危机、加强内部治理的同时,减少在全球各治理领域的损失,避免被美国或其他发达国家取代其在部分治理领域的领导权,可能尝试在一些与发展中国家共同关心、存在广泛共同利益的具体问题领域,同它们开展合作。欧盟不仅谋求新兴国家对欧元区国家加大援助力度,还希望在诸多国际事务及机制改革中拉拢它们制衡美国。欧盟与新兴力量的代表——亚洲国家的合作关系主要维持在经济层面,政治层面合作的制度化进程相对缓慢,近年来欧盟与中国、印度等国加强了官方与民间的双边合作[①]。随着新兴国家经济实力的壮大,它们要求在现有国际经济制度(如IMF)中增加代表权,改变与经济力量对比不符的票数比例分配机制,这对现有国际制度安排的受益者欧盟而言是巨大的挑战。欧盟以某些领域的共同体政策为武器,与发展中国家在国际市场上展开激烈的竞争,例如,经高额补贴的欧盟奶制品、糖类等产品出口到非洲国家,因"质优价廉"而造成当地产品滞销,这有悖于欧盟倡导的在全球市场实现公平贸易的目标。

  (原文刊发于《南开学报(哲学社会科学版)》2012年第3期,辑入本文集前应编者的要求做了相应补充与修改。)

[①] Frank Biermann and Hans-Dieter Sohn, "Europe and Multipolar Global Governance: India and East Asia as New Partners?", Global Governance Working Paper, No. 10, Nov. 2004, p. 15.

第三章 欧盟的中东－北非战略调整
——基于中东－北非变局两年来的思考

倪海宁 朱传忠[*]

2011年初以来，中东－北非地区[①]局势风云突变、前景叵测。欧盟受到全方位冲击后，对原有的中东－北非战略做出了相应调整，延续至今。欧盟战略的调整动因有哪些？走势有何特点？成效与前景又如何？本文试就此进行探讨。

一 变局前欧盟中东－北非地区战略的特点

（一）欧盟中东－北非地区战略的既有目标

对欧盟而言，中东－北非地区有其南部"后院"之称，具有特殊的战略意

---

[*] 倪海宁，解放军外国语学院指挥系第一教研室讲师、军事学博士；朱传忠，西北大学中东研究所世界史专业博士。

[①] "中东"这个地理名词也是一个政治概念，且具有独特、丰富的经济和文化内涵，这一称呼是作为西方殖民理论——"欧洲中心论"的产物而出现的。然而，"中东"究竟包括当今的哪些国家和地区，国内外迄无定论，但流行的看法有两种，即狭义、广义之分。"狭义的中东"包括埃及、叙利亚、黎巴嫩、约旦、以色列、伊拉克、巴勒斯坦、也门、沙特阿拉伯、科威特、阿联酋、卡塔尔、巴林、阿曼、土耳其、伊朗、塞浦路斯和阿富汗等18个国家（地区）；"广义的中东"则还包括非洲北部的阿尔及利亚、突尼斯、利比亚、摩洛哥、毛里塔尼亚和苏丹。因此，许多著作又把"广义的中东"统称为"中东－北非地区"。鉴于欧盟相关政策框架的地理涵盖面，以及当今中东－北非局势动荡的波及范围，本文为研究方便起见，采用"中东－北非地区"这一称谓，指代地理上位于地中海南岸与东岸、属于"地中海联盟"中欧盟的伙伴国的各个国家。参见陈建民：《当代中东》，北京大学出版社，2002，第1~2页；彭树智主编：《二十世纪中东史》，高等教育出版社，2001，第211页。

义。历史上，该地区很多国家曾是英、法、意等国的殖民地，且这些国家在独立后仍与原宗主国保持着密切联系；欧洲原"宗主国"也对其长期抱有"特殊情结"。不过，欧盟在该地区的现实战略利益更为重要。该地区紧邻欧洲，属于欧盟的"大周边"范畴，其局势演变往往直接影响到欧盟，特别是法、意、西等南欧国家的利益。

欧盟一直特别重视中东－北非地区。冷战时期，欧共体与该地区国家签署了一系列"联系协定"。20 世纪 80 年代，随着对该地区兴趣更大的南欧三国（希腊、西班牙和葡萄牙）相继加入欧共体，法国一直倡导的"欧阿对话"得以启动。冷战后，随着欧盟共同外交与安全政策（Common Foreign and Security Policy，CFSP）的出台和日趋成熟，欧盟与该地区国家的关系更趋机制化，1995年启动了"巴塞罗那进程"，2008 年进而在法国主倡下成立了号称"'巴塞罗那进程'加强版"的"地中海联盟"。

近年来，尤其从"地中海联盟"峰会决议看，欧盟在中东－北非地区的战略目标可概括为以下几个方面。

1. 确保能源安全、扩展经济利益，是欧盟的根本战略目标①

该地区盛产对当今经济发展具有战略意义的石油和天然气。相关数据表明，中东石油产量占全球的 31%，天然气储量占 45%②。北非石油储量占世界的 4.8%，天然气储量占 4.4%③。欧盟对该地区能源的依赖程度很高，加之近年来欧盟为降低对俄罗斯的能源依赖，大力推进能源"来源多样化"战略，因此，中东－北非已成为欧盟"能源棋局"中的经营重点。

---

① 所谓"根本战略目标"，是指欧盟要达到的终极目标。经济利益乃是各类国际行为体的终极诉求。正如恩格斯所说："我们所研究的领域愈是远离经济领域，愈是接近于纯粹抽象的思想领域，我们在它的发展中看到的偶然性就愈多，它的曲线就愈是曲折。如果您划出曲线的中轴线，您就会发觉，研究的时期愈长，研究的范围愈广，这个轴线就愈接近经济发展的轴线，就愈是跟后者平行而进。"参见《马克思恩格斯全集》第 4 卷，人民出版社，1972，第 506～507 页。

② Paul Belkin, "The European Union's Energy Security Challenges", January 30, 2008, available at http：//www.fas.org/sgp/crs/row/RL33636.pdf., last accessed on 23 June 2009.

③ BP Statistical Review of World Energy 2009, available at http：//www.bp.com/liveassets/bp_internet/globalbp/globalbp_uk_english/reports_and_publications/statistical_energy_review_2008/STAGING/local_assets/2009_downloads/statistical_review_of_world_energy_full_report_2009.pdf, last accessed on 28 February 2011.

至 2010 年底，欧盟 45% 的石油和 30% 的天然气进口均源自该地区①。以利比亚为例，利比亚将出口石油分为九等，轻质、低硫的优质油通常供给欧洲，石油出口也主要流向欧洲（参见表1）。2010年，利比亚已是欧盟第三大石油供应国，意大利、奥地利、爱尔兰和希腊石油进口的20%以上来自利比亚，法国对利比亚的石油依赖度也接近15%，相比之下，从利比亚进口的石油只占美国石油进口总量的0.63%。意大利埃尼集团（Eni）、法国石油公司（FP）和道达尔公司（Total）、英国石油公司（BP）、英荷皇家壳牌石油公司（Shell）和西班牙雷普索尔公司（Repsol YPF）等欧洲石油巨头，均在利比亚从事勘探、生产、运输和冶炼工作②。

表1　2009 年利比亚石油出口国占其石油出口的比重排名*

单位：%

国家	意大利	德国	法国	中国	西班牙	美国	巴西
比重	32	14	10	10	9	5	3

说明：表格由作者自制。

* 数据来源：Andrew Rettman, "EU registers first energy shock from Libya unrest", *Euobserver*, February 23, 2011.

中东 – 北非还是欧盟近年出口和投资的一个新增长点，"对欧盟工业全面升级换代、走出经济低迷、提高未来的全球竞争力意义重大"③。地理邻近、资源丰富、劳力充足、市场巨大，这对欧洲投资者吸引力很大。据估计，该地区经济每增长1%，欧盟对其出口便可增加20亿美元④。中东 – 北非更是欧盟最大的海外军火销售市场，2009年欧盟国家向利比亚出口的军火就达到3.44亿欧元⑤。

2. 确保该地区的总体稳定，是欧盟的首要战略目标

所谓"首要目标"，是指该目标是欧盟实现其他目标的基础；若该目标无法实现，则其他目标也无从谈起。《经济学家》杂志指出："稳定压倒一切有许多

---

① Geopolitics of EU Energy Supply, January 10, 2011, available at http://www.euractiv.com/en/energy/geopolitics – eu – energy – supply/article – 142665, last accessed on 10 March 2011.
② Andrew Rettman, "EU Registers First Energy Shock from Libya Unrest", *Euobserver*, February 23, 2011.
③ European Commission, "European Neighbourhood Policy", available at http://ec.europa.eu/external_relations/enp/index_en.htm, last accessed on 21 March 2011.
④ Andrew Willis, "Africa Shock to Cause 'Sea Change' in EU Foreign Policy", *Euobserver*, February 24, 2011.
⑤ Andrew Rettman, "Libya Replete with EU Arms as Gaddafi Massacres Protesters", *Euobserver*, February 22, 2011.

理由：维持阿以和平条约；与异教极端恐怖主义进行斗争；抑制大规模武器扩散；保证石油和天然气供给；防止对欧洲的大规模移民；等等。"①

该地区总体局势一直不容乐观，往往"牵一发而动全身"，其中既有殖民帝国造成的历史遗患，外部强国激烈争夺的作用，更有地区内部各国之间或各国国内的许多矛盾交织，包括民族的相互排斥、宗教和教派斗争、国家间领土纠纷和争夺地区霸权以及各国内部的阶级和社会矛盾的激化等因素②。这从长期难解的巴以冲突和动乱不断的地区形势中可见一斑。特别令欧洲人担心的是，20 世纪 70 年代末起，特别是海湾战争和"9·11"事件后，该地区反西方色彩浓厚的"伊斯兰复兴运动"声势日益浩大，伊斯兰主义政党/组织不断涌现，其中不乏"原教旨主义"色彩浓厚的暴力极端主义组织，很可能波及欧盟内部的庞大穆斯林群体③。

因此，20 世纪 90 年代中期以来，"安全"特别是"稳定"的字眼，在欧盟中东-北非战略中一直占据着中心位置。1994 年 12 月，欧盟埃森峰会通过了欧盟委员会的规划，认为"地中海地区的和平、稳定和繁荣，是欧洲最优先考虑的问题之一"④。1995 年启动的"巴塞罗那进程"包括三个目标，其中，政治目标在《巴塞罗那宣言》中以标题的形式标明："政治与安全伙伴关系：建立一个共同的和平与稳定空间。"⑤ 2003 年出台的首份《欧洲安全战略》明确指出："解决巴以冲突是欧洲的一个战略优先事项，因为如不解决这个问题，就谈不上处理中东地区的其他问题"；"环地中海地区依然面临持续性经济停滞、社会动荡以及

---

① "Europe Must Do More to Support Arab Democracy, Out of Self-respect and Self-interest", *The Economist*, Feb 26, 2011, p. 48.
② 参见陈建民：《当代中东》，第 20～21 页。
③ 欧洲穆斯林移民为欧洲战后重建起了积极作用。然而，穆斯林及其后裔数量的增多，尤其是其相较于欧洲本土人的高出生率（是后者的 3 倍），引发了欧洲的忧虑。2008 年，欧盟 27 国中，穆斯林人口（约 2450 万）占 5%。预计到 2050 年，欧盟穆斯林人口比例将达到 20%。参见 Adrian Michaels, "A Fifth of European Union Will be Muslim by 2050", available at http://www.telegraph.co.uk/news/world-news/europe/5994045/A-fifth-of-European-Union-will-be-Muslimby-2005.html, last accessed on 20 December 2010; "The Future of the Global Muslim Population, Projections for 2010 - 2030", January 27, 2011, available at http://pewforum.org/future-of-the-global-muslim-population-regional-europe.aspx, last accessed on 3 April 2011.
④ 转引自罗红波：《欧盟的地中海政策》，载胡荣花主编：《欧洲未来：挑战与前景》，中国社会科学出版社，2005，第 434 页。
⑤ "Barcelona Declaration", 1995, available at http://ec.europa.eu/external-relations/euromed/bd.htm, last accessed on 31 January 2011.

久拖不决的冲突等严重问题"①。2004年西班牙马德里遭北非极端主义分子恐怖袭击后,欧盟更是认为该地区充满暴力、冲突频仍②。2008年7月的首次"地中海联盟"峰会上,恐怖袭击、伊斯兰极端主义蔓延、大规模杀伤性武器扩散、非法移民以及有组织犯罪等,都作为"威胁欧盟安全的重要因素"而被欧方提出③。

3. 推动中东-北非的政治改革,推广欧盟的民主价值观,是欧盟的"最新辅助性"战略目标

冷战时期,欧共体发展与中东-北非国家的关系时,从未公开提及"民主"问题。因为在东西方争夺的大背景下,欧洲的政策具有高度实用主义色彩④。直到冷战结束后,自认为在价值观领域占据优越地位的欧盟,才开始对中东-北非国家提出明确的政治改革要求。1995年的《巴塞罗那宣言》称,"民主不足"是恐怖组织滋生的重要根源,各国应保证"在基于尊重人权和民主的基本原则下建立一个共同的和平与稳定区域"⑤。2008年7月的首次"地中海联盟"峰会决议也声称,"地中海联盟"是"因和平、民主、繁荣以及在人员、社会和文化方面相互理解的未来而联合起来的新国际组织"⑥。

所谓"辅助性",是指在中东-北非实现欧式民主,只是确保欧盟经济和安全利益的附属品乃至实用性工具,而不是战略性原则。换言之,欧盟在安全与经济需求上升(如遏制非法移民涌入、打击恐怖组织)、需要该地区国家合作时,往往会降低"民主"调门。这在"9·11"事件后表现得特别明显:美国在所谓"大中东地区"大力推动民主化进程,乃至不惜采取武力手段、以"政权更迭"的方式强行"输出民主";欧盟就"比美国谨慎、现实得多"⑦。地中海联盟就是

---

① Council of the European Union, "A Secure Europe in a Better World: European Security Strategy", Brussels, December 2003.
② 参见 M. Pace, *The Politics of Regional Identity: Meddling with the Mediterranean*, Abingdon, Oxfordshire: Routledge, 2006。
③ 扈大威:《地中海联盟的成立与欧盟周边政策重心的转移》,载《国际问题研究》2008年第5期,第16页。
④ "Europe in the Mediterranean is to Turn its Former Power into Positive Influence", *Arabic News*, May 27, 2003, available at http://www.arabicnews.com/ansub/Daily/Day/030527/2003052720.html, last accessed on 31 January 2011.
⑤ "Barcelona Declaration".
⑥ "43 Nations Creating Mediterranean Union", *Fort Mill Times*, July 13, 2008, available at http://www.fortmilltimes.com/106/story/223550.html, last accessed on 31 January 2011.
⑦ Robert Kagan, "Embraceable EU", *Washington Post*, December 5, 2004.

很好的例证：尽管该联盟包括四个支柱，但六个重点合作项目都是关乎经济和安全领域的，几无只言片语提及针对中东－北非政治改革的具体要求①。总体而言，"民主化"要求在欧盟的中东－北非战略中，更多的是一种宣示，并无针对性的切实行动、相应的评估机制和"改进"之策。

这种"辅助性"，还可通过同欧盟东扩前的对中东欧战略对比来印证。欧盟不仅详细规定了中东欧国家的民主化标准②，将这些标准列为衡量相应国家能否入盟的首要标准，更进行了定期且较严格的审查③。正如有学者所指出的，"政治条件成了中东欧申请国加入欧盟的决定性因素"④。一个鲜明的例子是，克罗地亚的经济发展水平高于2007年已入盟的罗马尼亚和保加利亚，但由于在欧盟看来民主程度不及罗、保两国，入盟进程反而滞后。可见，欧盟处理与中东欧国家的关系时，对民主进程之重视、标准之高、把关之严，都是其中东－北非战略望尘莫及的。

（二）变局前欧盟中东－北非地区战略的实施手段

中东－北非国家获得独立后，普遍面临发展经济及建立有效国家机构的问题。多数国家都建立了某种形式的国家资本主义，公共部门在国民经济中占绝对主导地位，并在全球化浪潮中得到政府保护。这种体制虽使经济发展取得了一定成绩，却导致政府机构和公共部门不断膨胀，私营部门萎缩，经济开放程度低，腐败盛行；加上不断增大的人口压力，近年来该地区经济社会发展相对滞后，充

---

① 4个支柱包括：政治和安全对话，即通过维持可持续发展以及法治、民主和人权的建设来创造一个和平和稳定的区域；经济和财政伙伴关系，即通过可持续和均衡的经济社会发展推动双方共享经济机遇并建成自由贸易区；社会文化和人文伙伴关系，即推动双方的了解和文化间对话；移民问题，即通过对话与合作解决难民潮和非法移民等问题。6项"地区性具体计划"包括：减少地中海污染；改善地中海两岸的贸易流通；加强民事保护；制定一项地中海太阳能计划；推动欧洲－地中海大学的发展；帮助中小企业发展。参见"43 Nations Creating Mediterranean Union"。
② 1993年6月，欧盟哥本哈根首脑会议明确宣布，一旦中东欧各联系国的经济和政治状况具备入盟的条件，接纳工作将马上开始。这些条件主要是：稳定和民主的政治体制、正常运转的市场经济、实行法制、尊重人权、保护少数民族、接受欧盟建立政治和经济联盟的目标，等等。这就是所谓的"哥本哈根标准"。参见 Roy Pryce, *The Treaty Negotiations*, in Andrew Duff, John Pinder and Roy Pryce et al., *Maastricht and Beyond*, London: Routledge, 1994, p. 44.
③ 自1998年起，欧盟委员会每年一度对中东欧申请国进行评估，指出后者在政治领域存在的问题和今后的努力方向，以此规范和推动它们的政治转轨进程；中东欧各国则根据欧盟委员会的"入盟伙伴项目"的要求进行"欧盟化"的政治转轨。Peter Mair & Jan Zielonka eds., *The Enlarged European Union, Diversity and Adaptation*, FRANK CASS Publishers, London, 2002, p. 116.
④ 转引自朱晓中：《中东欧与欧洲一体化》，社会科学文献出版社，2002，第124~125页。

斥着不稳定因素。

鉴于中东-北非地区存在较为明显的"发展-安全关联"（development-security nexus）问题[1]，或者说，贫困与不稳定已形成"恶性循环"，欧盟实现上述战略目标面临众多挑战。欧盟需要回答的问题是：在该地区，到底是经济发展问题、还是安全问题是挑战的根源？欧盟只有首先断定这组因果关系，才能做出应对。

欧盟的判断与对策是：应采取综合性战略手段，特别是欧盟一贯使用的经济援助和贸易手段，帮助该地区的经济和社会发展，以解除安全威胁[2]。换言之，欧盟的安全政策基本被完全"发展化"，从属于发展政策。截至目前，欧盟对该地区的经济援助是全球最多的。1995年以来，欧盟每年向以色列周边的四个阿拉伯国家（埃及、约旦、叙利亚、巴勒斯坦）提供间接援助6.3亿欧元，这使欧盟对从事和平进程的阿拉伯国家提供的总经济援助（包括赠予和贷款）达到每年8.1亿欧元[3]。2004年，欧盟将"巴塞罗那进程"的中东-北非伙伴关系国纳入"欧洲睦邻政策"（European neighborhood policy）框架，使这些国家可得到"欧洲睦邻与伙伴关系工具"（European neighborhood and partnership instrument）的资金援助。欧盟2007~2013年"睦邻政策"框架下的120亿欧元对外援助中，近2/3资金将流向中东-北非[4]。2006年，欧盟在布鲁塞尔召开"对外能源政策会议"，提出将与埃及、突尼斯、约旦等国建立"欧盟-地中海共同能源空间"，旨在将这些国家的电力、天然气、石油市场融入欧盟能源市场。2010年，欧

---

[1] "发展-安全关联"这一概念主要是由国际和平研究所（International Peace Institute, IPI）提出的。目前，这一术语已得到较多西方国家的认可，例如英国国际发展部（UK Government Department for International Development, DFID）、德国经济合作与发展部（German Federal Ministry for Economic Cooperation and Development, DMECD）、加拿大国际发展署（Canadian International Development Agency, CIDA）等都对IPI的"发展-安全关联"项目提供了财政支持。这一概念提出的意义在于，能够将经济发展和安全问题加以通盘的考虑和解决。参见 Stephan Klingebiel et al., *Donor Contributions to the Strengthening of the African Peace and Security Architecture*, DIE Studies Series, No. 38, Bonn: German Development Institute, 2009, p. 17, 转引自张春：《"发展-安全关联"：中美欧对非政策比较》，载《欧洲研究》2009年第3期，第69页。

[2] "Is the Mediterranean Union of Any Use?", *The Daily Star*, July 11, 2008, available at http://www.dailystar.com.lb/article.asp?edition_id=10&categ_id=5&article_id=93983, last accessed on 31 January 2011.

[3] European Commission, "The EU & The Middle East Peace Process: The Union's Position and Role", available at http://europa/eu/int/comm/externalrelations/mepp/index.htm, last accessed on 21 March 2011.

[4] Andrew Willis, "Africa Shock to Cause 'Sea Change' in EU Foreign Policy".

盟－地中海自由贸易区正式建立，欧盟目前已是地中海国家的最大贸易伙伴。

更能体现发展政策在欧盟战略中至上地位的是，尽管欧盟自"巴塞罗那进程"启动以来一直在提政治改革要求，但并未将对中东－北非国家提供的各类援助同"民主化"问题严格地挂钩。长期以来，欧盟及各成员国实际采取了认同和维持该地区政治现状的政策，一直在依靠该地区的强权人物，如突尼斯的本·阿里、埃及的穆巴拉克、利比亚的卡扎菲来维护自己的利益。法国在突尼斯有巨额投资的几家大公司都与本·阿里的个人商业集团有着密切联系，法国政界人物，如已引咎辞职的前外长阿利奥·马里和突尼斯政界来往甚密①；意大利总理贝卢斯科尼和卡扎菲的个人亲密关系也是众所周知，萨科齐上台也颇拜卡扎菲家族财政支持之赐；意大利正是借助与本·阿里和卡扎菲政权的协议，才大幅减少了来自非洲的非法移民②。这使欧盟往往默认当地政府对反对派，特别是穆斯林兄弟会等伊斯兰政党的打压。

不可否认，多年来欧盟通过各类援助以及与强权执政者保持紧密联系，兼顾了"地缘""能源"诸方面的战略利益，压制了该"地缘"邻近地区反西方的伊斯兰势力，获得了丰富的"能源"和经济利润，减缓了极端势力对"血脉"相连的欧洲穆斯林群体的渗透。但矛盾的缓解不等于问题的消弭。事实证明，欧盟"发展政策"至上的中东－北非战略，并未收到维稳的预期成效：由于政治体制僵化③，贪污腐败盛行，导致社会财富分配严重不公，改革成果未

---

① Anna Khakee, "Democratic Values and Cosy Relationships in North Africa", February 21, 2011, available at http://www.euractiv.com/en/east-mediterranean/democratic-values-cosy-relationships-north-africa-analysis-502350, last accessed on 3 April 2011.
② 为解决北非的非法移民问题，意政府相继与突尼斯和利比亚政府达成协议，由意方向突、利两方提供援助，突、利两方负责巡查本国边防，阻止本国及其他非洲国家民众经由本国非法进入欧洲，并接收意方遣送的非法移民。协议签署后，到达意大利兰佩杜萨岛的移民数量降低了98％。Stanley Pignal and Giulia Segreti, "Italians Fear African Migration Surge", *Financial Times*, February 21, 2011.
③ 受东方文化、政治传统和民族解放运动等多份遗产的影响，近年来，阿拉伯各国政权多由一批介于独裁与民主之间的"基利斯马"（charisma）型权威领袖长期把持，卡扎菲、穆巴拉克和本·阿里皆属此列。这种依附于个人权威的制度使阿拉伯国家的政治生态严重单一化、脆弱化，政权与政党内部均不能实现有序更替和新陈代谢，外部更缺乏有效监督与制衡。这种权力垄断，不仅使大量社会精英无缘参与国家管理，推动社会进步，而且加剧了统治集团的腐朽和无能。参见马晓霖：《阿拉伯世界巨变因民生危机，是自下而上公民运动》，载《国际先驱导报》2011年4月9日。

能及时转换为百姓手中的财富,普遍存在"三高"现象(高物价、高房价和高失业率)与"三低"问题(低收入、低保障和低幸福指数),在世界性金融危机催化下,终于酿成了2011年几乎席卷全地区、号称"阿拉伯之春"的政局"大地震"。

二 欧盟中东-北非地区战略目标面临的冲击

2011年初以来,中东-北非进入破旧立新的大变革时代,形势瞬息万变,影响迅速蔓延。由于地理上接近,欧盟首当其冲地遭到变局的剧烈冲击,其原有战略目标几乎全盘落空。

(一) 欧盟在安全方面面临骤然而严峻的冲击

欧盟长期以来试图将中东-北非经营为"稳定后院"的战略目标已近落空,不得不直面以下威胁。

1. 大量非法移民持续涌入,这已对欧盟构成直接威胁

2011年1月,突尼斯政局失控后,大量难民向欧洲迁移,截至6月底,偷渡到只有4500余居民的意大利兰佩杜萨岛的突尼斯难民已增至3万多。① 意大利不胜负荷,已向法国发出"最后通牒":法国如再不协助,意将向这些偷渡客发放"申根签证",使之拥有3个月临时合法身份。由于这些难民都讲法语,法国才是其最终逃亡目标,这令法国十分担心。随着利比亚形势恶化,非法移民越来越多,因为利比亚不仅是非法移民大国,更是其他非洲国家非法移民赴欧的主要通道;而由于意大利参与了对利比亚的军事行动,卡扎菲政府已不再履行此前与意大利政府签署的移民管制协议。欧盟边境控制署估计,非洲非法移民,包括利比亚人以及经利比亚进入欧洲的厄立特里亚、埃塞俄比亚及索马里人,可能达50万~150万人,南欧诸国将成为"重灾区"②。

---

① 《北约正在危及自身信誉》,意大利安莎社2011年6月20日电,转引自《参考消息》2011年6月22日。
② Karl Stagno-Navarra, "Malta Contesting 'Nearest Port of Call' in Frontex Guidelines", available at http://www.maltatoday.com.mt/news/national/malta-contesting-%E2%80%98nearest-port-of-call%E2%80%99-in-frontex-guidelines, last accessed on 12 April 2011.

穆斯林移民涌入会给欧盟造成多重困扰：其一，也是最紧迫的，是给伊斯兰极端主义发动恐怖袭击增加了机会。卡扎菲的追随者曾宣称，将袭击欧洲境内支持利反对派的人士①。其二，加重欧盟国家的社会治安压力。对于穆斯林移民，欧盟以法国为代表的"同化"（assimilation）模式和以英国、德国等为代表的"社区"（community）融合模式都已遇挫②，移民的大量涌入无疑会加剧"融合问题"，欧洲已屡屡发生罕见的本土白人针对移民的重大凶杀案，欧洲民众对此甚为担忧③；随着欧洲排外情绪日益高涨，各国以狭隘民族主义和民粹主义为政治纲领的极右翼政党趁机扩大势力④，这又对欧洲一体化的推进带来隐患。

---

① Andrew Rettman, "Experts: Gaddafi Terrorist Threat Is 'Hot Air'", *Euobserver*, March 25, 2011.
② 法国的同化融合模式强调"来了就得像"，要求移民全面接受移居国的价值观与生活方式；种族与宗教作为公民的自然属性属于私人领域，不能进入公共领域；外来移民应努力在语言、文化等方面融入法国社会，形成与法国人一样的价值观，移民自身的语言、文化和宗教等特性不得保留（或曰不得进入公共政治领域）。英国的社区融合模式则采取"放任自流"的管理模式，让穆斯林按自己的方式在自己的社区里生活，不强行对移民提很多要求，也不主动关心他们的生存状况。然而，这两种模式都殊途同归地导致了一大恶果：广大穆斯林长期被忽视乃至歧视，无法融进主流社会，怨恨情绪日增。参见 European Muslim Network, Profile of the United Kingdom, available at http://www.euromuslim.net/index.php/islam-in-europe/country-profile, 2009, last accessed on 15 September 2010; Giampolo Lanzieri, "Population and Social Conditions", *EUROSTAT*, Statistics in focus, 2008, "European Union Population Growth Rate", available at http://www.indexmundi.com/european_union/population_growth_rate.html, last accessed on 15 September 2010。
③ 法国基督教报刊《十字架报》委托法国 Ifop 民意测验所对法、英、德、西、意 5 个欧洲大国进行民意调查，以了解欧洲公众对阿拉伯世界的反政府行动作何反应，结果令人吃惊。5 国 78%~91% 的公众认为，阿拉伯剧变将会使来自这些国家的移民大大增多。意大利超过 76% 的人表示对此"感到担忧"，其他 4 国表示担忧的受访民众也都超过了 53%。参见郑若麟：《阿拉伯世界动荡将使欧洲移民数量剧增》，载《新民周刊》2011 年第 14 期，第 6 页。

举其要者，就有 2011 年 7 月的挪威于特岛袭击案（70 多人死亡、过百人受伤），同年 12 月 13 日的比利时列日（6 死 123 伤）和意大利佛罗伦萨（2 死 3 重伤）袭击案。三起案件的凶犯均为欧洲本土白人，挪威案和比利时案是以本国"帮助移民的白人"（即执行多元文化政策的执政党和普通本土白人）为目标，意大利案则是以塞内加尔黑人移民为"猎物"。转引自张健：《欧洲本土反恐应治本》，《人民日报》（海外版）2011 年 7 月 27 日。
④ 目前，几乎所有欧盟国家都有以"反移民"为重要纲领的极右党在逐步坐大，如法国的"国民阵线"、德国的"光头党"、英国的"国民党"、荷兰的"新自由党"、瑞典的"民主党"、芬兰的"真正芬兰人党"等。在它们的挤压下，一些主流政党出于选票考虑，也倾向于收紧"文化宽容"政策。参见《焦虑的欧洲》，载《世界军事》2012 年第 6 期，第 6~7 页；Peter Walker and Matthew Taylor, "Far Right on Rise in Europe, Says Report", *The Guardian*, November 6, 2011, http://www.guardian.co.uk/world/2011/nov/06/far-right-rise-europe-report, last accessed on 10 January 2012。

2. 中东－北非阿拉伯国家政局动荡、前景不明，是欧盟在较长时期内面对的难题

导致该地区不稳定的结构性问题，如失业率（特别是青年人失业率）过高①、经济（特别是工业）基础薄弱、政府机制不健全、伊斯兰激进势力抬头等，短期内不仅不会解决，反大有恶化之势。因此，中东－北非的动荡局势短期内恐难有改观，欧盟将很难像往常一样获得该地区国家政府的"积极配合"。欧盟最担心的前景，如疏远乃至反对西方的政治伊斯兰势力掌权②、新政权无力控

---

① 中东－北非国家是当今世界上人口自然增长率最高的地区之一，缓慢的经济增长导致广大青年人找不到工作。以最先爆发动乱的突尼斯与埃及为例：2010 年突尼斯官方公布失业率约为 14%，中立机构估算为 20%，15～36 岁就业骨干群体失业率达 30%（部分行业甚至高达 60%）。突尼斯每年有 8 万大学生毕业，却仅有 2 万人能找到工作。埃及的失业率也较高，以 2008 年为例，20～24 岁年龄段失业率为 51.1%，25～29 岁失业率为 22%，15～19 岁失业率为 18.4%；高中与大学毕业生失业率分别约为 55% 和 31.7%。参见马晓霖：《阿拉伯世界巨变因民生危机，是自下而上公民运动》，载《国际先驱导报》2011 年 4 月 9 日。

② 随着阿拉伯世界盛行多年的威权政体风光不再，蛰伏多年以"穆斯林兄弟会"（简称"穆兄会"）为代表的政治伊斯兰势力正成为"只问选票、不问主张"的"民主化"转型的最大赢家。其中，突尼斯"复兴运动党"（1989 年从突尼斯穆兄会更名而来）在 2011 年 10 月的制宪会议选举中成为第一大党并组阁，其领导人就任总理后还宣布将把突打造为"第 6 个哈里发国家"。在埃及，在 2011 年 11 月开始的人民议会（下院）3 轮选举中，穆兄会属下的"自由和正义党"与极端保守的萨拉菲派的"光明党"两大伊斯兰政党分别拿下近半数和 1/4 议席，远超世俗的"埃及联盟"和老牌"华夫脱党"；穆兄会候选人穆尔西于 2012 年 6 月当选埃及新总统。利比亚过渡政府 2011 年 11 月刚成立时，其领导人贾利勒即公开表示，利比亚今后要以伊斯兰教作为立法基础，任何有违"沙里亚法"（伊斯兰宗教法）的法律均属"非法和无效"；利比亚穆兄会则于 2012 年 3 月正式组建"公正与建设党"，并在 7 月举行的议会选举中位居第二。也门"伊斯兰改革党"也有望随着政治过渡期结束而成为后萨利赫时代政坛的重要力量。政治伊斯兰党派甚至很可能在部分并未发生剧烈变局的阿拉伯国家走上政治舞台（如摩洛哥众议院于 2011 年 11 月举行大选，伊斯兰色彩浓厚的"正义与发展党"即获得 395 个席位中的 107 席，遥遥领先）。从中近期看，政治伊斯兰势力在多数阿拉伯国家发挥越来越重要的作用已是必然趋势。尽管它们多属伊斯兰温和力量（标志是摈弃了原先建立"政教合一"神权统治的目标，接受世俗的政教分离的宪法原则，选择和平手段、组织政党参加议会和总统选举），但毕竟脱胎于激进的伊斯兰原教旨主义组织，故政治、经济、社会发展理念均呈浓厚的保守化特征，是否有能力领导国家走出困境、阻止国内问题"外溢"值得质疑，其对外政策也较原政权有较大转向，不乏与欧美引导变革的初衷背道而驰之处。不少欧洲人士很担心这些政权"会修订已与以色列达成的和平协议和支持本地区的其他伊斯兰运动，并试图通过和其他大国的合作来减少对西方的依赖"。参见涂龙德、周华：《伊斯兰激进组织》，时事出版社，2010，第 63～64 页；田文林：《中东，转向伊斯兰化时代?》，载《世界军事》2012 年第 16 期，第 8 页；Nick Witney and Anthony Dworkin, "A Power Audit of EU-North Africa relations", The European Council on Foreign Relations, Feb. 12, 2013, http://ecfr.eu/content/entry/a_power_audit_of_eu_north_africa_relations, last accessed on 14 February 2013。

制本国恐怖活动①等，都在成为现实。

3. 中东－北非的地区力量对比正向不利于欧盟的方向演变

首先，巴以和平进程受到冲击。与美国相比，欧盟相对照顾巴勒斯坦的关切，并通过经济援助和优惠贸易鼓励和操控埃及等国推动巴以和谈，同时对以色列施加一定压力②。但中东－北非动荡增添了不确定性。埃及等国的新政府不可能像前政府那样亲西方和支持巴以和谈；而阿拉伯国家与以色列对立的加剧，则将进一步刺激伊斯兰世界的反西方情绪，使欧盟遭受更为严重的冲击。事实上，纷纷上台的政治伊斯兰力量在物质和精神上正尽力加大对巴方的援助，如埃及正试图在巴以关系中发挥更加积极的作用，未来很可能在巴以和谈方面更多支持哈马斯的强硬立场，以色列与哈马斯等反以派别已再陷"以暴易暴"的怪圈，巴以和阿以关系正陷入新的紧张态势③。

其次，欧盟对伊朗的围堵政策恐难维持。中东－北非发生较大动荡者多属亲欧国家，如突尼斯、埃及以及 2003 年以来的西方"新宠"利比亚、约旦、

---

① 越来越多的迹象显示，以"基地"组织及其分支为代表的恐怖势力的蔓延和渗透已成为中东动荡"外溢"效应的重要表现。最初，西方智库多认为，"阿拉伯之春"后政治生态的变动，削弱了"基地"等宣传的以"圣战"方式建立"伊斯兰国家"这一核心意识形态的吸引力；但随着部分国家局势恶化，欧美不少人士逐渐认识到，该地区恐怖势力正在反弹，该地区有利于国际恐怖主义滋生的新环境已形成：总体形势动荡，一些阿拉伯国家经济困难加剧和民生问题凸显，将使"基地"等重获吸引力；反恐在美国中东战略中地位下降和作为西方反恐盟友的部分阿拉伯国家政权倒台，弱化了国际反恐合作，减轻了恐怖势力面临的国际压力；频发的暴力冲突（尤其是利比亚战争）导致武器非法扩散，有利于恐怖组织获取先进装备并发起大规模袭击。"基地"等恐怖势力则对"阿拉伯之春"经历了从被动应对到主动塑造的过程。它们已普遍认为，"阿拉伯之春"有助于推翻自己的"近敌"——"阿拉伯独裁者"，故打击"远敌"——"西方"已成为穆斯林的神圣责任和当务之急，而正在崛起的伊斯兰温和力量则应是争夺政治影响力的对象。目前，突尼斯的"'基地'马格里布分支"、也门的"'基地'阿拉伯半岛分支"和利比亚的"伊斯兰战斗团"等激进组织力量壮大尤快，活动最为猖獗。参见刘中民：《国际恐怖主义新特点》，《人民日报》2013 年 2 月 5 日；Nick Witney and Anthony Dworkin, "A Power Audit of EU-North Africa Relations"; Giovanni Grevi and Daniel Keohane eds., "Challenges for European Foreign Policy in 2013", FRIDE, Jan. 2013, http://www.fride.org/publication/1090/challenges-for-european-foreign-policy-in-2013, last accessed on 6 February 2013.

② Gavin Hewitt, "Europe's Historic Moment", February 22, 2011, available at http://www.bbc.co.uk/blogs/thereporters/gavinhewitt/2011/02/europes_historic_moment.html, last accessed on 3 April 2011.

③ 参见沈雅梅：《中东动荡对巴以问题的影响及前景展望》，载《西亚非洲》2012 年第 4 期，第 6 页。

巴林、也门等；反观由于核问题而长期遭到欧盟排斥的伊朗，不仅政局相对稳定，地缘环境亦因阿拉伯世界的不稳定而相对改善，更兼变局带来的油价推升而获利匪浅。伊朗在穆巴拉克倒台后即派军舰，在时隔31年后首次穿越苏伊士运河，以及埃及穆尔西新政府与伊朗关系的升温（以穆尔西参加2012年8月伊朗主持召开的第16届不结盟国家首脑会议为标志），都足以显示出伊朗所处的有利地位。

（二）欧盟经济复苏受到冲击，特别是能源安全问题再次凸显

在中东-北非动荡刺激下，国际油价屡创新高，带动欧盟一系列相关产品价格上涨，通胀率预期也随之升高。动荡还将影响到欧盟对该地区的商品销售和投资。这些无疑都会给陷于主权债务危机困境的欧盟经济带来新的困难。

变局更将打乱欧盟的能源进口战略，使欧盟在与俄罗斯的能源博弈中处境更为不利。欧洲一直是世界能源消费大户，但能源自给率不仅不高，反而在下降①。目前，欧盟24%的天然气和27%的石油消耗来自俄罗斯，2030年将分别升至35%和40%②。自2006年俄罗斯相继同乌克兰、白俄罗斯"斗气"起，欧盟即十分担心俄罗斯的"能源牌"。中东-北非能源供应地的动荡，使欧盟的能源供应变数骤增，从而失去了一个与俄罗斯讨价还价的砝码；此外，欧盟寻找替代能源尚无实质性进展，在一定时期内，欧盟将因能源对俄罗斯依赖度的上升而缩小政策的回旋余地。

总之，尽管欧盟不希望中东-北非剧烈动荡，以免冲击其安全和经济利益；但变局最终还是发生，且负面影响严重。欧盟的战略调整势在必行。

---

① 据欧盟2002年《能源绿皮书》估计，未来20年欧盟能源需求将增加20%~25%，而自产量将下降20%；与美、中、俄相比，欧盟将更加依赖世界能源市场；其中，石油与天然气的进口依赖度将分别从目前的76%和40%增加到90%和近70%。据欧盟2006年《能源绿皮书》预测，到2030年，欧盟对外能源依赖程度将从50%上升到70%，其中石油和天然气的依赖度分别达90%与80%。参见 The European Commission, "Communication from the commission to the council and the European Parliament", Brussels, 26 June 2002; Commission of the European Communities, "Green Paper: A European Strategy for Secure, Competitive and Sustainable Energy for Europe", Brussels, COM (2006) final。

② "An External Policy to Serve Europe's Energy Interests", Paper from Commission/SG/HR for the European Council, S160/10, p. 5.

三 欧盟中东-北非战略的调整趋势

(一) 欧盟在变局之初的被动应对

中东-北非变局爆发之初,由于既有战略的惯性和欧盟自身的固有弱点,欧盟一度陷入被动境地。

变局使欧盟共同外交与安全政策 (CFSP)、特别是其重要组成部分——欧盟共同安全与防务政策 (ESDP) 机制面临新考验。CFSP 及 ESDP 未能迅速而有力地应对中东-北非变局这场"《里斯本条约》生效后欧盟面临的最大外交考验"①,而暴露出一系列弱点。主要表现在:

第一,变局爆发后,欧盟及其成员国并未料到局势恶化速度如此之快,应对无措,表态模棱两可。本·阿里出逃前,除呼吁保持克制外,欧盟几乎一直保持沉默。埃及动荡后,虽然欧盟反应较积极,欧洲理事会常任主席范龙佩、德国总理默克尔、法国总统萨科齐、英国首相卡梅伦等就埃及局势多次发表评论,支持埃及的民主进程,但欧洲不少评论人士却指出,这些声明缺乏实质内容,且欧盟及各成员国政府对埃及的大规模游行示威并无应对预案,过于追随美国②。利比亚危机发生后,欧盟特别峰会还曾决定"不予干涉"③。

第二,欧盟机构、特别是共同外交与安全政策高级代表阿什顿及她领导的"欧盟对外行动署",效率较低,基本被边缘化。阿什顿的"迟钝"引起外界的失望和质疑,舆论纷纷批评阿什顿"对事态的发展反应远不及各成员国积极和迅速"④。

---

① 余翔:《埃及危机考验欧盟共同外交能力》,中评社北京 2011 年 2 月 15 日电。
② Gavin Hewitt, "Europe's Historic Moment", February 22, 2011, available at http://www.bbc.co.uk/blogs/thereporters/gavinhewitt/2011/02/europes_historic_moment.html, last accessed on 3 April 2011.
③ Ana Martiningui and Richard Youngs eds., "Challenges for European Foreign Policy in 2012", FRIDE, Dec. 19, 2011, http://www.fride.org/publication/971/challenges-for-european-foreign-policy-in-2012, last accessed on 16 January 2012.
④ Leigh Phillips, "Europe 'Should Have Backed Democrats not Dictators', Commissioner Says", *Euobserver*, March 1, 2011.

第三，更重要的是，欧盟"用一个声音说话"的雄心，再次在重大挑战面前沦为空谈。欧盟各国、特别是主要大国（德、法、英）出于自身利益而各自为战，在利比亚问题的决策中未考虑其他成员国的立场或欧盟已达成的共同立场。法国事先未与欧盟机构及其他成员国磋商，即于2011年3月10日率先承认利比亚反对派为利比亚合法政府；德国外长韦斯特韦勒则公开抱怨承认利比亚反对派"既非德国也非欧盟立场"①。在军事打击利比亚问题上，欧盟成员国也不同调、同步。3月17日在联合国安理会就设立利比亚"禁飞区"问题进行表决时，德国在历史上首次站在美、英、法等西方国家的对立面，与"金砖四国"一起投了弃权票。意大利虽参与军事行动，但仅限于提供军事基地及巡逻，并未直接实施军事打击。波兰、塞浦路斯、马耳他、保加利亚等国则明确表示不参与军事行动②。鉴于在利比亚问题上的分歧，有欧盟外交官不无夸张地表示，"欧盟建立共同防务政策的幻想已告结束"③。

（二）对欧盟中东－北非中长期战略规划的前瞻性思考

不过，经历变局导致的最初惊愕期后，欧盟各国迅速整合了立场。欧盟处理内部分歧的方式较以前有了明显的改善：与围绕伊拉克战争的多国纷争情形不同，有关利比亚问题的分歧并未导致欧盟陷入瘫痪；英法两国领导人也未跑到联合国安理会去争辩是非，而是在布鲁塞尔寻求欧洲理事会对军事干预利比亚的授权，且得到了所有欧盟国家的默许乃至暗中支持④。若与非西方世界在利比亚问题上的有限声音和边缘化作用⑤相对比，则欧盟的进步更令人

---

① Andrew Rettman, "France Alienates Fellow EU Countries on Libya", *Euobserver*, March 10, 2011.
② Valentina Pop, "Italy Presses for Nato Command of Libya War", *Euobserver*, March 22, 2011.
③ Alvise Armellini, "Diplomats Mourn 'Death' of EU Defence Policy over Libya", March 24, 2011, available at http://www.acus.org/natosource/diplomats-mourn-death-eu-defence-policy-over-libya, last accessed on 15 April 2011.
④ 以德国为例，虽未参与军事行动，却在各层面默认乃至积极配合欧盟在法、英推动下形成的对利比亚共同政策，表现在：与法国一道呼吁欧盟各国共同加强和利比亚反对派领导层的对话；表示愿加强在阿富汗的军事投入，以减轻欧美各国在利比亚投入军力产生的负担；采取一系列对利政府的经济制裁措施；敦促利比亚政府立即停止对平民的暴行，并向利比亚提供人道主义援助；主张卡扎菲"必须下台"。参见闫瑾：《德国利比亚危机政策分析》，载《欧洲研究》2011年第3期，第17页。
⑤ "金砖集团"苦于俄罗斯主动变卦；非盟的"非洲方式"终成镜花水月；阿盟各国也未形成合力，或保持沉默、静观其变，或尾随西方动武。

瞩目。

欧盟机构及英、法、德、意等主要成员国进而提出了一些有针对性的主张。2011年3月21日，欧盟理事会召开中东-北非形势及利比亚问题特别峰会，各成员国尽管在设立利比亚禁飞区等问题上分歧较大，却最终以"一致同意"的方式批准了欧盟委员会出台的《对地中海国家新政策决议》（以下简称《决议》）和《关于利比亚问题的结论》（以下简称《结论》）①，自此揭开了战略调整的序幕。

尽管欧盟应对中东-北非新形势的新战略迄今难称定型，仍在逐步嬗变；但欧盟已深刻认识到，必须要以新的思维和行事方式，转变和完善它的中长期战略规划，重启与已发生根本性变化的中东-北非的关系。通过综合分析欧盟官方（特别是欧盟"总统"和"外长"）及各主要成员国提出乃至通过的各种建议、计划，可做出如下预测：与变局前相比，欧盟未来中东-北非战略的目标不会发生重大变化，但目标的重要程度和战略手段均会有调整。战略变化特点如下：

1. 顺动荡之势推广民主，逐步与安全考虑及能源和经贸利益比肩，成为欧盟在中东-北非地区的主要关切点和战略目标

强权人物在变局中纷纷下台或立足不稳，使欧盟及各成员国领导人意识到未来要维护在该地区的传统利益，必须寻找新的合作路径与合作对象，敦促该地区实施民主改革。

第一，欧盟要抛弃已经或可能下台的原执政者。一是顺时应势，通过丢掉"旧友"，尽量减小欧盟与该地区原亲西方国家关系的震荡程度，甚至进而谋求与"穆兄会"等新上台的"旧敌"结为新的合作伙伴。"决议"及相关声明中都明确指出，本·阿里和穆巴拉克政权"已失去合法性"，"应当让反对派执政"。欧盟还高调承认了突尼斯和埃及的大选结果②。二是趁机与有反西方"前科"的

---

① 两文件的具体内容参见 Council of the European Union, "New Policy on Mediterranean Countries", available at http://www.consilium.europa.eu/uedocs/cms_data/docs/pressdata/EN/foraff/120065.pdf, last accessed on 3 April 2011; Council Conclusions on Libya, 3076th Foreign Affairs Council Meeting, Brussels, 21 March 2011. 文中援引自该文件的内容不再另行注出。

② The European Council on Foreign Relations, "European Foreign Policy Scorecard 2013", Feb. 12, 2013, http://ecfr.eu/content/entry/european_foreign_policy_scorecard_2013, last accessed on 14 February 2013.

强权人物"算总账"。如《结论》声称:"卡扎菲必须立即放弃权力,他的政权已失去所有合法性,且不再是欧盟的对话者(interlocutor)。欧盟已针对该国的领导机构和实体采取限制性措施,并准备进一步采取制裁措施。"截至2011年7月13日,利比亚"全国过渡委员会"已得到法、意、西、德、丹、比、荷、卢等多个欧盟国家的承认①。法英等国还大力帮助利比亚反对派铲除了卡扎菲政权。2011年8月,英、法、德三国领导人以及阿什顿又陆续发表声明,催促叙利亚总统巴沙尔"为叙的福祉和人民的团结而下台"②。欧盟坚持拒绝与巴沙尔政府对话,相继于2012年2月和11月承认了叙境外主要反对派"全国委员会"和"反对派和革命力量全国联盟",并积极向叙反对派武装提供大笔"人道主义资金"和各类物资。欧盟否定现有执政者合法性的高度务实之举,未来还会在该地区动荡较严重的国家重演。

第二,欧盟在有意识地因应局势变化、加快推进该地区的民主改革和法治建设。欧盟在"决议"中表示,"支持埃及和突尼斯的民主改革和转型","要考虑建立起与该地区国家各主要政治力量和政治人物的广泛联系和新型合作关系","该区域所有的国家都要从事或者加速政治和经济改革,欧盟将支持所有面向民主转型的步骤,创建一个容许和平转变、能够增长和繁荣以及按比例分配经济收益的政治制度"。《结论》则表示:"我们的目标是利比亚在广泛对话的基础上尽快采取有序的民主转型。欧盟欢迎和支持在班加西的临时全国过渡委员会,并视之为政治对话者。欧盟准备帮助利建立一个宪法国家并发展法治。"2011年7月18日,西班牙外交官博纳蒂诺·格罗斯(Bernadino Gross)被欧盟理事会任命为欧盟首任驻南地中海特别代表,其主要任务就是"支持南地中海邻国以法治、言论自由、尊重人权和司法独立为特点的民主转型"③。阿什顿还宣称,欧盟的"新政策不仅应能处理经济治理、民生和移民协议等问题,更应具备政治性功能,更多关注综合治理和制度输出,将改造中东欧国家的成功经验运用于推进中

---

① 王晓郡:《比利时等三国正式承认利比亚反对派政权》,新华网布鲁塞尔2011年7月13日电。
② 李亮:《美法德英同日声明要求叙利亚总统下台》,《环球时报》2011年8月19日。
③ "The EU stands by the Libyan people", Sep. 23, 2011, Consilium, Brussels, http://www.Consilium.europa.eu/homepage/showfocus.aspx? lang = en&focused = 77048, last accessed on 26 May 2012.

东－北非的民主化"①。可见，欧盟未来一段时期将积极参与中东－北非的政治转型，强力（包括在一定情况下动用武力）输出欧洲政治/经济发展模式，引导该地区民主转型进程朝有利于维持欧盟利益的方向发展。欧盟很可能改变以往过于依赖中东－北非当地政府和强权人物的外交方式，代之以"全面交往"、"多方下注"、面向各社会阶层，尤其是通过逐步推动该地区年轻人参政和"公民社会"发展来培植亲欧力量。

需要指出，欧盟中东－北非战略的总体方向没有改变，即确保该地区的和平稳定、在该地区谋求经济利益、推进该地区的民主化进程；但推进民主化这一原本的次要目标，其重要性已随着局势变化获得了提升。因为，推进民主化的做法尽管包含风险，却具有多重含义：其一，它既是欧盟的战略目标之一，又有助于欧盟实现其更深层次的战略目标。欧盟已经意识到，需要改变此前对民主状况不予深究的做法，只有实现该地区意识形态的"欧洲化"，才能真正确保和拓展经济与安全利益。其二，它还是欧盟重要的战略手段。进入21世纪以来，欧盟作为一支"规范性强权"（normative power）②，在全球推广价值观的意识开始觉醒；约翰·加尔通（Johan Galtung）对此有着较为中肯的评价："意识形态的力量是强大的，因为力量使用者可通过民主观念渗透和塑造力量接受者的意愿。"③ 其三，它又是欧盟争取道义高地的"装饰物"。因为这与该地区民众的民主诉求在大方向上一致，可以使欧盟各类战略性行动（乃至武力行动）"师出有名"，以较小成本获得较大收益，也可以就此斧正因曾支持强权人物而给当地人留下的不良印象。

2. 欧盟很可能转变"发展政策"至上的做法，积极筹备出台新的"一揽子"型区域政策框架文件，将人权问题与援助挂钩

一方面，欧盟将同往常一样，继续关注该地区的社会经济发展，以图从根本上消除安全隐患。意大利外长弗拉蒂尼和德国前外长施泰因迈尔均提出，

---

① Council Conclusions on Lybia, 3117th Foreign Affairs Council Meeting, Luxembourg, Oct. 10, 2011, p. 2.
② "规范性强权"是英国学者伊恩·曼纳斯（Ian Manners）2002年提出的思想，他认为，欧盟已成为一支"规范性强权"，因为它"不再仅仅满足于为自己确定一套规范性标准，而是试图采取行动把它们推广到国际体系中去"。Ian Manners, "Normative Power Europe: A Contradiction in Terms?", *Journal of Common Market Studies*, Vol. 40, No. 2, 2002, p. 238.
③ Ian Manners, "Normative Power Europe: A Contradiction in Terms?", p. 239.

欧盟应设立"中东马歇尔计划",帮助中东-北非重建经济①。欧盟委员会与阿什顿于 2011 年 3 月初共同推出的"民主与共享繁荣的伙伴关系"(Democracy and Shared Prosperity Partnership)政策文件已明确表示,"南地中海国家发生的动荡与该地区经济贫弱密切相关",它表现为"财产分配严重不均、经济社会改革不足、缺少工作机会等";欧盟将加大力度支持中东-北非国家的中小企业发展,进一步向该地区开放农、渔产品市场,加强地中海北南两岸的经济整合力度,建立欧盟-南地中海共同能源市场,并建议欧盟理事会批准欧洲投资银行在未来 3 年内向中东-北非地区注入 60 亿欧元资金②。阿什顿还在文件中用"3M"——市场准入、资金和流动性(market access, money and mobility)来描述欧盟能为该地区经济发展做出的贡献③。2011 年 9 月 1 日,欧盟委员会主席巴罗佐宣布,欧盟已为利比亚提供了 1.5 亿欧元的人道主义援助④。

另一方面,欧盟将转变以往的做法,将援助和经贸政策与促进该地区民主、法治以及人权的渐进性改革相结合。"民主与共享繁荣的伙伴关系"政策文件提出,民主转型与机制建设、公民社会发展以及可持续和包容性的经济社会发展,将是欧盟未来同中东-北非国家建立"民主与共享繁荣的伙伴关系"的三大基础。在操作层面,该文件提出了"基于激励"和"更多的区别对待"的新方式,即对那些在宪政、司法改革及公正公开选举方面做得好的国家,欧盟将给予更多资金援助和贸易优惠,并可能给予进一步放宽签证控制等"激励"。"决

---

① Stephen Castle, "Europe Weighs Financial Rewards for Arab World", March 7, 2011, available at http://www.nytimes.com/2011/03/08/world/europe/08iht-union08.html?_r=1, last accessed on 3 May, 2011.
② 该文件全文可参见"A Partnership for Democracy and Shared Prosperity with the Southern Mediterranean", Brussels, 8.3.2011, COM (2011) 200 final. 下文引自该文件的内容不再另行注出。
③ "市场准入"指欧盟将以"更加一致"且"与该地区国家的需求和市场准备相适应的方式"向地中海南岸国家开放市场,以通过贸易支持来促进这些国家经济的增长。"资金"指在中短期内提供给转型国家必需的资金,使之渡过挑战性与风险较高的转型初期、进而吸引更多投资者参与本地区建设。"流动性"指欧盟主动开放门户,使中东-北非地区更多的年轻人和商人能享受到欧盟提供的教育和商业机会。
④ The European Council on Foreign Relations, "European Foreign Policy Scorecard 2012", Jan. 2012, http://ecfr.eu/content/entry/european_foreign_policy_scorecard_2012, last accessed on 26 March 2012.

议"也确认了这一精神，认为"这种民主与共享繁荣的伙伴关系，将基于更深度的经济一体化、更广泛的市场准入和政治合作"。2011 年 5 月欧盟推出的新"睦邻政策"框架以"更多资金换更多改革"（more funds for more reform）为核心，决定未来两年增加 124 亿欧元在该地区推动"渐进但持续"的"深度民主"（deep democracy）①。这意味着，欧盟未来实施援助政策时，将更重视按欧盟标准衡量受援国的民主、人权和"良治"改善状况，分别予以增减援助与经贸额度之类的"奖惩"。这既有利于欧盟人权理念的对外延伸，较有效地对受援国施加影响，转变受援国市场机能扭曲的状态，改善援助效果；又在一定程度上有助于建立欧盟倡导的"自由、民主"的世界秩序，树立欧盟的积极形象。

3. 欧盟将加大力度稳定巴以和阿以关系，力求中东和平问题有所突破，以避免中东－北非出现更大动荡

巴以问题不仅事关欧盟"后院"稳定，也关乎拥有众多穆斯林人口的欧盟的内部安全，故欧盟比美国更有紧迫感。欧盟已就此开展一系列外交行动。阿什顿 2011 年 2 月访问巴、以时表示，"突尼斯和埃及发生了巨大变化，我们应该抓住机会，更好、更快地解决中东和平问题"②。英国则将巴勒斯坦驻伦敦代表团升级为享有全部外交权利的使团③。欧盟在 2012 年 11 月的第 67 届联大上协助巴获得了联合国观察员国地位，只有捷克跟随美国投了反对票，其余国家为赞成或弃权；法、德、英、葡四个欧盟的联合国安理会会员国则于同年 12 月联合发表声明，谴责和反对以方继续在被占巴领土上扩建犹太人定居点④。

4. 欧盟有可能化危机为机遇，将干预中东－北非局势当作彰显"重要国际行为体"身份的试金石，尤其是可通过外交和军事行动发展 CFSP 及 ESDP

欧盟对该地区特别是北非三国所谓"民主革命"的表态，尤其是对利比亚

---

① "EU and its Southern Neighbors", http：//europa. eu/rapid/pressReleaseAction. do? reference = MEMO/11/342&format = HTML&aged = 0&language = EN&guiLanguage = en, last accessed on 3 October 2011.

② Steve Weizman, "EU's Ashton Targets Palestinian State by September", available at http：// news. yahoo. com/s/afp/20110215/wl_ mideast_ afp/israelpalestinianspeaceeu_ 20110215172523. , last accessed on 3 April 2011.

③ James Blitz, "UK Steps up Pressure for Mideast Peace", *Financial Times*, March 9, 2011.

④ The European Council on Foreign Relations, "European Foreign Policy Scorecard 2013".

事务的积极干预，表明它正加快"民主圈地"，积极确立在该地区最大限度的排他性影响。中东－北非这些欧盟眼中的"政治制度异质化"国家的执政者们，毕竟会选择更加"多元化"的外交战略来缓解欧盟"民主攻势"压力；而一些新兴经济体近年来在此地区影响力的快速发展，也引发了欧盟的担忧。该地区国家如能与欧盟制度的"同质化"，加上新上台的反对派"先天不足"、对欧盟的依赖很大，欧盟就可能运用 CFSP 机制，相对便利地以外交手段控制执政当局，实现其安全和经济方面的战略目标，乃至强化既有的政治影响力。

在 ESDP 领域，尽管在军事打击利比亚问题上有分歧，欧盟仍于 2011 年 4 月 4 日决定，根据联合国安理会第 1970 和 1973 号决议，成立应对利比亚局势的维和部队。欧盟委员会发表的公告称，"欧盟利比亚维和部队"随时准备应联合国人道事务协调署的请求，以"特殊手段"保障难民安全地流动和撤离，支援人道救援组织①。意大利海军少将克劳狄·高狄奥西（Claudio Gaudiosi）被任命为部队总指挥，指挥部设在罗马，行动预算为 7900 万欧元②。中东－北非还是欧盟维持其在非洲影响力的桥头堡。对一直自诩为"民事强权"（civilian power）③ 的欧盟而言，做好中东－北非的改造和善后工作，有助于彰显欧盟在该地区事务中的独特角色，对欧盟的非洲政策也有示范作用。

（三）欧盟中东－北非战略的制约因素

目前，尽管欧盟的中东－北非地区战略调整方向和思路正逐步清晰，但如下一些因素的制约，将使欧盟的战略实施充满变数。

1. 欧盟内部意见不统一。欧盟毕竟不是一个主权国家，其对外战略实质上是各成员国立场的"最大公约数"，是各国妥协的结果

由于历史、地理和实际利益诸方面的原因，欧盟的"睦邻政策"如今已

---

① 《欧盟决定成立应对利比亚局势维和部队》，中评社北京 2011 年 4 月 5 日电。
② Council of the European Union, "Council Decides on EU Military Operation in Support of Humanitarian Assistance Operations in Libya", Brussels, April 1, 2011, 8589/11, Presse 91, http：//www.Consilium.europa.eu/Newsroom, last accessed on 28 June 2012.
③ 欧共体/欧盟认为，应凭借雄厚的经济实力和强大的政治影响力，主要依赖外交、经济和法律等民事手段，发挥影响、追求民事目标（而非领土扩张或军事优势），充当一个独特的、特别是与美国这一"军事强权"有别的"民事强权"。Christopher Hill & Karen E. Smith eds., *European Foreign Policy: Key Documents*, Routledge, 2000, p. 93.

被各成员国分解为多个区域性利益诉求色彩鲜明的组成部分，即北欧国家提出的"北方维度"（northern dimension），法、意、西等南部国家提出的"地中海联盟"，新入盟的中东欧国家提出的"东部伙伴关系"（eastern partnership），以及黑海沿岸国家提出的"黑海合作体"。有鉴于此，历来主张、日后也力推欧盟将更多精力和财力投向中东－北非邻国的，主要还是欧盟南部国家。① 欧盟统合中东－北非战略的力度很可能因此大打折扣。

2. 欧盟"心有余而力不足"，雄心与实力有较大差距

由于深陷主权债务危机困境，财力局促的欧盟用于其一贯最拿手的对外政策工具——经援的资金非常有限②。2011 年 2 月阿什顿访问突尼斯时，承诺欧盟将提供 1700 万欧元紧急援助，并在 2013 年前为突尼斯提供价值 2.58 亿欧元的援助，还透露她"正在与欧洲投资银行讨论为突尼斯提供 10 亿欧元金融援助的可能性"③。突尼斯工业部长切尔比（Mohammed Afif Chelbi）却嘲讽道："欧盟还没做好抓住这次机遇的准备。"④ 截至 2012 年 9 月，欧盟及其成员国对叙利亚提供的人道主义援助，虽经多次追加，总额也不过约 2 亿欧元。欧盟 2012~2013 年间用以推动利比亚公民社会、公共管理能力与社会经济的发展的预算仅为 5000 万欧元，帮助利进行国内重建和人道主义援助的款项则大部源自解冻的原卡扎菲政府资产⑤。如此少的金额确有杯水车薪之嫌。

---

① Stephen Castle, "Europe Weighs Financial Rewards for Arab World", The European Council on Foreign Relations, "European Foreign Policy Scorecard 2013".
② 欧盟官方文件也承认，目前欧盟发展援助虽仍居世界第一，但绝对援助额已开始大幅下降；从中长期看，欧盟对外援助减少的趋势很难扭转。"EU development aid drops with austerity", *Euractiv*, April 5, 2012, http://www.euractiv.com/global-europe/eu-development-aid-drops-austerity-news-511983., last accessed on 6 November 2012.
③ 周弘：《欧洲在积极应对北非中东地区乱局中谋求更大影响力》，人民网国际论坛，2011 年 2 月 24 日，http://www.world.people.com.cn/GB/57507/13986644.html，访问日期：2011 年 2 月 28 日。
④ "Tunisian Minister Slams 'Ridiculous' EU Aid", available at February 17, 2011, http://www.eubusiness.com/news-eu/italy-tunisia-aid.8ny/, last accessed on 28 February 2011.
⑤ The European Council on Foreign Relations, "European Foreign Policy Scorecard 2013"; EU Support to Lybia, Brussels, Nov. 12, 2011, http://www.europa.eu/rapid/pressReleasesAction.do?reference=MEMO/11/779&format=HTML&aged=0&language=EN&guiLanguage=en, last accessed on 26 March 2012.

3. 欧盟在该地区强力推行"民主化"的前景难称乐观

原因在于：(1) 欧盟的战略短期内仍难以摆脱"惯性"，一些成员国虑及维护的固有经济利益、阻止非法移民涌入和"反恐"等现实需要，会继续支持尚未倒台的执政当局，从而淡化政治改革要求。(2) 由于中东－北非局势极端复杂，欧盟推广民主化的做法不一定能获得长期收益。目前，学术界对经济与民主化的关系已初具共识，即"从长远的观点看，经济发展将为民主政权创造基础"①。而该地区的经济发展水平，在相当长时期内都将难以支撑外力强加的民主政体的有效运转。欧盟很可能陷入到底更寻求"稳定"，还是更寻求"民主"的"两难境地"。(3) 欧盟即使能较顺利地在该地区推行民主价值观，虽有可能部分实现预想的收益，也有可能失去更多。欧盟关键时刻放弃原有合作伙伴、转而支持新的政治合作者，将会冒很大风险；因为，这会使部分"制度异质"性合作伙伴在与欧盟打交道时变得警惕，有可能重新审视自身对欧盟的外交政策，这会对欧盟扩展全球影响力产生部分负面影响。(4) 欧盟部分成员国因利益需求，以履行"保护的责任"为借口攻打利比亚的做法，开创了以一个主权国家内部动荡为机遇、以支持反政府武装为掩护、以联合国决议为幌子、以空中轰炸为手段，实现更迭一国政权的目标的新"人道主义"国际干预模式。尽管这种干预更强调多边介入及其法理依据而颇具"欧洲特色"，但高调不等于高尚，人们在重新审视欧盟"民事强权"的真正内涵，质疑欧盟在推行价值观方面会否因滥施暴力而与美国趋同②；欧盟也因而很可能自陷现实利益与道义均难保全的"双重困境"。

4. 巴以问题和叙利亚问题将是中近期欧盟在该地区推行战略的主要难点

"以强巴弱"的格局难以撼动，以色列立场因安全环境恶化而更加僵化和强硬（以方在犹太人定居点、耶路撒冷地位、以巴未来边界、难民返回和巴勒斯坦建国等核心议题上均基本是"原地踏步"，2012 年 11 月更悍然发动了打击加沙的"防务之柱"军事行动），阿拉伯世界政治生态的不确定性，美国因受制于

---

① 〔美〕塞缪尔·亨廷顿：《第三波：二十世纪后期的民主化浪潮》，刘军宁译，生活·读书·新知三联书店，1998，第 82~83 页。

② Luis Peral, *R2P in Syria — How to surmount the inaction of the UN Security Council?* Institute for Security Studies, EU, Paris, 16 November, 2011, http://www.iss.europa.eu/publications/detail/article/r2p-in-syria-how-to-surmount-the-inaction-of-the-un-security-council/, last accessed on 10 January 2012.

美以"特殊关系"及国内政治而一直调停乏力，这些因素共同决定了巴以和谈的举步艰难①。对更倾向于"顺势而为"的欧盟而言，其战略腾挪空间委实有限，发挥更大的"促谈"作用恐难如愿。

由于叙利亚局势关乎大国乃至地区中等强国的博弈，且连带着伊核和巴以等热点问题，叙国内形势已呈恶化和胶着之势，巴沙尔下台前景并不明朗。尽管欧美立意实现政权更迭，且并未排除动武可能，但欧洲已不乏分析人士看出该政策取向背后的风险，担心欧洲的干预"会将教派和部族众多、矛盾复杂的叙利亚拖进更大的动乱中、陷入流血暴力冲突的轮回"；认为"巴沙尔及阿拉维派精英完全消失于更迭后的叙政坛，将使失去牵制、宗教色彩浓厚的逊尼派主要政治力量穆兄会主导叙利亚"，"叙本国及周边涌入的'基地'分子纷纷异动，会使叙有沦为'国际恐怖势力新战场'的风险，叙的化学武器也可能落入恐怖分子之手"，这些"并不符合西方的利益"②。因此，欧盟的对叙利亚政策将难以摆脱纠结的状态。

5. 欧美在该地区的战略博弈依然复杂微妙

奥巴马政府秉承"巧实力"对外战略理念和"重心东移"的战略调整方向，对中东－北非变局特别是利比亚乱局采取了"有限干预"的立场。可以预见，亚太地区战略地位的升高、"页岩气革命"引发的美国对中东能源依赖度的继续下降、反恐在美全球战略中地位的下移和美全球战略的整体性收缩，将共同使美国持续降低对中东－北非局势的关注和卷入，不会延缓战略重心转向亚太的趋势③。在该大背景下，正如有学者所说，利比亚战争映射出了美欧政治－军事同盟关系的默契和配合，主要表现在两大方面：一是在地缘上，相互确认对方的势力范围与干预地域，即欧洲及其周边地区安全秩序之维护由欧洲力承、美国协同，南美、东亚等地区则由美国唱主角、欧洲只是辅助。二是在干预模式上，冷

---

① 参见沈雅梅：《中东动荡对巴以问题的影响及前景展望》；陈须隆、苏晓晖：《国际形势评估及展望》，载《时事报告》2013 年第 1 期。

② Chatham House, "The Political Outlook for Syria", January 2012, http: //www.chathamhouse.org/publications/papers/view/182168, last accessed on 6 November 2012; Chatham House, "Syria: Prospects for Intervention", August 2012, http: //www.chathamhouse.org/publications/papers/view/185299, last accessed on 30 January 2013.

③ 参见牛新春：《选择性介入：美国中东政策调整》，载《外交评论》2012 年第 2 期，第 45～54 页。

战后逐步形成的"美国领导、欧洲配合、北约主打、欧盟维和"的跨大西洋责任分担模式得以巩固,乃至进化为"美国领导、英法挑头、北约主打、欧盟支持"①。

不可否认,欧盟在欧洲及其周边的作用正更加突出,确与美国共同凸显了"战略补位"的势头,这也是欧美关系的主要方面;但这无疑仍是一种西方理想中的状态,彻底变为现实尚颇需时日。法英最初希望在ESDP框架下军事干预利比亚、试图发挥欧洲的影响力、最终却仍不得不求助于北约这一事实,即反映出,ESDP的主要功能仍局限于"维和"这类"软和平塑造",难以应对局部中高烈度战争这样的"硬军事任务"②。而北约内的欧盟国家能支撑对利军事打击,从军事装备、战役支援到后勤保障都多仗美国之力,美军方则为此啧有烦言。不少舆论也认为,是欧洲人(尤其是法国)"绑架了"美国,使之并非自觉自愿地参了战③。因此,只要欧盟在军事方面的短板不能消弭,它"牵连"美国陷身其不愿参与的战事所引发的矛盾和龃龉就不可被忽视。而鉴于被债务危机引发且一时难息的欧洲裁军浪潮,欧洲共同防务在一体化事业中的敏感性,以及美国对欧洲联合防务一直以来都"既想推动、又加防范"(既希望欧洲多承担一些责任,又担心欧盟防务能力的增强会削弱北约的作用)的悖论式态度,欧盟在军事领域呈现显著起色绝非旦夕可成之事;所以,欧美在协调针对该地区(特别是一些有动武悬念的问题)的政策立场时,难免彼此警觉和猜疑。

四 简短的结论

综上,欧盟中东－北非战略的调整,是为欧盟向"全球性的独特安全行为

---

① 参见张迎红:《欧盟共同安全与防务政策研究》,时事出版社,2011,第363页。
② 张迎红:《欧盟共同安全与防务政策研究》,第344页;Claudia Louati, "Military intervention in Libya: Where is ESDP?", *Nouvelle Europe*, 20 April, 2011, http://www.nouvelle-europe.eu/node/1098, last accessed on 30 April 2011.
③ 《战争买卖是最妙的买卖》,香港亚洲时报在线网站2011年3月30日文章,转引自《利比亚战争受益者名单》,《参考消息》2011年3月31日;[美联社巴黎6月12日电][美]杰米·基腾:《北约在盖茨发表演讲后处于十字路口》,转引自《参考资料》2011年6月20日,第19页;[德]卡斯滕·福尔克里:《利比亚战争暴露了北约的弱点》,[德]《明镜》周刊2011年6月14日,转引自《参考资料》2011年6月20日,第19~21页。

体"转变这一总体目标服务的。尽管面对突变曾一度陷入窘境,但随之而来的对中东-北非事务的深度卷入,以及对"工具箱"中经济、政治和军事手段的搭配使用,使欧盟作为首屈一指的"民事强权"与"规范性强权"、摸索中的"军事强权"的角色得以充分展现。欧盟作为一个与主权国家有很大差异、作用却不亚于大国的特殊"安全行为体",已显露峥嵘,它对自身周边局势的掌控能力不容忽视。尽管面临多重制约,特别是遭逢欧债危机这样严重掣肘财力和精力的"不幸时刻",但欧盟仍力图在地中海沿岸这一自视的"传统势力范围"和战略核心地区,切实发挥"稳定器"、"经济发展主导者"特别是"民主引导者"的作用。正如阿什顿所声称的,欧盟将致力于在该地区"发挥长期的作用",因为"这些国家如能实现可持续的安全、民主和经济增长,终究有利于欧洲"[1]。挑战与机遇并存的中东-北非地区,将是未来数年内欧盟对外战略的一大重点,也是对欧盟实力的一次重大考验。

（原文刊于《欧洲研究》2011年第5期,辑入本文集前,做了相应修改与补充。）

---

[1] The Brookings Institution, "The European Union Response to the Arab Spring", A Statesman's Forum with Catherine Ashton, High Representative of the European for Foreign Affairs and Security Policy, Washington D. C., July 12, 2011, http://www.brookings.edu/events/2011/0712_ashton_arab_spring_.aspx, last accessed on 6 September 2011.

第五编
多边关系中的中国与欧洲

本编从中、美、欧新三边关系,欧、美、俄三边关系及中、欧、非三边关系视角对中国与欧洲的关系进行了讨论。

本编作者认为,冷战时期的中美苏战略三角关系是一种对抗性的,主要局限在战略互动领域的三边关系。冷战后的中、美、欧新三边关系,欧、美、俄三边关系及中、欧、非三边关系虽然包含不可忽视的竞争成分,但更重要的是,在一个相互依存的世界上,上述三个新三边关系都具有更大的合作成分或合作机遇,三边关系的互动也从单纯的战略层面扩展到经济、政治和文化层面。

中国、欧盟和美国已经成为当今世界三大主要政治经济力量,中、美、欧之间正在形成新型的三边关系,主要表现为竞争与合作的复杂博弈,不仅具有动态变化特征,在不同议题领域也存在差异。其中,美欧关系是稳定婚姻模式。相比之下,中欧、中美之间的合作关系历史不长,也尚未完全定型,政治制度和意识形态的重大差别和战略方面的竞争因素依然存在。中国在处理中美欧三边关系时,应以双边和大多边为主,尝试发展三边对话路径。

欧盟、美国和俄罗斯是国际体系中另一个值得关注的三边关系,它是一个由各种结构所构成的复杂系统,既有经济、政治、安全等物质性力量的交往和抗衡,也包含了文化、意识形态等观念性因素的相互作用。其未来趋势是,欧、美、俄之间将会历史性地重复出现接近与合作的态势。它的发展变化预示着一个愈益多元化的世界正在加速形成,并与全球化一起,形成未来中国外交的新局面。

相对而言,中国、欧盟和非洲是一个正在形成中的三边关系。进入21世纪后,中非贸易关系发展十分迅速,而欧非经贸关系相形见绌。然而,中国和欧洲发展对非经贸关系各有优劣,竞争虽会长期存在,但是开放合作的对非贸易多赢局面才是理性选择。

第一章 中国、美国和欧洲：
新三边关系中的合作与竞争

陈志敏*

在国际关系多极化迅猛发展的今天，中国、美国和以欧盟为代表的欧洲正在成为全球政治经济的三大力量中心，一个具有全局意义的新的三边关系——美国、中国和欧洲（欧盟）正在全球政治经济体系中浮现。巴里·布赞在讨论21世纪可能出现的大国格局时，将超级大国锁定在美国、中国和欧盟身上。他认为，一种由美国、欧盟和中国所构成的三个超级大国的体系会是一种对手和朋友的社会结构，而不是像两次世界大战间歇期的那种敌对的社会结构情形[1]。从目前中、美、欧三边互动的状况而言，布赞的这一观察是基本贴切的。对于中国而言，对正在形成中的中、美、欧三边关系进行系统的研究，认识三边关系的具体互动模式，并加以前瞻性的应对，不仅是中国外交战略必须思考的问题，也牵涉未来国际体系的构造。

一 冷战时期的三边关系：模型与实践

中美欧三边关系的出现，是冷战时期两个三边关系重构的结果。自20世纪70年代开始，国际关系中曾同时出现两个重要的三边关系，即美国、中国

---

* 陈志敏，复旦大学国际关系与公共事务学院院长、让·莫内讲席教授。
[1]〔英〕巴里·布赞：《美国和诸大国：21世纪的世界政治》，刘永涛译，上海人民出版社，2007，第131页。

和苏联之间形成的竞争性地缘政治战略三角以及美国、西欧(欧共体国家)和日本之间的合作性三边关系。本节将根据三边关系的基本理论对冷战时期的中美苏和美欧日两个三边关系进行研究,并在此基础上发展三边关系的现有理论。

(一) 冷战时代的竞争性三边关系

对三边关系的理论研究最初是由洛威尔·迪特莫(Lowell Dittmer)发展起来的。运用博弈理论,迪特莫对所谓的战略三角进行了尝试性的理论探讨。根据他的观点,战略三角是一种"三个行为体之间的交易博弈"[1]。这类博弈至少具有四种不同的互动模式:三方共处(由三个行为体之间的对称性和睦关系构成,三者互为朋友)、浪漫三角(其中存在着"枢纽"行为体与两个"侧翼"行为体之间的和睦关系,而两个"侧翼"行为体则相互对立)、稳定婚姻(其中两个行为体之间具有和睦关系,两者互为伙伴,并与第三者处于对立关系,该第三者在三边关系中处于孤立地位,也称"孤雏")、单位否决(即每一个行为体都与另两个行为体处于对立之中,三者互为敌人)[2]。

在迪特莫理论的基础上,包宗和与吴玉山两位台湾学者对上述四种模式进行了细化,他们给四种模式中的行为者赋予角色地位和行为者获益的量化定位。根据这两位学者的观点,在战略三角中,一方都得益于与他方的合作,而受损于与他方的对抗;一方得益于另外两方之间的对抗,而受损于另外两方之间的合作。将这种关系和收益进行量化,可以视具有合作或和睦关系的两方各得 +1 分,而具有对立关系的两方各得 -1 分来计算分析;每一方的收益得分总额等于该方与另外两方关系的得分值减去另外两方相互关系的得分值(参见图1)。

基于这些假定,他们认为,在三方共处模式中,三方(A,B,C)都扮演了伙伴的角色,每一方和另外两方的关系都处在合作关系状态,故 A,B,C 三方的收益均是 1+1+(-1)=1 分。在浪漫三角模式中,A(枢纽)的收益为

---

[1] Lowell Dittmer, "The Strategic Triangle: An Elementary Game-Theoretical Analysis", *World Politics*, Vol. 33, Issue 4, 1981, p. 486.

[2] Ibid., pp. 485 – 515; Lowell Dittmer, "The Strategic Triangle: A Critical Review", in Ilpyong J. Kim ed., *The Strategic Triangle: China, the United States and the Soviet Union*, New York: Paragon House Publishers, 1987, pp. 29 – 47.

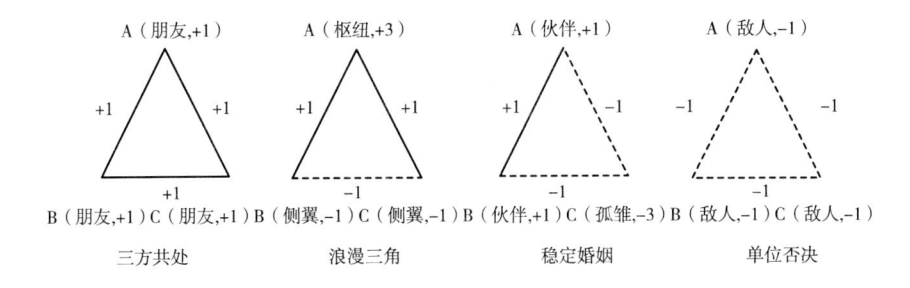

第五编·第一章 中国、美国和欧洲：新三边关系中的合作与竞争

```
  A(朋友,+1)        A(枢纽,+3)        A(伙伴,+1)        A(敌人,-1)
     /\               /\                /\                /\
  +1/  \+1         +1/  \+1          +1/  \-1          -1/  \-1
   /____\           /____\            /____\            /____\
     +1               -1                -1                -1
B(朋友,+1)C(朋友,+1) B(侧翼,-1)C(侧翼,-1) B(伙伴,+1)C(孤雏,-3) B(敌人,-1)C(敌人,-1)
   三方共处           浪漫三角           稳定婚姻           单位否决
```

图1 三边关系的基本模型

说明：图中实线代表和睦关系，虚线代表对立关系。图由作者自制。

1+1-（-1）=3分，作为侧翼的 B 和 C 的收益均为 1+（-1）-1=-1 分。在稳定婚姻模式中，两个伙伴 A 和 B 的收益均为 1+（-1）-（-1）=1 分，而作为孤雏的 C 的收益是 -1+（-1）-1=-3 分。在单位否决模式中，作为敌人的 A，B 和 C 的收益均为 -1+（-1）-（-1）=-1 分[①]。

从每个模式各方分值的比较中可见，浪漫三角中的枢纽方收益值最大，稳定婚姻中的孤雏方损失最大。在两者之间，三方共处模式中的朋友和稳定婚姻中的伙伴在收益方面要优于浪漫三角中的侧翼以及单位否决体系中的敌人。有意思的是，按照这种分析，成为三方共处模式中的朋友并不是行为体的最佳选择，每个行为体应该努力争取成为浪漫三角中的枢纽地位，这样才可以享受最佳收益。之所以如此，是因为这种分析根植于一种竞争性零和博弈的假设，即另外两方的合作关系一定给第三方带来了不利，而它们之间的对抗则有利于第三方。在这一方面，两位中国的台湾学者观点事实上是秉持了迪特莫的基本看法。迪特莫认为，三方共处虽从最大化各方的收益而言无疑是一种最理想的模式，但从单个行为者的角度来看，这并不是一种最保险的模式。每一个行为者都会担心其他两方的合作会给自己带来不利。为了确保自己的有利地位，一个行为者最希望另外两方处在对立关系中。因此，迪特莫明确表示，浪漫三角是他自己最喜欢的模式[②]。

[①] 包宗和：《战略三角角色转变与类型变化分析——以美国和台海两岸三角互动为例》，载包宗和、吴玉山主编：《争辩中的两岸关系理论》，台北：五南图书出版公司，1999，第342~343页。

[②] Lowell Dittmer, "The Strategic Triangle: An Elementary Game-Theoretical Analysis", pp. 489-490.

在这里，我们需要承认的是，当迪特莫把自己的理论主要用来分析冷战时期高度竞争性的中、美、苏战略三角时，他的分析框架并无不当之处。确实，在冷战时期，在中、美、苏三方之间从来没有出现过三方共处的情形。我们可以把20世纪50年代看作中苏合作对抗美国的稳定婚姻时期，而在60年代中后期，随着中苏关系的恶化，三方互动则转向单位否决模式，出现每一方反对每一方的情形。随着中美关系在1971年和1972年得到突破和改善、美苏关系缓和以及中苏持续对抗，三方互动演变为以美国为枢纽的浪漫三角。到了20世纪80年代初，由于美苏新冷战的爆发和中美建交，中美合作对抗苏联的新型稳定婚姻模式逐步成型。从三国各自的角度来看，苏联的地位在各个阶段（20世纪50年代、60年代、70年代和80年代）可以量化为+1、-1、-1、-3，中国地位的量化值为+1、-1、-1、+1，美国地位的量化值为-3、-1、+3、+1。也就是说，由于三角关系的演变，苏联起初的有利地位不断恶化，中国的地位在经历了一段时间的恶化后得到了明显改善，而美国一开始的不利地位因为中苏分裂而得到不断改善，但在20世纪80年代，其有利地位有所回落。可以说，战略三角理论对解释中、美、苏竞争性三边关系的变化是有其说服力的。

（二）冷战时期的合作性三边关系

当中、美、苏在地缘政治领域出现竞争性的三边关系时，在经济领域内同时出现了美、日、欧三大力量之间的合作性三边关系。这一合作性三边关系（或三边主义）最先由美国在20世纪70年代初期提出，随即欧洲和日本接受了它，将其作为巩固分布在世界三个主要地区的三个重要民主国家（集团）间关系的建设性步骤[①]。

用迪特莫的概念，我们可以把美、日、欧三边关系视为一种总体合作性的三边关系，即三方共处。小和田恒认为，首先，三方之间拥有共同的安全利益，并由美日和美欧之间的安全联盟所联结在一起；其次，三方都拥有相同的基于共同民主价值的政治制度；再次，三方都是采用自由市场经济的工业化国家，都需共同应付世界经济体系的波动。三方共享的价值和政策重点使它们具有和世界其他

---

① Hisashi Owada, "Trilateralism: A Japanese Perspective", *International Security*, Vol. 5, No. 3, 1980/1981, p. 14.

国家区别开来的同质性①。

20世纪70年代初,国际政治经济的变迁催生了美、日、欧三边合作机制的出现。在经济上,西欧与日本的经济复兴导致了美国经济霸权的相对衰落。三方经济力量的对称化发展强化了三方加强合作的需要,来遏制对各方利益带来损害的单边行动,如美国的尼克松政府将美元与金本位脱钩的单方面决定。此外,伴随着石油输出国国际组织的崛起,发展中国家在联合国中要求改革现有国际经济秩序的呼声日益高涨。在政治上,当时苏联经济和军事力量的急速上升对西方国家在整体上提出了全面挑战。"在这种严酷的环境下,许多观察家认为,先进工业化西方社会联合起来是唯一有效的办法,来应对第三世界国家的新要求和咄咄逼人的行动以及来自拥有新全球军事投放能力的苏联的可能威胁。"②

美、日、欧合作性三边关系的出现表明,三方共处模式是可能的,而且,冷战的经历也表明了其存续的持久性。尽管三方都存在对其他一方或两方背叛的忧虑以及一方试图利用另外两方之间的矛盾从中谋利,但事实证明,三方共处总是在忧虑中存续了下来。这表明,如果各方关注三方合作带来的绝对收益,那么一方不仅能从与另外两方的合作关系中获益,而且也能从另外两方之间的合作获益。因此,对迪特莫理论的一个改造是,我们可以将三边关系看作同时包含竞争性与合作性两种博弈的关系,前者遵循零和博弈的游戏规则,后者遵循共和博弈的游戏规则。在合作性博弈中,每一方的收益得分总额等于该方与另外两方关系的得分值加上另外两方相互关系的得分值。在竞争性博弈中,我们仍然采用前面的方法,即每一方的收益得分总额等于该方与另外两方关系的得分值减去另外两方相互关系的得分值。如此,当我们计算出每一方的合作收益(括号中的第一个数字)和竞争收益(括号中的第二个数字)后,我们可以从新的视角来看待每一种模式的收益格局(参见图2)。

在三方共处模式中,尽管竞争收益较小,但每一方都有很高的合作收益。在浪漫三角模式中,虽然合作收益不大,但枢纽方具有很高的竞争收益,而两个侧翼方有明显的竞争负收益。在稳定婚姻模式中,虽然稳定婚姻两方有一定的竞争

---

① Hisashi Owada, "Trilateralism: A Japanese Perspective", *International Security*, p. 16.
② Richard H. Ullman, "Trilateralism: 'Partnership' for What?", *Foreign Affairs*, Vol. 55, No. 1, 1976, p. 4.

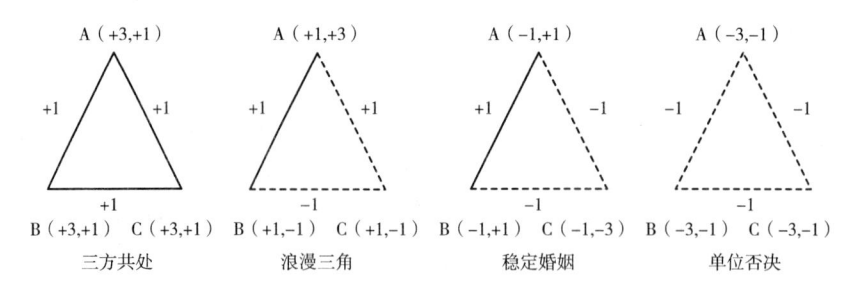

```
   A(+3,+1)           A(+1,+3)           A(-1,+1)           A(-3,-1)
     /\                 /\                 /\                 /\
  +1/  \+1           +1/  \+1           +1/  \-1           -1/  \-1
   /    \             /    \             /    \             /    \
  /_____\           /------\           /------\           /------\
     +1                -1                 -1                 -1
B(+3,+1) C(+3,+1)  B(+1,-1) C(+1,-1)  B(-1,+1) C(-1,-3)  B(-3,-1) C(-3,-1)
   三方共处            浪漫三角            稳定婚姻            单位否决
```

图 2　合作与竞争并存的三边关系的基本模型

说明：图中实线代表和睦关系，虚线代表对立关系。图由作者自制。

收益，但各方都有明显的合作负收益，孤雏有很高的竞争负收益。在单位否决模式中，各方都有很高的合作负收益和明显的竞争负收益。因此，如果各方关注三边博弈中的合作收益，那么三方共处将是各方共同追求的最理想模式。在现实世界中，当各方加入到经济相互依赖和全球化的进程后，合作博弈的现实性和重要性日益增强，一方不仅能从它与另外两方的合作关系中获益，也能够从另外两方之间的合作关系中获益。

（三）合作性三边关系中的竞争博弈

尽管冷战时期的美、日、欧三方具有基本相同的利益，其双边和三边关系以合作为主导，但这种三边关系也不是没有困难和冲突。对美国而言，美、日、欧三边关系是美国为与苏联进行全球争夺争取支持的一个手段。理查德·H. 乌尔曼（Richard H. Ullman）就曾指出，"在实践中，三方团结常常被界定为接受美国的政策和支持美国的倡议与计划"。"不管美国如何真诚地表示要在和西方国家紧密合作的基础上处理与苏联的关系，两个超级大国之间战略关系的性质使得美国常常不能信守诺言。"[①]美国在三边关系中的优势地位一方面来自它相对于另外两方的力量优势地位。日本和西欧国家在力量方面的缺陷也妨碍它们与美国建立一种对称性的关系。受制于日本的和平宪法，除了日美双边安全同盟之外，日本不能在国际安全事务中扮演积极的角色。在欧洲一边，尽管欧洲共同体已经发展成为一个举足轻重的经济

---

① Richard H. Ullman, "Trilateralism: 'Partnership' for What?", pp. 15–16.

力量,但在外交政策领域,西欧国家仅仅形成了非常松散的政策协调机制(即欧洲政治合作),只能发表一些宣示性的政策声明,而不能采取重大的实质性联合行动。一方面,为了维护北约在欧洲安全结构中的主导地位,西欧国家在欧共体和欧洲政治合作两个框架内都有意避免涉足安全政策问题。除了力量缺陷之外,日欧两方在冷战时代对美国所提供的军事保护产生了严重的依赖,这也使得它们在与美国的讨价还价中处在弱势地位。另一方面,美国和日欧都发展了紧密和重要的双边关系,而日欧之间的合作关系则比较松散,这也提升了美国在三边关系中的优势地位。

也就是说,在任何一个三方共处型的关系中,我们也可以看到竞争性博弈的成分,这需要我们去认识和发现。显然,在迪特莫看来,三方共处就是合作性博弈,在冷战时期本身已经不太可能出现,因而他也就没有进一步去考察在三方共处基本模式下的各种变型。通过将可能的竞争模式加入到三方共处的基本模式中,我们可以发展出各种可能的基于三方共处基本模式的衍生模式。在此基础上,对迪特莫理论的第二个改造是,我们可以依据三边关系中每一对双边关系的合作或对立的程度来确定当事双方的收益分值,而不是简单地以合作为 +1,对抗为 -1。如此,我们可以区分三方之间的亲密程度,从而在合作性博弈中发现竞争性博弈的部分。

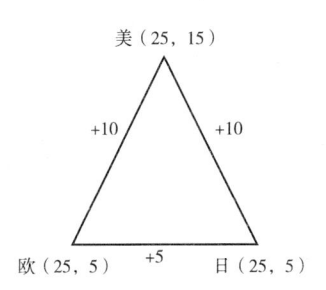

美 (25, 15)

+10 　　+10

欧 (25, 5) 　+5　 日 (25, 5)

图3　冷战时期美日欧浪漫三角共处型三边关系

说明:图由作者自制。

比如,在冷战时期美日欧合作性三边关系中,我们假定美欧从美欧合作中各得 +10 分,美日从美日合作中各得 +10 分,日欧从较不紧密的日欧合作中各得 +5 分。如此,美日欧各自从三方合作中得合作收益 10 + 10 + 5 = +25 分,而美国从中获得竞争收益 10 + 10 - 5 = 15 分,而日欧的竞争收益各为 10 + 5 - 10 = 5 分。

如此，我们可以把冷战时期的美、日、欧三边关系视为一种浪漫三角共处模式。三方虽然都从合作中获得了很大的合作收益，但由于美国同时和日欧都分别保持了紧密的合作关系，而日欧关系相对薄弱，使美国成为三方共处关系中的枢纽角色，从而在三边关系中处于优势地位。

二 冷战后中美欧新三边关系的浮现

（一）冷战后新"三方世界"的出现

在冷战时期，美国同时参与了两个关键的三边关系，这体现了美国既是军事大国又是经济大国的事实。与此形成对照的是，苏联、中国、日本和西欧国家都仅仅是其中一个三边关系的参与者。这一时期的中欧互动既不密切也不具全球影响，且受制于美苏争霸的态势。中欧关系常常被视为"派生性关系"即为明证[1]。

冷战结束后，苏联分崩瓦解，取而代之的俄罗斯长期陷入了经济转型的困局，国际地位大不如前。日本经济泡沫在20世纪90年代初突然破裂，从而陷入长期的经济停滞，政治大国化的努力也迟迟未得到突破。与此形成鲜明对照的是，美国在冷战后成为唯一的超级大国，其军事力量无出其右，其经济也在新经济的推动下一度活力四射，大有确立单极世界之势。欧洲国家虽经济增长速度不高，但通过持续深化和扩大的欧洲一体化进程大大提升了其在国际社会中的影响力。1993年欧洲联盟成立后，欧洲国家不仅巩固了内部统一市场以及在贸易领域实行的共同对外政策，而且还建立了单一货币欧元，发展了共同外交与安全政策，建立了有限但相对独立的欧盟军事行动能力。经过几次扩大，欧盟从冷战结束时的12个国家发展到2007年的27个成员国，成为在世界事务中拥有举足轻重影响的国家集团。如果说美国的力量是基于冷战时期的积累，欧洲的力量源于多国的联合，那么，中国在冷战后地位以及影响力的上升主要依靠的是本国经济的高速增长。在过去的20年中，中国经济保持了年均9%的增长率，国家的经

---

[1] 参见沈大伟：《中国与欧洲：从派生性关系向独立关系的发展》，载宋新宁、张小劲主编：《走向二十一世纪的中国与欧洲》，香港社会科学出版社，1997，第36~37页。

济实力有了突飞猛进的提高,并日益转化为中国在国际事务中不断扩大的外交影响力。

必须指出的是,在中、美、欧三方之中,欧盟是一个特殊的行为体,存在所谓"行为体问题"。中美两国都是统一的主权国家,具有在所有对外政策领域单独采取战略行动的能力。而欧盟是一个"最大的发达国家集团",具有一个多头(欧盟机构、各成员国)、多机制(超国家和政府间机制)和多支柱(对外经济、外交、安全政策)的对外政策体制[1]。在这个体制下,欧盟在大多数对外经济事务上具有共同行动的能力:欧盟已经建立了共同的关税同盟,对外实行统一的贸易政策,绝大多数国家加入了统一货币欧元,并建立了欧洲中央银行来实施统一的货币政策。此外,在竞争政策、气候政策、能源政策、援助政策等诸多与对外关系相关的政策领域,欧盟也在获得日益广泛的权力并实行超国家治理。不过,受制于全体一致的决策规则,欧盟在外交和安全政策领域的共同行动能力虽得到加强,但尚未形成外交与安全政策全面欧盟化的局面,各国依赖在外交政策领域拥有自主决策的空间,且在欧盟共同外交政策的决定中保有一国否决权,并保留着各自在重要国际组织中的代表权。尽管如此,考虑到欧盟共同政策能力从无到有的发展历史以及近来它对该能力进一步强化的各种努力,我们仍然可以将欧盟视为三边关系中的一个成员[2]。2009 年 12 月,欧盟的《里斯本条约》最终生效,赋予欧盟独立的国际法人地位,有权在各个领域谈判和签订国际条约和协定;设立了常设的欧洲理事会主席一职,由前比利时首相范龙佩担任,负责主持欧盟首脑会议,推动欧盟共同政策的形成,并在首脑一级在外交和安全政策领域对外代表欧盟,取消了原来的轮值主席国制度;在外交部长一级,欧盟也设立了常设的欧盟外交与安全政策高级代表一职,由英国人阿什顿女士担任,取代原来的轮值主席国外交部长而负责主持欧盟外交部长理事会,提出政策规划,对外代表欧盟。更重要的是,阿什顿女士同时兼任欧盟委员会副主席一职,接管了原来隶属

---

[1] 参见陈志敏、〔比利时〕古斯塔夫·盖拉茨:《欧洲联盟对外政策一体化——不可能的使命?》,时事出版社,2003 年。

[2] 基于类似的原因,欧盟被视为美、欧、俄战略三角的一员,参见 Jan Hallenberg And Hakan Karlsson eds., *Changing Transatlantic Security Relations: Do the US, the EU And Russia Form a New Strategic Triangle?*, London: Routlege, 2006, p. 4;或被视为中美欧三角关系的一员,如夏立平:《论中美欧三边关系的发展趋势》,载《当代亚太》2003 年第 3 期,第 7~16 页。

欧盟委员会管辖的部分欧共体对外关系事务，从而使高级代表一职有权整合欧盟政府间主义的外交与安全政策和超国家主义的原欧共体对外关系事务，显著加强了欧盟对外政策的内部一致性和外部有效性。高级代表领导新设的欧洲对外行动署，也就是欧盟实际上的外交部，负责欧盟对外政策的实施。原欧共体驻外使团全面转化为欧盟驻外使团，并受欧盟对外行动署的领导。总之，在经历了里斯本改革后，欧盟的对外政策领导机制有了很大加强，让欧盟可以以联盟的名义在世界上发挥更为显著的影响。当然，我们也可以看到，这次的大规模改革仍然没有触动成员国在外交和安全政策领域全体一致的决策规则，没有改变欧盟外交与安全政策的政府间主义的根本性质。这意味着，即使在里斯本改革以后，欧盟成员国将继续在国际事务中发挥重要的作用。因此，在本书的分析和讨论中，考虑到欧盟的双层特殊行为体特性，本书使用了广义的欧盟概念：欧盟既包括欧盟机构，也包括欧盟成员国。在欧盟具有共同政策时，欧盟是指代表欧盟的欧盟机构；在欧盟缺乏共同政策时，欧盟是指以本国名义出现的欧盟成员国。

目前，北美、欧洲和东亚是全球政治经济中的三个核心区，形成了一个所谓的"三方世界"。就行为主体而言，这个三方世界的核心是美国、欧盟和中国。中、美、欧在当今世界中已经是最重要的政治经济实体，而且这种地位在未来的20年中还会得到延续。

在政治上，中、美、欧占据了联合国五大安理会常任理事国中的四个，在地区和全球事务中发挥着关键作用。在军事上，中、美、欧包括了主要核国家中的四个。根据斯德哥尔摩国际和平研究所（SIPRI）的统计，美国、欧盟和中国是2011年全球军费开支的前三大国家或国家集团，三者的军费开支占全球总开支的67.5%[①]。在经济上，根据英国经济学家信息部的预测数据（Economist Intelligence Unit），在2007年，按照购买力平价，美国、欧盟和中国已经是世界前三大经济力量，分别占世界国内生产总值（GDP）总量的19.4%、20.8%和10.1%。居第四位的日本占6.0%。到2020年，这一数值将变为18.3%、18.6%和17.7%，三者在经济规模上将不相上下，而居第四位的印度只占6.9%。到2030

---

① 作者根据斯德哥尔摩国际和平研究所国防预算数据库数据计算得出。参见 SIPRI Military Expenditure Database, http://www.sipri.org/research/armaments/milex/resultoutput/research/armaments/milex/milex_database。

年,中国的经济规模将占据第一位,达到全球 GDP 的 22.7%,而美国和欧盟的比重分别下降至 16.6% 和 15.6%,但仍然大大高出印度 8.7% 的比重①。

中、美、欧之间的关系已经不再是相对独立的三组双边关系,三边互动关系已经初步形成。政治上,欧美共同在自由、人权和民主等问题上对中国施压,但在美国入侵伊拉克之后,欧中也曾加强合作来制衡美国的单边主义。在军事上,美欧继续维持着对中国的武器禁运,但欧盟也试图利用解除对中国的武器禁运来对美国进行牵制。在经济上,美欧合力打开了中国的市场,在人民币汇率问题上对中国施压。与此同时,美欧也相互竞争,试图建立与中国特殊的经济关系,分享中国经济增长带来的利益。欧盟努力争取中国的支持以改革美国主导的国际金融体制。而中美经济命运共同体(Chimerica)的形成以及在此基础上建立起来的中美战略与经济对话机制,也促使欧盟不断努力强化跨大西洋和欧中经济关系的纽带。在环境和气候保护领域,欧盟和中国都在促使美国加入京都机制或后京都机制,美欧共同要求中国承担减排任务,中美则不赞同欧盟提出的高减排数量目标,强调发展环境科技和经济增长的重要性。

(二)冷战后中美欧三边关系的演变

前述三边关系的基本模式考虑了双边关系的总体收益状况。为了更加清楚地解释中、美、欧三边关系的复杂性,我们对迪特莫的模型做了第三个改造:将每一对双边关系分成三个主要的次领域,即战略关系、经济关系和政治关系,赋予相应的权重,以此分别量化双边关系中当事方在这些领域的收益情况,然后将三个领域的收益分值相加得到某一双边关系当事方的收益分值②。在此基础上,每一方的合作收益总值等于该方与另外两方关系的得分加上另外两方相互关系的得分,每一方的竞争收益总值等于该方与另外两方关系的得分减去另两方相互关系

---

① 数据转引自 Charles Grant with Katinka Barysch, "Can Europe and China Shape a New World Order?", Center for Europe's Reform, May 2008, pp. 2 – 3.
② 将三边关系分解为经济、政治、战略三个次领域,并不是说三边关系不包括其他次领域,而是以相对重要的这三个领域来细化对三边关系的分析。每一方在特定时期某一次领域双边关系中的得分基于作者对这一关系合作收益大小的总体定性判断。如此,我们要考察经济双边关系的两方在贸易、投资、货币关系中的总体合作程度和收益大小来进行赋值;考察政治双边关系中两方在国家关系和政治制度关系中的总体合作程度和收益大小来赋值;考察战略双边关系中的两方在安全关系和国际体系建构方面的合作程度和收益大小来进行赋值。

的得分。在计算分值时，我们设定了战略关系、经济关系和政治关系的分值范围为 -4 ~ 4。其基本的理由是，从中欧和中美关系的发展历程来看，政治关系虽然重要，但其重要性并没有完全左右双方之间的总体关系。中美在20世纪70年代初在政治制度上完全对立，但基于战略利益实现了中美和解和建交。在冷战结束后，中美在制度上的对立依然存在，但在经济和战略方面的合作需要促使双边关系在总体上保持了合作关系。最近的事例是，美国国务卿希拉里于2009年2月访华前曾表示，美国将继续对中国在人权问题上施压，但美国的对华人权政策不能"干扰"中美在应对"全球经济危机、全球气候变化危机和安全危机"中的合作①。

在冷战结束后的最初几年中（1989~1994年），以美国和欧共体国家为主体的西方国家自认为它们是冷战的胜利者，它们所代表的西方式民主制度和市场经济将成为人类历史的终极形态，"历史的终结"论甚嚣尘上。在经济方面，美欧在经济上的相互依存关系继续深化，欧洲国家也在努力发展单一货币（欧元），旨在与美元进行竞争；在政治方面，美欧在政治上高度合作，在全世界推进民主和人权；在战略上，美欧维持了北约的继续存在，保持了双方间总体上较高程度的战略合作。与此同时，由于欧洲对美国军事保护的依赖大幅下降，欧盟发展了共同外交与安全政策，争取在国际舞台上发挥自己更大的独立影响。在中美和中欧关系方面，美欧的对华政策也大致相同。由于中国在制衡苏联方面的战略价值基本不复存在，对华关系在美欧各自的对外政策中，其地位明显下降。自1989年后，美欧都对中国实行了外交制裁，冻结了高层互访，实施对华军售禁令。中美关系和中欧关系皆出现了大幅倒退，其表现是：政治关系转向一定的对抗；在战略关系方面，从原先的合作转向中性，之所以未定性为对抗，主要是因为美欧仍需要中国的合作来确保苏联和中东欧国家的转型，在联合国安理会不行使否决权，以方便美欧利用联合国安理会来塑造世界新秩序（如得到安理会的授权，发动对伊拉克的第一次海湾战争）；在经济方面，美欧都和中国发展了一定程度的互利经济合作关系，并希望进一步扩大经济合作。

---

① Hillary Rodham Clinton, Secretary of State, Secretary of State, "Working Toward Change in Perceptions of U. S. Engagement Around the World", Roundtable With Traveling Press, Seoul, South Korea, February 20, 2009, http：//www. state. gov/secretary/rm/2009a/02/119430. htm.

表1 冷战后中欧、中美、美欧关系的量化评估

		双边关系得分			合作性博弈各方总分	竞争性博弈分值		
		中美	中欧	美欧		中国	美国	欧洲
冷战后Ⅰ	战略	0	0	3	3	-3	3	3
	经济	1	1	3	5	-1	3	3
	政治	-1	-1	3	1	-5	3	3
	合计	0	0	9	9	-9	9	9
冷战后Ⅱ	战略	1	3	2	6	2	0	4
	经济	2	2	3	7	1	3	3
	政治	0	2	2	4	0	0	4
	合计	3	7	7	17	3	3	11
冷战后Ⅲ	战略	1	1	3	5	-1	3	3
	经济	3	3	3	9	3	3	3
	政治	1	2	3	6	0	2	4
	合计	5	6	9	20	2	8	10

说明：战略关系、经济关系和政治关系的分值范围为-4~4。冷战后Ⅰ以1990年为代表年份，冷战后Ⅱ以2003年为代表年份，冷战后Ⅲ以2012年为代表年份。表格由作者自制。

根据表1的赋值可以得出，美欧关系得9分，中欧和中美关系各得0分；三方各得到合作总分9分，美欧各得竞争总分9分，中国则得到-9分。由此，我们可以将这一时期的中、美、欧三边关系视为稳定婚姻型，或轴心弱对抗型关系，处于婚姻或轴心的美欧两方在三边关系中明显处于上风，而受到孤立和排挤的中国处于不利地位。对于中国而言，要改变自己在三边关系中的不利地位，由于不能指望美欧双方合作关系出现大幅倒退，主要的途径是提升与美欧一方或双方关系的合作水平。这在中国于20世纪90年代中期推出的与其他两方建立伙伴关系的战略上得到了很好的体现。

到了1994年，随着法国戴高乐派人士巴拉迪出任法国总理，法国政府修补了因密特朗政府售台60架幻影战机而引发的中法紧张关系，同时，德国的科尔政府也出台了德国的新亚洲战略，强调要发展与中国的关系。在法德的推动下，欧盟委员会于1995年发表了《中欧关系长期政策》文件，欧盟的对华政策走出了1989年后对华制裁的冷淡阶段，而开始强调与中国发展长期合作关系。1998年的欧盟对华政策文件则将中欧关系提升到"全面伙伴"关系，而以2003年欧盟委员会和中国政府各自发表的政策文件以契机，双方则提出要发展中欧"全

球战略伙伴"关系。双方在不断提升中欧关系在各自对外战略中的重要性的同时,在经贸关系领域的合作不断加深。到 2004 年,欧盟超越美国和日本成为中国第一大贸易伙伴。中欧在各个领域发展了 20 多个对话机制,从 1998 年起建立了年度中欧峰会机制。双方在人权问题上基本避免了公开对抗,而通过中欧人权对话机制寻求合作。中国和一些欧盟国家在 2003 年美国入侵伊拉克后,加强了在各种国际机制中对美国单边主义外交的联合牵制。法德等主要欧盟国家更提出了解除对华武器销售禁令的倡议。这一时期的中欧加速接近令美国学者惊呼"中欧轴心"的到来[1]。

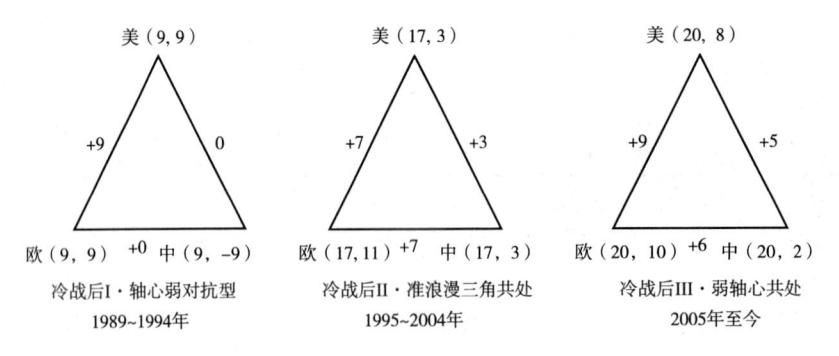

```
         美(9,9)                    美(17,3)                   美(20,8)
          /\                          /\                          /\
      +9 /  \ 0                   +7 /  \ +3                  +9 /  \ +5
        /    \                      /    \                      /    \
       /_____\                    /_____\                    /_____\
   欧(9,9)  +0  中(9,-9)       欧(17,11) +7 中(17,3)      欧(20,10) +6 中(20,2)
   冷战后Ⅰ·轴心弱对抗型           冷战后Ⅱ·准浪漫三角共处         冷战后Ⅲ·弱轴心共处
      1989~1994年                    1995~2004年                  2005年至今
```

图 4　冷战后中美欧三边关系的形态演进

说明:图由作者自制。

在中美关系方面,从 20 世纪 90 年代中期开始,中美关系在曲折中不断发展。1997 年,中美曾经同意要"共同致力于建立中美建设性战略伙伴关系"[2]。1999 年 5 月发生了美国为首的北约轰炸中国驻南斯拉夫大使馆事件。在双边关系一度紧张之时,1999 年 11 月,中美签署了中国加入世界贸易组织的双边协定,令中美关系有峰回路转之势。2001 年,小布什上台伊始,美国新政府将中国改称为"战略竞争者",两国关系重陷动荡。"9·11"事件发生后,中美关系迅速回到正轨。2001 年 10 月 19 日,江泽民主席与出席亚太经合组织领导人非正

---

[1] David Shambaugh, "China and Europe: The Emerging Axis", *Current History*, Vol. 103, No. 674, 2004, pp. 243 – 248.

[2] 《中美联合声明》(1997 年 10 月 29 日), http://news.xinhuanet.com/ziliao/2002 – 01/28/content_ 257084. htm。

式会议的布什总统在上海举行会晤,双方一致同意致力于发展"中美建设性合作关系"。

以 2003 年为时点,笔者对这一时期的中美欧关系进行了赋值。由于美欧围绕伊拉克战争分歧明显,美欧战略和政治关系各降 1 分,导致美欧关系得分从 9 分减为 7 分;中欧关系在各个领域的合作都得到明显加强,总得分从 0 分上升到 7 分;中美关系在各领域也有一定加强,总得分从 0 分增加到 3 分。三方各得到合作总分 17 分,美国得竞争总分 3 分,欧盟得到 11 分,中国则得到 3 分。如此,三对双边关系都在总体上成为合作关系,且欧盟和美国,欧盟与中国的合作程度基本相当,中美合作水平略低,使得三边关系呈现为准浪漫三角的共处形态。与前一时期相比,美国地位下降,中国的地位有明显改善,欧洲由于与美中双方都保持了较高水平的合作关系而处在相对有利的地位。

(三) 现阶段中美欧三边关系的特点

自 2005 年开始,中欧关系总体未能继续先前良好的发展势头,更上一个台阶。双方经济关系出现进一步强化,贸易规模在 2011 年已经非常接近美欧贸易水平。由于欧债危机的爆发,中国在金融方面对欧盟国家的支持也日益重要。如果中国 3.2 万亿美元的外汇储备有 20% 投资在欧元资产,中国至少持有 6000 亿美元的欧元资产。中国政府承诺不从欧洲撤资已经是对欧元的重大支持。此外,中国也在 2009 年和 2012 年两次对国际货币基金组织增资 500 亿美元和 430 亿美元,以支持应对欧债危机。

不过在战略关系方面,中欧在推进战略伙伴关系方面未能取得突破性进展,并在一些领域甚至明显倒退。欧盟未能取消对华军售禁令;在中欧伽利略卫星定位系统开发合作中,由于欧盟方面不断在该计划中排挤中国,中国决定加速发展自己的北斗卫星导航系统,并在频率占用上和欧盟形成正面竞争关系;一些欧洲国家在中东和北非加大了国际干预的力度,通过军事干预推翻利比亚的卡扎菲政权,并试图在叙利亚推动政权更迭,导致中欧立场差异加大,中方在联合国安理会三次否决欧洲国家推出的相关决议草案。尽管如此,2009 年后中欧建立的副总理一级战略对话增进了双方之间的战略沟通,在危机管理、反海盗护航、海上安全等领域开展了一定的良好合作。在 2012 年 9 月中欧峰会上,双方决定就全球和地区问题加强各级别外交与安全政策对话,鼓励双方特别代表与特使定期接触,加强培训交流,并于2013年举行防务与安全问题高级别研讨会①。

中欧政治关系在这一阶段经历了一个U形发展轨迹。一段时间内,双方在原本矛盾得到控制的人权领域重新发生争执。一些欧洲国家为达赖喇嘛提供政治舞台,其领导人还不断提高与达赖会见的层级,例如德国总理于2007年9月在总理官邸会见达赖,法国总统萨科齐在担任欧盟轮值主席期间会见达赖等,促使中国政府罕见地推迟了原定于2008年12月在法国举行的中欧峰会。不过,随着2008年发端于美国的全球金融危机扩散到欧洲,引发严重的欧洲主权债务危机,双方关系再度走向务实合作,政治关系得到全面恢复。中国与德国在2010年建立了两国总理领衔的政府间磋商机制,中国与欧盟重债国和中东欧国家的关系也有长足进展。在2012年举行的中欧北京峰会上,双方决心"将中欧合作打造成21世纪国际合作的典范"②。

与此同时,中美关系在最近几年中则经历了强化再回落的发展变化。2005年9月,当时的美国常务副国务卿佐立克提出了中国为"利益相关者"的新概念,对发展中美合作有了更高程度的认识③。小布什政府也与中国政府合作对陈水扁的所谓"台独"活动进行约束。小布什本人通过出席北京奥运会表达了其个人对中国人民的良好愿望。奥巴马新政府继承了其前任的对华政策。此外,在本次全球金融危机中,由于中国成为美国的第一大外国债权国,陷入金融和经济危机的美国尤其需要得到中国的合作来解决其面临的三大主要挑战:全球安全、经济危机和气候变化。在奥巴马总统2009年11月对中国的四天访问中,中美发表了自1997年以来的第一个联合声明,表示要"致力于建设二十一世纪积极合作全面的中美关系,并将采取切实行动稳步建立应对共同挑战的伙伴关系"④。

---

① 参见《第十五次中欧领导人会晤联合新闻公报》,2012年9月21日,http://www.mfa.gov.cn/chn/pds/ziliao/zt/dnzt/wjbzlcxdswczoldrhwbfwbls/t971909.htm。
② 参见《第十四次中欧领导人会晤联合新闻公报》,2012年2月14日,http://www.fmprc.gov.cn/chn/gxh/zlb/smgg/t904825.htm。
③ Robert B. Zoellick, Deputy Secretary of State, "Whither China: From Membership to Responsibility?", September 21, 2005, http://usinfo.state.gov/eap/Archive/2005/Sep/22 - 290478.html。
④ 《中美联合声明》,2009年11月17日,http://www.mfa.gov.cn/chn/gxh/tyb/zyxw/t627468.htm。

进入2010年后，中美摩擦再次显现。中美关系因奥巴马会见达赖喇嘛、谷歌宣布退出中国、美国政府宣布实施对台军售、美国高调介入中国和部分东南亚国家在南中国海问题上的主权争议以及美国战略重心向亚太转移并加强这一地区的军事存在等一系列事件而降温，政治和战略关系中的矛盾凸显。

美欧关系这一时期总体明显改善。从2005年开始，美国意识到单边主义和黩武政策的限度，转而强调与传统盟友的协调与合作，从而消解了很多其他国家对美国意图的忧虑，进而降低了它们联合牵制美国的意愿。这一进程在美国的奥巴马新政府上台后得到了进一步发展，其中一个重要标志性事件是，法国宣布重新回归北约军事一体化机构。美欧在应对中东北非变化，处理伊朗核问题等重要问题上展现较高水平的合作。不过，欧洲对于美国不负责任的金融政策引发全球性金融和经济危机，对美国在欧债危机中未能给予援助也颇有抱怨。

如以2012年为时间点来进行评价，因战略和政治关系改善，美欧合作提升，美欧关系总得分为9分。中欧贸易规模扩大，投资金融关系日益重要，中欧经济关系增加1分；中欧政治关系出现反复，但最终得到恢复，故政治关系得分不变；合作的战略动机出现明显减弱，战略关系减2分，故中欧关系总得分降为6分。中美经济互赖日益凸显，在密切的贸易关系之外，还出现了美国对中国政府购买美国国债的金融依赖，虽然奥巴马政府出台了一些对华贸易保护主义措施，但从总体上看，我们仍可认为，中美经济关系重要程度有提升，得分增加；虽有反复，政治关系相比本世纪初也有所提高；战略关系在奥巴马上台伊始有明显强化，但过去两年再次回落，得分不变。故中美关系总得分增至5分。三方各得到合作总分20分，美国得竞争总分8分，欧盟得到10分，中国则得到2分。结果，三对双边关系仍在总体上保持合作关系，美欧合作程度高于中美合作，中欧合作其次。我们可以将此三边关系视为弱轴心共处型。与前一时期相比，美国地位得到改进；由于和中国关系有所倒退，欧盟在三边博弈中的地位有些弱化；中国的地位保持基本不变，但也有所倒退。

三　中美欧新三边关系的管理

中国、欧盟和美国已经成为当今世界三大主要政治经济力量，三边关系的雏形正在形成之中。从前节分析可以看出，中美欧三边关系是一种复杂的三边关系，包含了三边关系的多种互动模式。如何看待这种三边关系，如何构架管理这一三边关系的制度框架，应该是我国战略规划的一个重要方面。

（一）冷战后中美欧三边博弈的基本特征

第一，这一新的三边关系仍处于发展过程之中，尚未完全成形。在客观上，尽管美国、欧盟和中国在全球战略态势中占有最重要的地位，三者之间的互动严重影响着全球战略关系，但正式的"三边"机制尚未出现，三边关系主要表现为三对双边关系之间的相互影响。此外，由于欧盟这个国际行为体的特殊属性，也使得这一正在形成中的三边关系在某些方面存在先天的不足。一方面，随着欧盟外交资源与能力的拓展以及国际社会对其影响力认知的提升，今天的欧盟已经成为"国际体系中几乎涉及所有领域的一个重要行为体"，"一个正在发展全面力量的'世界行为体'"。[①] 但是另一方面，欧盟的战略行为主体属性仍相当有限。[②] 由于欧盟共同外交与安全政策需要全体一致才能做出决定，在一些重大的外交和安全政策问题上，欧盟发展共同政策的能力受到较大约束，从而妨碍了欧盟在三边关系中扮演一个单一的和可信的国际行为体角色，形成欧盟及其成员国多头对外的复杂局面。在2010年12月，欧盟外交和安全政策高级代表阿什顿女士向欧洲理事会提交了第一份有关欧盟与美国、中国和俄罗斯的战略伙伴关系的评估报告，明确表示欧盟"应该超越双边视角，看到战略伙伴之间的联动关系"。为此，报告提出要重视"三角合作"，并提议举办中美欧三边对话会议[③]。尽管新的设想已经提出，但鉴于欧盟成员国在重大战略问题上达成共识的难度，该报告的政策蓝图是否能转化为欧盟未来的政策，以及因此带来中美欧更加密切的战略互动，仍是一个疑问。

[①] 朱立群：《欧盟究竟是个什么样的力量》，载《世界经济与政治》2008年第4期，第16~23页。

[②] 参见陈志敏：《欧盟的有限战略行为主体特性与中欧战略伙伴关系：以解除对华军售禁令为例》，载《国际观察》2006年第5期，第1~10页。

[③] 有关该报告内容的报道可参见 "Europe complains of losing favor in US eyes", *AFP*, December 17, 2010; Andrew Rettman, "Ashton Pragmatic on China in EU Foreign Policy Blueprint", *EU Observer*, December 17, 2010。

第二,三方共处模式是中、美、欧三边关系的基本形态,也是中国在和平发展与和谐世界思想指导下应尽力争取的基本目标模式。经过了冷战结束后初期的短暂对峙后,中国和美欧的合作关系在过去20年中有了长足的发展。如今,作为现有国际体系的主要利益相关者,中美欧之间已经逐步形成了高度的相互依赖,并对国际体系的正常运作具有共同利益。通过联合国安全理事会,三方都对国际和地区和平的维护具有重大的责任,并在国际维和行动中承担了主要的资金支持和人员贡献。在经济上,三方已经发展成为高度依赖的相互关系,且从贸易、投资扩展到金融领域。G20的出现也为三方在大多边的机制下进行协调合作提供了制度框架。作为主要的温室气体排放方,三方虽然分歧明显,有时还激烈对抗,但任何的国际协议的达成都需要三方的协作。联合国气候谈判大会在2011年12月南非德班会议上所取得的进展便是三方与国际社会务实合作的结果。基于对一系列具体案例的研究,我们可以认为,总体而言,三方之间的关系具有很多合作的成分。这也是我们将此种关系看作三边关系而不是高度竞争性和对抗性的战略三角关系的原因①。

第三,美欧稳定婚姻模式是中美欧三边关系的一般特征。尽管这种三边关系在总体上是合作性的,但中美欧之间的合作关系并不是对称的。第二次世界大战后建立起来的美欧联盟不仅有共同的文化、价值观和制度作为纽带,而且美欧在地区和全球事务上也有着相当广泛的共同利益。美欧合作伙伴关系具有深厚的背景和基础。伊拉克战争期间,美欧之间的战略和政治分歧一度急剧扩大,提出了大西洋两岸是否已经分道扬镳的疑问,而中欧关系其实在不断升温,似乎有改变美欧稳定婚姻模式的发展趋势。不过,2005年以来美欧关系的逐步修复证明了美欧关系的牢固性和持续性。相比之下,中欧、中美之间的合作关系历史不长,也尚未完全定型,仍然存在着政治制度和意识形态的重大差别和战略方面的竞争因素,并在近年来的中欧和中美关系的波折中表现出来。可以说,美欧之间的分歧总体小于中欧和中美之间的分歧,在三边关系中,中国不时要面对一对二的局面,而令中国常常处于相对不利的地位。因此,建立一个严格的三边框架,并以这个框架来作为三边关系协调的主体,并不符合中国当前的利益。在现阶段内,中国需要优先注重双边和大多边的机制。

---

① 参见陈志敏等:《中国、美国与欧洲:新三边关系中的合作与竞争》,上海人民出版社,2011。

第四,三边博弈具有动态变化特征。由于三方力量的此消彼长以及三方战略和政策的变动,三边关系在时间上的变动性也较为显著。小布什政府时期美国的强势地位以及单边主义外交政策扩大了美欧裂痕,促进了中欧合作的强化。但随着这种强势地位的相对衰落以及奥巴马政府更为多边主义外交政策的出台,美国加强了与欧洲的合作,并会尽量利用中欧之间的矛盾来争取美国在三边关系中的枢纽地位。在这种背景下,欧盟会寄望其在跨大西洋关系中地位的提升而更加关注中国力量的增强对欧盟带来的挑战,通过强化与美国的合作来提升其对中国的讨价还价地位。前些年中欧关系中出现的不少困难也可被视为权力对比关系和三方外交政策发生阶段性变化的产物。在中美关系方面,奥巴马政府上台后的第一年中,奥巴马总统不仅继承了小布什政府积极的对华政策,而且还做出了进一步强化的努力,在国际舆论中掀起了一股所谓中美"两国集团"的热议。让刚刚对美关系有所加强而对华关系有所降温的欧盟备受压力。时任英国外交大臣戴维·米利班德为此大声疾呼:"欧洲的选择很简单:要么加强内部团结让欧盟在世界舞台上成为一个领导者,要么在一个由美国和中国塑造的两国集团世界中成为一个旁观者。"① 中美的接近和欧元危机的深化促使欧盟国家重新重视对华关系,并做出了修复关系的相关努力。而2010年中美关系因一系列问题而陷入困难之后,中国对发展中欧关系的努力也出现了强化的态势。

第五,各个议题领域内的三边博弈存在明显的差异性。中美欧三边关系已经在众多的议题领域中出现。尽管在政治制度和人权问题上、在促使中国开放市场、保护知识产权、要求中国按照西方的定义承担更多的国际责任等诸多问题上美欧常常处于同一阵线,但也存在美欧合作不占主导地位的不少领域和时候。在这些领域中,欧洲和美国之间的矛盾比较突出,欧盟之间的传统伙伴关系并不特别强大,或者说欧美矛盾并不一定小于中欧和中美分歧。比如,在气候变化领域、国际金融机构改革、联合国改革的问题上,美中之间的合作似乎更为关键;而在反对美国单边主义、改革美元独霸的国际货币体系、支持联合国的中心作用等方面中欧似乎更为接近。而且,随着中国各方面实力的进一步

---

① Marcus Walker, "EU Sees Dreams of Power Wane as 'G-2' Rises", *Wall Street Journal*, January 26, 2010.

快速提升以及中国在国际事务中参与的更加深入,类似的现象也许会在更多的议题领域和更多的时刻出现,形成中国不一定完全面对一个美欧稳定联盟或轴心的局面,从而让中国有更大的机会在一个相对平等的地位上与美欧进行博弈。

第六,中、美、欧三边关系在相当一段时间内将是一种开放性的三边关系。这也是我们对迪特莫理论的第四个改进。由于中国在中、美、欧三边博弈中仍处于相对不利地位,中国需要通过与其他国家的合作,来改善中国在三边博弈中的地位。比如,中国和其他四个"金砖国家"——俄罗斯、印度和巴西和南非——的合作就可能起到这一作用。如果我们引入其他四个金砖国家,且假定中国和金砖四国的合作收益分值为6,欧盟和金砖四国的收益分值为4,美国为3,那么,对每一个行为体而言,都同时存在三个三边关系。我们的假定也预设所有三边关系总体合作的性质。我们把最近阶段中、美、欧三边关系中每一方介入的三个三边关系的合作得分和竞争得分加总,可以得出每一方在这个开放性三边关系中的合作总分和竞争总分,分别是:美国(50,18)、欧盟(51,25)、中国(50,18)(参见图5)。如此,由于发展和借用了外部伙伴关系,中国在中美欧三边关系中的地位得到明显改善,其地位与美欧明显接近。当然,美欧也会借用各自的外部伙伴,来提升自己在三边关系中的地位。上述事例只是证明,如果中

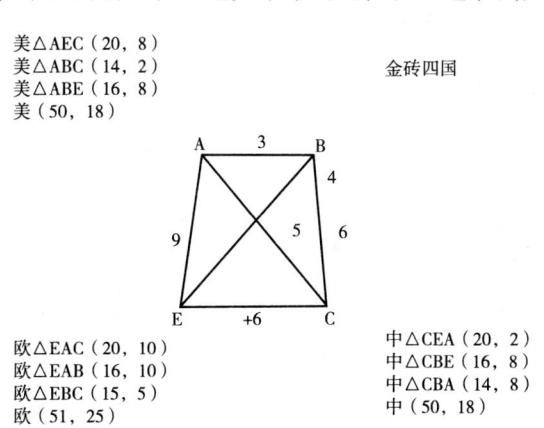

美△AEC(20,8)
美△ABC(14,2)
美△ABE(16,8)
美(50,18)

金砖四国

欧△EAC(20,10)
欧△EAB(16,10)
欧△EBC(15,5)
欧(51,25)

中△CEA(20,2)
中△CBE(16,8)
中△CBA(14,8)
中(50,18)

图5 开放性的中美欧三边关系

说明:A代表美国,E代表欧盟,B代表金砖三国,C代表中国。△AEC代表美欧中三边关系,△ABC代表美、金砖四国、中国三边关系等,其他以此类推。图由作者自制。

国可以建立和其他重要国家之间的密切合作关系，中国有提升其在中美欧三边博弈中的地位的可能。

（二）管理中美欧三边关系的双边策略

冷战结束以来，中国确保了中美欧三边关系呈现总体合作的局面；尽管还没有改变其相对不利的地位，但中国在三边关系中的地位也有了明显改善。根据以往三边关系变动的历史和运作规律，中国在管理未来中美欧三边关系时应该遵循以下的双边策略。

首先，中国要进一步提升和美欧每一方的合作水平。根据我们的研究结果，中国在三边关系中地位的提升主要依靠中国与美欧双边合作水平的提升，以及这种合作在美欧外交中的重要性的相应上升。中国和美欧经济双边关系的快速发展促进了双边总体合作关系的发展，对三边关系内部的均衡化也起到了积极作用。更重要的是，随着中欧和中美经济关系在金融危机之后继续快速发展，而美欧经济合作水平发展缓慢，中欧和中美经济关系日益与美欧经济合作旗鼓相当，甚至在不久的将来有超越美欧经济关系的可能。在战略和政治关系方面，由于中国在全球和地区问题的解决中将发挥日益不可或缺和更为重要的作用，以及在内部稳步推进政治体制改革、人权保护和加强法治建设，中国和美欧之间的合作也有一定的提升空间。当然，随着中国实力的快速上升，美欧和中国的战略竞争和制度竞争也在强化，2010 年以来中美在亚洲的战略竞争以及近年来中欧在非洲的制度竞争便是这样的例子。尽管如此，本文仍然认为，从总体上说，只要各方能够本着各自和国际社会的根本利益出发，有效地管理相关之间的分歧，中美欧能够维持总体上合作的三边关系，而中国也能够在未来的三边关系中进一步改善其地位。

其次，要认识到美欧之间总体合作的基本属性，不对美欧分裂抱不切实际的希望。如果把伊拉克战争期间的美欧分歧放在美欧联盟的历史框架中来看，那一段时间的美欧冲突只是美欧长期合作历史中的一段小插曲。而且，随着中国和非西方世界的崛起，美欧将更加注重维护相互之间的合作和联盟关系来共同应对国际权力格局变化。

尽管如此，以包括中国和其他新兴大国在内的 20 国集团成为主导性的国际经济管理机制为标志，美欧联盟在各自的外交战略中的地位相对下降仍是可能的发展趋势。这一趋势既不是美欧内讧的结果，也不是中国有意为之的产物，而是世界权力转移的大趋势使然。因此，中国可以对这一趋势加以积极引导，一方面防止美欧稳定婚姻模式或联盟超出正常范围的强化，另一方面提高中美和中欧关系在美欧外交中的重要性程度，改善中国在三边关系中的地位。

第三，要采取议题联盟的方式联合美欧一方来强化其对另一方的谈判地位。在不少的议题或次议题领域，中国和美国或欧盟国家可以在共同利益的基础上发展更为关键的合作。在这一过程中，作为未来一段时间内第一和第二经济大国，美国和中国的合作有潜力成为世界上最有影响力的双边合作关系。中美在安理会改革和气候变化谈判中的博弈和合作已经成为主导国际进程的关键因素，未来也可能在更多的领域出现。当然，对中国而言，就像温家宝总理对来访的奥巴马总统所表示的那样，中国有三个主要理由拒绝有关"两国集团"的提法。其一，中国是一个人口众多的发展中国家，要建成一个现代化国家还有很长的路要走，对此要始终保持清醒；其二，中国奉行独立自主的和平外交政策，不与任何国家或国家集团结盟；其三，中国主张世界上的事情应该由各国共同决定，不能由一两个国家说了算。与此同时，温家宝总理也表示，"中美合作可以发挥独特作用，推动建立国际政治、经济新秩序，促进世界和平、稳定和繁荣"。① 在发展和欧洲更紧密的关系时，欧盟作为有限战略行为体的属性正在成为一种制约因素。无疑，中欧可以在经济上发展全方位和更高层次的合作关系，这是可以比较肯定的。但是，在战略和政治层面，欧盟目前的状况并不十分乐观。通过将中欧战略对话提升到高级代表——国务委员层次，中国期待欧盟新的外交机制能够有效提升欧盟的战略行为能力，推动中欧战略伙伴关系取得实质性提升。与此同时，中国也需要做好准备，加强与欧盟成员国的合作关系水平。

第四，要加固和深化中国与其他新兴大国的协调与合作。基于中美欧三边关系的开放性特征，中国在优化三边关系内部的双边策略的同时，也需要在三边关系的外部发展出有效的双边策略，也就是要加强、巩固和扩大中国在

---

① 参见中国外交部网站《温家宝会见美国总统奥巴马》，2009 年 11 月 8 日，http://www.fmprc.gov.cn/chn/gxh/tyb/zyxw/t627753.htm。

美欧之外的伙伴或战略伙伴关系。在多哈回合中，中国与巴西和印度的政策联盟、在哥本哈根气候变化大会上"基础四国"的政策联盟，以及中国与俄罗斯在战略和重大问题上的战略协作关系以及中国和77国集团、中国和非洲国家的伙伴关系，都可以有效地加强中国在三边关系中的地位。当然，中国和新兴大国之间也不是铁板一块，在一些问题上也存在显著的分歧，比如中国和印度在领土和安理会扩大等问题上存在的重大争议。而且，美欧在意识到新兴大国崛起的现实很难逆转之后也正在努力发展与主要新兴大国之间的合作关系。因此，中国如何维护好和新兴大国及发展中国家间的现有合作水平，并推动其不断向前发展，与中国在中美欧三边关系的地位改善有着重大而直接的关系。

（三）管理中美欧三边关系的制度架构

沈大伟一直在建议中美欧三方应该使它们之间的政府间对话"三边化"，即建立副总理级别的三边战略对话机制，建立一个专门的第二轨道三边对话机制，利用八国集团峰会的场合举行每年一次三边首脑峰会①。如今，欧盟官方也提出了类似的设想。本文认为，考虑到中美欧三边关系的前述特点，处理中美欧三边关系的制度框架应该是多个路径的，以双边和大多边为主，考虑发展尝试性的三边机制。

双边路径是处理三边关系的基本路径。目前，美欧峰会、欧美副部长级东亚战略对话、中欧战略对话、中欧高层经济对话、中欧峰会、中美战略与经济对话已经发展起来。这样的双边机制是各方发展与另外两方双边关系的必需，也是对第三方施加影响的渠道。因此，这些机制应该得到继续充实和加强，逐步增加涉及地区和全球事务，包括涉及第三方利益的事务的议程。考虑到欧盟这个国际行为体的特殊属性，双边路径也包括发展与欧盟成员国的双边关系。其中，不仅要推进与欧盟主要大国的双边关系，也要重视与中小成员国的双边关系，通过自下而上的方式来提升中欧整体关系。

大多边路径应该是目前协调中美欧三边关系的主要多边路径。在联合国安理

---

① David Shambaugh, "The New Strategic Triangle and U. S. Relations with China", *The Washington Quarterly*, Vol. 28, No. 3, 2005, pp. 7 – 25.

会、围绕伊朗核问题的六国会议机制、二十国集团峰会、联合国气候变化大会、世界贸易组织小型部长会议、东盟地区论坛以及其他全球和地区性组织中，中美欧作为这些多边机制中的核心成员已经在进行各种协调的努力。由于不是排他性的三方机制，大多边机制为中国提供了更多的回旋空间，能够联合其他新兴大国和发展中国家来加强中国的谈判地位，避免陷入二对一的不利局面。目前，中国与其他金砖四国、中国与上海合作组织其他成员国家、中国和非洲及拉美的合作蓬勃发展，且潜力巨大。以这些合作作为支撑，中国可有更大的自信来规划中美欧三边关系的未来。

三边路径可以进行尝试性建设。可以考虑在第二轨道尝试性建立中美欧三边对话渠道，以掌握三边关系的发展状况和趋势，建立信心，积累经验。同时，在选定的少数议题领域，如国际维和行动、发展援助中个别项目的协调、应对气候变化中的相关议题等领域，尝试性建立官方工作级别对话机制。根据对话开展的情况，决定未来议题领域的扩展和官方层级的提升。

［本文根据作者2010年发表在《世界经济与政治》第1期的同名论文和作为第一作者的同名著作（上海人民出版社2011年出版）改写而成。］

第二章 冷战后欧、美、俄三边关系的结构变化及未来趋势

冯绍雷*

冷战后欧盟、美国与俄罗斯之间相互关系及其结构性变化的背景，是近20年来宏大国际变迁过程中的一个局部与片断。对于这一进程的认知与理解，并不是仅限于某一国、某一地区的单一判断就能够清晰把握的；也不是某一门学科、某一种理论，以及某一种主义能够全面概括的。这样一种对较为宽广视野下多边关系的运行、前景及其影响力的判断，乃是对当下国际政治复杂现实的一种求解，也是多种理论和知识运用下的一种信息聚合。虽然，这样一种观察始终面临着知识和理论准备不足之下捉襟见肘的窘迫，但是，很多情况往往不是理论和信息准备非常充分之后才能够形成较为成熟的战略和决策，而是形势逼迫着人们在相关的理论范畴形成之前，或者超越已有的陈腐见解去作出选择和破解危局。一个成长中的中国面临着太多这样的需要认真研究与应对的局面。

在上述的理解之下，笔者试图通过本题的探讨来寻求对于尚在进程中的大国间关系变化的体认和把握，以作研究和观察的参考。

一 三边关系的研究为何具有重要意义？

本文选择从三边关系的视角来观察冷战后欧盟、美国与俄罗斯相互之间的关

---

* 冯绍雷，华东师范大学国际关系与地区发展研究院院长、教授。

系，是基于这样一个事实：在任何一种外交决策的过程中，人们所习惯的双边关系未必在任何情况下都具有压倒性的意义，在许多情况下，当人们在处理一般的双边关系时，往往受到了第三方的影响，或者是期望着对第三方产生某种影响。这里的第三方，可能指的是单独一个国家，也可能是一组国家或者一个行为者群体。从常识上讲，由三方构成的事物或者过程，比起由两方面因素所构成的事物和过程，更具有稳定性，也更具有持久性。因此，这种三方组成的关系结构，能够较多地体现出事物与过程的深层本质。这是本文为什么选择这样一个"多边"视角的动因。就从冷战之后的欧盟、美国和俄罗斯之间的相互关系来说，往往是双方关系非常明显地受到了第三方的影响，或者，反过来第三方的存在本身也身不由己地成为与另外两方的外交决策前提。从 20 世纪 80 年代晚期一直到当下国际金融危机的发生，这样的三边之间的互动一直都没有停止过。进一步言之，自从国家形态——包括东方国家——出现以来的几千年文明史进程中，这样的三边关系乃是一种相当基本的国家间交往形态[①]。

　　本文所称的"三边关系"和一般所称的"多边关系"这两者之间既有共性，也有区别。相同处在于，两者都是基于非双边关系这样一种复杂交往的形态；而不同处则在于，一般意义上的多边事务侧重于多边的、共同的集体决策或者多方协商沟通，而三边关系则是指双边关系之外的第三种因素或者第三个角色（或者角色群体）与这一对双边关系之间的互动。比如说，法德关系属于典型的双边关系，法德英关系则成为典型的三边关系，而欧盟成员国发生在欧洲议会、欧洲理事会、欧盟委员会的相互间关系则是典型的多边关系。

　　双边的、三边的、多边的这样一些形式与内容各不相同的外交关系在实际运作过程中是相互交叉、相互包含的，但是，各自又有着自己的行为特点和功能。三边关系中的客观行事逻辑，与外交家们宣布的"不涉及第三方"或者"不针对第三方"的主观政治立场的宣示是两回事。前者是指对于客观存在的外交行为过程的提炼与分析，后者是指特定外交活动背景之下的具体政治内容的立场表达。换言之，学术上关于三边关系问题的讨论，完全不妨碍政治上和外交上恪守

[①] 西方国际关系理论有不少著作并没有将东方古代国家列入国际关系研究的视野，实际上，就古代东方国家间关系而言，无论是其对外政策的形成与实施，还是其对外交往文化，包括三边关系的丰富实践都应该纳入一般国际关系历史的考察对象之中。

"不涉及第三方"的原则立场。

　　冷战后的三边关系与冷战之前的同类过程相比，显然具有很多不同的表现形式和内涵。因此，人们比较习惯于把冷战前的三方国际行为主体之间所发生的关系，称作为"三角关系"，而不是"三边关系"。人们倾向于认为冷战之前的这种"三角关系"具有全面的对抗性，因为其内涵有着较多的意识形态禀赋；而冷战之后的"三边关系"已经不具备这样全面的对抗性。这一方面是因为冷战使两大对抗性军事集团中至少一方已经销声匿迹，另一方面是后冷战时期的意识形态竞争的因素虽然未必消失，但也大大地减弱了对抗性的行为特性[①]。笔者认为，冷战后的多边过程之所以较之冷战前较少全面的冲突对抗成分，客观上有两个原因：一是20世纪七八十年代以来的全球化过程。这一进程的出现和推进，从根本上大大减弱了为争夺资源和地理空间而激发对抗行为的可能性。因为在全球化的背景下，国家与国家之间、地区和地区之间有可能通过和平的交换来实现资源和市场空间的重新配置。二是大规模杀伤性武器可能造成的毁灭性危害，也使得人们望而却步，在残酷现实面前不得不有所收敛。

　　关键问题在于，像全球化这样一个客观过程的出现，并没有使国际政治中的对抗性因素全然消失。如果以为全球化就意味着从此天下太平，未免过于天真。2008年的国际金融危机之前和之初，一度甚嚣尘上的"新冷战"观点的出现，就是针对着当时欧、美、俄三边关系中正在出现的紧张局势而被引申出来的。这种观念，并没有因为金融危机的到来客观上需要各个大国之间加强协调和合作而逃遁，相反，随着危机条件下全球化势头受到阻遏、市场保护主义的抬头以及民族利己主义的泛滥，任何产生这种对抗性观念的基因，都可能卷土重来。

　　尤其是在当今形势下，当人们强调国际政治经济的重心出现从西方向东方转移、正在较多地关注新兴国家和新兴集团的成长和发展之时，一个不可忽视的重要方面，乃是欧盟、美国和俄罗斯依然是当今世界最有影响力的国家和超国家组合。这是当下世界权力转移过程中的主要方面之一。这一领域中三者关系的任何消长和互动，都会对这个变动中的世界产生重要的影响。这也是本文写作的另一

---

① 参见 Jan Hallenbeng and Hakan Karlsson eds., *Changing Transatlantic Security Relations*, Routledge, 2006, 序言及第一章。

个重要的动因。

因此，本文力图从欧盟、美国与俄罗斯相互之间的经济、政治、安全关系等各个方面来描画这一组三边关系的结构特点和变化，以及未来可能的趋势。

二 欧盟、美国、俄罗斯三边经济关系的结构与特点

欧盟、美国和俄罗斯三边之间的经济关系依然是当今世界经济格局中的重要方面，因此，这三方之间的关系变动势必对于世界事务产生举足轻重的影响。

（一）从冷战史角度对欧、美、俄三边关系的追溯

从冷战时起，多少年来人们习惯于以"两极体制"来形容当时的国际格局。但是，从体制发生的过程来看，事实上国际体制的特点不是纯粹的所谓"两极体制"。欧洲共同体发生和发展的历史能够证明，实际上早就存在着多元化国际发展的倾向、潜能、实际的努力，以及堪称标志的一些历史性事件。比如，1949年的煤钢共同体的出现，1957年《罗马条约》的签订，1979年欧洲经济与货币联盟的建立，等等。如果不是这样，就很难理解冷战局面一结束为什么几乎顷刻间就出现了从欧洲共同体向欧盟的重大历史性转变。就像不少欧美关系问题的专家所肯定的那样，实际上，比1992年这一时段更早就存在一个至少是美国、欧洲、俄罗斯（苏联）这三方为代表的，既是相对独立、各自为政、具有自己一定的影响力范围，又是以不同方式互相联结和互相影响的政治经济实体[①]。

可见，国际社会多元化发展这一历史性现象，在冷战时即已出现，后冷战时期得以迅速彰显，而且将在今后相当长的历史阶段中继续存在。虽然难以以"极"名状所有在冷战时期涌现的国际实体，因为当年的欧洲共同体并没有足够的战略力量来独自抗衡苏联。但是在冷战时期通过长期低调的努力铺垫和稳步的体制构建，在冷战后则以大胆而激进的区域联盟方式破土而出。实际上，后来全球事务中的区域合作，还真是在相当程度上，唯欧盟马首是瞻。

---

① 〔美〕戴维·卡莱欧：《欧洲的未来》，冯绍雷等译，上海人民出版社，2003，第100页。

（二）欧、美、俄三边关系的经济结构性动因

从欧盟、美国和俄罗斯在世界经济结构中所占比重的角度来看，有一些相似的趋势，值得关注。

从冷战刚刚结束的1992年开始，美国占世界经济的比例从22.81%一直下降到2011年占世界经济的22%左右。即使我们暂且不考虑从前苏联跌落至俄罗斯这样的经济规模，仅以俄罗斯独立后的1992~2010年其占世界经济的比例变化来看，也从1992年的占世界经济的4.21%下降到2010年的3.02%[①]。冷战结束之后的欧盟尽管经历了初创和扩展的重大变化，但是，仅从2010年的德国、法国、英国、意大利等国在世界经济所占排名来看，也比1992年冷战结束、欧盟刚刚建立之时的排名明显落后。

而与此相对应的深刻而迅速的变化，乃是新兴国家出人意料的崛起，尤其是以金砖国家为代表的新兴国家在世界经济中地位和份额的上升。俄罗斯的特殊背景使得它虽然身处于G8集团之中，但是却没有资格真正参与G7成员有关国际金融事务的宏观协调；另一方面，虽然作为金砖国家之一，但是俄罗斯却因在金融危机之中与其他金砖国家不相近似的大幅度经济下降而遭受了不少批评，甚至经常可以听到有关将俄罗斯排除出金砖国家行列的动议。

因此，欧盟、美国、俄罗斯三方同时在世界经济结构中份额的下降，以及它们所面临的新兴国家迅速成长的这种颇为近似的外部环境，客观上使得它们存在着相互之间需要加强协调的共识和认知前提。

（三）欧盟、美国、俄罗斯之间的经济关系结构

从三方内部关系的角度来看，欧、美、俄各自之间的三边经济关系是一种不对称的经济关系结构。

欧盟和俄罗斯之间有着较为长期深厚的合作基础与空间，在经济贸易关系方面比美国与俄罗斯之间要远为成熟和发展。从2000年至2007年，欧俄之间货物

---

① Sergei Karaganov et al., "The US-Russia Relations after the 'Reset': Building a New Agenda. A View from Russia", Report by the Russian Participants of the Working Group on the Future of the Russian – U. S. Relations, 2011.

贸易总额增长了两倍。2008年上半年，欧盟对俄出口从2004年的400亿欧元上升至500亿欧元，从俄罗斯的进口从2004年的690亿欧元上升到880亿欧元。俄罗斯是欧盟的第三大贸易伙伴（名列美国和中国之后），对欧出口占欧盟总出口的8%，对欧进口占欧盟总进口的11%；而欧盟则是俄罗斯最大的贸易和投资来源地。欧盟对俄直接投资从2004年的60亿欧元上升到2007年的171亿欧元，而俄罗斯同期对欧盟的直接投资则为10亿欧元①。金融危机之后，欧俄之间的经济合作关系受到了冲击，但是欧俄之间长期相互依存的紧密关系并没有因为危机而发生改变。

相比之下，俄罗斯与美国之间的经济贸易关系则薄弱得多。虽然在2010年美俄关系重启之后，美国的一些大公司如雪佛龙、百事公司、美铝公司、通用电器都与俄罗斯签订了较大的交易合同；俄罗斯也向波音公司购买了20亿美元的8架波音777客机，这是继美国2009年向俄罗斯出售50架波音737客机之后的又一重大协议，但是，2010年俄罗斯在美国贸易伙伴排行榜上仅列第37位。美国与加拿大和墨西哥几天的贸易额就超过了美国与俄罗斯之间整整一年的贸易额。②

进一步而言，关于俄罗斯、美国、欧盟之间相互经济关系的描述，其能源关系结构是一个非常典型的实例。

首先，从当前世界能源结构中它们各自所占据的地位来看：欧盟拥有世界石油储藏的0.6%，美国为2.5%，俄罗斯为6.6%。欧盟分摊世界石油生产的2.9%，美国为8%，俄罗斯为12.3%。而欧盟在世界石油消费中所占的比重为18.6%，美国为24.1%，而俄罗斯为3.3%。至于天然气，欧盟仅有1.3%的储量，美国为3.3%，俄罗斯为26.3%。欧盟的天然气开采量为世界的7.1%，美国为18.5%，俄罗斯为21.3%。就天然气消费而言，欧盟占17%，美国为22%，俄罗斯为15.1%。因此，在欧盟的需求还不断增长的情况下，俄罗斯不可避免地成为欧盟首要的依赖对象③。

其次，从俄罗斯、欧盟与美国相互之间的能源关系来分析：俄罗斯出口天然

---

① 尚军：《俄欧紧张关系尚未影响双边贸易增长》，2008年11月12日，新华网，2008年11月12日，http://news.xinhuanet.com/world/2008-11/12/content_10345588.htm。
② Josegh R. Biden, "The Next Step of Recceting US - Russia Relation", *International Herald Tribune*, March 14, 2011.
③ 能源数据参见 Тома Гомар, Европа, Россия, США: новые величины старого уравнения "Россия в глобальной политике". № 1, Январь-Февраль 2008.

气中的84.8%是向欧盟供应的,而欧盟消费天然气的26.3%是来自俄罗斯。俄罗斯向欧盟出口的83.3%是石油,这一比例占欧盟石油总消费的38.7%。而苏联向美国提供的石油仅占该国石油消费的1.79%。俄罗斯75%的出口收入直接依赖于欧洲能源市场。这些数字非常明确地揭示了俄罗斯与欧盟之间在这一领域非常紧密的相互依存关系,同时,也说明了俄罗斯与美国之间实际上尚未形成能源合作关系。

由上述可见,俄罗斯相对接近欧盟,而较为疏远美国,在基础性的经济利益结构关系上这一点也是能够找到根据的。即使是考虑到近年来页岩气革命的发生,美国在这一领域所具有的研发、生产、储备能力显然对于未来油气市场的行情产生着巨大的影响。但是,这一重大变动的出现,至少在近期内尚不至于根本改变美、欧、俄三者之间上述的相互关系。

(四) 对于欧、美、俄三边经济关系的深层理解

如何理解美、俄、欧三边经济交往对于其全面关系的影响,实际上还包含着一些深层次的理论认识问题。

比如,国际问题领域的经济关系对于政治与安全关系到底起什么作用的问题,仍无定论。一种观点认为,经济起基础性的作用,能够直接影响到政治关系的起落;但是,另一种观点认为,不能够把马克思主义关于在较长历史阶段中作为社会经济体系的经济关系所起的基础性作用的描述,简单地套用于国家间相互关系中经济贸易交往所起的作用。这是完全不同的两个概念。举例而言,我们可以认为,俄罗斯与欧盟之间的关系不会简单地如同俄罗斯与美国的关系那样起落不定,这是由于欧俄之间具有深厚的以长期经济合作,特别是相当制度化的能源管道设施为依托的扎实基础。基础性的经济合作的确制约和推动着政治合作的起落。但是,为什么俄罗斯与欧盟之间有着这样深厚的基础,却难以使得欧俄关系大步推进,甚至还会倒退,有时还不如俄美关系能够得到一时间的明显突破,比如2009年美俄关系"重启"之下的一度重新活跃,欧美关系却停滞不前。由此看来,反倒应该认为是美俄高层之间政治关系的接近才引发了经济合作关系的提升。

冷战结束后的这20多年来,若以新世纪为界对其前后10年作一个对比的话,那么,可以发现欧、美、俄之间的相互经济关系表现出很不相同的面貌;而且,远远超出实体经济交换的物质性层面,并具有相当丰富与复杂的思想与政治

内容。20世纪90年代是欧美主导下的新自由主义经济政策发挥巨大作用的时期，俄罗斯经济的发展路径基本上是依附于欧美世界的自由市场经济。但是，新世纪之后，随着世界能源市场的行情变化，俄罗斯的经济格局也逐渐改变，进入了所谓的"第二次转型"阶段，旨在克服前一时期经济体制改革所形成的弊端和"体制陷阱"，使得国家在经济生活中的作用重新得到凸显，俄罗斯由此逐渐改变了原来依从于西方体系的格局；同时，政治因素越来越明显地对于俄罗斯与西方关系发挥作用：先是2003年俄罗斯与法德联手，共同抗拒美国挑起的伊拉克战争，之后，是在2008年金融危机的背景下，俄罗斯与德国、法国等欧盟主要国家又一次联手"造反"，反对以美元独霸天下却又不能够担当道义责任的现行国际经济与金融体系。

俄罗斯先是力图摆脱对于西方经济体制的过度依赖，然后是寻求与欧洲的紧密合作以避免被动状态，同时，美国与俄罗斯之间也不失时机地利用危机状态之下的突破来获得发展。欧、美、俄这三方近20多年相互关系发展的态势，一方面说明了相互之间的经济依存状态是实际影响它们之间交往关系的一个重要背景；但另一方面，与实际依存状态同样重要的是，各自在世界经济格局中的地位、诉求以及对于经济运行模式的选择，后者有时会更加直接地影响相互关系的走势。

20多年来，欧盟、美国和俄罗斯相互之间的亲疏分合，鲜明地体现了冷战之后一个多层次的、多元化的国际经济格局的正在形成。

三 欧盟、美国与俄罗斯三边关系的政治背景

美欧关系是当今大国关系中的一组重要关系，亦是冷战后最为独特的一组政治关系。从20多年的进程来看，大体上表现出这样几种结构性的趋势：其一，从全球层面来看，21世纪以来所出现的新兴国家经济与政治地位上升的势头，伴随着传统大国政治影响的低落，深刻影响了国际格局的走势；其二，西方核心国家关系中，特别是美国与欧盟之间既维持结盟又逐渐疏离的过程具有深刻意义，使得西方国家间联盟关系表现出一种崭新的态势；其三，俄罗斯与欧盟之间的相对接近与稳定，而俄罗斯和美国之间关系的相对疏远和起落，显现出三者关系结构的不均衡性；其四，俄罗斯与西方关系的周期性波动，有着深刻的国内体制和政治文化背景。

(一)"北回归线民主共同体"政治理念的失而复起

大约在20多年前,也即在戈尔巴乔夫执政的中期,他开始提出了从里斯本到温哥华的"北回归线民主共同体"的思想①,戈尔巴乔夫希望在推进国内民主化进程的同时,发展与欧美包括加拿大等西方国家的关系,以取得对于国内政治改革和经济发展的支持,同时保持苏联的大国地位。这一想法实际上随着苏联的解体而自然消退。之后的叶利钦当政时期,俄罗斯被吸纳进了西方七国集团,变成了G8。虽然在国际金融事务的大国协调中,俄罗斯并没有拥有任何实质性的否决权力,但是加入G8,至少对俄罗斯人的大国情怀来说是一个很好的满足。值得关注的是,在21世纪的前10年之后,俄罗斯领导人梅德韦杰夫所大力推动的俄罗斯回归"欧洲-北大西洋共同体"的过程非常接近于戈尔巴乔夫当年的观念。2010年9月的雅罗斯拉夫论坛上,布热津斯基在大会发言的最后时刻,也公开呼吁要建立包括俄罗斯在内的"北半球民主共同体"。

问题在于,当下俄罗斯重新接近"欧洲-北大西洋共同体"的过程与20多年前苏联晚期的内外环境大相径庭。冷战后的蜜月早已过去。10多年艰难转型中的种种失落和不满非常容易被归诸为"西方的插手"所造成的后果,俄罗斯民意和对于西方的认知变迁,客观上为今后可能的改善俄罗斯与西方关系的进程设下了障碍;而另一方面,西方对于俄罗斯日益艰难的转型,正逐渐失去耐心,"和平红利"的消耗殆尽也使得西方面对愈益增加的国内困难,再也不容许对昔日的对手做出更多的让步。尤其是美俄之间关系的重启,虽然也是有着一些标志性的改善,但是更多地被看成是处于金融危机共同条件下共渡难关的权宜之计。在这样的背景之下,"北回归线民主共同体"的设想在有限领域出现合作的同时,可能会仅限于俄罗斯与西方之间政治气氛的改善。

(二)来自意识形态的内在激励与欧、美、俄三边关系

冷战后国际政治中的一个重要现象,是与经济、政治形势等客观外在环境相比,政治思想意识形态作为内在的激励因素,依然起着重要作用。

冷战结束之后,美国外交在奉行实用主义的行为风格的同时,始终没有放弃

---

① 〔苏〕戈尔巴乔夫:《改革与新思维》,苏群译,新华出版社,1987。

与生俱来的鲜明的意识形态目标。这不仅是指把维护国家安全与威望始终与自由民主制度的理念相挂钩，而且，"推广自由民主"依然被纳入美国对外战略的手段与目标之一。

欧盟外交同样具有鲜明的意识形态特征，但哈贝马斯对此所做的区别是，欧洲国家推行的是一种"基于法律的世界主义的民主"。哈贝马斯批评美国："在对于人权政治的理解上，美国人和欧洲人之间表现出一个很有意思的区别。美国推进全球范围内对于人权的实施，是作为一个在实力政治前提下追求此目标的世界强国的民族使命来进行的。欧盟的多数政府，则把人权政治理解为一项把国际关系加以彻底法制化的事业，而这项事业，今天已经改变了实力政治的各种参数。"

在哈贝马斯看来，美欧各自的外推式民主之间的区别为：是从世界主义的多元立场出发，还是从等级制的、帝国式的民族自由主义立场出发；民主的推广是在相互对话过程中形成，还是在自恋式的独白中派送；民主的接受是基于法律，还是基于强权。他认为，从1999年科索沃战争到2003年伊拉克战争，美国新保守主义政治是把原先不太清晰的一种政治文化变成为一种指导国家对外政治与战略行为的清晰的意识形态[①]。

如果说，美国式意识形态中的"自由的民族主义"倾向和欧洲式意识形态中的"基于法律的世界主义"倾向仍然存在的话，那么俄罗斯意识形态也以"主权民主"论表现出了自己的突出特点。

普京在与瓦尔代国际会议代表（类似于我国的博鳌论坛，但规模较小，而偏重于各国国际事务专家和俄罗斯政治精英之间的交流）座谈时，曾经非常明确地表示，"主权民主"理论还是一个在探讨中的概念，"主权"是指对外，而"民主"是指对内，两者之间的相互关系还是需要进一步研究。此外，普京表示，一方面，"除去民主和多党制以外，没有其他可以稳定国家的手段。我们不能把俄罗斯的将来，把这个人口众多的国家的命运跟一个人或是一个小集团连在一起"。同时，普京又强调，"我们不会自造一种土酿的克瓦斯式的民主"，但是，"道路并不平坦，需要时间，也取决于前提和条件"[②]。这里，普京强调的

[①] 童世骏：《一种新的意识形态批判？——论哈贝马斯对科索沃战争和伊拉克战争的不同态度》，"国际关系理论与中国外交理论讨论会"会议论文，2003年12月5~6日，上海。

[②] 普京：《与"瓦尔代"国际俱乐部代表的见面会上的发言》，载《普京文集（2002~2008年）》，中国社会科学出版社，2008，第525页。

是，俄罗斯不会去强调"俄国特色的民主"，但是，何时何地、如何执行民主，这需要以本国的时间、地点、条件而变化。所有这一切，在俄罗斯看来，是使民主走向有序，但是在西方批评家看来，这成为民主倒退的把柄。

这几种不同治国理念与意识形态状况，实际上是与外交政策的取向相匹配的。21世纪之初，普京努力接近西方的战略未获成功，紧接着就是2003年之后内部的"尤格斯事件"和外部的"伊拉克战争"，以及2004年相继而来的"颜色革命"，在这样的背景下，具有俄国特色的"主权民主"理论自然有了发展的时机与土壤。

而小布什政府则继承着这样的一种传统，把维护国家危亡与"推广民主"相结合。因此，2004～2005年"颜色革命"的发生，就自然成了美国与俄罗斯关系走向紧张的原因。至于欧盟，无论在"推进民主"这方面，还是在"颜色革命"中，为调节欧亚地区的尖锐形势，在各方之间多次发挥了中间人的调节作用。与莫斯科和华盛顿都不一样的是，布鲁塞尔总归会在"实现民主"的过程中施加一定的影响，但是其做法和理念始终与美国保持着一定的距离。

2011年的利比亚危机中，法国、意大利等国主张军事卷入的态度，看似是一个例外。但是，这并不是整个欧盟的行动。对于欧盟的正式对外行动而言，仅限于对于人道主义物资输送管道的保护。此外，欧盟实力最为强大的国家——德国按兵不动。因此，还很难说是整个欧盟的外交理念发生了根本性的转变。与其说是欧盟意识形态的改变，还不如说是某些欧洲国家更多考虑了切身利益。长期以来，法国等国一直把欧盟向北非、中东等地中海地区的扩张看得远高于欧盟向中东欧、东南欧等地扩展。2007年法国牵头推出的"地中海计划"就是出于这一动因。毕竟法国、意大利等国对于当地的能源等资源需求远大于其他欧盟国家。因此，无论是法国的出头，还是德国的收敛，总起来说，欧洲国家一时一地的显露头角，与奥巴马表面上假意退让，实际上还是企图主导整个中东北非走势的意图相比，欧盟的声势还是远逊于美国式的全球霸权态势。

在意识形态领域中，美国的张扬、欧盟的谨慎、俄罗斯的力图独树一帜——所有这一切都是在一个既是各自伸展，同时也是在一个互相借重的氛围下向前推进。

（三）三种不同的政治文化：实力、空间与制度创新

与政治思想密切相关的还有政治文化，在三边关系的实际过程中发挥着重要

影响。在外交上，政治文化因素往往是通过一个较长历史时期中的聚合，而往往是在一个较短的瞬间以各种定型或者不定型的方式而得以体现的①。

就美国而言，"实力"因素无疑是其对外交往中最为重要的一个政治文化范畴。无论是从军事战略实力、资源与经济能量，还是从思想与意识形态动员能力，包括其政治制度的稳定性这几方面来看，美国依然是当今世界的头号强国。美国以其优秀的人力资源为基础、自由主义加实用主义理念为武器、强劲的战略和科技实力为其核心竞争力，还包括在战略上老练的调整与适应能力。早在10多年前，就有如布热津斯基这样的战略家发出了警告：告诫美国人要在未来的10~15年的时间里准备与世界上正在崛起的其他大国平起平坐；包括理论家及战略家约瑟夫·奈提出的"巧实力"和"软实力"，也都为以美国的"实力"为先导的政治文化作掩护。任何期望美国实力会在一个短时期内迅速消退的估计都是不符合实际的。

与美国实力为先的政治文化略有不同，欧盟的生命力在于它几个世纪以来，特别是半个多世纪以来不断推陈出新的制度性创造。甚至有专家认为，这种似"帝国"又非"帝国"的现象，也即不是靠征服，而是靠吸纳、接受与聚合；不是靠强迫，而是靠规范与组织；不是靠大一统，而是靠"区域核心"与各国主权同时存在的这样一种状况，将使得欧盟既有屡遭风险却又连绵不断的生存自救能力，而且其制度建设的发散能力将在一个较长时期内，如魂牵梦绕般地伴随国际发展的始终。欧盟的优势恰好就在于被称作"制度创新"的能力。即使在欧债危机这样的异常艰难时刻，欧盟的各项机制虽受到重大冲击，但依然运行；欧元区并未如预言般地消失；2012年奥朗德当选总统之后，法德轴心仍然有望获得维持和发挥作用；2013年初，正当英国国内就英国和欧盟关系展开激烈辩论的时候，连美国都表示希望英国继续留在欧盟之内发挥作用，这一方面反映出美国希望通过英国牵制和影响欧盟决策的意图，但同时也说明，美国依然认为欧盟作为一个重要国际实体而存在的现状并不是一时可以改变的，而是一个需要认真对付的长期格局。欧盟的一体化设计与进程虽然可谓是人类历史上最为大胆而冒险的举措之一，但依然将顽强地在各种内外风险和冲击之下维持其

---

① 有关欧盟、美国、俄罗斯三边关系中政治文化因素的进一步论述，参见冯绍雷等：《构建中的俄美欧关系——兼及新帝国研究》，华东师范大学出版社，2010。

生存。

而俄罗斯的力量则来自其所独有的广大的地域空间。这种无可比拟的自然历史条件给予了俄国人寻求发展和安全自保的无限生机。这样一种自然空间在制度创设上使其可以在面向东方和面向西方的不同谱段上进行多样化的创造；这样一种自然赐予，又使得俄罗斯能够在战略上有着不可估量的回旋余地，当年无论是拿破仑还是希特勒打进了俄罗斯之后，最终不得不狼狈逃窜的结果就是明证；当然，还包括这老天赐予如此丰厚的自然战略资源，使其享用不尽；包括在这样辽阔土地上世代耕耘积累起来的特殊的人文心理潜能，上述种种"地缘空间"因素使俄罗斯一次又一次能在惨烈的竞争中立于不败之地。

美国的"实力"、欧盟的"制度"和俄罗斯的"地缘空间"不光是一种物质性的存在，而是已经长期地潜移默化地成为鼎足而立的三种文化，使之自存于当今世界，并且在欧盟、美国与俄罗斯的相互关系中忽隐忽现地顽强表现自己。

（四）欧、美、俄关系中的周期现象及其国内政治背景

值得人们非常关注的是，最近 20 多年也即冷战结束前后的这 20 多年来，俄罗斯与欧、美之间的关系有过多次改善，但是，为什么每一次俄罗斯与西方调整关系的结果总不是那么尽如人意？

在这里，苏联解体和俄罗斯独立以来的一个非常独特的政治发展逻辑值得引起人们注意，即几乎每一任政治领导人在其执政开始阶段总是以倾向于西方的政治选择作为开端，但是，在其执政之末，无一例外地都出现了与西方关系的崩坏或疏离[①]。

戈尔巴乔夫改革显然是 20 多年来俄罗斯接近西方的一个开端，但是，最终的结果是戈尔巴乔夫对于西方的求助不成、反被抛弃，以及苏联的最终解体。这是第一个轮回。叶利钦开始执政时，以内政与外交向西方"一边倒"为起点，但是激进政策所引起的是政局不稳、民怨沸腾，乃至于最终导致俄罗斯与西方交恶的 1999 年科索沃战争。这是第二个轮回。普京 2000 年当选总统时，明显地以回归欧洲为起点，包括在 2001 年"9·11"事件中给予美国前所未有的帮助，但是，到了他执政的末期，俄罗斯与西方关系处于相当低落的态势，

---

① 进一步的论述，参见冯绍雷：《俄罗斯转型的路径依赖》，载《俄罗斯研究》2010 年第 6 期。

2008年8月初爆发的俄罗斯与格鲁吉亚的"五日战争"更是俄罗斯与欧美关系恶化的铁证。这是第三个轮回。梅德韦杰夫接任以来,显然又一次以"重启"与美国的关系为起点,但是,待他刚刚访问美国归来,却又传来美国抓捕俄罗斯间谍的消息,可以说,等不到第四个轮回展开,俄罗斯与西方关系的改善已经出现芥蒂。

与上述历史现象有关的又一个关键问题是:20多年来,俄罗斯与西方关系发展的逻辑与国家内部结构有何关系呢?

与上述逻辑相伴始终的是俄罗斯内部政治的演变进程,即几乎每一任俄罗斯政治领袖在其执政之初,都是以相对宽松的施政风格登上政治舞台,而到其末了,总归是多多少少地走向了权力的相对集中。戈尔巴乔夫以民主化改革为起端,但是几年之后,便走向了由他一人同时担任党的总书记和国家总统的局面。而后的叶利钦作为俄罗斯历史上第一位民选总统而出现,但是到他执政晚年,便已出现了"家族政治"和寡头尾大不掉的局面。普京总统执政初年的宽容和励精图治,使得俄罗斯得以重归大国的行列,但是,8年执政的后期受到了来自西方对其国内政治"集权化"的尖锐批评。梅德韦杰夫能否改变这样的先宽松后集权的惯性,人们不得而知。

换言之,上述连续这几个轮回的俄罗斯与西方关系由好转坏,是与相应的俄罗斯内部政治结构"先民主,后集权"的反复重现相匹配的。进一步说,只要俄罗斯内部政治中这一现象重复出现,那么,俄罗斯与西方关系的改善就始终是一个难以稳定实现的目标。这并不是说,可以简单地得出结论,俄罗斯与西方关系将由"制度决定",而是说,转型中的艰难的内部制度变迁始终会与外部关系发生紧密的关联。

虽然,本轮的俄罗斯与西方关系的改善,出现了不少新的背景:国际金融危机使得双方都无力再回到"新冷战"的对抗态势;新兴国家的兴起,既使得俄罗斯寻求大幅度与亚洲的接近,同时,这一挑战也使得作为一个半西方国家的俄罗斯与西方之间绝不放弃与欧美之间接近,而是旨在寻求平衡东西方关系,确立和扩展自己的活动空间。《削减战略核武器协定》的签订,就是俄罗斯与西方合作解决重大问题的一个鲜明例证。但是,上述20余年来的国际关系逻辑告诉人们:俄罗斯与西方之间任何可能的再一次接近,依然可能会受到上述惯性的限制。

四 欧盟、美国、俄罗斯三边安全关系结构

当今世界战略格局中，欧、美、俄各自的安全战略以及由此所构成的安全结构，不能不对全球事务产生重大影响。下文从安全力量对比、安全力量结构、安全合作的焦点等不同的角度来观察美、欧、俄之间的安全关系。

(一) 欧、美、俄安全力量对比变化

对于这一组三边关系的观察，安全力量的对比是一个不可或缺的视角。

从目前欧盟、美国、俄罗斯三方军费开支的情况来看，美国居于遥遥领先的地位。2010年除去伊拉克和阿富汗战争的开支，美国的军费还是高于5000亿美元。美国《市场观察》认为，美国军费开支大幅增加。2010年，美国的军费支出是北约其他所有成员国总和的2倍多，而2000年这一数字还只有1.7倍。2010年，美国的军费支出是俄罗斯的17倍，而2000年这组数据分别只有6倍和7倍[①]。

国防开支费用的客观存在又是如何反作用于未来军事竞争的态势呢？

英国欧盟问题专家埃米尔·基史纳博士曾经就世界主要国家有关安全战略的问题做过一项很有意思的实证研究，他总结的俄美欧三方各自对于军事财政开支的主观评价如下：

表1 俄美欧三国对于军事财政开支的评价状况

	防务预算规模	防务预算是否满足防务需要？	预算资源是否足以应对安全威胁？
俄罗斯	太少:61%	正好:20%	不满足:99%	不足:74%
美 国	太少:40%	正好:52%	不满足:88%	不足:87%
欧 盟	太少:49%	正好:51%	不满足:78%	不足:68%

资料来源：Emil J. Kirchner and Kames Sperling, *Global Security Governance*, London and N. Y.: Routlege, 2007。

---

① 《美国军费开支大幅增加》，人民网，2011年4月26日，http://world.people.com.cn/GB/14484471.html。

从三方对各自军备开支的情况来看，俄罗斯的不满意度最高，欧盟次之，美国满意度最高。换言之，俄罗斯最有希望改变自身军备水平的意愿，欧盟居中，而美国最无意愿。这一态势到了金融危机之后，进一步得到证实。出于危机以及巨大财政赤字的压力，美国不得不承认对于巨大的军费开支无法承受，并表示将有所削减。欧盟在面临尖锐的主权债务危机的局面下，同样是无力抬升军费支出。但是，与此对应的俄罗斯方面的态度却是大相径庭，虽然，俄罗斯也同样面临着危机挑战，但是，俄罗斯经济的动态特点客观上也不排除其经济形势可能出现转机。

2010年11月，普京宣布准备在今后10年将其军费开支提到23万亿卢布的水平。这一数字意味着今后10年中，俄罗斯每年的军费开支将达到700多亿美元的水平。这一数字虽然与美国、欧盟的水平还是有很大的差距，但是，却是相当程度上提升了俄罗斯的安全能力。这一现象到底意味着什么？能否实现？尚且是一个未知数。但是，俄罗斯准备大力发展国防建设的意向，至少意味着一个更加具有抗争能力的多元世界的出现。

（二）欧、美、俄三边安全关系的变动

如果说，欧盟、美国、俄罗斯之间存在相互影响的安全关系的话，那么，20多年来，特别是进入21世纪以来，这样的安全关系结构正在发生变化。

20世纪90年代初期苏联解体，俄罗斯显示了愿意向西方倾斜的对外选择之后，欧、美、俄之间的相互关系迅速接近并大体均衡。但是，随着90年代中期俄罗斯内部政治经济形势恶化，俄罗斯对西方关系也随之发生变化。1999年的科索沃战争是这一变化的转折点。可以说，这场战争改变了俄罗斯与欧美相互合作的态度，双方开始出现对抗，几乎发生一场俄罗斯与欧美之间的地区战争。新世纪之后，形势峰回路转。"9·11"事件的爆发一度使欧、美、俄之间出现合作反恐的局面。但是，好景不长，随之而来的2003年伊拉克战争又成了三边关系转变的焦点。这场战争中，俄罗斯与德国、法国站在一起坚决反战的态度，使得俄欧相互接近，而与美疏远的格局清晰地表现出来。而后发生在2003~2005年的"颜色革命"，虽然欧盟原则上站在美国一边，但是，欧洲国家对于推动这场"革命"的姿态，也不如美国那样不顾一切，而表现得更为节制。2006年之后，相继发生的俄罗斯与乌克兰等国的天然气争端，尤其是2008年发生的俄罗

斯与格鲁吉亚战争，欧盟更是明显地充当了调停者的角色，而不如美国那样断然与俄罗斯作对，全面支持格鲁吉亚。一直到2008年以后，世界金融危机的发生，法国、德国又一次与俄罗斯站在一起批评美国主导下的国际金融体制。2011年俄罗斯、法国、德国三国元首的"多维尔会见"成为伊拉克战争中三驾马车格局的再现。

21世纪的头10年里，虽有2001年"9·11"事件后美俄之间的接近，以及10年之后美俄关系的"重启"，但是，从总的发展趋势来看，是欧盟与俄罗斯的安全关系相对比较接近，而俄罗斯与美国之间则相对比较冷淡。换言之，在一般情况下，欧盟与俄罗斯关系大体能够平稳推进，而美国与俄罗斯的相互关系则要借助于危机局势才能得以更新。比如，在"9·11"事件、金融危机这样的特殊背景之下，美俄关系才有所突破。这也许是近10多年来的三边关系呈现的一个非常引人注目的特色。

（三）欧、美、俄三边安全关系的关键：北约与反导之争

从新世纪的格局看，欧、美、俄这一组三边关系的焦点，在于如何对待北约在内的欧洲安全新构架。

早在2010年9月的瓦尔代会议上，俄罗斯"国防与外交委员会"抛出的一个方案的题目就是"与欧洲结盟"①。10月18日梅德韦杰夫在赴法国多维尔参加俄、德、法三边会议之前，总统的外交事务助手普里霍季科说："推动梅德韦杰夫总统关于欧洲安全条约的倡议是我方首要任务。"事实上，梅德韦杰夫2009年11月就提出了新欧洲安全条约草案，谋求在北美、欧洲和中亚地区建立一个统一不可分割的政治军事安全空间。俄罗斯这一提议，意在改变北约独大的欧洲安全框架，重塑欧洲战略平衡，特别是寄希望于俄罗斯能够在欧洲安全战略合作的平台上，与当年冷战对手的平起平坐这样的局面。俄罗斯方面有关重塑欧洲安全构架的设想中，多次涉及中国，包括提到希望中国以观察员身份参加泛欧安全框架。

---

① Sergei Karaganov, "Towards a Union of Europe", Analytic Report of the Valdai International Discussion Club and the National Research University Higher School of Economics, February 2011; София Сарджвеладзе, Игорь Крючков: НАТО хочет вернуть в Афганистан российских военных28, октября, 2010, "Газета", София Сарджвеладзе, Игорь Крючков.

虽然北约成员国对此反应冷淡，但是，2010年5月一份由前任国务卿奥尔布赖特牵头的相关报告，认为北约目前的战略过时，如果找不到新的存在方式，北约将因无用而不复存在。也有信息表明，德国总理默克尔对绕过北约、在俄罗斯和欧洲国家之间通过一个新的国际条约达成军事平衡颇感兴趣。

可见，对于未来的欧洲安全构架，俄罗斯、欧盟与美国都各有盘算。俄罗斯希望通过一个类似于欧安会式的泛欧机构，使自己能够像当年冷战时期那样，和西方大国，特别是和美国平等地掌控欧洲安全命运，并通过接近欧洲，疏离美国和欧洲对俄事务上的合作。

欧盟在自己尚不具备独立安全力量的情况下，既希望借助于美国，运用北约资源应对地区和全球危机，但是，又不希望北约完全被美国主导，成为美国全球战略的人质。尤其是在俄罗斯问题上，出于对安全问题的深刻担忧，欧洲准备与俄罗斯主导的集体安全组织建立合作关系，也希望在反导问题上美国与俄罗斯的对峙不至于危及欧洲。

美国在欧洲冷战后"和平红利"已经消耗殆尽的背景下，一方面希望欧洲能够更多分担欧洲防务（如利比亚危机），把一线危机冲突推给欧洲国家承担，但是另一方面，又深深担心美国在欧洲大陆的影响力受到进一步挤压，极力阻遏欧洲与俄罗斯之间的接近，包括上述欧盟与集体安全条约组织之间的合作谈判，也受到了美方的直接阻挠。

俄罗斯与北约在反导问题上的合作，是上述三边关系中非常值得观察的一个关键问题。一方面，俄罗斯与北约的战略合作继冷战后达到了前所未有的合作水平。20世纪90年代俄罗斯与北约接近时期，双方在战略武器问题上的合作与妥协，是既限制进攻性战略武器，又反对防御性战略武器。到了21世纪，也即普京执政初期，尽管当时俄罗斯非常希望发展与西方的关系，并且趁"9·11"事件爆发之机，给予美国非常有力的实质性支持。但是，这却丝毫不能阻止美国在2002年断然退出美苏在1972年签订的反导条约。原因非常清楚，那就是美国自认为它的实力足以抛开一切合作者，在发展导弹防御体系问题上采取单边行动。但是，过了将近10年，2009年在梅德韦杰夫和奥巴马推动之下，俄罗斯与北约在反导问题上出现合作机会之后，却在2012年普京第二次入主克里姆林宫的背景下，又再次陷入僵局。这再次表明，俄罗斯与北约实际上远非单纯的军事安全关系，而是牵涉到政治、战略、多边大国关系等各方面综合因素的复杂问题。

另一方面，又应该看到，美俄在冷战之后将进攻性战略武器和防御性战略武器挂钩的问题上，还没有先例可循。从表面上看，拉斯穆森所提出的"从温哥华到符拉迪沃斯托克、在安全方面同舟共济"的设想是大胆的，他所提出的设立"同一个安全架构会成为政治上的一个强有力的象征，表明俄罗斯已经正式成为欧洲——大西洋大家庭的一员"的表态，对于俄罗斯方面而言，是很有吸引力的；而俄罗斯方面，实际上，多年以来一直没有停止过在反导问题上的各种合作建议，比如，2007年6月普京本人提出过通过阿塞拜疆加巴拉雷达站向北约提供有关伊朗开发导弹情况的信息，以换取美国冻结在波兰和捷克的部署计划；2007年7月美俄峰会上，普京提出，美国可以使用刚刚完工的俄罗斯南部克拉斯诺亚尔斯克，在伊朗南部700公里的弹道导弹防御雷达；建立北约和俄罗斯联合应对的、泛欧洲的大规模导弹防御架构，以及设在莫斯科（以及布鲁塞尔）的联合数据交换中心等倡议；包括2008年索契美俄峰会上普京提出的要对反导系统进行"平等的民主管理"。这一次俄方人员坚持提出："俄罗斯参加的一项关键的条件就是它全面参与任何预警和防务系统的一体化——不仅提供数据资料，而且实际参与决策和系统的操作。"这里的"全面参与"包括了在中东欧地区的反导部署。[1] 而关键问题在于，从小布什到奥巴马，包括北约的欧洲伙伴，谁都不愿意让俄罗斯在反导问题上享有潜在的否决权[2]。

笔者认为，在不具备任何政治共识，而且，即使在发展战区反导系统问题上都没有先前合作经验的情况下，俄罗斯与北约可能做到的事情，比如，就是把类似于俄罗斯愿意提供的加巴拉雷达站改造成双方共同预警系统这样的合作。这一系统的数据对于北约方面来说，并非必不可少的，但是，如果有了，则有利于提高双方的弹道导弹防御能力。这可能会是未来几年俄罗斯与北约在反导问题上所达到的最佳状况。而这里还远未涉及中东欧地区的反导系统部署问题，而这才是俄罗斯与北约之间安全合作的关键之所在[3]。

两年来的叙利亚危机可以成为美、欧、俄之间三边安全关系的一个很好注脚：在金融危机条件之下，美国总体实力和影响力的下降使其不得不在叙利亚战

---

[1] Richard Weitz, "Illusive Visions and Practical Realities: Russia, NATO and Missile Defence", *Survival*, No. 4, 2010.
[2] Юрий Гаврилов, Ракеты под общим присмотром, "Российская газета", Nov. 23, 2010.
[3] Anders Fogh Rasmussen, "NATO Needs a Missile Defense", *New York Times*, Oct. 13, 2010.

争中的态度有所收敛,并身居二线。欧洲虽然对于叙利亚态势的发展倍感威胁,但对于叙利亚事务的干预也是力不从心。美欧两家尽管坚持阿萨德政权必须离开的主张,但是,在俄罗斯坚决抵制的背景之下,从短时期来看,依然存在着政治解决的一线希望。然而,如果政治解决不能够得以实现,那么,叙利亚会在较长时期里出现分裂,这种分裂将会是一个阶段当中的欧盟、美国与俄罗斯之间三边安全关系在世界地缘政治前沿地区的一个写照。

结　语

冷战后的欧盟、美国、俄罗斯之间的三边关系乃是一个由各种结构所构成的复杂系统,其中既包含了文化、意识形态等观念性因素,也有经济利益、政治选择、安全保障等物质性力量的交往和抗衡。

这一组三边关系总的发展趋势是,在冷战结束之后各种不同的环境与条件之下,欧盟、美国、俄罗斯相互之间会历史性地重复出现接近与合作的态势。但是,这一进展态势又受到了这组三边关系的内部结构的制约:既表现为欧盟、美国、俄罗斯三方在新形势下各自诉求的差异与矛盾,同时,这三方相互之间的如同万花筒般的分化组合又在深刻影响着世界事务的发展。

更为值得注意的一个现象是,由欧、美、俄三边关系中所透露的一个重要信息,乃是一个愈益多元化的世界正在加速形成,它与当下依然推进的全球化过程相辅相成,为未来中国的外交设定了一个崭新的局面,需要我们认真应对。

（原文刊于《欧洲研究》2011年第4期,辑入本文集前作者做了相应修改与补充。）

第三章　中、欧、非贸易关系及发展前景

熊　厚*

2000年创立的"中非合作论坛"将中非伙伴关系推上全面、快速、稳定发展的新阶段。随着中国经济在21世纪前10年高速增长和中非合作论坛等政治、经济合作机制搭建，中非贸易关系迅速发展，中国已成为非洲最重要的贸易伙伴之一。中国与非洲经贸关系升温引起欧洲高度紧张。欧洲是非洲另一个重要贸易伙伴。当前，欧洲把非洲问题作为中欧双边外交的一个重要问题，中非经贸关系已经超越双边范畴。由此，理性认识中非、欧非贸易关系对中、欧、非三方发展健康的合作关系十分重要。

一　中国、欧洲和非洲的贸易关系比较

（一）中非、欧非进出口贸易整体状况

从进出口总额看，中非和欧非进出口总额都呈增长态势，但中非进出口增长的速度远高于欧非进出口增长速度。中非、欧非进出口总额分别从2001年的106亿美元、2970亿美元增加到2011年的1327亿美元、3650亿美元。过去10年，中非进出口总额增长了12倍多，远高于欧非进出口增长速度。由此，中非

---

* 熊厚，中国社会科学院创新工程综合协调办公室副研究员。

进出口额占非洲对外进出口总额的比重从 2000 年的约 4% 上升到 2011 年的 11.7%，而欧非进出口额占非洲对外进出口总额的比重则从 2000 年的约一半下降到 2011 年的 32%①。由此可知，中非贸易占非洲对外贸易的比重虽然较低，但与欧洲所占比重逐年减小的趋势不同，中非贸易占非洲对外贸易的比重呈现出明显上升趋势，中国成为非洲最具发展潜力的重要贸易伙伴。

从中国角度看，非洲也成为越来越重要的贸易伙伴。近年来，随着中非贸易额增加，中非贸易额占中国对外贸易额比重也在不断增加，从 1990 年的 1.44% 增加到 2011 年的 4.57%，21 年间增加 3.12 个百分点。从 2004 年开始，中国从非洲进口所占比例开始大于中国出口非洲所占比例，这种差距还呈现出逐渐增大的趋势。虽然中非贸易占中国对外贸易比重不断增加，但是中非贸易仍存在规模小、体量轻、所占比例小的特点。未来随着中国促进中非贸易一系列政策的出台，中非贸易的规模和所占比重必将进一步增加②。

对于欧洲而言，欧非贸易发展在 2004 年之前呈现停滞状态，之后逐渐增加，但是国际金融危机对欧非贸易增长产生了严重干扰。当前，欧非贸易占欧盟对外贸易比重约为 5%③，且增长前景并不明朗。

从非洲进口看，2001～2011 年，非洲从中国进口占非洲进口比重从 4.7% 上升到 12.9%，而非洲从欧洲进口占非洲进口的比重则从 47% 下降到 34%④。从非洲出口看，也呈现出类似趋势。非洲对欧盟出口占整体出口比重不断下降，而对中国出口的比重不断上升。

从进出口差额看，中国对非洲一直有商品贸易顺差，顺差额从 2001 年的 10 亿美元上升到 2011 年的约 50 亿美元。欧洲对非洲贸易逐渐从逆差变为顺差，从 2001 年的 -80 亿美元上升到 2011 年的约 18 亿美元。尽管中国和欧洲对非洲均为贸易盈余状态，但盈余额不大，中非和欧非贸易都相对平衡。

（二）中非、欧非贸易结构分析

从进口产品看，中国和欧洲从非洲进口的产品结构较为类似，都是以原油和

---

① WTO, *International Trade Statistics* 2002, 2012.
② 梁明：《中非经贸合作的现状和展望》，载《国际经济合作》2012 年第 11 期。
③ http://trade.ec.europa.eu/doclib/docs/2006/september/tradoc_113340.pdf.
④ WTO, *International Trade Statistics* 2002, 2012.

金属矿产为主,但中国从非洲进口的原油和金属矿产增长迅速,对非洲能源和矿产的依赖度大于欧洲。

2011 年,中国从非洲进口的矿物燃料(主要为原油)和矿产合计占中国从非洲进口总额的 79.9%。从具体商品来看,中国从非洲进口的第一大商品为原油。2011 年,中国从非洲进口原油 6014.68 万吨,按美元计为 470.94 亿,同比增长 16.52%①。就欧洲而言,2012 年欧洲从非洲进口的矿物燃料和矿产总额为518.73 亿欧元,占欧洲从非洲进口总额的 52.3%,占欧洲矿物燃料和矿产进口总额的 9.7%②。

在资源贸易中,中国对非洲国家的石油依赖相比过去更加明显。10 年前中国从非洲进口的石油仅 0.77 亿美元,占中国石油进口的 5%,如今从非洲进口的石油价值达到 400 亿美元,占全部石油进口的 30%③。同期,欧洲对非洲矿物燃料和矿产的进口占同类产品进口总额的比例相对稳定。2008～2012 年,欧洲对非洲矿物燃料和矿产的进口占同类产品进口总额的比例有所提高,但均在 10% 以下。

从出口产品看,中国和欧洲对非洲的出口产品以制成品为主,但欧洲对非洲出口的粮食等初级产品的比重较高。

相比中国自非洲进口一直以原油、原木、矿产等资源性产品为主,中国向非洲出口的产品以工业制成品和半成品为主,能源及矿产、农产品所占比例极小。工业制成品和半成品在中国对非贸易总额所占比例一直高于 90%,且逐年攀升。而在这些工业品中,产品结构也随着时间推移逐年发生变化,由中非贸易初期的纺织、服装等轻工产品为主,向附加值、技术含量较高的机电产品和机械设备方向转变,中国高新技术产品(比如通信产品)对非洲出口也取得较大发展④。就欧洲而言,虽然工业制成品也是欧洲对非洲出口的主要产品,但具体出口产品比例却和中国不一样。从具体商品看,化学品和交通运输设备所占比例较大,2012 年占比分别为 11.6%、14.3%。通信产品一度为欧盟出口非洲的主要产品,但近年来萎缩很快,占比从 2008 年的 8% 下降到 2012 年的 5.6%。另外,欧洲对

---

① 梁明:《中非经贸合作的现状和展望》,载《国际经济合作》2012 年第 11 期。
② http://trade.ec.europa.eu/doclib/docs/2006/september/tradoc_113340.pdf.
③ 江诗伦:《中非贸易合作发展的历史进程与前景展望》,载《对外经贸实务》2012 年第 10 期。
④ 王爱虎、李燕:《中非贸易发展现状分析》,载《江苏商论》2012 年第 5 期。

非洲初级产品出口所占比例相对较高,约为30%,其中农产品占其整体对非出口的比例约为10%①。

(三) 中国和欧洲在非洲的主要贸易伙伴

中国和欧洲在非洲的主要贸易伙伴有一定的相似性,很多是资源富集的国家和经济体量较为庞大的国家,但其重要性排序不同。一般而言,中国和欧洲进口的主要贸易伙伴是能源和矿产蕴藏量丰富的国家,出口的主要贸易伙伴则是经济体量大、较为富裕的国家。

2011年,中国从非洲进口的主要贸易伙伴国依次是:南非、安哥拉、苏丹、刚果(布)、刚果(金)、赞比亚、利比亚、阿尔及利亚、赤道几内亚和尼日利亚,欧洲从非洲进口的主要贸易伙伴国则是尼日利亚、利比亚、阿尔及利亚、南非、突尼斯、摩洛哥、埃及、安哥拉和赤道几内亚②。欧洲最大进口贸易伙伴中,北非资源型国家较为靠前,中国的进口贸易伙伴则主要是黑非洲资源型国家。中国在非洲的10大进口国基本上为原油和矿产富集国。中国从安哥拉、苏丹、刚果(布)、利比亚、阿尔及利亚、赤道几内亚及尼日利亚的进口产品主要是石油,从南非进口的主要商品是铁矿,从刚果(金)和赞比亚进口的主要商品是铜矿。中国从非洲进口的来源地还呈现集中化趋势,2000~2011年,10国合计占中国从非洲进口总额的比重从84.31%增加到90.55%,增长6.24个百分点③。

2011年,中国对非出口主要贸易伙伴依次是南非、尼日利亚、埃及、利比里亚、阿尔及利亚、加纳、摩洛哥、贝宁、安哥拉和肯尼亚④,欧洲对非洲出口主要贸易伙伴是南非、阿尔及利亚、摩洛哥、埃及、尼日利亚、突尼斯、利比亚和安哥拉⑤。由于利比里亚受到国际社会制裁且经济体量小,因此,欧洲对利比里亚出口很少。非洲国家的进口能力与自身的经济发展水平具有直接关系,因此,中国和欧洲对非洲出口的主要贸易伙伴国往往都是非洲国内生产总值排

---

① http://trade.ec.europa.eu/doclib/docs/2006/september/tradoc_113340.pdf.
② http://trade.ec.europa.eu/doclib/docs/2006/september/tradoc_113340.pdf.
③ 梁明:《中非经贸合作的现状和展望》,载《国际经济合作》2012年第11期。
④ 梁明:《中非经贸合作的现状和展望》,载《国际经济合作》2012年第11期。
⑤ http://trade.ec.europa.eu/doclib/docs/2006/september/tradoc_113340.pdf.

在前列的国家。中国的对非出口伙伴较为集中,并且集中度呈逐年增加的趋势。

从贸易平衡看,非洲国家对中国、欧洲的贸易顺差国基本上是原油和矿产的主要输出国,而贸易逆差国则基本上是自然资源禀赋较差的国家。以原油和金属矿产为主的矿产资源禀赋状况直接决定了非洲国家的贸易平衡状况。[1]

(四) 对中非、欧非贸易关系的几点认识

第一,中非贸易发展十分迅速,在各自对外贸易关系中的重要性都在上升,互为发展前景广阔的贸易伙伴。从单个国别来看,中国有可能长期成为非洲最大的贸易伙伴。

第二,欧洲仍为非洲最重要贸易伙伴之一,但地位有所削弱。欧非贸易发展在2004年前呈现停滞状态,之后逐渐增加,但是国际金融危机中断了欧非贸易增长势头。虽然其增长势头不及中非贸易,但是欧非进出口额占非洲对外进出口总额的比重仍有1/3。

第三,中国、欧洲对非商品贸易均为顺差,尤其表现在与非资源富集国的贸易上,并且中国对非洲的贸易顺差呈明显扩大的趋势。

第四,中国对非洲国家的石油依赖相比过去更加明显,而欧洲则相对稳定。由于非洲石油和矿产品生产能力的提升,中国对非洲相关产品需求的增加未对欧洲从非洲进口产生明显替代效应。

第五,中国和欧洲在非洲的能源来源地有所不同。中国在非洲的能源和矿产进口国主要是黑非洲国家,而欧洲在非洲的主要能源进口国是北非国家。

第六,中国和欧洲在非洲市场上各有优势产品,但部分产品存在竞争。中国的机电产品和机械设备在非洲有竞争优势,欧洲在非洲的优势产品则是化学品、交通设备和农产品。在电子通信产品上,中国和欧洲产品在非洲产生竞争,中国产品取得了一定优势,发展较为迅速。

第七,非洲国家的进口能力与自身的经济发展水平具有直接的关系,因此,中国和欧洲对非洲出口的主要贸易伙伴国往往都是非洲国内生产总值排在前列的国家。

---

[1] 梁明:《中非经贸合作的现状和展望》,载《国际经济合作》2012年第11期。

二　中、欧、非贸易关系的经济分析

（一）中、欧、非贸易关系的互补性

三角贸易（Triangular trade）模型是解释三个地区发展互补性贸易的经典理论模型。三角贸易通常发生在主要出口目的地与进口来源地不一致的三个地区之间。这三个地区通过发展三角贸易，可以消除贸易赤字，在三个地区之间实现整体贸易平衡。

历史上有名的三角贸易是发生在欧洲、非洲和美洲之间的跨大西洋奴隶贸易。跨大西洋奴隶贸易的发生与当时的航海线路及三个地区的优势产品密切相关。欧洲到美洲航海路线有个明显特点，即船只先向南行驶一段距离后，借助风向再往西驶往美洲更为便捷。同时，欧洲、非洲和美洲各有优势产品。如图1所示，欧洲需要糖、朗姆酒等产品，不需要奴隶，但可以供给捕捉奴隶需要的纺织品、火枪等工业制成品；非洲供给黑奴，但需要捕捉奴隶的工业品；美洲需要奴隶种植庄园，生产糖和提炼朗姆酒。这三方的需求和供给皆不相同，但作为一个整体正好构成互相需求的三方循环。船只先将欧洲生产的工业制成品运往非洲，换取美洲需要的奴隶后贩卖至美洲，然后在当地采购糖运回欧洲。三方贸易正好循环互补，构成了一个贸易平衡圈。按照三角贸易理论，如果三方贸易符合这些条件，那么三方贸易就是互补的，就会得到各方的欢迎，容易得到发展。

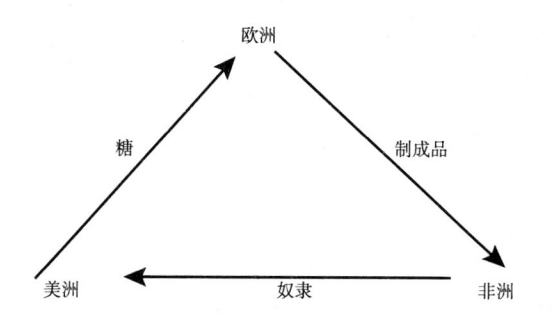

图1　跨大西洋奴隶贸易示意

无论是过去还是当前，中、欧、非贸易情况并不符合三角贸易模型的假设条件。在过去中、欧、非三边贸易中，欧洲和非洲对中国低技术产品的需求存在竞争性，中国在整个贸易链条中是较受欢迎的一方。如图2左图所示，中国对非洲的原材料产品的需求不如欧洲强烈，非洲的原材料产品主要输往欧洲；由于消费能力有限，非洲对欧洲的高技术产品需求不如中国强烈，欧洲的高技术产品主要输往中国；对中国生产的低技术产品而言，欧洲和非洲都同时需要。总体来看，高技术产品和原材料产品的流向呈现单向流动，但低技术产品有两个方向的流动性，存在欧洲和非洲对中国低技术产品的竞争。随着中国工业生产能力和规模的提升，中国对非洲原材料的需要日益提升。在中、欧、非贸易之间，原材料产品也和低技术产品一样，开始变得双向流动（参见图2右图）。中、欧、非贸易关系出现新变化，中国和欧洲开始竞争非洲的原材料。由于中欧非贸易关系一直存在竞争性，中欧非从过去到现在都未达到过发展三角贸易的理想状态，也未结成过一个非常紧密的三边贸易联盟。

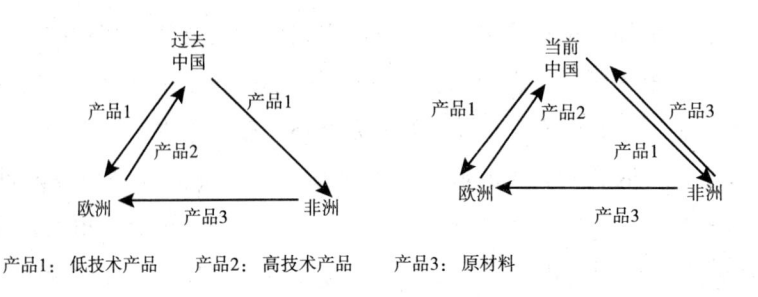

产品1：低技术产品　　产品2：高技术产品　　产品3：原材料

图2　中欧非贸易流向

从以上分析可以有三点发现：一是三角贸易模型的条件并不适用于中、欧、非贸易，中、欧、非贸易并不完全互补，一直存在竞争性；二是相比过去，中、欧、非贸易竞争情况将日趋复杂，从过去欧洲和非洲对中国低技术产品的一种竞争，转为中国和欧洲对非洲原材料的竞争与欧洲和非洲对中国低技术产品的竞争并存；三是中国不再保持相对超脱的地位，开始和欧洲对非洲原材料进行竞争。

总之，中、欧、非贸易关系发展更为复杂，竞争性更强，管控协调难度和成本加大。

（二）中、欧、非贸易条件变化的福利效应

本节对中欧非贸易关系福利效应的分析主要依据贸易条件来判断。贸易条件衡量的是出口对进口的单位购买力，是衡量一国获取贸易利益空间大小的重要指标。一般而言，贸易条件的改善表明一国福利水平上升，反之则意味着福利水平下降。对中欧非三方的贸易条件的变化判断则基于供求关系和"普雷维什—辛格命题"（Prebisch-Singer Thesis）的理论。两位著名发展经济学家劳尔·普雷维什（Raul Prebisch）和辛格（H. W. Singer）提出了"发展中国家贸易条件恶化论"。他们认为，初级产品的需求收入弹性低，工业制成品需求收入弹性高，随着经济增长和人均收入水平的提高，需求会偏向工业制成品，从而导致国际贸易中初级产品的相对价格不断下降，主要出口初级产品的发展中国家的贸易条件也就趋于恶化，贸易条件的恶化将使技术进步和生产率提高所带来的好处大部分被转移到发达国家。因此，发展中国家改善贸易条件的途径，应从产业结构的高度化和产品结构的高级化入手，用制成品出口代替初级产品出口，用高技术产品出口代替低技术产品出口①。

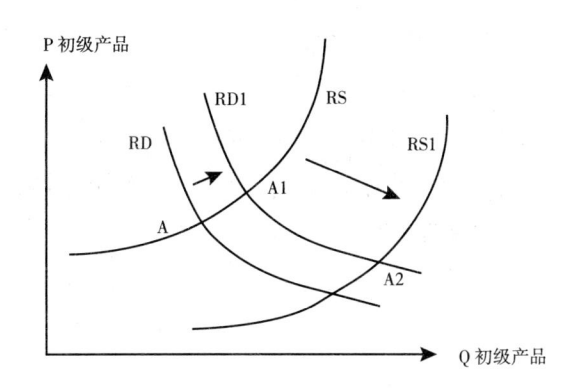

图3 非洲初级产品贸易条件变化

从中、欧、非贸易发展状况看，非洲和中国在贸易结构和增长上变化较快，欧洲相对稳定。因此，把中国和非洲作为变量，将欧洲定为不变量，主要分析非洲和中国的变化对中、欧、非贸易关系和三国福利的影响。

---

① 赵丽红：《关于贸易条件恶化论的争论》，载《拉丁美洲研究》2011年第3期。

从非洲的角度看，在 21 世纪头 10 年对中国和欧洲的贸易条件有一定程度的改善，但囿于初级产品出口为主的贸易模式，非洲未来的贸易条件存在恶化的风险。欧洲在伊拉克战争后将资源来源地从中东调整至非洲以及中国新世纪以来对初级产品的大量进口都使对非洲石油、矿产等初级产品的需求上升。如图 3 所示，总需求曲线向右移动到 A1 的位置，使与总供给曲线的交接点从 A 点移动到 A1 点，初级产品的相对价格和产量都得到增加，贸易条件得到改善。但是根据普雷维什—辛格命题，如果非洲国家一直维持现有初级产品出口为主的贸易结构，并且经济增长偏向于初级产品，那么初级产品的供给曲线将逐渐向右移动，不断拉低初级产品的相对价格，使贸易条件趋于恶化。

从中国的角度看，中国对非洲和欧洲的贸易条件出现了一定程度的恶化，但是在改善之中。加入世界贸易组织以后，中国低技术产品的制造能力迅速得到释放，生产了大量的劳动密集型产品。如图 4 所示，中国低技术制成品的供给曲线向右移动到 RS1 的位置，也把低技术产品的价格从 A 压低到 A1。中国低技术制成品对欧洲和非洲的贸易条件出现恶化（参见表 1）。由于中国工业的升级，中国制成品出口结构出现变化，中高技术产品的比重日益增加。根据普雷维什—辛格命题，这有利于改善中国的贸易条件。这也得到实证支持，如表 1 所示，技术含量水平较高的制成品出口有助于改善中国制成品价格贸易条件或降低其整体恶化的程度。另外，低技术产品占出口结构比重的减少反映出中国制造能力在转移，将使低技术产品的供给曲线向左回移，有利于改变低技术产品的贸易条件。总体来看，中国对欧洲和非洲的贸易条件趋于改善。

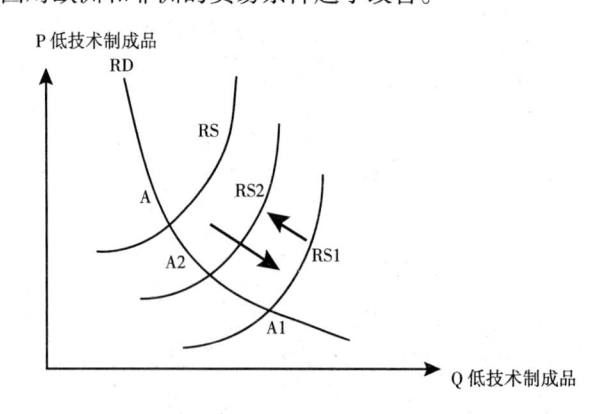

图 4 中国低技术制成品贸易条件变化

表1　2008年中国对外各技术类别制成品的价格贸易条件（2002年为100）

	低技术制成品	中等技术制成品	高技术制成品
法　国	70.57	164.73	123.67
德　国	85.95	79.98	167.93
中国香港	62.35	91.81	249.45
泰　国	62.47	135.03	139.24
菲律宾	80.46	160.78	119.57
世　界	64.63	88.28	112.32
印度尼西亚	78.58	66.71	105.71
英　国	51.42	118.02	120.05
荷　兰	55.46	60.39	106.84
印　度	38.24	94.52	183.47
意大利	72.14	77.29	108.91
加拿大	61.30	60.36	97.61
韩　国	51.80	115.73	127.88
美　国	40.17	82.13	157.83
澳大利亚	66.17	83.81	136.99
马来西亚	55.51	62.53	101.03
日　本	63.47	72.65	104.39
新加坡	43.56	71.42	120.95
巴　西	26.98	81.33	92.94
俄罗斯	9.72	76.99	101.73

资料来源：张如庆：《中国对主要贸易伙伴制成品贸易条件的技术结构分解》，载《财经科学》2010年第11期。

结合以上的贸易条件变化情况，对三方的福利效应进行分析，并且根据标准贸易模型的部分结论对三方福利效应的判断进行优化。标准贸易模型的结论之一是，如果一国经济增长偏向于另一国的主要进口商品，那么不利于本国福利的提升，有利于别国福利的改善。

在初级产品上，非洲的贸易条件得到改善，福利得到改善，那么欧盟和中国的福利效应则出现恶化。然而，由于中国和欧洲都需要进口大量的初级产品，非洲初级产品出口能力的提升是受到欢迎的。换句话说，如果非洲初级产品出口增加幅度较小，那么中国和欧盟的贸易条件和福利效应的恶化程度比当前还大。但是，如果非洲一直保持初级产品出口的大幅增长，那么根据上面的分析可知，将会使未来的福利效应受到影响。

在低技术产品上，中国的贸易条件出现恶化，福利受到影响，而欧洲和非洲的福利得到提升。随着低技术产品在中国出口结构中的萎缩，中国贸易条件的恶化程度不断收敛，使欧洲的福利受益程度逐渐降低。对于非洲则情况不同，非洲在未来可能发展出自己的低技术制造能力，中国产品的萎缩可能为非洲的产品出口创造空间，有利于非洲福利的改善。

在高技术产品上，中国贸易条件得到改善，增加了福利，对以高技术产品出口为主的欧洲造成冲击，降低了欧洲福利。非洲尚无生产高技术产品的能力，需要从欧洲和中国进口。中国在高技术产品生产能力的提升有利于增加高技术产品的整体供给，有利于降低非洲在高技术产品的贸易条件的不利程度，使非洲的福利效应得到改善。

根据以上假设和分析，如表2所示，在中欧非三方贸易关系中，非洲和中国处在福利改善相对有利的地位，而欧洲则处于相对被动的地位，因此，中非有可能更具有推动三方贸易关系发展的经济动力。

表2 中欧非不同产品的贸易条件变化的福利效应

	中国	欧洲	非洲
初级产品	恶化	恶化	改善,但存在长期恶化的风险
低技术产品	恶化程度不断收敛	改善,但受益程度降低	改善
高技术产品	改善	恶化	改善

三 欧洲对中非贸易关系快速发展的认知

（一）基于能源博弈等方面的利益之争

长期以来，欧洲是非洲最重要的贸易伙伴，而且将非洲看成自己的后院。因此，欧洲对中非贸易关系快速发展极不适应，做出很多不恰当反应。在众多过激反应中，担心中国威胁欧洲在非洲的能源供给安全，指责中国在非洲搞"新殖民主义"，对非洲进行经济剥削成为欧洲人最为过激的论调[①]。2001年美国"9·

[①] Liu Lirong, "The EU and China's Engagement in Africa: The Dilemma of Socialisation", No. 93, Occasional Paper, Institute for Security Studies.

11"事件后,欧盟出于对中东地区不稳定可能导致能源危机的担忧,开始调整能源供给重点,逐渐将石油进口来源转向非洲。2008年,非洲取代中东成为欧洲最大的石油供给地区,同时非洲石油出口最大的目的地也是欧洲。

非洲石油出口的主要地区是西非和北非。2008年,西非和北非分别出口2.29亿吨和1.62亿吨,占世界石油出口总量的8.5%和6%。非洲石油主要出口市场为欧洲和美国。其中,2008年西非主要流出市场为美国(9090万吨,占流出总量的39.7%)、欧洲(4950万吨,占21.6%)、中国(3910万吨,占17.1%)和印度(1660万吨,占7.3%)。北非主要流出市场为欧洲(1.01亿吨,占流出总量的62.7%)、美国(3260万吨,占20.2%)。

近年来,中国和非洲的石油贸易发展十分迅速,使非洲石油出口流向发生了一定的变化。1998年,中国自非洲进口的原油仅占中国进口总量的8.2%,2007年就达到32.5%,石油成为中国从非洲进口的第一大产品。中国自非洲进口的石油已经占非洲出口总量的13%[①]。

仅从数据表面看,中非贸易关系很容易让人产生误解,给人一种中国在非洲攫取能源和与欧洲展开石油进口竞争的错误印象。因此,相当一部分欧洲人试图将"新殖民主义"的帽子扣在中国脑袋上,对中非石油合作施加压力。这种判断完全是站不住脚的。

首先,中国从非洲的进口产品以石油和资源产品为主的结构与非洲自身的对外贸易能力息息相关,与欧洲等其他地区国家从非洲的进口产品结构没有太大的差别。非洲工业制造能力基础薄弱,对外贸易主要是以能源、资源和农产品等初级产品为主。

其次,尽管中非石油贸易发展迅速,但由于非洲石油和矿产品生产能力的提升,中国对非洲相关产品需求的增加暂未对欧洲从非洲进口产生明显替代效应。欧元区15国自非洲进口的石油比重基本稳定在20%~25%,起伏不大。

再次,欧洲一直牢牢地控制了非洲石油两大主产区之一的北非地区。欧洲一直是北非国家最大的石油输出目的地,而且中国尚未与北非国家开展大规模的石油贸易。"阿拉伯之春"后,欧洲对利比亚、突尼斯等的控制得到进一步强化。

最后,中非石油贸易进入稳定增长阶段,而不是一直挤压式的快速扩张。在

---

① 于鹏:《非洲对外石油合作现状及中非合作建议》,载《国际经济合作》2010年第10期。

经历一段迅速上升的阶段后，中非石油贸易进入稳定增长阶段，2007年后一直保持在占中国对外石油进口总额的1/3左右。

从本质上看，中非、欧非石油贸易并不是完全的零和博弈，非洲石油资源的进一步开发完全有能力容纳中国和欧洲的石油需求。本文第二节的分析也说明，非洲初级产品出口大幅增加也使中国和欧洲贸易条件的恶化程度受到控制。欧洲对中非石油贸易合作要有理性认识。

另外，中国部分产品确实在非洲挤压了欧洲相关产品的空间，比如通讯产品。此外，中国企业还获得非洲大量的基础设施建设项目，使欧洲相关承包商面临巨大的竞争压力。而且，近年来欧洲逐渐取消对非洲援助资金的经济附加条件，鼓励和支持非洲国家自由利用欧洲资金，购买质优价廉的产品和公共服务。但由于中国产品具有价格优势，符合非洲国家需要，很大部分欧洲援助资金流入中国生产商的腰包。这也使得部分欧洲人苦恼不已[1]。然而，中国、欧洲分别有优势产品，彼此都不能完全替代对方，不能以个别产品、个别部门的存在的竞争作为中欧非经贸关系的全部。

（二）基于理念和思路差异的发展观之争

除了赤裸裸的利益考虑以外，欧洲对中非经贸关系的指责还反映出欧洲和中国对经济增长方式不同的认识，即不同的发展观念之争。欧洲人通过对非洲号脉提出的诊断思路主要有两条：一是提高非洲薄弱的经济治理能力，增强非洲经济增长的内生动力；二是降低外部资本对非洲的控制，减少非洲对外部资金的不合理依赖，减轻非洲发展的外部负担，一定程度上讲，也有促使非洲立足于自身发展的意味，不要坐吃山空，一味向外人伸手。

以这种思路为指引，欧洲人开出一些药方。一方面是转变援助提供方式，采取财政支持的方式向非洲国家输送资金，促使非洲国家自己谋规划、求发展，提高经济治理能力；另一方面是对非洲国家进行大幅度的减债，为非洲国家的发展松绑。客观而言，欧洲的这种做法是有一定的理论依据和现实背景的，因而也有一定的可取之处。

---

[1] Denis M. Tull, "China in Africa: European Perceptions and Responses to the Chinese Challenge", working paper 02 – 08, School of Advanced International Studies.

然而，中国对非洲贸易活动，以及由贸易推动的其他经济手段与欧洲方式大相径庭，使欧洲人的思维和做法受到了挑战。回顾中国改革开放以来的经济贸易发展进程，合理利用外资和外部市场是中国发展取得初步成功的重要经验。为了吸引外资和外部市场，中国在发展初期想出很多办法，比如，为外资减税、提供租金低廉甚至免费的土地以及加工出口具有比较优势的劳动密集型产品。外资的到来以及随后导致的技术扩散效应使中国国内相关产业也得到迅速发展。市场的不断完善和成熟及市场行为主体的变化，逐步推动国内经济治理体制发生良性变化。整体而言，市场的进步和政府管理水平的提高呈现一种基本良性的互动。因此，中国对利用外资和外部市场的认识与欧洲基于非洲发展实践的认识很不相同。

中国和非洲开展贸易时主要从实际出发，基于各自产品的比较优势，并没有在意是不是从非洲进口的产品主要是原材料。为了加强和深化贸易，中国和部分非洲国家还采取了"资源换资金"等合作方式。以中国和安哥拉合作为例，中国向安哥拉提供大量发展资金，为安哥拉修建大量基础设施，同时要求安哥拉以石油等其他资源出口为交换。这种交换方式也是基于中国和安哥拉自身发展实际所确立的，得到了双方的共同认可和支持。

站在欧洲人的发展理念看，中国向非洲穷国提供大量贷款资金是在钻空子，搭了非洲国家减债的顺风车，很可能使非洲国家又陷入沉重的债务负担之中。同时，中国与非洲国家发展资源贸易无疑是在走以前欧洲与非洲资源贸易的老路，不能惠及非洲普通民众，无法给非洲带来真正的发展。

这种质疑和担忧有一定道理，但忽略了一个重要事实。现在的中非贸易投资关系和以前的欧非贸易投资关系完全不同。这可以从两个比较看出：第一是贸易议价能力的比较。以前，非洲是欧洲的殖民地，根本不具有与宗主国的平等议价能力，资源贸易对非洲国家极不平等。当前，非洲在中非贸易中具有平等的议价能力，中非贸易关系是平等的。第二是非洲国内政治社会结构的比较。以前，非洲国家内部政治社会结构的多元化远不如现在。民主化浪潮后，非洲民间力量得到迅速发展，在国内政治生活中起着重要作用。如果中非贸易不能给非洲国家全面发展带来实惠，必会遭到非洲内部民间力量的批评与抵制，在未来将难以持续。因此，资源贸易只是中非贸易关系发展的一个开端。随着中非贸易关系的深化以及非洲发展能力的逐步增强，中非贸易结构也会逐渐调整，回应非洲发展的诉求。

中国、欧洲的两种发展思路和贸易切入方式都有一定的道理，也有一定的不足，都是促进非洲发展的观念或者道路的重要组成部分。两种思路不是完全替代的，应该互相启发、互相学习、互相借鉴和互相融合。

通过以上分析可知，中国和欧洲对非贸易关系在利益、理念和实践上确实存在矛盾，但这种不一致并不是不可调和的。总之，如果欧洲以零和博弈的思维来思考中非、欧非贸易关系，属于反应过度。

四 中国、欧洲对非贸易竞争优势分析

（一）中国对非贸易优势及面临的挑战

中国对非贸易最大的优势就是中非经贸关系互补性强、潜力大。中国和非洲都是发展中经济体，同处于工业化和城市化进程中，对于各类产品和技术的需求将持续扩大，中非相互投资规模也不断扩大。中国和非洲的经济发展为对方提供了广阔的市场。

进入21世纪以来，非洲已经成为中国能源和矿产资源的重要来源地区。随着我国经济快速发展，对资源需求的缺口越来越大。从发展前景看，中国能源和矿产等战略资源的对外依存度还将不断提高，非洲作为我国战略资源、原材料来源地的重要地位还将进一步凸显。另外，随着非洲人口增加、经济复苏、城市化进程加快，中国在非洲中高端商品市场的拓展空间相当可观[1]。

双方在投资方面的契合度很高，非洲在基础设施、制造业、农业和能源等领域都有巨大的投资需求，中国具备了进一步扩大对非投资的条件。据世界银行报告显示，非洲国家每年需要在基础设施投入930亿美元，但目前非洲国家仅能投入450亿美元，中国拥有庞大的外汇储备，拥有投资的能力和经验，双方在这个领域的合作前景广阔[2]。

---

[1] 张宏明：《中非关系的发展环境与发展思路》，载《非洲发展报告（2011~2012）》，社会科学文献出版社，2012。

[2] 魏建国：《中非经贸合作的经验与前景》，载《经济研究参考》2011年第49期。

此外，中非双方政府高度重视，实质推进合作。中非合作论坛、中非经贸合作区等多种合作机制的发展成为助推双方经贸关系的有利支撑。中非双方政府采取促进措施，为双方合作创造更为便利的条件。2012年7月，中非合作论坛第五届部长级会议通过的《北京行动计划（2013~2015年）》提出了许多促进中非经贸关系深入发展的举措。比如，中方决定实施《对非贸易专项计划》，适时派出赴非投资贸易促进团，扩大非洲产品进口，支持举办非洲商品展，为非洲国家推介优势商品对华出口提供便利；中方将积极向非洲国家提供促贸援助，为非洲农产品和工业原材料的深加工提供技术支持，鼓励中国企业以投资方式提高非洲初级产品附加值，帮助非洲增加高附加值产品出口，加大同非洲国家在贸易和工业政策规划方面的交流；中方承诺进一步向非洲国家开放市场，决定在"南南合作"框架下，逐步给予与中国建交的非洲最不发达国家97%的税目的产品零关税待遇；中方将继续发挥中非发展基金的作用，逐步扩大到50亿美元的基金规模，进一步加强中非合作①。《北京行动计划》覆盖了投资与企业合作、基础设施建设、贸易、金融和银行业、能源资源合作、信息通信、交通和旅游等领域。随着北京行动计划在这些方面的逐一落实，中非经贸关系必将迎来新的发展机遇。

中非经贸合作区的建立和发展也为深化中非经贸关系起到积极作用。首先，中非经贸合作区为中国企业走出去提供了一个稳健的平台。由于非洲地区长期以来的贫困、落后，某些非洲国家政局动荡频繁，很多中国企业出于投资风险的考虑怯于投资非洲国家，即使进入非洲国家，单个企业特别是中小企业也会承担很大的投资风险与压力，投资成功率往往不高。而在中国企业占主导经营地位的中非经贸合作区里，中国企业的经营风险和成本可以降低很多。其次，有利于中国转移国内成熟产业。由各合作区的产业定位可以看出，投资主要集中在传统的能源、资源、建筑、农业、轻工、冶炼、电子等传统行业。目前，这些国内的成熟产业在中国存在产能过剩、劳动力成本不断上升、资源瓶颈约束等问题，但同时生产技术具有相对优势，而非洲国家处在工业化初期，自然资源丰富、劳动力充足且成本相对较低，将传统产业转移到非洲则可以便捷地利用当地的资源，降低生产成本，同时可以将生产技术转移给非洲国家。最后，有利于中国企业开拓非

---

① http://www.fmprc.gov.cn/zflt/chn/zxxx/t954617.html.

洲及国际市场。非洲不单有 9 亿人口和 3000 多万平方公里的土地,而且拥有一个贸易额达到 3000 多亿美元的市场和极为丰富的自然资源。经贸合作区可以成为中国企业进一步开拓非洲市场的跳板。此外,在非洲生产能绕过西方国家对我国某些产品设置的贸易壁垒,将"中国制造"转变为"非洲制造",使中国企业分享驻在国享受到的各种国际优惠,从而进入欧美市场①。

中非贸易也面临一些挑战,首当其冲的就是中非贸易摩擦和贸易不平衡。随着中非经贸合作规模不断扩大,双方在贸易、投资等方面存在的矛盾也日益突出。中国纺织服装等低端制造业产品给南非等非洲国家的制造业造成了冲击,在一定程度上影响了非洲刚刚起步的制造业发展。同时,中国商品在国际市场上与非洲同类商品的竞争,进一步削弱非洲出口能力,间接损害了非洲相关产业,也影响国际投资者对非洲直接投资的积极性,从而引发贸易摩擦等一系列新问题。导致摩擦发生的一个重要原因是中国企业在非洲的无序竞争。个别企业甚至扰乱当地市场价格,引起东道国民间层面的抵制,这也在一定程度上损害中非经贸合作的健康发展②。

近年来,中国对非洲有贸易顺差,并且呈逐步扩大的态势。如果扣除中国对安哥拉等资源丰富国家的贸易逆差,那么中国对其他非洲国家的贸易顺差额非常明显。通常而言,长期的贸易逆差将引起逆差国的不满,进而引起大规模的贸易摩擦,影响双边贸易的可持续发展。

非洲国家政治、社会和舆论环境的变化也对中非贸易关系的发展带来了新挑战。从政治环境看,随着非洲老一代政治家相继去世或隐退,在民主化进程中上台的新一代领导人受西方价值观影响较深,对中国的感情及中非传统友好的观念趋于淡化,只是由于本身面临这样或那样的问题或者利益需要,才发展与中国的关系。同时,政党轮替使得非洲国家政权更迭频率加快,这既不利于维系政府政策的连续性,也容易导致政府施政的短期行为。利益关系在中非合作中敏感度日益升高,这也预示着中非经贸关系健康发展的不确定性因素在增加。

从社会和舆论环境看,非洲民主政体下的言论自由受到了西方对中国长期妖

---

① 黄梅波、唐露萍:《中非经贸合作区的建立及其面临的挑战》,载《国际经济合作》2012 年第 6 期。
② 张小峰、刘鸿武:《中非经贸合作回顾与展望(1980~2009 年)》,载《财经问题研究》2010 年第 1 期。

魔化宣传的影响。这突出表现在，中非贸易关系快速发展中出现的一些负面问题被放大，进而影响中非关系的健康发展①。

中国部分企业和产品在非洲市场上的不良表现也损害了中国产品的商业和品牌信誉。部分中国外贸企业对非洲出口产品品种少、质量差，售后服务跟不上，有些外贸企业将积压、过时甚至伪劣商品销往非洲市场，把非洲作为积压伪劣商品的处理场所。另有一些企业供货方式尚欠灵活，产品更新慢，品种少且不适合非洲各国的消费需求。而对于非洲各国需求较多的机电产品，如小型运输车辆、农机具、电动设备、家用电器等，则由于企业维修保养、零部件供应等售后服务不及时，导致重复订单减少，销售量下降，所有这些因素综合起来，使非洲客户对中国企业和产品的信誉产生怀疑，给许多"中国产品"贴上了"价廉、低档"的标签，也导致许多质量好的品牌产品无法正常销售，这些因素使中国企业和产品在非洲市场的整体信誉受损②。

（二）欧洲对非贸易优势及面临的挑战

欧洲对非贸易优势主要体现在两大方面：一方面，欧洲与非洲的传统联系较为密切，对非洲市场较为了解。欧洲占有对非贸易的很多优势：一是贸易网络优势。历史上，非洲国家是欧洲的殖民地，与欧洲的经济来往起步较早且十分密切；二是熟悉进出口程序。非洲的产品进出口检验检疫标准大多沿袭欧洲，欧洲企业较为了解；三是语言优势，与非洲消费者没有语言障碍。

另一方面，拥有较为先进技术的欧洲企业和产品在非洲具有品牌优势。欧洲在非洲的高档进口市场上品牌优势比较明显。在一些大城市里的金融和商业中心，聚集了许多欧洲国家经营的超市、高档商品经销店和连锁商店等，出售的都是欧洲品牌产品。而中国对非出口商品多数是中低档日用品，以及劳动和材料密集型的低附加值机电产品，经营业态也多数是以物资批发和零售兼顾的"华人街""中国城"等综合性实体。比如，一些非洲较为高档的医院和宾馆都是欧洲企业，使用的也是从欧洲进口的商品。非洲有一定资金实力的消费者大多在欧洲

---

① 张宏明：《中非关系的发展环境与发展思路》，载《非洲发展报告（2011～2012）》。
② 张小峰、刘鸿武：《中非经贸合作回顾与展望（1980～2009 年）》，载《财经问题研究》2010 年第 1 期。

学习和生活过，在选取商品上也倾向于欧洲产品，有一定的品牌忠诚度。整体来看，欧洲商品对非洲相对富裕的阶层而言有一定的美誉度和信任度，比中国产品有竞争优势。

欧洲发展对非贸易也存在一定的问题。欧洲自身经济不振严重影响了对非贸易的发展。受欧债危机冲击和自身结构性问题的拖累，欧洲经济增长陷入低迷状态，复苏势头缓慢，经济在一段时间内不可能强劲增长。经济低迷使欧洲的内需不振，加上紧缩措施的实行，更使欧洲减少了对外部产品的需求。欧洲对非进口必然受到不利影响。从欧洲出口看，由于欧洲产品生产成本较高、价格较贵加之非洲国家较为贫穷，非洲国家对欧洲产品的消费能力相对有限。近年来，欧洲对非洲的出口也没有明显起色。

另外，欧洲外交中的政治正确性和居高临下的姿态也给欧非贸易发展产生不利影响。欧洲对非洲国家有一种心理优势，动辄利用经济制裁来威胁非洲国家。这使一些非洲国家被排除在欧洲的对非贸易体系之外，也挫伤了一些非洲国家发展对欧贸易的积极性。

以上分析可见，中国、欧洲在发展对非贸易方面各有优势和局限，因此，将对方排挤出非洲市场从而取得唯一主导权的难度较大。

五 中国和欧洲发展对非贸易的利益共同点

虽然中国和欧洲发展对非贸易存在一定程度的竞争，但也存在一定的利益共同点。首先，非洲发展意愿的提升对中非、欧非贸易都是利好。近年来，非洲国家自身表现出迫切的发展意愿，联合自强趋势不断增强，良政和发展逐渐成为共识。各国纷纷出台中长期发展规划，谋求通过吸引外国投资、调整产业结构、扩大就业、改善民生，实现经济腾飞[1]。根据生产能力理论，不仅直接生产财富的体力劳动是生产性的，各种精神活动也能促进生产力发展，精神资本对国家生产能力有着重要的影响。非洲这种发展意愿的提升将为中国和欧洲发展对非贸易创造更多的空间，中国和欧洲对非洲国家这种发展意愿应该给予充分的鼓励和

---

[1] 商务部西亚非洲司：《中非经贸合作现状与前景分析》，载《非洲发展报告（2011~2012）》。

引导。

其次，非洲经济快速发展有利于推动中非、欧非贸易量的提升。近10年来，尽管非洲局部动荡的现象依然存在，但非洲GDP年均增长率接近5%。非洲国家经济发展政策更加透明，市场化程度不断提升[①]。受国际金融危机和北非局势动荡影响，非洲经济增长势头一度下滑。随着利比亚进入战后重建，北非动荡局势开始稳定，影响非洲经济的不确定性因素将会减少，非洲经济有望恢复到国际金融危机爆发前的增长水平[②]。非洲经济的快速扩容有利于吸收更多的进口产品，也有利于非洲逐步发展工业制造能力，扩大出口产品品种，改善贸易结构，从而夯实内生增长的基础。非洲进出口能力的增强将给中非、欧非贸易创造更多的机会。

最后，防止非洲冲突恶化、保持非洲的政治和社会的稳定符合中国、欧洲对非贸易利益。如果非洲没有稳定，那么发展将无处可寻，大规模发展对外贸易更无从谈起。比如，受北非政局动荡的影响，2011年北非地区经济增长率仅为0.7%，比2010年大幅下降了3.9个百分点，经济增长几乎陷入停滞[③]。当前，"总体稳定、局部动荡"仍将成为今后一个时期非洲政局走势之常态，但非洲局部形势依然堪忧。除了政局走势存在变数外，非洲安全形势也不容乐观，个别国家的治安状况不排除有进一步恶化的可能；此外，非洲还面临着诸多非传统安全的挑战。引发这些不稳定的因素多系结构性问题所致，不可能在短时间内解决。这种不稳定局面是中国和欧洲发展对非贸易的最大挑战。因此，维护好非洲和谐稳定的发展环境就是在维护中非、欧非贸易利益。

六 结论

根据以上分析，可以得出以下几个初步结论。

第一，中非贸易的迅速发展使得中国成为非洲最重要的贸易伙伴之一，对欧

---

① 商务部西亚非洲司：《中非经贸合作现状与前景分析》，载《非洲发展报告（2011~2012）》。
② 张春宇、唐军：《国际金融危机背景下的非洲经济走势》，载《非洲发展报告（2011~2012）》。
③ 商务部西亚非洲司：《中非经贸合作现状与前景分析》，载《非洲发展报告（2011~2012）》。

非贸易产生了一定的影响。

第二,中欧非贸易关系发展更为复杂,竞争性更强,管控协调难度和成本加大。

第三,在中欧非三方贸易关系中,非洲和中国处在福利改善相对有利的地位,而欧洲则处于相对被动的地位,因而中非有可能更具有推动三方贸易关系发展的经济动力。

第四,中国和欧洲对非贸易关系在利益、理念和实践上确实存在矛盾,但这种不一致并不是不可调和的。

第五,中国、欧洲发展对非贸易各有优势和局限,将对方排挤出非洲市场从而取得唯一主导权的难度较大。

第六,提升非洲发展意愿、支持非洲经济发展和促进非洲稳定是中国和欧洲发展对非贸易的利益共同点。

图书在版编目(CIP)数据

认识变化中的欧洲/周弘主编.—北京：社会科学文献出版社，2013.8
（中国社会科学院国际研究学部集刊）
ISBN 978-7-5097-4919-7

Ⅰ.①认… Ⅱ.①周… Ⅲ.①欧洲-研究 Ⅳ.①D75

中国版本图书馆CIP数据核字（2013）第179881号

中国社会科学院国际研究学部集刊 ［第6卷］
认识变化中的欧洲

主　　编/周　弘
副 主 编/宋晓敏　沈雁南

出 版 人/谢寿光
出 版 者/社会科学文献出版社
地　　址/北京市西城区北三环中路甲29号院3号楼华龙大厦
邮政编码/100029

责任部门/全球与地区问题出版中心　　　责任编辑/高明秀　郑凤云
　　　　　（010）59367004　　　　　　责任校对/李有江　陈　磊
电子信箱/bianyibu@ssap.cn　　　　　　责任印制/岳　阳
项目统筹/祝得彬
经　　销/社会科学文献出版社市场营销中心（010）59367081　59367089
读者服务/读者服务中心（010）59367028

印　　装/北京季蜂印刷有限公司
开　　本/787mm×1092mm　1/16　　印　张/25.5
版　　次/2013年8月第1版　　　　　字　数/440千字
印　　次/2013年8月第1次印刷
书　　号/ISBN 978-7-5097-4919-7
定　　价/79.00元

本书如有破损、缺页、装订错误，请与本社读者服务中心联系更换

▲ 版权所有　翻印必究